阳泉市郊区年鉴

（2020）

中共阳泉市郊区委员会党史研究室
阳泉市郊区地方志研究室 编

方志出版社

图书在版编目（CIP）数据

阳泉市郊区年鉴. 2020/中共阳泉市郊区委员会党史研究室（阳泉市郊区地方志研究室）编. --北京：方志出版社，2020. 10

ISBN 978-7-5144-4329-5

Ⅰ. ①阳… Ⅱ. ①中… Ⅲ. ①区（城市）—阳泉—2020—年鉴 Ⅳ. ①Z522. 54

中国版本图书馆 CIP 数据核字（2020）第 188524 号

阳泉市郊区年鉴（2020）

编　　者：	中共阳泉市郊区委员会党史研究室（阳泉市郊区地方志研究室）
责任编辑：	李静
出 版 者：	方志出版社
	地址　北京市朝阳区潘家园东里 9 号（国家方志馆 4 层）
	邮编　100021
	网址　http：//www.zgfzcb.cn
发　　行：	方志出版社图书经销中心
	电话（010）67110500
经　　销：	各地新华书店
印　　刷：	山西万佳印业有限公司
开　　本：	889×1194　　1/16
印　　张：	19. 125
字　　数：	449 千字
版　　次：	2020 年 10 月第 1 版　　2020 年 10 月第 1 次印刷
印　　数：	0001～2000 册

ISBN　978-7-5144-4329-5　　　定价：170. 00 元

《阳泉市郊区年鉴》编辑部

主　　编　杨济才

副 主 编　侯晋元　云　霞　李晓璐

编　　辑　郝江鹏　陈益廉　葛瑞夏　史晓红

工作人员　张建军　刘军堂

编辑说明

一、《阳泉市郊区年鉴（2020）》（以下简称本年鉴）以马克思列宁主义、毛泽东思想、邓小平理论、“三个代表” 重要思想、科学发展观、习近平新时代中国特色社会主义思想为指导，坚持辩证唯物主义和历史唯物主义的立场、观点和方法，全面、系统、客观地反映2019年阳泉市郊区自然、经济、政治、文化和社会的发展变化情况，翔实反映本区各个领域的新事物、新成就、新进展、新经验和新问题，为社会各界进一步了解、认识、研究、投资、建设阳泉郊区提供基础信息和线索。

二、本年鉴记事年限为2019年1月1日至2019年12月31日。

三、本年鉴内容记述综合运用多种形式，其主要形式沿用分类编辑的方法，设类目、分目、条目3个层次。依据行业设23个类目、152个分目，分目下设若干条目，条目标题统一用黑体字加【 】表示。此外还沿用记、载、表、录等多种方法记述重大事件和重要人物。

四、本年鉴稿件均由入编单位确定专人撰写，由各单位主要领导把关审核，区地方志办公室负责汇总编辑、整理出版工作。入编数据因资料来源不同出现相互矛盾时均以区统计局提供的统计资料为准。

五、本年鉴人物收录标准为：在本区获得的省部级以上劳动模范；本区产生的省级以上党代表、人大代表、政协委员；享受政府特殊津贴的专业技术人员；本区正县级领导人；市级以上职务领导人或较有影响的本区籍人物；在全区某一行业或某一领域做出重要贡献或具有重要劳动(科研、创作)成果并在各界产生广泛影响者。

六、本年鉴中数字用法、标点符号、计量单位分别执行国家标准《出版物上数字用法》(GB/T15835—2011）、《标点符号用法》(GB/T15834—2011)、《国际单位制及其应用》(GB3100—1993)和《有关量、单位、符号的一般原则》(GB3101—1993)。考虑到社会使用习惯，全书中“亩”不统一换算。

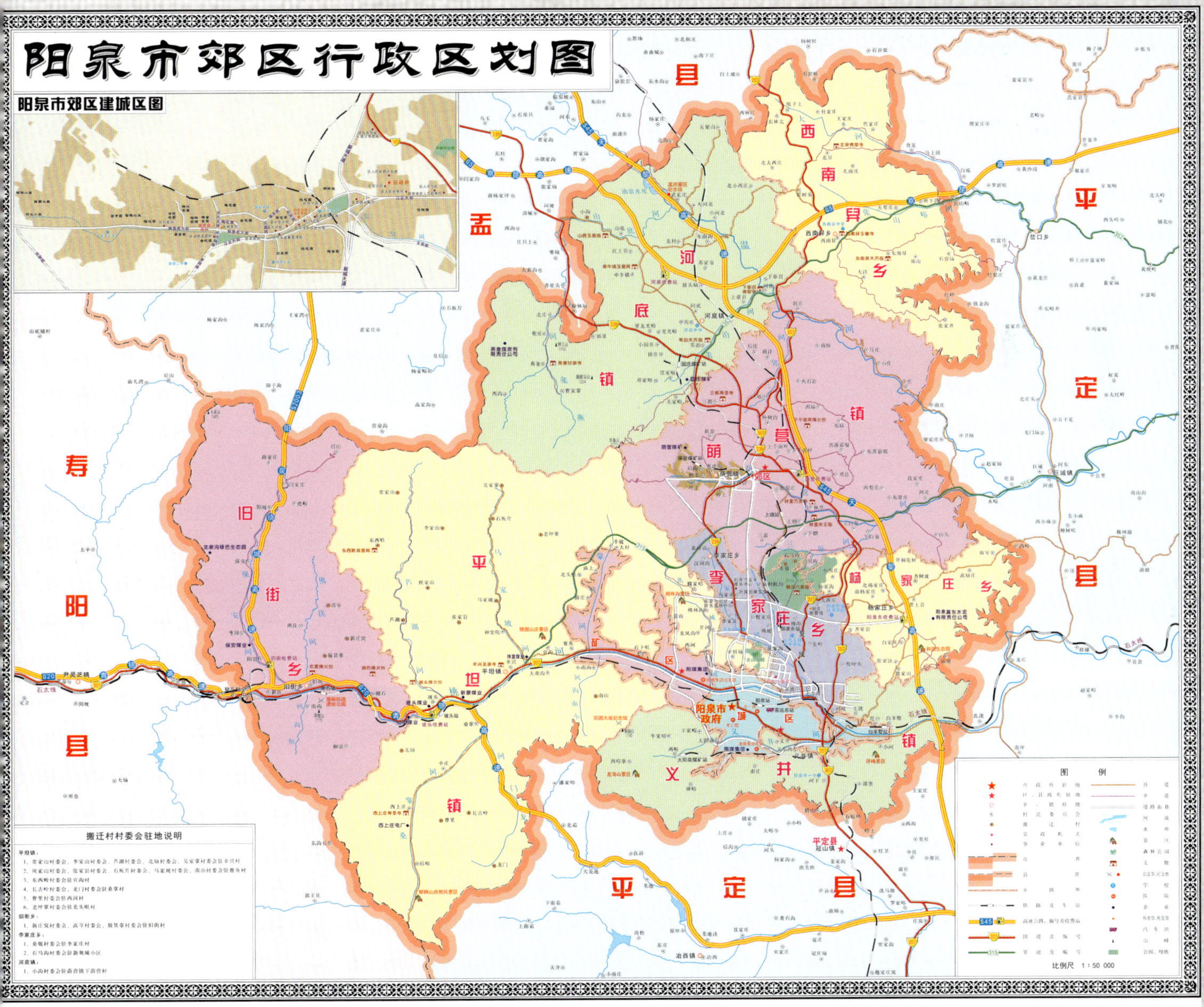

审图号：晋CS（2020）001号

阳泉市郊区民政局编制　　二〇二〇年十一月十六日

2019年2月14日，中共阳泉市郊区区委九届五次全体会议暨经济工作会议召开

2019年3月4日，阳泉市郊区第十八届人民代表大会第四次会议开幕

2019年3月3日，政协阳泉市郊区第九届委员会第四次会议开幕

2019年9月11日，区委九届六次全体会议暨"不忘初心 牢记使命"主题教育工作部署会召开

2019年12月16日，阳泉农商银行正式开业挂牌

2019年12月16日，郊区集中审批印章启用仪式

2019年8月14日，郊区召开2019年引进急需紧缺人才座谈会

2019年，郊区投资六百余万元装修“拎包入住”的高标准人才公寓112套，为人才引进提供有力支撑

2019年7月，区领导查看全区重点项目规划图

2019年，航天气凝胶毡中试基地项目建成投产

2019年，阳泉金隅通达高温材料有限公司天然气节能隧道窑投产

2019年，阳泉灿坤工贸新建项目一期工程投入试生产

村容提质 惠民工程——喜来居小区

2019年，郊区北部地区集中供热管网工程正式开工

降尘抑尘

拆除危旧建筑

四堆整治

紧张施工

浇筑桥梁

整修路岩

铺设路面

人行道标线施工

2019年5月11日，阳泉市郊区全民健身系列活动启动

2019年4月20日，“桃林沟杯”太行山地半程马拉松赛开赛

2019年7月17日，郊区科技、文化、卫生“三下乡”活动举行

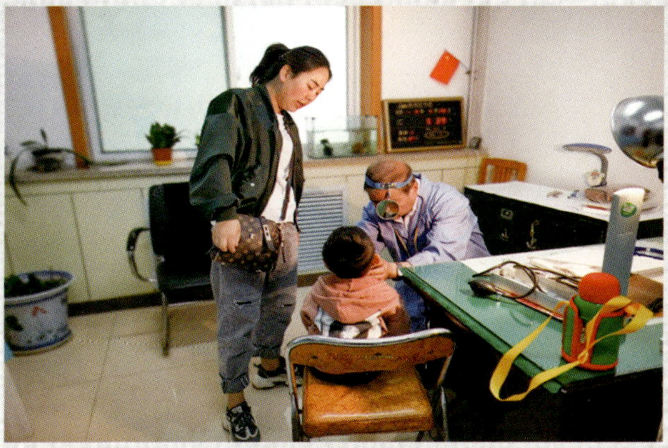

儿童保健检查

2019年，代家庄村厕所改造

西南弄乡杜家庄村鑫得利养殖专业合作社肉牛养殖

西南弄乡东林尖村村貌

交通安全知识宣传

积极参与创卫活动

环境卫生整治志愿劳动

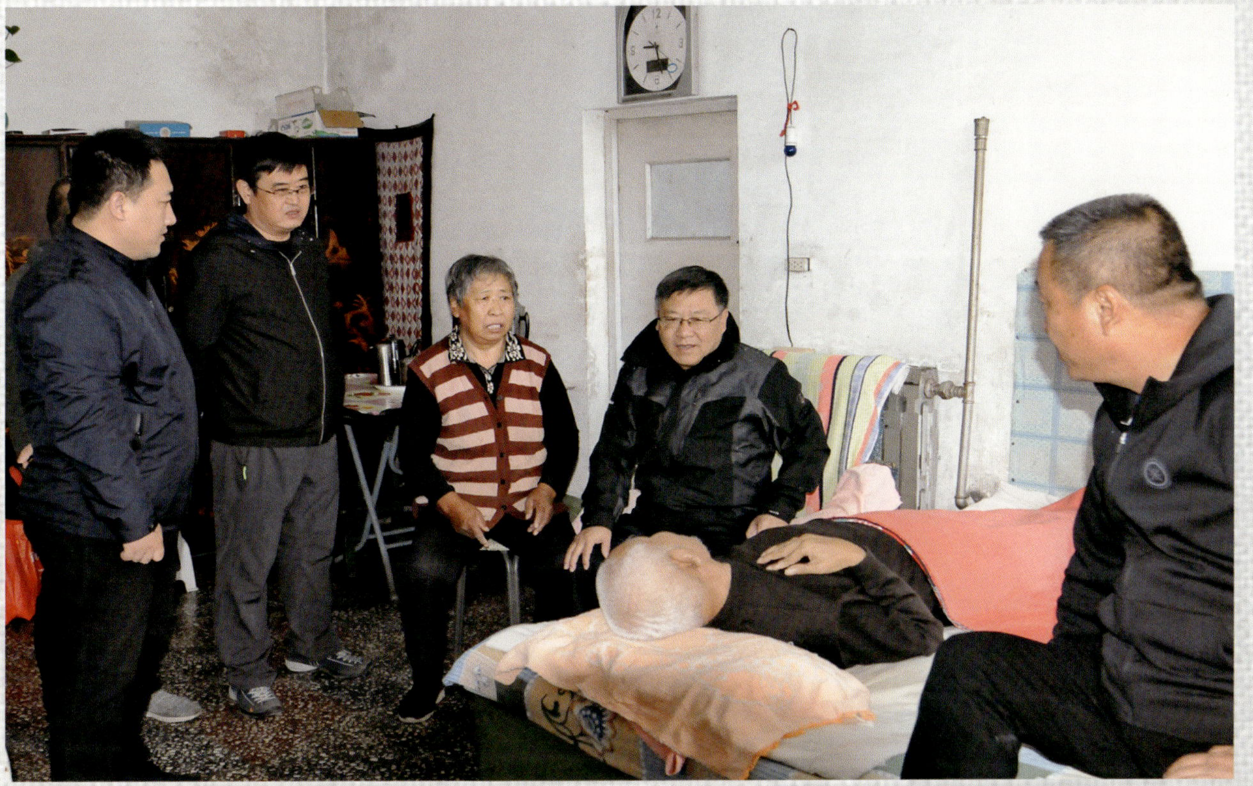

扶贫政策宣讲

目　录

特　载

大事记

阳泉市郊区概况

中国共产党阳泉市郊区委员会

阳泉市郊区人民代表大会常务委员会

阳泉市郊区人民政府

中国人民政治协商会议阳泉市郊区委员会

民 主 党 派

群 众 团 体

建设　环保

交通　邮电

农　业

工　业

商贸　旅游

财政　税务

金融　保险

管理　监督

法　　治

武装　军事

教育　科技

文旅　传媒

卫健　体育

社 会 生 活

乡 镇 社 区

人　　物

荣 誉 榜

附　　录

特　　载

区委工作报告

——在2019年2月14日区委九届五次全体会议上

区委书记　王明厚

一年来，区委常委会坚持以习近平新时代中国特色社会主义思想和党的十九大精神为指导，深入学习贯彻习近平总书记视察山西重要讲话精神，认真落实省委示范区、排头兵、新高地“三大目标”决策部署和市委“聚力六大突破，实现转型崛起”的总体要求，着力走好转型升级、新型城镇化建设、基层社会治理创新“三条路”，率先实现城乡融合示范区，全区经济社会各项事业都取得了新成绩、新进步。

一、深入学习贯彻习近平新时代中国特色社会主义思想和党的十九大精神，牢牢把握正确政治方向

常委会坚持把深入学习宣传贯彻习近平新时代中国特色社会主义思想和党的十九大精神作为重大政治任务，努力在武装头脑、指导实践、推动工作上求实效。组织召开区委常委会、区委理论中心组专题学习会、全区干部大会，及时传达贯彻中央、省、市最新精神，要求各级党组织、各级领导干部自觉把思想和行动统一到中央和省、市委重大决策部署上来，并与郊区工作实际紧密联系起来，做到学以致用、学用结合。积极开展“解放思想，完善思路，聚力推动转型发展”深度调研，区四套班子领导以上率下，围绕乡村振兴战略、城乡融合、开发区建设等课题，深入基层调研，形成报告30余篇，进一步完善了发展思路。区委理论学习中心组全年组织集体学习16次，学习篇目达到50多个，内容涉及习近平新时代中国特色社会主义思想和党的十九大精神、党章党规党纪，以及省市委重大部署等方面。组建176个党的理论宣讲团，由各级党组织书记带头，深入基层乡村、重点工程、厂矿企业一线，广泛宣讲习近平新时代中国特色社会主义思想，形成了横向到边、纵向到底的全覆盖理论宣讲大格局。通过深入学习宣传贯彻，在全区上下牢固确立了习近平新时代中国特色社会主义思想的指导地位，各级党组织和广大党员领导干部进一步树牢“四个意识”，坚定“四个自信”，坚决做到“两个维护”，确保党中央决策部署和省、市、区委的工作要求在郊区大地落地生根、开花结果。

二、坚持全面深化改革不动摇，发展活力得到进一步释放

2018年是我国改革开放40周年。常委会坚决贯彻省委“改革决不能落后”的要求，以将全面深化改革进行到底的决心和意志，推动各项改革任务落地见效。常委会加强对改革工作的领导，先后召开6次深改领导小组会议研究重大改革事项，从发展全局和战略层面推进全面深化改革。监察体制改革试点工作取得实效，全面完成向区一级党和国家机关派驻纪检监察机构全覆盖工作；成立驻村（社区）监察联络员队伍，确保对村（社区）行使公权力和委托行使公共管理事务人员开展有效监察。农村集体产权制度改革圆满完成，参与改革的146个行政村中，144个村完成了清产核资、身份确认、折股量化工作，并选举成立了经济合作社，顺利通过省级验收。许多做法形成经验，并得到省委骆惠宁书记和省农业厅肯定。承办了全市农村集体产权制度改革现场会。积极承接市经济技术开发区社会管理职能，接收11个村、12个社区，服务人口11.6万人，丰富城市管理经验，提升管理服务能力。采取“PPP”模式，引导社会资本投资基础设施领域，总投资16亿元的G239改线工程和水务一体化两个项目进入财政部“PPP”项目库，并双双入选省级示范项目，目前进展顺利。积极探索整合铝粘土资源的有效途径，建立全国首家耐火产品及原材料线上线下交易平台，全年交易量完成16万吨，交易金额达8400万元；成功举办“中国工业互联网+（耐火材料）直购沙龙”系列招商推介活动，标志着我区耐火发展正式步入“互联网+”时代。坚持问题导向、民生导向，把有利于增强人民群众获得感、幸福感的改革放到更加突出位置来抓，设立“阳泉郊区指尖民生”微信公众号，关注人数突破1200人，反映的70余个问题全部得到有效处理。

三、扎实开展“转型项目建设年”活动，转型升级步伐进一步加快

常委会不断加强和改进对经济工作的领导，定期分析研判经济形势，着力解决突出矛盾和问题，全区经济保持总体平稳、稳中有进的发展态势。2018年，全区地区生产总值完成110.7亿元，增长7%，首次破百亿；一般公共财政预算收入完成3.94亿元，增长15.65%；规模以上工业增加值完成30.29亿元，增长4.7%；固定资产投资完成52.71亿元，增长3.4%，全市排名第一；社会消费品零售总额完成36.04亿元，增长7.1%；农村和城镇居民人均可支配收入分别达到14864元、26785元，增长8.7%和6.7%，两项指标全市排名第一。

城郊农业发展取得成效。全区果园面积达到19130亩，果品总产量达到230.9万公斤；蔬菜、肉类、蛋类、奶类总产量分别达到25511吨、3950吨、2670吨、2614吨。千亩坪现代农业产业园被列入山西省第一批20家现代农业产业园，累计完成投资2.5亿元，园区总体规划已完成，打造平台500亩，青岛昌盛光伏发电项目已开始并网发电，千百绿农业园基础设施建设稳步推进，千瑞丰食用菌已正式投产。北异果品市场被评为全省10个“省级田间地头市场”之一。

传统产业优化升级。煤炭行业稳步向好。煤炭供给侧结构性改革深入推进，淘汰落后产能，发展先进产能，鸿泰煤业有序退出，全区原煤产量完成193万吨。耐火振兴成效显现。贤亨、明鑫、林里耐火等企业完成联合重组，研发的新能源锂离子匣钵工具砖投产运行；三泉耐火自动成型生产线、金隅通达7.5万吨均质料生产线等技改项目竣工投产。2018年全区耐火材料完成产量155.8万吨，同比增长35.5%，上缴税金8919万元，同比增长17.91%。电力产业发展迅速。河坡电厂2个发电机组实现正常运转，力宇、扬德两个煤层气发电项目正常运行，西上庄电厂由停转缓，神堂嘴煤层气和中能煤层气发电改造项目、荣光能源垃圾发电项目顺利推进，阳煤新建二矿桑掌1.5万千瓦乏风氧化发电项目正在进行设备调试，即将投产。建材行业发展平稳。冀东水泥达产达效，全区水泥产量达到221.6万吨，同比增长48.1%；星火金源30万吨氧化钙一期项目正式投产，全区氧化钙产量达到45.07万吨。

三产服务业发展良好。第三产业增加值占比47%，比重上升3.7个百分点。李荫路沿线汽车4S店集群初具规模，销售总额占到全市的90%以上；总投资1.5亿元的桃林沟果蔬交易市场项目一期工程建成并投入运营，设置商铺400个、摊位140个，入驻率达75%；总投资约2亿元的北京初兴木业有限公司家具研发及生产基地项目建成投产；中旭鑫源智慧生态医养敬老工程产业园项目正在有序推进；乡村旅游蓬勃发展，成功举办咀子上山楂花节、旧街牡丹节、辛庄古村河灯节等旅游节庆活动，全区接待旅游人次突破100万。

荫营开发区建设有序推进。荫营工业园区累计完成投资1亿元，打造平台1585亩。G239改线工程拆迁扫障工作完成阶段性任务，工业园区互通工程正式开工。园区东西主干道（前洼至三都）形成1.9公里路基，二期路基工程已完成前期工作。总投资1亿元的灿坤工贸年产1万吨包膜二氧化钛项目现已竣工，即将投产；总投资1亿元的区科技孵化器及航天建筑研究设计院纳米气凝胶复合材料中试项目完成主体工程建设，预计今年5月投产；总投资0.6亿元的加林科技年产3万吨宝珠砂项目落地开工，预计今年3月投产。尤其是总投资15亿元的包括铁路发运站、红岩重卡4S店、LNG加气站、综合服务区在内的阳泉（天津）国际陆港项目落户荫营工业园区，这对于明确园区定位，发展物流产业及汽车服务业，加快全区转型升级必将发挥龙头带动作用。

发展环境不断优化。深入学习贯彻习总书记在民营企业座谈会上的重要讲话精神和全省支持民营企业发展大会精神，全面落实各项政策措施，构建“亲”“清”新型政商关系。召开全区民营企业座谈会，制定关于支持民营经济发展的意见，出台领导干部联系民营企业制度，建立服务非公经济部门联席会议制度，构建工商联民商事人民调解服务体系，真心实意支持非公有制经济发展。阳泉泉民民营联合投资控股股份有限公司落户郊区，注册资金20亿元，目前已实缴6亿元。深化“放管服效”改革，落实企业投资项目承诺制，全面梳理编制公共服务事项清单，优化审批流程，提高行政效能。财政列支3800万元产业扶持资金和2000万元过桥资金，助推实体经济发展。全年共为29家企业融资11097万元，帮助14家企业过桥贷款10569万元，有效解决了中小企业融资难的问题。

四、加大城乡统筹力度，新型城镇化建设水平进一步提升

实现城乡统筹发展是全面建成小康社会的内在要求。常委会大力实施乡村振兴战略，改善人居环境，加强城乡建设管理，以城带乡，促进城乡融合发展。

推进生态新城建设。大力支持生态新城重点工程项目建设，平阳路一期建成通车，阳泉职业技术学院新校区竣工并投入使用，二青会射击射箭比赛场馆主体完工，高铁新站交通枢纽、平阳路二期、宁波北路、洪城路北延、桃坡新村、余积粮沟新村、三泉保障房等项目进展顺利。截至目前，生态新城进行了11个城中村改造，总建筑面积199万平米，将有7734户18443人住进楼房，城乡统筹步伐进一步加快。总投资3.3亿元的阳泉市政务服务中心工程竣工，即将入驻。实施李荫路综合整治工程，共投资2260万元，拆除沿线广告牌匾3000平方米，完成墙面粉刷46000平方米，绿化改造2.4公里，绿化面积22000平方米，为市政务服务中心入驻创建了良好环境。

加快建设荫营新城。扎实推进水电气暖基础设施改建、景观绿化、大型车辆分流等工作，进一步完善镇区功能。总投资1.09亿元全长3.68公里的G207绕城改线工程启动，完成投资3734万元，计划今年6月通车。持续开展荫营东西大街、江正大街等重点街路综合整治，出动执法人员1000余人次，发现并整改问题160个。占地1500平米总投资300万元的荫营便民市场完工，为市场规范管理奠定了基础，同时可提供200个就业岗位。南窑庄、下荫营、老虎沟等城中村改造项目有序推进，累计完成投资2.12亿元。加大园林绿化力度，荫营城区建成区绿化覆盖面积达265.8公顷，绿化覆盖率42.2%。

创卫工作成效明显。区委把创卫工作摆在突出位置，先后召开9次会议，专题研究部署创卫工作。在创建区域建立区级领导包片负责制和区直单位包村（社区）联系制，22名区级领导包点30个责任村（社区），64个部门、相关企业包保村（社区），机关干部每周开展义务劳动，全区上下形成了浓厚的创卫氛围。围绕重点弱项，狠补工作短板，累计完成投资5000万元，市下达的73项工程，已开工70项，完工54项；加强基础设施建设，清理积存垃圾3.8万立方米，清淤河道530米，铺设污水管网1500米，改造旱公厕27座，改造户旱厕314座；推进创建区域综合整治，整治"四堆"12883座，清理废品收购站44处，拆除临建房屋115处、地桩地锁3871处；完成医疗机构和学校禁烟、健身设施更新、"六小"行业整治等13大项健康教育工作。开发区社务中心充分发挥自身职能，克服人员不足、资金短缺等难题，创新思路，大胆作为，创卫工作有序推进。开发区126个小区全部配齐清扫保洁人员。

大力整治农村人居环境。作为全省11个农村人居环境整治示范县（区）之一，我区出台《阳泉市郊区农村人居环境整治三年行动的实施方案》，明确任务目标。G207霍树头至韩庄段安全隐患处置工程基本完成，累计完成投资1100万元。西南舁乡北七村集中连片环境整治重点区域顺利推进，累计投入资金2406万元。投资2.8亿元的我区北部集中供热管网工程正式启动，将惠及沿线近3万群众。城乡生活垃圾处理试点区建设扎实推进，共清理垃圾15153吨，荫营镇、杨家庄乡2座中转站主体完工，完成河底镇区生活污水管网工程、桃林沟村废污水排放处理工程，农村人居环境得到进一步改善。荫营镇三都村、西南舁乡大洼村被评为中国传统村落。

五、狠抓"三基建设"，基层社会治理成效进一步显现

"三基建设"是省委站在政治高度作出的战略部署，是一项抓基层、打基础、谋长远的重大决策。常委会严格按照"三基建设"任务清单要求，认真解决一批基层组织、基础工作、基本能力方面的突出问题，确保基层组织全面筑牢、基础工作得到夯实、基本能力全面提升。

村（社）治理新体系试点工作扎实开展。把村（社）治理新体系试点作为基层治理的重要抓手，常委会2次专题研究，专题召开10次会议进行动员部署和人员培训。开展了"出题、领题、答题"调研活动，汇总了4大类15项突出问题。初步构建党建引领，自治、法治、德治相融合的"一领三治"工作体系，形成了汉河沟村"三章三约四个十、清单流程两办法"工作法、南沟村"一章约、两清单、三流程、四制度"工作机制、固庄村"一单一刊一制度"等经验做法。同时，通过举办村（社）治理新体系试点工作知识竞赛，深入宣传推广，做到家喻户晓，扎实推进落实。今年还将逐步扩大试点范围。

基层党组织组织力得到提升。创新组织设置，新成立西古村企联合党委、黑土岩联合党委、李家庄村社联合党委等7个"联合党委"，党组织覆盖面进一步扩大。出台《发展壮大村级集体经济三年行动方案》，为18个村下拨区级项目配套资金。目前，全区村级集体经济全部破零，集体收入5万元以上的村达到了80%。召开了机关党建工作座谈会，出台《加强机关党建工作规范化建设的意见》，着力解决机关党建"灯下黑"问题。开展"双强六好"示范党组织创建活动，创建省级示范党组织1个，市级示范党组织2个。

基础工作更加夯实。坚持问题导向，针对工作运行中存在的薄弱环节和短板弱项，扭住关键，大力整改，推进全区基础工作更加规范化精细化。全区232个单位全部制定完善了"一目录三手册"并接受评估验收，合格率达到100%。坚持统筹结合，围绕人居环境改善、乡村振兴、招商引资、转型发展等工作开展标准问题讨论，查找薄弱环节1160个，明确对标提标事项1160个，全区基础工作更加规范化精细化。召开了我区"三基建设"现场推进会，推广西南舁乡、李家庄村、区法院、区财政局、区统计局等党建示范点经验。

保障水平更加有力。加大"三基建设"投入，推动形成了人往基层走、钱往基层投、政策往基层倾斜的导向。2018年"三基"保障资金达到2475万元。乡镇运转经费年均达到了73万元/乡镇；村级组织运转经费年均达到了

10 万元/村；村主干年人均报酬最高达到 10 万元。通过购买或租赁等方式，活动场所面积 500 平方米以上的社区达到了 94.5%，超额完成市下达任务。机关党建经费按 10%从机关公用经费中列支。通过严格驻村制度、加强工作督查、举办扶贫政策培训班、组织应知应会测试、发放补助、动态调整等措施，加强115 名第一书记和驻村工作队员的管理，确保真扶贫，扶真贫。

基本能力全面提升。大力实施“补钙加油提质”工程，通过开展主题教育、干部教育讲堂、各类培训班、红色基地实训、流动党校送教下乡等形式，培训各类党员干部 1.6 万余人次。2018 年全年举办 9 期干部教育讲堂。开创科级干部读书班形式，提高了干部教育的吸引力和针对性。举办党务干部浙江大学实训班、科级干部专题培训班、村（社区）干部培训班，组织村（社区）“两委”主干开展任前履职承诺，举办村党组织书记学习十九大精神知识竞赛等。创办“流动党校”并组建 4 支宣讲小分队，举办 13 期培训班培训 3000 人次。聘任 9 名村（社区）干部成立郊区首批“导师团”开展政策宣讲 30 余次。实施了村干部学历提升工程，61 名干部参加“高中升大专”学历教育。打造了 4 个党性教育基地培训 18000 余人次。同时，继续推进党建品牌建设，推进农村干部职业化试点，7 个村党组织书记纳入首批农村干部专职化管理范围。杨家庄乡“两进一暖”、旧街乡“两评一颂全覆盖”、李家庄乡“三约共治和两个覆盖”、西南舁乡“学党章、签公约、讲文明、做表率”、平坦镇“四课双育双提升”等一批党建品牌得到认可和推广。全市党建创新项目暨抓党建促脱贫、发展壮大集体经济现场会在郊区召开。

六、牢固树立底线思维，为经济社会发展提供坚强保障

打好防范化解重大风险、精准脱贫、污染防治“三大攻坚战”，事关经济社会发展大局稳定，事关全面建成小康社会成败。常委会提高政治意识，坚持底线思维，层层压实责任，全力以赴打好“三大攻坚战”。

脱贫攻坚实现决战决胜。始终把脱贫攻坚作为头等大事和第一民生工程，深入贯彻中央和省市关于脱贫攻坚的总体部署，区委常委会 5 次听取脱贫攻坚工作汇报，专题研究解决问题。严格落实包保责任制，加强“三支队伍”管理，全部落实“五天四夜”工作制。认真落实产业脱贫、健康扶贫、就业扶贫等政策措施，坚持问题导向，下足“绣花功夫”。加快实施贫困村提升工程，饮水、交通、电力以及通信网络等指标均已按标准完成。积极推进“百企帮百村”精准扶贫工程，深入开展村联村、企联村和党员联农户“牵手”行动，助力贫困村脱贫致富，特别是探索“以强带弱、并村帮扶”扶贫模式，将杨家庄乡大南庄村整体并入平坦镇桃林沟村，实现了结对帮扶、资源共享。严格使用扶贫资金，收到各级精准扶贫资金 1459.51 万元，已分配使用 1431.9 万元，资金结余率 1.9%。2018 年，我区实现 4 村 319 户 735 人脱贫，全区 24 村 1556 户 3536 人的脱贫任务圆满完成，实现了决战决胜。虎峪村第一书记谈永刚的事迹被拍成纪录片《山路弯弯》在中央电视台播出；大学生村官温东升带头创建东升扶贫攻坚养殖专业合作社，被选为共青团第十八次全国代表大会代表；《山路弯弯》《我把阳光带给你》《敢于开花不负使命》三部作品在全省党员电教片观摩评比活动中获奖。

社会大局和谐稳定。深入开展扫黑除恶专项斗争，全年共打掉恶势力犯罪集团 2 个、恶势力团伙 11 个，抓获 70 人，破案 68 起。全区各类刑事类案件和治安案件，分别下降 17.6%和 4%。扎实开展重大社会矛盾风险防范化解专项行动，排查 67 件，调处 66 件，处理率为 98.51%。郊区是全市唯一连续五年获得省平安县区光荣称号的县区。健全完善特殊人群服务管理工作体系，全年开展心理咨询讲座 9 次，受众人数达 4543 人次，及时化解防范降低社会风险。按照“三到位一处理”要求，有效解决了一批十年以上的信访积案，有效化解了涉军、涉教、拖欠农民工工资及涉众型群体性事件，有效打击了一批借访扰乱社会秩序的不法分子。在重要时间节点，未发生大规模集体进京赴省到市上访和聚集，未发生因信访问题引发的重大群体性事件和个人极端事件，未发生因工作不当引发的负面炒作，全区信访形势平稳有序。荫营镇、河底镇作为G239、荫营工业园建设的主战场，主动作为、不等不靠，化解了一批重大信访问题，为重点工程项目顺利推进提供了保障。

生态环境全面改善。坚持照单全收，立行立改，不折不扣地抓好中央环保督察问题、环保部强化督查交办问题和省委环保督察反馈问题整改工作，做到不推诿、真认账、不敷衍。截至目前，中央和省委环保督察反馈的158件问题，整改完成139件，需长期坚持的15件，移交托管区问题4件；环保部约谈问题涉及我区146件，141个问题已完成整改。开展铁腕治污行动，对62家企业违法行为进行立案，坚决打赢蓝天保卫战。切实加快生态修复，全年完成营造林任务12000亩。总投资2.06亿元的7大矿山生态恢复治理试点示范工程项目顺利推进，争取上级资金1.17亿元，整治面积2927亩，其中3项工程完工，剩余项目完成主体建设。去年，全区二级以上优良天数为208天，空气质量优良天数比例达57%，环境综合指数全市排名第二。

安全形势持续好转。深入开展安全生产大检查活动，全年共检查企业3078家次，排查隐患4293条，整改4240条。全区煤矿、非煤矿山、危险化学品、烟花爆竹、冶金等行业均未发生死亡事故，煤矿百万吨死亡率为零。始终保持打击非法违法采矿的高压态势，全年出动执法人员6000余人次，查扣非法采矿大型设备51台件，下达监管函1350余份、责令停止违法行为通知书240余份，制止打击查处各类非法违法采矿13起，全区矿业秩序进一步规范。

七、大力保障和改善民生，人民群众幸福感进一步提升

民生是最大的政治，是社会发展的基础。常委会坚持以人民为中心的发展思想，始终把保障和改善民生作为一切工作的出发点和落脚点，不断提升群众获得感幸福感安全感。加大民生投入，全年民生支出9.2亿元，占一般公共财政预算支出的76.24%，较上年比重增加3.27个百分点。开展专利服务企业行活动，帮助企业申请发明专利12件；全区技术合同交易额完成4040万元，科技成果转化水平进一步提升。区职业高级中学新建工程有序推进；县域内城乡义务教育一体化改革发展试点工作取得阶段成果；教育教学质量稳步提高，高考、中考成绩明显提升。组织开展“群星风采”、送戏下乡等活动，群众文化生活不断丰富；实施全民体育健身工程，健康郊区建设步伐进一步加快。我区成为全省医疗机构一体化改革试点县区，以康复、养老、精神病管理为特色的专科建设取得明显进展，荣获全省“基层中医药先进县区”称号。深入实施就业优先战略，全民技能提质工程稳步推进，城镇新增就业3503人，创业带动就业750人，农村劳动力转移1807人，城镇登记失业率2.74%（控制在4%以内）；不断扩大社保覆盖面，城乡居民养老保险参保94391人，医疗保险参保120001人。圆满完成30个村（社区）12357户的冬季清洁取暖工作，超出市任务（10000户）的23.6%，确保人民群众清洁、温暖过冬。

八、落实全面从严治党政治责任，努力营造风清气正的政治生态

良好政治生态环境是推动转型发展的根本保障。常委会始终牢记党的宗旨，保持战略定力，以刮骨疗毒的决心和坚强意志进行自我革命，不断巩固、深化、拓展全面从严治党成果，巩固反腐败斗争压倒性胜利。

加强党的政治建设。全面加强和规范党内政治生活，严格执行新形势下党内政治生活若干准则，召开坚决彻底肃清腐败流毒影响专题民主生活会，强化“四个意识”，做到“两个维护”。加强党性教育，深入开展为万名党员“过政治生日、忆入党初心”活动和迎“七一”红色经典诵读、千名党员集体宣誓、“两优一先”表彰会、老党员讲初心故事、新时代新担当新作为等主题党日活动，进一步增强了广大党员的责任感、使命感和荣誉感。

深入推进党风廉政建设。区委始终把全面从严治党主体责任牢牢扛在肩上、抓在手上，全面凸显管党治党领导核心地位。成立了区委反腐败领导小组，明确分工，召开区委反腐败领导小组及组长会议3次，部署全区反腐败工作重大事项，不断健全完善区委对反腐败工作全过程领导常态化制度化长效化机制。区委常委会议14次专题听取党风廉政建设和反腐败工作汇报，分析形势、研究问题、作出决策。驰而不息狠刹“四风”，开展各类日常监督检查28次，移交问题全部按时办结。认真贯彻落实上级关于深化政治巡视巡察的各项决策部署，巡察工作取得明显成效；尤其是深入运用“四种形态”，大力提升案件查办数量质量，始终保持惩治腐败高压态势，全年共立案109件、结案112件，处理340人、处分130人，移送5件7人，留置4人，同比增长都在20%以上，形成有力震慑。

牢牢掌握意识形态工作领导权。严格落实意识形态工作主体责任，把握正确政治方向，区委常委会先后10次专题学习、传达、研究意识形态领域工作。坚持正确舆论导向和价值取向，讲好郊区故事，塑好郊区形象。《人民日报》刊发《支书带好头 村民有奔头》《桃林振兴“三法宝”》等报道，中央电视台《地理中国》栏目拍摄制作播出时长达50分钟纪录片《迷洞咀子上》，新华社云平台、山西综合广播等媒体对郊区西南舁脱贫攻坚、乡村振兴等工作进行了现场直播，郊区在国家级、省级主流媒体发稿率创历史新高。深入开展精神文明建设活动，全市农村精神文明建设现场会在郊区召开，凝聚社会正能量，倡导时代新风尚。

加强干部队伍建设。坚持正确选人用人导向，深入开展“工作作风转变年”和“两重申一倡导”活动，出台了《关于进一步激励全区广大干部新时代新担当新作为的实施细则》，激励干部干净干事、勇于担当。2018年共调整干部3批次66人，提拔43名科级干部，形成了人人思进、务实干事的浓厚氛围。选派314名干部在脱贫攻坚、重点项目、信访维稳等急难险重工作中墩苗锻炼，磨砺成长。强化干部日常管理，深入开展谈心谈话。分领域、分行业、分专题开展培训，干部队伍素质进一步提高。

一年来，区委常委会认真贯彻《中国共产党地方委员会工作条例》，坚持把方向、管大局、作决策、促落实，充分发挥总揽全局、协调各方的领导核心作用。定期听取区人大、区政府、区政协、区法院、区检察院党组的汇报并提出指导意见，把党的领导体现到各领域各方面。支持人大依法履行职责、依法实施监督；加强民主协商制度建设，推进政治协商、民主监督、参政议政制度化、规范化、程序化；积极为各民主党派、工商联、无党派人士发挥作用搭建平台，认真做好宗教、对台等工作。大力加强国防动员和后备力量建设，推进军民融合式发展。充分发挥群团组织桥梁纽带作用，凝聚起全区各行各界群众的强大正能量。

这些成绩的取得，是中央和省、市委坚强领导的结果，是全区四大班子团结干事的结果，是全区广大干部群众奋力拼搏的结果。在此，我代表区委常委会，向各位委员和候补委员，向奋战在各条战线的党员干部，向全区广大人民群众，表示衷心的感谢！

同时，我们要清醒认识到，我区发展还存在诸多不足和问题，工作中还有不少差距和短板。比如，结构不优问题依然突出，转型发展后劲不足，农村人居环境改善任务艰巨，基层社会治理创新步伐还需进一步加快，一些党员的先锋模范作用、个别党组织的战斗堡垒作用发挥不充分，干部的能力、素质与转型发展的形势要求还不相适应。对于这些问题，常委会将高度重视，认真加以解决。

2019年是中华人民共和国成立70周年，是全面建成小康社会的关键之年。我们要紧密团结在以习近平同志为核心的党中央周围，坚持以习近平新时代中国特色社会主义思想为指导，按照中央和省、市委决策部署，围绕走好“三条路”，率先实现城乡融合示范区的奋斗目标，求真务实，脚踏实地干好每项工作，开创各项事业发展新局面，以优异成绩迎接中华人民共和国成立70周年。

政府工作报告

——在2019年3月4日阳泉市郊区第十八届人民代表大会第四次会议上

代区长　宁文鑫

一、2018年工作回顾

刚刚过去的2018年，是全面贯彻落实党的十九大精神的开局之年。一年来，面对严峻复杂的形势和艰巨繁重的发展改革稳定任务，在区委的坚强领导下，全区上下坚持以习近平新时代中国特色社会主义思想为指引，认真贯彻落实省、市决策部署，紧紧围绕走好“三条路”，率先实现城乡融合示范区目标，全力做好各项工作，经济社会事业发展都取得新成绩。

全区地区生产总值首次突破百亿大关，达到110.7亿元，增长7%；规模以上工业增加值达到30.29亿元，增长4.7%；固定资产投资完成52.7亿元，增长3.4%，位列全市第一；公共财政预算收入达到3.94亿元，增长15.65%；城乡居民人均可支配收入分别达到26785元和14864元，增长6.7%和8.7%；社会消费品零售总额达到36.04亿元，增长7.1%。约束性指标中，除空气质量优良天数外，均较好完成了年度目标。

一年来，我们坚持高质量发展理念，转型升级迈出新步伐。深入开展转型项目建设年活动。全年实施转型项目51个，桑掌乏风氧化发电、荣光能源垃圾发电项目进入调试阶段，星火金源活性氧化钙项目一期投产达效，耐耐网云数据集成交易中心上线运营，桃林沟果蔬交易市场全面开业，中航天纳米气凝胶中试生产线建设进展顺利。狠抓产业结构调整。三次产业的比例从1.8:54.9:43.3转变为1.4:51.6:47.0，第三产业占比大幅提升，对经济增长的贡献度超过50%。规模以上工业增加值中，煤炭行业占比下降23.6%，制造业提升7.5%，煤炭“依赖症”逐步缓解。耐火产品产量增长35.5%，利税增长17.9%，新能源锂离子匣钵工具砖等高端产品数量不断增多。灿坤工贸、加林科技、梵尔奇家具等项目为经济增添了新活力。全力推进开发区建设。荫营工业园区累计投入资金超过1亿元，形成东西主干道路基1.9公里，打造可供企业入驻的平整土地1585亩。阳泉（天津）国际陆港和国新能源公司新能源车物流服务园项目确定入驻荫营工业园，相关前期工作有序推进。全区经济呈现出了稳中向好、好中向优的发展态势。

一年来，我们坚持城乡融合发展，城乡面貌呈现新气象。重大项目进展顺利。G239改线工程正式开工，水务一体化项目完成前期工作即将开始招标，两个项目将带动北部区域发展进入新时期。G207绕城改线工程进展顺利，荫营城区发展框架进一步拉大。理顺了下荫营、南窑庄、老虎沟等棚户区改造项目的体制机制，即将进入大规模建设阶段。生态新城建设稳步推进。发扬主动服务的精神，解决了多个影响新城建设的拆迁难点问题，切实为下一步建设扫清了障碍；综合交通客运枢纽、平阳路二期、宁波北路、洪城北路北延以及桃坡、余积粮沟、三泉等保障房建设进展顺利，平阳路一期、市职业技术学院等如期竣工，市政府政务服务中心完成建设即将入驻。“五城联创”成效显著。下大力气开展拆违治乱和“六小”行业整治，拉网式排查清理历史积存垃圾，积极在部分村试行环卫一体化改革，对李荫路环境进行综合整治，对32个“三无”小区进行兜底保洁，全民创卫氛围日益浓厚，城市环境脏乱差现象得到有效治理。环保攻坚力度空前。持续巩固“散乱污”企业整治成效，认真应对重污染天气，全年整改上级反馈交办问题280个，立案查处违法企业62家。7项矸石山生态恢复治理试点工程中3项全面完工，4项完成主体建设，整治面积达2927亩。全区二级以上天气达到208天，空气质量优良率达到57%。城乡面貌发生许多可喜变化，群众满意度不断提升。

一年来，我们坚持“三农”优先发展，乡村振兴取得新进展。脱贫攻坚决战决胜。完成了最后4个贫困村、735名贫困人口的脱贫任务，实现了全面脱贫。贫困村实现产业全覆盖，有劳动能力的贫困人口实现就业全覆盖，贫困村基础设施和公共服务得到全面提升。现代农业蓬勃发展。种植、养殖结构进一步优化，水果、中药材面积不断扩大，肉、蛋、奶产量持续增长。新成立农村专业合作社20个，总数达到270个，家庭农场总数达到19个。农产品“三品一标”认证15个。北异果品市场被评为“省级田间地头市场”。千亩坪现代农业产业园进入全省首批20家现代农业产业园行列，多家企业入驻。桃林沟、南沟、咀子上、大洼等村乡村旅游势头喜人，我区连续五年被评为全省“休闲农业与乡村旅游示范县”。**人居环境明显改善。**成功入选省级农村人居环境整治示范县区。新建了荫营、杨家庄两个垃圾中转站，垃圾转运体系不断完善。在部分村试点建设污水处理系统和集中改厕。全年改造清洁取暖30村12357户，改建扩建“四好农村路”39.6公里，建设饮水安全工程11处，改造农村危房79户，造林1.2万亩。全面启动西南舁“北七村”人居环境改善示范片区创建，前期规划设计等工作有序推进。扎实开展大棚房清理整治，农地非农化有效遏制。采取果断措施防控非洲猪瘟，消除了各类隐患。农业农村发展形势持续向好，乡村振兴实现良好开局。

一年来，我们坚持深化改革不动摇，经济社会发展增添新动力。金融支撑持续加强。G239改线和水务一体化两个PPP项目进入财政部项目库并入选省级示范项目。发挥财政资金引导作用，为29家企业融资1.11亿元，帮助14家企业过桥贷款1.06亿元。大力支持信用社改制化险，不良贷款较年初下降4.45亿元。加强国有资产管理和投融资体系建设，区国有资本运营和投融资平台组建工作全面启动。“泉民投”公司成功组建并落户我区，为下一步合作奠定了基础。农村改革走在前列。作为农村集体产权制度改革试点县区，150个村（组）完成成员身份确认，144个村（组）完成折股量化并成立集体经济组织，整体工作全市综合排名第一，总结出了许多值得推广的经验做法，得到了省、市领导的充分认可。创新驱动成效明显。全年申请专利66件。高新技术企业达到11家，中创陶粒等13家企业入库省级科技型中小企业。北辰科技孵化器建设进展顺利，万新孵化器众创空间被认定为省级众创空间。管理水平不断提升。顺利承接市经济技术开发区社会管理职能，组建了开发区社会事务服务中心，各级干部开始接触并逐渐熟悉城市社区工作，平坦垴、河坡、上下五渡等村时隔多年后再次回归郊区管辖。许多制约发展的体制机制障碍逐步破除，改革成效不断转化为发展动力。

一年来，我们坚持以人民为中心，群众幸福指数得到新提升。全年民生支出达12.17亿元，增长21.1%，占到一般公共预算支出的79.15%。多措并举促进就业，新增城镇就业人员3503人，创业带动就业750人，为高校毕业生提供就业见习岗位115个，城镇登记失业率控制在4%以下。社保能力稳步提升，提高了城乡居民养老保险最低领取标准，实现了城乡居民基本医保制度并轨，简化了跨省异地就医结算审批流程，特别是顺利承办全省城乡居民养老保险业务经办培训暨经验交流现场会，我区首创的“阳光人社”APP在省内得到全面推广。

教育事业均衡发展，义务教育“六率”全部达到100%，郊区被确定为全省唯一的“全国‘家校（园）共育’数字化项目试验区”；河底、街上幼儿园维修竣工并投入使用，中小学校实现清洁取暖改造全覆盖；荫营中学被评为“全民国防教育特色校”。文化惠民深入人心，开展“免费送戏下乡”慰问演出106场，为24个贫困村配备了文化体育设施。全民健康保障有力，积极开展免费产前筛查和新生儿疾病筛查，扎实推进家庭医生签约服务，特别是医疗改革取得突破，康复、养老、精神病管理等特色专科建设成效明显，获全省“基层中医药先进县区”称号。深入开展平安创建，持续深化扫黑除恶专项斗争，始终保持严厉打击违法犯罪高压态势，有力净化了社会风气，连续五年被评为省级“平安县区”，群众安全感显著增强。以“四铁”要求狠抓安全生产，认真组织开展重点行业领域大检查行动，非煤矿山、危险化学品等重点行业领域无死亡事故，煤矿百万吨死亡率为零。始终对私挖滥采保持零容忍，切实做到了有报必查、露头就打，矿业生产秩序平稳有序。

一年来，我们坚持加强政府自身建设，履职能力取得新进步。严格落实全面从严治党主体责任，坚持不懈推进党风廉政建设和反腐败斗争。认真执行区人大及其常委会决议，大力支持区政协履行职能，自觉接受人大法律监督和政协民主监督，全年办理人大代表意见、建议92件，办理政协委员提案145件。持续推进“放管服效”改革，积极试行企业投资项目承诺制。深化拓展“13710”督办制度，行政效能不断提升。

此外，民族宗教、老龄妇幼、史志档案、外事侨务、国防动员等工作都取得新成绩。

各位代表，过去一年的成绩来之不易。这是以习近平同志为核心的党中央坚强领导的结果，是习近平新时代中国特色社会主义思想科学指引的结果，是全区广大干部群众在区委的集中统一领导下，团结一心、共同奋斗的结果！在此，我代表区人民政府，向全区人民，向各民主党派、工商联和无党派人士，向各位人大代表、政协委员，向驻区武警官兵和省、市驻区单位，向所有关心支持郊区经济社会发展的各界朋友，表示崇高的敬意和衷心的感谢！

在肯定成绩的同时，我们也清醒地看到，郊区资源型经济结构尚未得到根本性改变，煤炭价格依旧对经济起着决定性作用，财税收入仍较多依赖资源性产业；新兴产业领域缺少大项目、好项目支撑，耐火等传统产业还停留在较低水平。社会管理还未完成由“郊”到“城”的转变，城乡面貌与群众期盼差距较大，脏乱差现象依然普遍，生态环境欠账较多，治理改善压力巨大。特别是部分干部思想还停留在“靠资源吃饭”的时代，眼界不够开阔，思想不够解放，创新能力不足，服务意识不强，导致我们的改革步伐相对滞后，营商环境不够理想。这些都成为限制我们发展的关键性因素。

各位代表，当今世界正面临百年未有之大变局，全省全市都在“两转”基础上拓展新局面，郊区正处在转型发展的关键期和大有可为的战略机遇期。我们一定要牢牢把握机遇，珍惜难得的干事创业环境，坚定走好“三条路”，奋力谱写新时代郊区发展新篇章！

二、2019年工作安排

2019年是新中国成立70周年，是全面建成小康社会的关键之年，也是我们全区上下团结一心，全力推动中央和省、市重大决策部署集中落地见效的奋进之年。做好今年工作，要以习近平新时代中国特色社会主义思想为指导，全面贯彻党的十九大和十九届二中、三中全会精神，统筹推进“五位一体”总体布局，协调推进“四个全面”战略布局，深入贯彻习近平总书记视察山西重要讲话精神，在区委的坚强领导下，坚持稳中求进工作总基调，坚持新发展理念，坚持推动高质量发展，坚持“巩固、增强、提升、畅通”八字方针，以省委转型发展“三条基本经验”为遵循，以供给侧结构性改革和转型综改试验区建设相结合为经济工作主线，以深入开展“改革创新、奋发有为”大讨论为思想和精神推动，紧紧围绕省委“三大目标”和市委“聚力六大突破、实现转型崛起”总体要求以及“四个必须”基本要求，牢固树立“项目兴区”理念，着力走好转型升级、新型城镇化建设、基层社会治理创新“三条路”，为率先实现城乡融合示范区目标和全面建成小康社会收官打下决定性基础，以优异成绩迎接中华人民共和国成立70周年。

2019年，全区经济社会发展的主要预期目标是：地区生产总值增长6.3%左右，固定资产投资增长7.5%，社会消费品零售总额增长7.5%，一般公共预算收入完成市下达任务，城镇和农村居民人均可支配收入分别增长6.5%和6.5%以上。约束性指标严格控制在市政府要求范围之内，努力做到更好。

围绕实现上述目标，今年重点抓好六方面工作：

（一）聚焦项目建设，提升发展质量

市委在十二届六次全会上提出“项目兴市”理念，要求把抓项目作为抓经济的第一要务。我们一定要坚决贯彻落实，举全区之力引进和实施一批具有带动作用的大项目、好项目，为经济转型升级打下坚实基础。

要着眼调结构，以项目建设助推结构调整。今天的项目就是明天的产业，作为经济相对落后地区，必须坚持把产业类项目摆在优先发展、重点保障的地位。传统产业方面，重点抓好阳煤西上庄500万吨煤矿和2×66万千瓦电厂的重启工作，如期退出和泰荫营煤矿。大力引进若干耐火材料领域新项目，鼓励现有耐火企业改造升级，下决心破解资源优势难以转化为产业优势的痼疾。新能源方面，加快北京宣力和三峡新能源两个5万千瓦风电项目建设，推动荣光能源垃圾发电项目尽快正式运营，推进阳煤二矿桑掌、神堂煤业等煤层气发电项目。加工制造业方面，要实施好宏承基矿用锚杆生产线、裕盛源绞股蓝保健醋生产车间等项目。新材料方面，重点推进汉韵瓦业年产8000万片釉面瓦、加林科技年产3万吨宝珠砂以及日加科技莫来石砂等项目建设。加快北辰科技孵化器及中航天纳米气凝胶中试生产线建设和投产进度，积极争取相关产业链落户我区。服务业方面，做好新城控股集团吾悦广场商业综合体落地相关工作，建设阳泉城市新地标。仓储物流方面，重点抓好阳泉（天津）国际陆港和国新能源公司新能源车物流服务园两个项目，助推荫营工业园起步发展。加快桃林沟果蔬交易市场二期建设，争取纳入国家供销社“新网工程”。

要优先建平台，为项目落地提供要素支撑。由于缺乏高标准工业平台，我区项目等地现象普遍存在，平台打造迫在眉睫。荫营工业园区重点要加快路网建设，启动管网工程，加快水、电、气、通讯等配套设施建设，年内高标准打造一定规模工业平台，为大上项目做好准备。白泉工业园区要创新方式盘活“僵尸企业”占地，发挥配套设施齐全的优势引进一批高端产业类项目，力争年内见效。西南舁耐火产业园要借助“耐耐网”平台，加大铝矾土资源线上线下销售力度，努力形成集聚效应。千亩坪现代农业产业园要理顺建设和管理机制，以抓基础设施配套带动一批优质企业入驻。

要精准抓招商，创新方式紧盯重点领域。进一步明确我区产业发展定位，针对耐火、煤机、建材、物流、现代农业等行业领军企业进行深入研究，重点企业逐个登门拜访，有针对性地开展招商活动，尽可能避免无的放矢、大海捞针。对看的准的优秀企业，在明确亩均投资、产出、税收等要求的前提下，大胆给予土地占用、资金奖补、股权投资、资源配置等方面的优惠政策。大力开展走访慰问阳泉籍在外人士“贴心行动”，积极鼓励“引老乡、回故乡、建家乡”，重点关注好在外人员提供的招商引资信息，给予优先支持。今年，要紧盯京津冀、长三角、粤港澳大湾区以及与我区产业联系紧密的地区，力争外出招商10次以上。

要全力优服务，为项目推进提供坚实保障。切实在金融支持、建设用地、环境容量、基础设施配套等方面给予转型项目更多倾斜。完善项目推进机制，落实重大项目区级领导包保责任制，建立工作专班，从企业跑手续转变为政府主动帮办手续，提供全方位的“店小二”服务。深化“放管服效”改革，以行政审批服务管理局成立为契机，整合各单位分散的办事窗口，实现企业和群众办事“只进一扇门”“只对一个窗”“最多跑一次”。推进“互联网+

政务服务”改革，所有审批事项原则上“一网通办”。要以落实投资项目承诺制改革为抓手，进一步优化审批程序，压缩项目落地时间。

各位代表，抓项目是我们实现资源型经济转型的必由之路，没有捷径，也来不得半点动摇。我们要动员全区上下一切围绕项目转，一切盯着项目干，为高质量发展提供更加有力的支撑！

（二）全面深化改革，激发转型动力

郊区与发达地区的差距首先是思想解放上的差距，是深化改革上的差距。要结合正在开展的“改革创新、奋发有为”大讨论，按照省委“整体改革在全国不落后，一批有特色的改革走在前列”的要求，大胆学习借鉴先进地区经验，真正推出一批务实管用的改革措施。

增强金融意识，强化资金保障。资金是各项工作开展的前提条件。今年我区计划实施的众多项目资金需求量巨大，仅靠财政资金远远不能满足需要，必须解放思想调动金融机构和民间资本的力量助力发展。积极谋划和包装项目，所有政府类项目都要配套市场化融资方案，发挥财政资金“四两拨千斤”的作用，最大限度争取地方政府专项债券和金融机构贷款支持。加快组建国有资本运营和投融资平台，多渠道对接金融机构，盘活国有资产，为重点工作提供资金保障。全力支持农村信用社化险改制。注重引导民间资本发挥作用，鼓励泉民投参与城市建设、工业园区建设等项目。

落实扶持政策，做强民营经济。认真贯彻落实山西省支持民营经济“30 条”和阳泉市《“1+6”行动方案》，完善和出台我区扶持民营经济“10 条”政策。支持民营企业解决土地性质问题，在原厂区改造升级的企业可享受招商引资项目同等土地政策。积极帮助民营企业争取专项资金扶持。鼓励金融机构加大信贷支持，落实好“助保贷”“过桥贷”“银税通”等政策措施，着力破解民营企业融资难融资贵的问题。改进政府产业扶持政策，逐步从直接给予企业资金支持转变为以增信为主。严厉打击干扰企业正常经营的违法行为，积极调解处置地企矛盾，努力为民营企业营造心无旁骛的发展环境。构建亲清政商关系，大胆与民营企业家交朋友，定期座谈谈心。推进小微企业上规升级，年内新培育“小升规”2 家以上。

大力招才引智，广聚各类英才。坚持把人才作为支撑发展的第一资源，认真落实好《人才新政 10 条》。为符合条件的毕业生开辟“绿色通道”，只需面试和考察就可直接录用到事业单位。对机关事业单位录用的人才给予资金奖励、人才公寓、配偶随迁调动、子女入学等优惠政策。按照酒店标准，在未来城小区打造“拎包入住”人才公寓，符合条件的人才可在一定年限内免费使用。支持民营企业招聘人才，对重点领域企业引进的技术人才给予年薪 10%的配套补助，对引进的高层次创新型专家或团队给予重奖。结合“贴心行动”加强与在外工作阳泉籍人士的联系，利用好这些宝贵资源。

全面深化体制机制各项改革。抓好政府部门机构改革，做好职能调整部门之间的工作衔接，督促新组建部门承担好相应职能，完成好“三定”方案编制和人员转隶，尽快把制度优势转化为治理效能。支持乡镇机构改革，加大“三基建设”经费保障力度，组建乡镇执法队并依法履行职能，提升乡镇对驻地站所的统筹和管理能力。逐步解决乡镇和机关事业单位的临时用工问题，合理确定用工数量和录用办法，推行劳务派遣模式。推进环境卫生治理体系改革，筹建城乡环境卫生服务中心，着力解决区、乡两级和多个部门“九龙治水”的问题，实现一支队伍管环卫，“一把扫帚扫到底”。改进拆迁扫障工作，制定相关办法，全过程纳入法律渠道，做到依法拆迁，服务好市、区重大工程建设。

各位代表，改革是决定转型成败的关键一招，决不能落在人后。我们一定将确定的改革事项坚定不移地推行下去，打破旧有体制机制束缚，真正用改革为转型发展提供强劲动力！

（三）致力城乡融合，加大建设力度

郊区在城乡融合发展方面具有先天优势，但城乡建设依然存在许多短板，需要持续加大投入和不断完善机制，尽快形成特色鲜明、层次分明的城乡融合发展格局。

全力支持新城建设。生态新城全部位于我区范围之内，市政府前期投入大量资金用于征地拆迁和基础设施建设，全区各级干部付出了艰辛努力，即将迎来大规模建设的收获期。要以更加积极的姿态，不推诿躲避矛盾，主动承接新城建设相关工作，支持好综合交通客运枢纽、市职业技术学院、射击射箭馆、城市规划展览馆等重点工程，配合好阳泉市中心医院、阳泉大剧院、AI智慧公园等项目实施。加快漾泉大道一期建设，确保年内通车。完成好市政务服务中心停车场工程。积极引进转型项目落地新城，全过程做好相关服务。

加快荫营城区提质。坚持把荫营作为区一级新型城镇化建设的主战场和重要投入方向，推动全区政治、文化、教育、基础设施等资源优先向荫营城集中，人口优先向荫营城集聚，尽快实现由“镇”向“城”的转变。加快G239改线工程建设，确保两年内完工。完成G207绕城改线工程，结束重型货车穿城而过的历史。打通中兴大道，完成忠义路建设，启动新城大道、中兴大道、李荫路东西连接线工程，拉大荫营城发展框架。抓住最后的政策窗口期，实施好下荫营、老虎沟、南窑庄等棚户区改造工程，稳妥推进桥上采煤沉陷区治理，抓好不同类型项目的统筹和衔接，避免各自为政。启动区文体中心等标志性工程。支持阳泉一监新监区建设。注重引进优质教育、医疗、商业等资源，增加城市活力，提升城市品位。加强占道经营、乱停乱放、私搭乱建等专项整治，加大绿化、美化力度。

支持建设特色乡镇。按照市域城乡融合发展布局总体要求，加快乡镇错位发展。河底镇要充分利用基础设施北延和荫营工业园区建设契机，注重规划引领，完善中心集镇设施和功能。平坦镇要注重引导不同类型农村发挥优势，依托城市、融入城市、服务城市。李家庄乡要主动服务新城建设，探索“农民上楼”后农村管理和集体经济发展新模式，加快组建城市社区，熟悉城市管理工作。西南舁乡要改善和修复生态，做大做强水果产业，抓好“北七村”乡村振兴示范区建设。杨家庄乡要注重衔接好市经济技术开发区扩区工作，配合好工业园区平台打造。旧街乡要立足生态优势，发展特色农业和乡村旅游，打造城市“后花园”。开发区社会事务服务中心要主动作为，进一步理顺工作体制机制，以“创卫”为抓手提高服务水平。

加快补齐城乡短板。实施好水务一体化项目，尽快解决北部区域群众安全饮水和灌溉问题。推进河坡电厂至河底镇供热管网建设。承接好荫营矿、固庄矿等国企“三供一业”移交，实施好相关改造工程。规划建设河底高铁站东西向道路连接线工程和河底高速口东西向道路连接线工程。推进窑沟、黑土岩和桃林沟等棚户区改造工程，加快实施采煤沉陷区治理。

各位代表，城乡建设项目投入大、周期长、矛盾多，但完成后群众的获得感最直接，对区域发展的影响最长远。我们一定久久为功，横下一条心，朝着既定目标毫不动摇地干下去，走出一条资源型地区城乡融合发展的新路！

（四）大力振兴乡村，优先发展“三农”

对标全面建成小康社会总体目标，我区在“三农”领域还有许多必须要完成的硬任务。要把农业农村优先发展的政策导向树起来，巩固我们多年来在“三农”工作上取得的优势，推动“三农”工作取得新突破、新亮点。

巩固提升脱贫成效。在全面脱贫的基础上，围绕“两不愁三保障”，进一步建立完善返贫预警机制，落实好后续扶持各项工作，真正做到摘帽不摘责任、不摘政策、不摘帮扶、不摘监管。积极研究制定针对收入水平略高于建档立卡贫困户群体的支持政策。注重长效发展脱贫产业，提高农民参与度，推动农民稳定增收。加强脱贫攻坚和乡村振兴的统筹衔接，打造2个脱贫奔小康示范村和2个脱贫成果巩固提升示范村。

做强做精现代农业。深入推进农业供给侧结构性改革，进一步压减玉米种植面积，发展有机旱作农业，打造一批优质杂粮、干鲜果、中药材等特色优势产业。立足服务市民，发挥城郊优势，壮大设施蔬菜、畜禽养殖、花卉苗木等产业，促进农业增效、农民增收。要把壮大新型农业经营主体作为重点，大力培育现代农业园区、示范性家庭农场、规范化合作社、示范性专业化合作组织以及农产品加工龙头企业。加快农村各项产业融合发展，推动农业、旅游、文化、康养等深度融合，促进休闲农业和乡村旅游提档升级。

大力整治人居环境。全面推广浙江“千村示范、万村整治”的经验做法，认真落实《2019年农村人居环境整治行动计划》，全力推进农村人居环境整治试点县区建设。坚持规划先行，启动全区村庄布局规划和部分示范村实用性村庄规划编制工作。试点农村建房许可管理，强化乡镇规划执法职能，推进农村拆违治乱。试点推进环卫一体化服务进农村，充分调动村集体和村民积极性，提升农村环境卫生质量。解决好农村生活垃圾问题，建立完善收集和转运体系，实现垃圾中转站全覆盖和垃圾清运服务全覆盖。妥善处理历史形成的非正规填埋垃圾问题。按照先试点后铺开的原则，稳妥推进农村生活污水治理和“厕所革命”。加大农村基础设施和公共服务投入力度，统筹推进农村道路建设、饮水提质、教育卫生等方面工作。重点打造西南舁乡“北七村”乡村振兴示范区，按照省级示范项目标准高规格规划建设。各乡镇都要按照优先培育新典型和连片发展的原则，选择若干示范村和提升村进行打造。

统筹做好涉农工作。深化农村集体产权制度改革，发展农民股份合作制经济，促进农民财产性收入稳定增长。推进农村农用地、集体经营性建设用地和宅基地“三块地”改革，积极争取各类改革试点政策。鼓励新型农业经营主体采取流转、入股等方式实现适度规模经营。吸引社会资本“上山下乡”，助力乡村振兴。零容忍清理整治“大棚房”，确保排查出的问题按期彻底整改到位。扎实开展非洲猪瘟防控工作，巩固泔水猪取缔成果，抓好对各个环节监控。

各位代表，“三农”工作对经济健康发展和社会大局稳定具有重大意义。我们一定把“三农”工作“重中之重”的任务落细落小落实，凝聚更多智慧、更多力量、更多资源，共同建设一个“强、美、富”的幸福家园！

（五）坚持绿色发展，建设美丽郊区

生态环境是关系党的使命宗旨的重大政治问题，也是关系国计民生的重大社会问题。作为资源型地区，郊区生态环境历史欠账较多，必须聚焦突出问题，拿出超常举措，推动生态文明迈上新台阶。

全力推进“五城联创”。深入开展环境综合整治、市容市貌综合整治、健康食品卫生提升三大行动，大力整治城市“十乱”、农贸市场、便民市场、早夜市和“六小行业”。认真落实区级领导包片和区直单位包村（社区）等制度，对标《国家卫生城市标准》和《国家卫生城市暗访评价表》，列出任务清单，压实整改责任，逐个销号清零，实施好提升改造类项目。要聚焦拆违治乱、乱贴乱画、物业管理等难点问题，严格执法，动真碰硬，确保整治到位、管控到位。

坚决打赢蓝天保卫战。持续优化产业结构和能源结构，加强排放总量和排放标准双控制，标准服从于总量。要用环保手段倒逼产业升级，对涉气企业的经济效益和社会效益进行全面评估，排名靠后的逐步淘汰。巩固“散乱污”企业整治成果，坚决杜绝异地转移和死灰复燃。加强“秋冬防”和重污染天气应对，落实好错峰生产、应急减排、交通限行等措施。全面禁止建成区燃放烟花爆竹。加强建筑工地管控，严格“六个百分百”要求，环保整改不到位一律不准开工。加快燃煤锅炉淘汰和整治，年内改造清洁取暖2万户以上。实事求是修订清洁取暖补贴政策，确保群众能够承受，改造区域散煤清零。运用好大气污染热点网格平台，做到科学防污、精准治污，确保发现的问题整改到位。

抓好生态修复治理。深化开展国土绿化行动，重点修复城市周边和交通干线两侧裸露土地、散乱污企业腾退土地等区域，力争年内营造林达到1.8万亩以上。加大历史遗留采矿坑点治理力度，完成好老虎沟、街上等10个坑点治理任务。推进工业水深度处置，积极开展山底老窑水治理可行性研究。落实好环保机构垂直管理体制改革，建立乡镇环保机构，充实基层环保力量。

各位代表，绿水青山就是金山银山。我们一定要牢固树立绿色发展新理念，坚持污染防治和生态修复并重，让绿色成为美丽郊区的底色！

（六）恪守为民宗旨，发展社会事业

民生福祉是政府一切工作的出发点和落脚点。要坚持以人民为中心的发展思想，切实保障和改善民生，不断增强人民群众的获得感、幸福感、安全感。

提升就业和社会保障水平。加强就业困难人员援助和重点群体帮扶，落实自主创业鼓励措施，推进全民技能提升工程，确保年内新增就业岗位2200个以上，零就业家庭动态清零。继续实施全民参保计划，稳步提高各项社会保险待遇水平。大力发展养老产业，积极引导社会资本参与养老机构建设。关注弱势群体，做好残疾人工作。加强劳动监察，维护农民工权益。加快建设和完善住房保障体系。

办好人民群众满意的教育。加快改善办学条件，实质性启动区职业中学新建工作，实施好幼儿园改扩建、义务教育学校标准实验室建设等工程。启动居馨小学，妥善解决开发区实验小学、阳泉十中等学校义务教育学位不足的问题。优化农村学校布局，提高办学效率。支持荫营中学提升教学质量，结合高考成绩合理给予奖励。鼓励优质教育资源落户我区，在土地、招生等方面给予优惠政策。加强教师队伍建设，落实教师补充机制，强化教师培训交流，逐步消化历史遗留问题。

着力提升全民健康水平。要引深区乡医疗机构一体化改革，深化公立医院改革，推进医疗集团建设，加强乡镇卫生院特色专科建设，完善分级诊疗制度，提升健康保障能力。支持区医院信息化改造，引进专业技术人才，提高服务水平。完善基层医疗卫生服务体系，加强全科医生建设，优化家庭医生签约服务，落实好“三保险、三救助”健康扶贫工程。深入开展全民健身活动，提升人民群众身心素质。加强食品药品监管，保障人民群众“舌尖上的安全”。

牢牢守住安全稳定底线。牢固树立安全发展理念，提高防范化解风险意识。加强应急管理体系建设，压实安全生产责任，深化重点领域专项整治，坚决杜绝较大以上事故，大幅减少一般事故，防范意外事故。时刻不忘私挖滥采领域付出的沉痛代价，始终保持严厉打击高压态势，苗头性问题露头就打。加强和创新社会治理，完善社会矛盾纠纷多元化解机制，妥善处置各类群体的利益诉求，做好信访工作。持续推进扫黑除恶专项斗争，切实维护社会和谐稳定和人民群众生命财产安全。

全面推进社会各项事业发展。大力培育和践行社会主义核心价值观，将之内化为精神追求，外化为实际行动，融入生活方方面面。深化群众性精神文明创建，培育社会新风，提升群众素质和文明水平，为转型发展和振兴崛起提供精神力量。繁荣文化事业，深入开展文化惠民系列活动，注重文化与旅游产业的融合衔接。支持国防建设，加强退役军人服务和管理，做好双拥工作。全面推进商务供销、防震减灾、民族宗教、老龄妇幼、史志档案、外事侨务、新闻宣传等各项事业发展。

各位代表，改善民生，贵在落实，重在实干。我们一定要把惠民实事一件一件办成，一件一件办好，让广大人民群众有实实在在的获得感、幸福感！

三、全面加强政府自身建设

开启新征程，完成新目标，必须进一步加强政府自身建设。我们一定以此次机构改革为契机，切实改进工作作风，加快转变政府职能，提高行政效率，提升服务水平，建设让党放心、让人民满意的政府。

加强政治建设，保证方向正确。坚持把党的政治建设摆在首位，进一步增强“四个意识”，坚定“四个自信”，做到“两个维护”，坚决贯彻落实中央大政方针和省委省政府、市委市政府决策部署，服从区委集中统一领导。要加强教育引导，确保广大干部政治信仰不变、政治立场不移、政治方向不偏。

开展好“改革创新，奋发有为”大讨论。以大讨论活动引领全年各项工作谋篇开局，着力破除僵化保守、因循守旧、封闭狭隘、资源依赖、随遇而安、慵懒散漫等6个方面问题，扎实推进12个规定动作，迅速掀起大讨论热潮。要在大讨论中认真反思近年来我们发展相对滞后的原因，组织外出考察学习先进经验，将大讨论成果转化为激励各级干部思想觉醒、求真务实、奋起直追的强大正能量。

加强法制建设，依法履行职责。坚决执行区人大及其常委会决议决定，全力支持区政协履行职能，认真办理人大代表意见、建议和政协委员提案，主动接受人大的法律监督和工作监督、政协的民主监督以及司法监督、群众监督、舆论监督。坚持依法行政，完善重大决策合法性审核机制，依法办理行政复议和行政应诉案件。加强政务公开。

加强廉政建设，做到干净干事。坚决把纪律和规矩挺在前面，严格执行中央八项规定，严防“四风”反弹。牢固树立过“紧日子”的思想，确保一般性支出压减5%以上。全面落实从严治党“两个责任”，针对政府系统工作特点，完善建筑工程、政府采购、资源配置等重点领域监管和审查机制，扎紧制度的笼子。大力整治不担当、不作为现象。

各位代表，天道酬勤，幸福都是奋斗出来的！让我们更加紧密地团结在以习近平同志为核心的党中央周围，高举习近平新时代中国特色社会主义思想伟大旗帜，在区委的坚强领导下，解放思想，勇于担当，只争朝夕，攻坚克难，努力开拓郊区转型发展新局面，以优异成绩迎接中华人民共和国成立70周年！

大 事 记

1月

2日，区委书记王明厚到神堂嘴煤层气工业园区和桃林沟果蔬交易市场，调研转型项目推进情况。

8日，区政府召开国有企业资产重组暨融资平台转型整合工作会议。

9日，市政协组织部分省、市、县（区）三级政协委员、各民主党派市委负责人及相关界别人士到郊区，视察重点工程进展情况。

11日，区创建国家卫生城市指挥部召开会议，传达市创建国家卫生城市攻坚指挥部第七次会议精神，听取近期进展情况汇报，安排部署下一阶段工作。

14日，郊区召开干部大会，传达学习省委经济工作会议精神，安排部署郊区贯彻落实工作。

15日，市人大常委会主任王旭明到开发区，慰问山西籍在外工作人员邓文勇家属。

19日，代区长宁文鑫督查郊区节日安全、“三节”活动筹备、市场供应等工作。

2月

7日，区委、区政府举办“情系家乡·共谋发展”新春座谈会，邀请郊区籍在外工作的部分专家学者、商界精英、领导干部代表，畅叙乡情，共度佳节，共商家乡发展大计。

14日，区委九届五次全体会议暨经济工作会议召开。

22日，全区“改革创新、奋发有为”大讨论安排部署会召开。

28日，全区干部大会召开。会议宣布干部任免决定并进行集体谈话和廉政谈话，动员全区各级干部以高度的思想自觉和行动自觉，适应新形势，投入新工作，树立新形象，实现新作为，为全区经济社会持续健康发展打下坚实基础。

3月

3日，中国人民政治协商会议阳泉市郊区第九届委员会第四次会议开幕。

4日，阳泉市郊区第十八届人民代表大会第四次会议召开。

10日，区政府安委会第一次全体（扩大）会议暨全区安全生产工作会议召开。

12日，旧街乡后山村发生森林火灾，全市共调度600余人次、200余辆车前往现场扑救。此次火灾过火林受损面积达到11338.5亩，直接造成乔木林地、疏林地、灌木林地和散生林地四项林木经济损失2995.68万元。

22日，全市深化转型项目建设年“项目集中开工月”启动暨郊区转型项目集中开工仪式在荫营镇下烟村举行。

31日，市委常委、宣传部部长王铁梅到郊区明察暗访，督导检查“三个专项行动”开展情况。

4月

2日，省委宣传部副部长骞进到郊区，调研社会主义核心价值观建设情况。

2日，省委扫黑除恶专项斗争第五督导组督导郊区工作。

5日，区委书记王明厚到西南舁乡调研“北七村”集中连片整治和森林防火工作。

11日，市人大常委会副主任吕昌政带领执法检查组到郊区，就《阳泉市道路交通安全管理条例》贯彻实施情况开展执法检查。

12日，区长宁文鑫督查创卫工作推进情况。

18日，全区2019年脱贫攻坚工作会议召开，贯彻落实中央、省、市脱贫攻坚会议精神，总结2018年工作，安排2019年工作及驻村帮扶、“三支队伍”管理等工作。

28日，区宣传系统召开“四力”教育实践工作推进会。

5月

5日，市委书记关建勋到郊区，就农村人居环境改善和春播生产进行调研督导。

6日，区委书记王明厚调研公路建设和环境综合整治工作。

6日，副市长李文兵检查郊区河长制落实情况。

7日，共青团阳泉市郊区十届三次全委会暨纪念五四运动100周年表彰大会召开。

14日，区委书记王明厚调研全区国资国企整合与组建平台公司进展情况。详细了解“僵尸企业”现状及债务处置、组建平台公司进展等情况。

17日，首届刘备山文化旅游节在刘备山文创园开幕。

17日，市委副书记、市委秘书长巩成，副市长李文兵带领市直有关部门负责人和各县区分管领导，深入郊区对脱贫攻坚、农村人居环境整治和农村集体产权制度改革三项重点工作进行观摩督导并召开推进会。

21日，全区扫黑除恶专项斗争工作推进会召开。

6月

14日，由全国工商联执委、陕西康惠制药股份有限公司董事长兼总经理王延岭，全国工商联法律部部长白莲湘带队的全国工商联第六联系调研组第二小组一行到郊区调研。

17日，四川省蓬溪县政协副主席胡滔一行到郊区河底镇固庄村，就加强村民自治、推进农村基层社会治理创新进行专题考察调研。

19日，全市民兵整组检查验收暨开训动员大会在郊区举行。

21日，区长宁文鑫主持召开耐火产业发展座谈会，共商振兴全区耐火产业发展大计。

7月

1日，郊区举行村社干部职业化培训学校揭牌暨区委党校新校址启用仪式。

1日，区委举行纪念中国共产党成立98周年主题党日活动暨千名党员集体宣誓仪式。

2日，山西省书法家协会“深入生活、扎根人民”山西书法三晋行（公益）系列活动在旧街乡南沟村举行。

5日，区直机关工委举办纪念中国共产党成立98周年暨“读家书、忆党史、守初心、担使命”传承红色基因诵读大赛。

12日，第二届阳泉市文化产业博览会分别举行开幕式和郊区活动日活动，全区共有23家文化企业参展。

23日，由省政协副主席李武章带领的省委政协工作第五调研组到郊区，调研政协机关和“委员之家”建设工作。

8月

1日，区四套班子领导王明厚、宁文鑫、田进勇、刘瑞生等集体参加“八一”军事日活动，参加军事训练，接受国防教育，体验军旅生活，与部队官兵深入交流。

2日，省委宣传部副部长、省文明办主任张峻一行到郊区开展“不忘初心、牢记使命”主题教育调研。

14日，郊区召开2019年引进急需紧缺人才座谈会。

22日，郊区撤并行政村工作座谈会召开。

26日，航天设计院阳泉气凝胶新材料研发中心落成典礼举行。

9月

3日，全区创卫迎检冲刺暨“双清双管”推进会召开，对创卫暗访迎检工作再动员、再鼓劲、再部署，确保圆满完成创卫各项目标任务。

6日，市人大常委会主任王旭明到郊区西南舁乡北舁八一中心小学，看望慰问教师，向他们致以节日的问候和祝福。

11日，区委九届六次全体会议召开。

17日，郊区举行庆祝中华人民共和国成立70周年合唱大赛。

26日，全市巩固脱贫成效推进乡村振兴现场会在郊区召开。

30日，区四套班子领导和郊区各界代表在刘备山荫营革命烈士陵园举行烈士纪念日公祭活动，深切缅怀革命先烈的丰功伟绩，向人民英雄致以崇高敬意。

10月

11日，区长宁文鑫到阳泉东凯耐火材料有限公司调研。

14日，郊区举办党政主要领导干部“不忘初心、牢记使命”主题教育读书研讨班。区委书记王明厚为党员干部讲题为《守初心不忘本，担使命做先锋》的党课。

17日，市人大常委会学用习近平总书记关于坚持和完善人民代表大会制度的重要思想、纪念地方人大设立常委会40周年暨全市人大代表联络站全覆盖和规范化建设观摩交流会在我区举行。

17日，区委书记王明厚主持召开区委常委会议，专题研究全区抗旱减灾工作。

25日，郊区召开秋冬季大气污染防治暨深化治理“三个一批”推进会，深入学习贯彻习近平生态文明思想，全面落实生态环境部及省、市关于做好秋冬季大气污染综合治理工作要求，安排部署秋冬季大气污染防治重点工作任务。

30日，农业农村部督查组督查全区农村集体产权制度改革工作。

11月

5日，区委“不忘初心、牢记使命”主题教育领导小组扩大会议召开。会议认真贯彻落实中央、省委、市委关于抓好“不忘初心、牢记使命”主题教育工作的指示要求，全面总结梳理前期工作，安排部署下一阶段任务，进一步压实责任，确保全区主题教育稳步推进。

11日，郊区组织收看中共十九届四中全会精神中央宣讲团报告会。

13日，郊区召开2020年项目谋划会议，听取有关情况汇报，分析当前项目建设形势，部署2020年工作。

15日，区长宁文鑫到国道239改线工程、苇泊高新技术装备制造工业园区、白泉工业园区调研。

17日，郊区召开相对集中行政许可权改革工作推进会，学习贯彻中共十九届四中全会精神，贯彻落实党中央、国务院开展“放管服”改革重大决策部署，落实省、市关于相对集中行政许可权改革精神，安排部署全区工作。

19日，省委“不忘初心、牢记使命”主题教育第三巡回指导组组长、省人大常委会教科文卫工作委员会副主任尹天五到郊区调研指导主题教育工作。

20日，区委书记王明厚调研村（社）治理新体系试点工作。

20日，市委副书记、市委秘书长巩成带领市创卫督查组和相关负责人，到郊区督导环境卫生综合整治工作。

28日，郊区与省水利建筑工程局有限公司、山东军辉建设集团有限公司正式签订水务一体化 PPP 项目合同，标志着郊区第二个 PPP 项目和创新投融资模式又一成果进入合作实施阶段。

12 月

3 日，市委宣讲团到郊区宣讲党的十九届四中全会精神。市委宣讲团成员、市委组织部常务副部长唐麟作宣讲报告。

6 日，区委书记王明厚主持召开区委常委会议，传达学习全省领导干部会议精神、省委书记楼阳生主持召开的各市“不忘初心、牢记使命”主题教育进展情况汇报会和深入山西转型综改示范区调研时的讲话精神，研究区政府 2020 年度主要指标、重点项目、重点工作。

11 日，区委书记王明厚到旧街乡宣讲党的十九届四中全会精神，并调研扶贫产业发展、冬季取暖、合并行政村等工作。

12 日，区长宁文鑫主持召开区政府常务会议，听取万达广场项目推进情况汇报，研究给予万达广场项目招商引资优惠政策相关事宜。

13 日，区委反腐败领导小组召开会议，深入学习贯彻党的十九届四中全会精神和省委十一届九次、市委十二届八次、区委九届七次全会精神，传达学习中央和省委、省纪委监委、市委关于深挖彻查涉黑涉恶腐败和“保护伞”、开展能源领域反腐败专项行动和人防系统腐败问题专项治理调查整顿相关文件和会议精神，听取工作汇报，研究郊区落实方案。

17 日，郊区举行汇鑫现代养殖农业产业园项目签约仪式。

30 日，郊区召开深化拓展新时代文明实践中心建设试点工作推进会，深入贯彻落实中宣部、中央文明办深化拓展新时代文明实践中心建设试点工作电视电话会议精神，总结前一阶段工作，部署下一步工作。

30 日，郊区举行相对集中行政许可权改革审管衔接备忘录签署暨集中审批印章启用仪式，标志着相对集中行政许可权重大改革在郊区全面实施，郊区正式迈入“一枚印章管审批”阶段。

31 日，郊区召开乡村治理体系建设试点示范工作动员大会，动员全区上下积极投身乡村治理实践，夯实乡村振兴战略基础，不断增强人民群众的获得感、幸福感、安全感。

31 日，中国兵工学会军工安防与应急研究院山西分院授牌仪式在郊区举行。

阳泉市郊区概况

区情情况

【历史沿革】 区境历史悠久，早在10万年前的旧石器时代即有人类祖先在此繁衍生息，有文字记载的历史可上溯到2500年前（晋卿赵简子在平坦垴筑城驻军），但独立设区前，区境大部分地域属平定县（初为上艾县，后为石艾县）所辖，部分地域归盂县（初为原仇县）管辖。1947年5月阳泉设市后，由于行政和经济发展诸方面的原因，区境才由建市初市属的二区和三区（农村部分）的3个行政村逐渐扩大。1956年二区改为荫营区。1969年1月，荫营区改称阳泉市郊区时，全区增加到10个公社145个生产大队。1971年，燕龛公社的6个大队从平定县划属郊区。1978年先后有辛兴、旧街、义井、平坦划入境内，阳泉市郊区轮廓基本形成。1993年境内的平坦垴、上五渡、下五渡、河坡、王垅（石家庄）5个行政村划属阳泉市经济技术开发区。2000年12月，撤并乡镇后，郊区改设为8个乡镇、185个行政村、8个居民委员会。2005年，郊区行政村变更为184个。2015年，境内的侯家沟、长岭、驼岭头、张家洼、路家山5个行政村移交开发区管委会管理。2017年，郊区义井镇、平坦镇18个行政村分别移交至城区、矿区进行托管。2018年5月，郊区接收开发区社会事务。全区有4个乡、3个镇，1个开发区社会事务服务中心，157个行政村，18个城市社区，15个农村社区。 （云　霞）

【位置面积】 阳泉市郊区位于山西省东部，太行山西麓。地处北纬37°57′12″～38°05′25″，东经13°19′34″～113°42′20″。东、南与平定县相连，西与寿阳县毗邻，北与盂县交界，环抱阳泉市城区、矿区。总面积518.0552平方公里，约占全市总面积的11.36%。

区人民政府驻下荫营村，距省城太原120公里，距阳泉市7.8公里，距河北省石家庄市122公里，距首都北京410公里。 （马莲生）

【行政区划】 截至2019年12月，全区共4个乡、3个镇，1个开发区社会事务服务中心，157个行政村、207个自然村，18个城市社区，15个农村社区（见表1）。 （史晓亮）

2019年郊区行政区划一览表

表1

乡镇		村民委员会
荫营镇	38个行政村 41个自然村	街上、坪上、桥上、后沟、老虎沟、下荫营、南窑庄、上烟、下烟、上千亩坪、下千亩坪、三泉（铧咀）、矾窑、韩庄（庄上）、三郊、三都、杨树沟、东垴、西垴、南垴、火石岩、辛庄、马庄、小庄、前洼、后洼、下白泉、上白泉、林里、鸡洼、窑沟、河北、东梁庄、西梨庄、西落菇堰、东落菇堰、段家庄（岳家咀）、山头

续表 1

乡镇		村民委员会
荫营镇	5 个农村社区 4 个城市社区	下荫营村、老虎沟村、后沟村、街上村、南窑庄村、荫营煤矿社区、下荫营文苑社区、下荫营瑞丰社区、老虎沟社区
河底镇	32 个行政村 33 个自然村	关家峪、下章召、河南、上章召、河底、苇泊、牵牛镇、邓家峪、任家峪、中佐、固庄、小固庄、龙光峪、里龙光峪、曹家掌、程庄、燕龛、北庄、西沟、郊里、苏家泉、猪头垴、大河北、武家庄（小河下）、五架山、红土岩、小河北、小沟、东村、山底、小西庄、南沟
	2 个农村社区 1 个城市社区	武家庄村、固庄村、固庄煤矿社区
平坦镇	20 个行政村 42 个自然村	桃林沟（大南庄）、龙凤沟、甘河、魏家峪（南沟、梁家沟、石圪叠、狐子窝）、李家山、侯家山、芦湖、张家岩、桑掌、中庄、龙门、常家山（石家山、周家山、崔家庄、阳坡岩）、东西畛（圪驼、高家垴）、辛兴（大西垴）、坡头（马圈垴、维凹）、北垴（白泉岩）、西上庄（杨家沟）、后峪（岳家沟、新庄、窑沟、东坡）、曹里（曹梁）、长吉岭（王七岭）
西南舁乡	17 个行政村 19 个自然村	张家井（马鞍山）、石窑垴（东梁）、西南舁、东南舁、北舁、大洼、孔南庄、咀子上、杜家庄、王家庄、代家庄、五里庄、霍树头、郊山、雨下沟、大西庄、东林尖
杨家庄	11 个行政村 13 个自然村	白家庄（王家坡）、北杨家庄、南杨家庄、高垴庄（小南庄）、小西庄、孙家沟、桐花树、杏树坡、庙岭、黑土岩、齐家岩
	1 个农村社区	孙家沟村
李家庄	11 个行政村 11 个自然村	李家庄、冯家庄、甄家庄、汉河沟、黄沙岩、桃坡、柳沟、大西庄、石马沟、桑堰、余积梁沟
	4 个农村社区 1 个城市社区	李家庄村、汉河沟村、甄家庄村、冯家庄村、李家庄社区
旧街乡	17 个行政村 37 个自然村	旧街（圪套、梁家庄）、测石（口上、田家庄、枣堰渠、沟里头、海落湾、车道沟）、南沟（狼峪、南沟掌）、新店（河口）、簸箕掌（瓦窑沟）、新庄窝（石跺居）、枣园（大阳窑、茶臼堰）、阳坡（上马坪）、闫家庄（新窑、黄梁）、路家庄（土豁）、柳渠、高岑、佛洼、阳窑、保安、虎峪、后山（车道足）
	1 个农村社区	旧街村
开发区	11 个行政村 11 个自然村	上五渡、下五渡、平坦垴、侯家沟、王珑、河坡、驼岭头、庙堰、张家洼、长岭、路家山
	12 个社区	大华社区、东城水岸社区、宏苑社区、惠泽社区、居馨社区、康达社区、盛世新城社区、桃源社区、新澳城社区、新泉社区、银龙社区、御康社区

【地质】 郊区地处中朝准地台山西断隆之上的沁上台拗陷的东北隅，东临太行断拱。境内出露地层由老至新有：下古生界奥陶系、上古生界石炭系、上古生界二叠系、中生界三叠系及新生界第四系。

下古生界奥陶系分布于区境由东北至东南

的东村、西南舁、三郊、白泉、杨家庄、白羊墅一带，由石灰岩、白云岩及泥灰岩组成。有丰富的石灰岩及白云岩、石膏和建筑石材原料等矿产，其侵蚀面赋存山西式铁矿；上古生界石炭系主要出露于山底—河底—荫营—家庄—义井一线两侧，由下至上分为中统本溪组、上统太原组和山西组。本溪组赋存铝土矿、耐火黏土矿、硫铁矿、山西式铁矿及高岭土等矿产。太原组和山西组为重要的含煤地层，赋存有丰富的无烟煤；上古生界二叠系广泛分布于郊里—赛鱼—神峪一线以西地区，主要分布于旧街乡和平坦镇，由套黄绿、杏黄、灰白、紫红色的砂岩、粉砂岩、砂页岩、页岩及泥岩组成，赋存有寿阳式锰铁矿及紫砂陶土矿；中生界三叠系在境内出露不全，由砖红色、浅紫色细粒长石砂岩夹多层砾石层、页岩、砂页岩组成，未发现可供利用的矿产；新生界第四系主要分布于山坡、沟谷、河床及其两侧阶地中。

区境地质构造线的总轮廓是：北部属于一个近东西走向的构造带，中南部属于娘子关帚状构造带。褶皱和断裂为北东及北北东向，少数为近东西向和北西向。（张　星）

【地貌】 郊区位于黄土高原东部，太行山脉中段西麓，全部为山地和丘陵地貌，全区地势西北高、东南低。最高点为郊区和寿阳、盂县二县交界处的水草山，海拔 1495.6 米；最低点为白羊墅桃河谷地，海拔 595 米。两地高差 900.6 米。（张　星）

【土壤】 郊区土壤总面积 726955 亩，随地形高低升降呈有规律的排列，大致可分为 1300～1500 米、800～1300 米、700～850 米、660～750 米及 600 米以下 5 个台阶，依次为褐土土类中的淋溶褐土、粗骨性褐土、山地褐土、褐土性土、淡褐土和草甸土土类中的浅色草甸土。（张　星）

【土地资源】 郊区原辖 8 个乡镇，面积约为 627 平方公里（包含开发区），合 94.05 万亩，地貌类型多样，山地多，平地少。原开发区五村面积 1075.73 公顷，耕地 11.08 公顷；2015 年 5 月划归开发区五村面积 741.61 公顷，耕地 101.12 公顷；2017 年 5 月划归城区代管的义井镇面积 4110.99 公顷，耕地 562.97 公顷；划归矿区代管的平坦镇十八个村面积 6810.1 公顷，耕地 644.91 公顷；现郊区面积为 49962.33 公顷，耕地 9083.80 公顷，占辖区总面积的 18.18%。耕地中划入基本农田保护范围的 5072.8 公顷，占耕地面积的 56%。（注：以上数据不包括托管城区、矿区、开发区的面积）。郊区土地的主要特点：一是地貌类型多元，山地丘陵多、平川少。全区以山地、丘陵为主。二是耕地少，质量差，产出率不高。三是土地利用程度不高，后备资源较匮乏。绝大部分为不适宜种植开发的滩涂、裸土地、坡地等。（张　星）

【矿产资源】 郊区的矿产资源丰富，主要有煤、铝土矿、耐火粘土、硫铁矿、石灰岩等，全区矿产资源开采历史悠久，其中煤炭解放前已开采，硫铁矿、铝土矿均在解放初期开采。

2019 年，全区保留各类矿山企业共 29 座，其中：煤矿 5 座，铝土矿 7 座，石灰石矿 13 座，砂石矿 1 座，石膏矿 3 座。

（1）煤矿 5 座，矿区面积 9.8598 平方公里，生产规模 390 万吨/年，累计探明储量 39445.3 万吨，动用储量 8022.4 万吨，年末保有量 29615 万吨，平均服务年限 17.7 年。

（2）铝土矿 7 座，矿区面积 3.1027 平方公里，生产规模 18.9 万吨/年，累计探明储量 1355.1 万吨，动用储量 186.1 万吨，年末保有量 797.08 万吨。

（3）石灰石矿 13 座，矿区面积 1.5426 平方公里，生产规模 242 万吨/年，累计探明储量 9831.36 万吨，动用储量 574.8 万吨，年末保有量 8440.85 万吨。

（4）砂石矿 1 座，矿区面积 0.026 平方公里，生产规模 3 万吨/年，累计探明储量 131 万吨，动用储量 104.1 万吨，年末保有量 26.9 万吨。

（5）石膏矿 3 座，矿区面积 0.2864 平方公里，生产规模 3.2 万吨/年，累计探明储量 113.73 万吨，动用储量 13.81 万吨，年末保有量 99.92 万吨。（张　星）

【气候】 气象 郊区属暖温带大陆季风气候，四季分明。雨热同期，夏短而冬长，常为春旱少雨，冬寒少雪，干燥多风，十年九旱，常有霜冻、冰雹、暴雨、大风等自然灾害。

气温 2019年，郊区平均气温11.6℃，夏季极端最高气温为37.8℃（7月2日），冬季极端最低气温为-16.8℃（12月31日）。

降水 2019年，总降水量324.8毫米，降水偏少。一日最大降水量34.6毫米。

日照 全年日照总量2328.4小时，日照百分率58%。

无霜期 境内初霜日出现在10月10日，终霜日出现在3月2日。2019年全年无霜期237天。

风 2019年，平均风速2.4米/秒，最多风向为东风。冬春两季风力最大，年极大风速为23.7米/秒。

气压 境内气压高低与气温高低成反相关系。2019年7月气压最低，为907.4百帕；12月气压最高，为948.1百帕。 （梁 潇）

【人口】 数量 根据人口变动抽样调查结果显示，2019年末，全区常住人口为245578人，比2018年末增加173人。

人口密度 近年来，郊区的人口密度随人口总量递减而逐年下降。2019年末为325.98人/平方公里，较2018年末的329.43人/平方公里有所下降。

人口自然变动 根据人口变动抽样调查结果显示，2019年人口出生率为7.91‰，死亡率为7.21‰，自然增长率为0.70‰。

人口性别构成 根据人口变动抽样调查结果显示，2019年，郊区男性人口为127545人，女性人口为118033人，人口性别比（以女性为100）为108.06。 （杨素仙）

国民经济发展概况

【经济指标】 2019年，郊区经济紧紧围绕年初既定目标，狠抓落实，宏观经济运行总体平稳，主要经济指标完成情况均好于预期。郊区地区生产总值增长4.1%，三次产业结构比为1.4∶49.2∶49.4，第三产业对GDP贡献率达到64.1%；一般公共预算收入增长21.7%；规模以上工业增加值增长2.2%，其中战略性新型产业增加值增长9.4%，装备制造业增加值增长18.7%；全社会固定资产投资增长19.2%，其中第三产业投资占比达70%；全社会消费品零售总额增长7.6%；城乡居民人均可支配收入增长分别达到6.6%、9.4%。其中，全社会固定资产投资、一般公共预算收入、农村居民人均可支配收入增幅排名全市第一。 （闫燕明）

【重点投资项目】 2019年实施的67个投资项目有序推进，全年投资完成41.93亿元，增幅25.4%。荫营工业园区打造平台2000余亩，“九通一平”进度加快；白泉工业园区大力清退僵尸企业，释放工业用地600亩，日加科技、广凯机械、中科泓源3家企业落户园区，园区的品质、承载力、吸引力不断提升。煤炭产业供给侧结构性改革深入推进。鸿泰煤业、荫营煤业有序退出，采用新工艺、新技术的西上庄500万吨煤矿及选煤厂项目复工建设。耐火产业振兴初见成效。开展耐火企业环保深度治理和规范铝矾土开采、烧结、生产、流通专项整治，科学、合理、高效利用有限的铝矾土资源，加快推进郊区耐火材料产业高质量发展，三泉耐火自动成型生产线、金隅通达7.5万吨均质料生产线等技改项目竣工投产。河坡电厂、力宇和扬德煤层气发电、中广核、上海航天、潞安、昌盛光伏发电等项目实现并网，荣光能源垃圾发电、北京宣力风力发电等项目进展顺利，尤其是西上庄2×66万千瓦低热值煤发电项目顺利复工，绿色清洁的现代能源产业体系初步形成。全年引进百万元以上经济技术合作项目25项，开工19项。 （闫燕明）

【行政审批制度改革】 2019年，郊区相对集中行政许可权改革顺利推进。划转许可事项170项、行政确认13项，其他行政权力42项，涉及21家单位和部门。细化职能分工，确保运行机制顺畅。形成1个事项清单，8项保障制度，签订21份审管备忘录，建立重大事项联席会议机制。打破“以审代管”，形成“审管分离”的行政管理模式。着力打造高品质服务环境。新政务大厅装修工作基本完成，根据实际需求完善大厅基础配套设施建设，实现自助服务便民化和政务大厅智能化。（闫燕明）

【金融服务】 2019年，为39家企业融资7811万元、过桥贷款13651万元，减轻企业融资负担880万元。充分发挥动产抵押和股权质押作用，帮助企业盘活资产，切实解决企业融资难题，共办理42件，抵押登记5.06亿元。由玉泉投资公司与北京精财汇智集团有限公司共同组建成立转贷服务公司，引进社会资本，加大对企业的金融扶持力度。（闫燕明）

【支持民营经济】 2019年，出台扶持民营经济“十条”，筛选民营经济“十强”进行重点扶持，激发民营经济发展内生动力。继续做好“新三板”培育工作，通宝鑫能股改推进顺利，惠丰源商贸、锦丰泰和农业、阳泉金宇耐材、鑫宇文化4家企业在“晋兴板”挂牌，并获省政府120万元奖励资金。国企改革稳步推进，玉泉投资公司组建基本完成，郊区的投融资平台搭建同步完成。（闫燕明）

【人才新政落实】 2019年，牢固树立“人才兴区、人才强区”理念，制定出台《人才新政10条》《引进优秀人才工作实施方案》《青年优秀人才奖补办法》《人才公寓配置办法》等一系列人才政策和配套措施。全年引进急需紧缺人才68名，发放奖补资金137万元，配发人才公寓112套。（闫燕明）

【人居环境整治】 深入学习浙江经验，实施“五大专项行动、建设美丽乡村”行动，以西南舁“北七村”示范片区建设为重点，着力完善农村基础设施和公共服务。抓好创卫攻坚工作。郊区累计投资2.1亿元，完成各类工程项目824项，户厕改造完成1200余座，建成垃圾中转站7座、污水处理站4座，垃圾集中转运服务覆盖了5个乡镇71个行政村；整治河道2条32公里。2019年郊区被列入“全省农村人居环境整治示范县（区）”；汉河沟、魏家峪、郊里、王家庄四村获“国家森林乡村”称号。（闫燕明）

【民生社会事业】 2019年民生保障支出13亿元，占比达76.4%。实施中小学布局结构调整和中小学教师“县管校聘”改革，郊区减少25所中小学，节约300名教师资源，新增17条标准化校车专线，教育资源配置更为优化合理。公共文化服务水平不断提升。建立3个图书馆分馆、22个流动图书点，举办各类群众文化活动1300余场。推进社会保障和公共卫生服务提质，郊区城乡低保标准每人每月提高了35元，组建家庭医生签约团队203个，社会保障水平不断提升。贯彻落实就业创业政策，全年郊区城镇新增就业4509人，城镇登记失业率控制在4%以内。（闫燕明）

【城乡融合发展】 漾泉大道一期提前4个月实现通车，207国道绕城改线、中兴大道先后贯通，郊区农村公路列养率达到100%，优良路率达82%。区文体中心和区职业高级中学建设工程前期工作有序推进，基本达到开工建设条件。总面积163万平方米的三泉、桃坡、下荫营、南窑庄、老虎沟、余积粮沟等12个城中村改造项目顺利推进，城乡融合步伐进一步加快。（闫燕明）

【农村集体产权制度改革】 继2018年郊区农村集体产权制度改革通过省级验收后，2019年，郊区7乡镇1中心157个行政村初步建立符合市场经济要求的农村集体经济运营新机制。清产核资成果录入农业部清产核资系统，核实郊区总资产46.36亿元；成立股份经济合作社的村集体，折股量化资产总额74.79亿元。旧街乡有5个村集体率先实现资产股权收益分红，股东分红金额达129万元，涉及股东人数1019人。（闫燕明）

【脱贫攻坚】 2019年，郊区精准定位贫困村产业发展，初步形成西南舁乡苹果、小杂粮，旧街乡玉露香梨、蜂蜜，杨家庄乡特色种植，平坦镇特色养殖，河底镇信息化农场等产业板块。规范扶贫资金管理，安排财政专项扶贫资金1146万元，资金拨付率97%，67个产业扶贫项目有序推进。全市巩固脱贫成效推进乡村振兴现场会在郊区召开，郊区脱贫攻坚工作及成效得到广泛认可。（闫燕明）

【环保攻坚】 2019年，郊区在全市率先开展工业企业环保深化治理，以环保为手段倒逼产业升级，313家企业基本完成治理，75家未完成的企业全部进行关停。持续加强道路机动车管控，重拳整治重型柴油货车。推进清洁取暖工作，共完成改造17549户。“百日清零”专项行动成效显著，全年共核查“清零”问题469个，整改到位完成“清零”的467个，清零率99.57%。（闫燕明）

【村（社）治理】 2019年，郊区按照省委关于对阳泉“打造山西版村级权力清单”试点的批示精神，借鉴“宁海36条”经验，积极探索“党建引领、三治融合”的村（社）治理新体系，汉河沟村、固庄村、南沟村3个试点村取得初步成效。郊区被中央农村工作办公室列为“全国乡村治理体系试点县（区）”。（闫燕明）

【防范化解重大风险】 2019年，郊区全力支持郊区农信社化险改制，阳泉农商银行正式成立并挂牌运营，筹集新老股金19亿元。深入开展扫黑除恶专项斗争，共打掉恶势力团伙19个、恶势力集团4个，破获案件29起。牢固树立安全发展理念，郊区煤矿、非煤矿山、危险化学品、烟花爆竹、冶金等行业均未发生死亡事故；始终保持打击非法违法采矿的高压态势，制止打击查处各类非法违法采矿13起，矿业秩序进一步规范。（闫燕明）

重点工程

【省级重点工程】 2019年，郊区有省级重点工程1项，即G239线阳泉郊区过境河底—荫营段改线工程，项目总投资12.69亿元，截至2019年底累计完成投资5.38亿元，进行三都特大桥、苇泊大桥等控制性工程建设等。（闫燕明）

【市级重点工程】 2019年，郊区有市级重点工程7项，其中新建2项，续建5项，总投资26.39亿元，2019年计划投资9.84亿元，完成投资6.54亿元，其中：

漾泉大道上跨白荫铁路、阳大铁路公路桥节点改造工程：总投资1.91亿元，该工程于2019年7月建成并通车。

宁波北路（福州路—漾泉大道）建设工程：道路总投资5.46亿元，截止2019年底累计完成投资4.07亿元，主体工程完工，局部进行路基和管网建设等。

山西省阳泉市全国二青会射击射箭比赛场馆建设项目：项目总投资2.47亿元，截至2019年底累计完成投资1.73亿元，该场馆于2019年8月交付使用。

阳泉市政务服务中心办公楼装修改造工程：总投资1.83亿元，截至2019年底项目完成投资1.65亿元。该中心已2019年5月交付使用。

桃坡保障性住房建设项目：总投资6.48亿元，截至2019年底累计完成投资1.64亿元，主体封顶，并进行外墙装饰装修等。

余积粮沟住宅楼建设项目：总投资4.11亿元，建设10万平米的村民安置住宅楼，截至2019年底累计完成投资2.87亿元。所有住宅楼已封顶，进行外墙装饰装修等。

北京宣力投资有限公司阳泉李家山50兆瓦风力发电项目：总投资4.11亿元，建设规模为5万千瓦。主线道路、进场道路、支线道路已达通车条件等。（闫燕明）

重点项目

【项目建设】 2019年区级重点工程项目5项，其中：

郊区水务一体化工程：截至2019年底已编制完成工程初步设计，并通过专家评审。温河灌区开展管线测量、搬迁补偿等前期工作；河底镇污水处理厂工程开工。

西上庄煤电一体化项目：2019年5月移出停建名单，电厂、煤矿陆续复工建设。

中兴大道：2019年建成通车。

西南舁乡大西庄等7村开展农村人居环境集中整治项目：基础设施建设初具成效，村容村貌焕然一新。

2019年“清洁取暖”改造工程：截至2019年底，热源侧清洁化改造实际完成总数为17284户，总改造面积约1045840平方米。其中：煤改电实际完成13591户，面积815460平方米；煤改气实际完成440户，面积35200平方米；煤改甲醇实际完成3253户，面积195180平方米。用户侧建筑节能改造实际完成总数为1859户，总改造面积约212000平方米。 （闫燕明）

机构设置和领导名单

中共阳泉市郊区委员会

书　记

王明厚

副书记

宁文鑫

孙　毅（1月免）

郗文保（2月任）

常务委员

张斌武

李丽新（女）（4月任）

梁　敏（女）（4月免）

王文玉（4月任）

李　泽

段拥军（2月任）

郭方恺（2月任）

田进勇（11月免）

张海斌（11月任）

邹锦超（挂职）（2月免）

区委工作部门

办公室

主　任

杨兆明（2月免）

张志刚（2月任）

副主任

李志强

史贤良（3月免）

石　鹏（3月任）

李　洋（9月免）

秦瑞生（9月任）

耿瑞明（10月免）

史信富（12月任）

组织部

部　长

梁　敏（女）（5月免）

王文玉（5月任）

副部长

荆春泰（常务）（3月免）

戴彦宏（常务）（3月任）

石汝廉

冯燕斌（3月免）

史咸宙（3月任）

鲍俊毅（兼）（2月免）

宣传部

部　长

田进勇（12月免）

张海斌（12月任）

副部长

魏志清（2月免）

高　金（常务）（女）（3月任）

郭　鑫（女）

孙瑞芳（女）（10月任）

统战部

部　长

孙　毅（2月免）

段拥军（2月任）

副部长

朱建芳（女）（3月免）

陈守润（常务）（女）（3月任）

李双鸿（3月任）

政法委员会

书　记

张斌武

副书记

王书波（常务）

刘润宝

李晓东（3月任）

机构编制委员会办公室（原区机构编制委员会办公室）

主　任

魏拥军

副主任

赵瑞玲（女）

直属机关工作委员会

书　记

陈守润（女）（3月免）

周素勤（女）（3月任）

副书记

郭睿仙（女）（3月任）

巡察工作办公室（原区委巡察工作领导小组办公室）

主　任

张笑君

副主任

张淑玲（女）

老干部局（机构改革后不再单设）

局　长

石汝廉（2月免）

机要保密局

局　长

史信富

区委党史研究室（区地方志研究室）［原区地方志编纂委员会办公室（区委党史研究室）］

主　任

杨济才（兼）

副主任

云　霞（女）

王永清（女）（12月免）

李晓璐（女）（12月任）

党　校

校　长

孙　毅（兼）（2月免）

梁　敏（女）（2月任，5月免）

王文玉（5月任）

副校长

要秀宇（常务）（2月任）

袁　庆

荆　军（10月免）

郭润明（12月任）

直属机关事务服务中心（原区机关事务管理局）

主　任（局　长）

王秀文

副主任（副局长）

任虎林

史军民（3月免）

苗增良（12月免）

梁军平（12月免）

杜海瑞（12月任）

档案馆（原区档案局）

馆　长（局　长）

康建琴（女）（12月免）

董燕军（12月任）

副馆长（副局长）

董燕军（12月免）

王　萍（女）

荆彦莉（女）（12月任）

中共阳泉市郊区纪律检查委员会

书　记
　　郗文保（4 月免）
　　李丽新（女）（4 月任）
副书记
　　赵红卫
　　尹战东
常　委
　　李宏国
　　高双立
　　张笑君
　　史咸宙（3 月免）

阳泉市郊区监察委员会

主　任
　　郗文保（5 月免）
　　李丽新（代主任）（女）（5 月任）
副主任
　　赵红卫
　　尹战东
委　员
　　李宏国
　　张笑君
　　杨培龙
　　王学军

阳泉市郊区人大常委会

主　任
　　王如生（3 月免）
　　田进勇（3 月任）
副主任
　　陈玉俊（3 月免）
　　乔国强
　　张富英
　　潘　钰
　　张魁福（3 月任）

人大常委会工作机构

办公室
主　任
　　毕武田
副主任
　　关义辉（11 月任）
法制委员会
主任委员
　　张富英（兼）
副主任委员
　　石久军（3 月任）
财政经济委员会
主任委员
　　陈玉俊（兼）（3 月免）
　　潘　钰（兼）（3 月任）
副主任委员
　　范玉栋
社会建设委员会
主任委员
　　乔国强（兼）（3 月任）
副主任委员
　　史军福（兼）（3 月任）
教育科学文化卫生工作委员会
主　任
　　尚娟敏（女）
人事代表工作委员会
主　任
　　杨晓珍（女）
农村工作委员会
主　任
　　侯建强
城乡建设环境保护工作委员会
主　任
　　史军福

阳泉市郊区人民政府

区　长

宁文鑫（3月任）

副区长

刘瑞生（3月免）

郭方恺（常务）（3月任）

晋　玮（3月任）

韩文明

赵　旭（女）

段拥军（3月免）

杨兆明（3月任）

韩晓东（3月任）

苑　莉（挂职）（女）

邹锦超（挂职）（3月免）

晋　玮（挂职）（3月免）

政府组成部门及所属机构

办公室

主　任

任志刚

副主任

苏晓东（3月免）

杨文军（3月免）

王佳迪（3月免）

张全宝（3月任）

李建军（兼）（8月任）

苗　壮（11月任）

发展和改革局

局　长

谢五金（2月免）

朱应杰（2月任）

副局长

赵　晶（3月免）

刘安平（3月免）

郭宝牛（3月任，11月免）

闫燕明（4月任）

解建明（11月任）

教育科技局（区教育局、区科学技术局整合组建）

党组书记

刘永庆（2月任，10月免）

荆翔阳（10月任）

局　长

荆翔阳

副局长

史长军

段荣平

武陶明

王瑞金

工业和信息化局（原区经济信息化局<商务粮食局>）

党组书记

任晋忠（2月免）

局　长

刘　志（2月免）

闫立宏（2月任）

副局长

郭宝牛（3月免）

苑贵敏（女）（3月免）

史军民（3月任）

公安局郊区分局（2019年12月划归阳泉市公安局）

局　长

韩文明

政　委

赵晋阳（5月任）

副局长

张晓明

段维平

李维茂（5月免）

史鹏军（5月任）

马成兵（12月免）

赵仁鹏（12月免）

李爱义（12月任）

纪委书记

史鹏军（5月免）

梁颖君（女）（5月任）

民政局

局　长

王永平（11 月免）

郭俊红（11 月任）

副局长

曹丽莉（女）

胡华勇（3 月免）

陈国华（女）（3 月免）

郭秋忠（3 月任）

司法局

局　长

郭锁明

副局长

赵剑锐

李红红（女）（3 月免）

苏晓东（3 月任）

财政局

局　长

史慧明

副局长

王军军

郭智杰

张建生（3 月免）

总会计师

李永红（3 月免）

人力资源和社会保障局

局　长

鲍俊毅（2 月免）

程秀春（2 月任）

副局长

史永清（3 月免）

刘守宇（3 月任）

王海斌

毕卫宏

郭秋忠（3 月免）

自然资源局（原市国土资源局郊区分局）

局　长

史满瑞（4 月免）

姚立军（4 月任，7 月免）

李惠平（10 月任）

副局长

郝建林

王秀美

史月飞

住房和城乡建设管理局（原区住房保障和城乡建设管理局）

局　长

周慧剑（2 月免）

常　征（2 月任）

副局长

赵钦泰

张东平

史矛盾（3 月免）

董存玺（3 月任）

交通运输局

局　长

武永庆

副局长

张天骄

刘治国

水利局（原区水务局）

局　长

王红卫（2 月免）

郭智英（2 月任）

副局长

史守忠（3 月免）

梁九祥

总工程师

徐淑芳（女）（3 月免）

农业农村局（原区农业委员会）

局　长（主　任）

石久军（2 月免）

王红卫（2 月任）

副局长（副主任）

李建伟

王爱强

杨慧清（3 月任）

总工程师

任志平（3 月免）

林业局

党组书记

范润生（2 月免）

谢五金（2 月任）

局　长

王晓东（2 月免）

谢五金（2 月任）

副局长

杨贵如（3 月免）

闫雅丽（女）（10 月任）

总工程师

闫雅丽（女）（3 月免）

商务局（新组建）

党组书记

任晋忠（2 月任）

局　长

刘　志（2 月任）

副局长

苑贵敏（女）（3 月任）

文化和旅游局（区文化局、区文物旅游局整合组建）

局　长

杨海青（3 月免）

魏志清（3 月任）

副局长

闫计堂（3 月免）

刘满成

杨雨才（3 月任）

董军利（10 月免）

卫生健康和体育局（原区卫生和计划生育局）

局　长

施润平

副局长

邓秀芬（女）

张宏伟（3 月免）

杨雨才（3 月免）

靳丽芳（女）（3 月任）

闫计堂（3 月任）

退役军人事务局（新组建）

局　长

王守刚（2 月任，11 月免）

王　勇（11 月任）

副局长

胡华勇（3 月任）

应急管理局（原区安全生产监督管理局<区煤炭工业局>）

局　长

乔永兴（2 月免）

张成林（2 月任）

副局长

史明海

吕慧华

王　进

史晓忠

王　洋（3 月任）

总工程师

张志辉（3 月免）

审计局

局　长

程秀春（2 月免）

郭有忠（2 月任）

副局长

王文身

王红梅（女）（4 月免）

关翠云（女）（10 月任）

总审计师

关翠云（女）（3 月免）

市场监督管理局（原市工商行政管理局郊区分局、市质量技术监督局郊区分局、区食品药品监督管理局、区价格监督检查所等单位整合组建）

局　长

李惠平（2 月任，11 月免）

王永平（11 月任）

副局长

杨天伟

王海平

靳朝晖

史海鹰
李建文
毛晓斌

统计局

局　长
郭有忠（3 月免）
张建生（3 月任）

副局长
翟霞霞（女）（10 月任）

总统计师
翟霞霞（女）（3 月免）

医疗保障局（新组建）

局　长
史丽娟（女）（2 月任）

副局长
张宏伟（3 月任）

行政审批服务管理局（新组建）

党组书记
朱建芳（女）（2 月任，12 月免）
郭方恺（12 月任）

局　长
朱建芳（女）（2 月任）

副局长
秦瑞生（3 月任，10 月免）
董军利（10 月任）

信访局（原区委、区政府信访局）

局　长
李晓东（2 月任，5 月免）
李建军（5 月任）

副局长
王海文
葛晓广（11 月免）

能源局（新组建）

局　长
乔永兴（2 月任）

市生态环境局郊区分局（2019 年 3 月划归市生态环境局管理）

局　长
张成林（2 月免）

副局长
王国宏
王绍华

总工程师
杨清元

民族宗教事务局（因机构改革不再单设）

局　长
余香红（女）（2 月免）

副局长
史建生（3 月免）

开发区社会事务服务中心

党委书记
朱建芳（女）（2 月免）
光　华（2 月任）

主　任
光　华（3 月免）
葛占斌（4 月任）

副书记
光　华（2 月免）
葛占斌（2 月任）

副主任
荆兵红
杨　盛

纪委书记
任海鹏

供销合作联合社

主　任
李素怀

副主任
郭　凯
曹　洁（女）

融媒体中心（原区广播电视台、区编辑部整合组建）

主　任
吴　明（2 月任）

副总编
李爱国
曹新文

副台长、总工程师
张俊勇（12 月免）

治理非法超限超载中心（原区治理非法超限超载车辆工作办公室）

主　任

李双鸿（兼）（3 月免）

王志刚（12 月任）

副主任

闫学臻（12 月免）

社区办事处

主　任

史晋兵

副主任

张晓东

李晓艳（女）

区政府信息中心（原区信息网络中心）

主　任

刘　宏（12 月免）

杨喜敏（12 月任）

副主任

张　磊（女）

马远航

温河灌区管理站

主　任

李　渊

副主任

（缺）

城乡建设管理中心（原区城乡建设管理总公司）

主　任

周慧剑（2 月任）

段　富（2 月免）

副经理

郭智英（2 月免）

兰　晋（8 月免）

自来水公司

经　理

贾小平（5 月免）

副经理

贾小平（5 月任）

皇甫朝辉

张艳珍（女）

政协阳泉市郊区委员会

主　席

王振杰（3 月免）

刘瑞生（3 月任）

副主席

杨济才

刘金文

李秀芳（女）

齐敏芝（女）

秘书长

吕枝盛

政协常委会工作机构

提案委员会

主　任

王淑芹（女）

文化文史和学习委员会（原学习和文史资料委员会）

主　任

闫　冰

经济委员会（原经济财贸委员会）

主　任

王常青

教科卫体委员会（原科教文卫委员会）

主　任

史晓红（女）

社会法制委员会（原社会法制和联络委员会）

主　任

李成全

农业和农村委员会（原农村工作委员会）

主　任

任向阳（12 月免）

张兆平（女）（12 月任）

办公室

副主任

李润平

阳泉市郊区人民法院

院　长

　　王忠强

副院长

　　张海忠

　　董新河

　　任学斌

　　杨志荣

阳泉市郊区人民检察院

检察长

　　严志勇

副检察长

　　刘双富

　　杨建民

　　王权政

　　张保亮

中央、省、市驻阳泉市郊区单位

阳泉市第二人民医院（阳泉市郊区人民医院）

书　记

　　史一书

院　长

　　赵计明

副院长

　　王文栓

　　史振慧

群众团体

阳泉市郊区总工会

主　席

　　张富英

副主席

　　胡俊青（常务）

　　胡忠文

中国共产主义青年团阳泉市郊区委员会

书　记

　　高连富（10月免）

　　张　宁（10月任）

副书记

　　王紫燕（女）

中国少年先锋队阳泉市郊区工作委员会

主　任

　　石　鹏（3月免）

阳泉市郊区妇女联合会

主　席

　　张翠花（女）

副主席

　　周素勤（女）（3月免）

阳泉市郊区妇女儿童工作委员会

主　任

　　王瑞红（女）

阳泉市郊区科学技术协会

主　席

　　马丽君（女）

副主席

　　李　娜（女）

阳泉市郊区工商业联合会

党组书记

　　梁淑英（女）

主　席

　　乔国强（兼）（11月免）

　　王晓东（11月任）

副主席

　　秦瑞生（3月免）

　　梁淑英（常务）（女）（11月免）

阳泉市郊区残疾人联合会

理事长

　　郭俊红（11月免）

　　王守刚（11月任）

副理事长

　　张泉清（女）

阳泉市郊区文学艺术工作者联合会

主　席

　　米爱梅（女）（11月免）

　　李志强（11月任）

阳泉市郊区红十字会

专职副会长

邓卫刚

阳泉市郊区计生协会（9 月列入群众团体管理）

秘书长

贾晓艳（女）（12 月任）

常务副会长

曹凤仙（女）（12 月免）

乡　镇

荫营镇

党委书记

韩晓东（2 月免）

黄瑞刚（2 月任）

人大主席

光　华（4 月免）

史贤良（4 月任）

镇　长

杨浩宇（4 月免）

王海龙（4 月任）

副书记

王海龙

杨浩宇（2 月免）

王　威（10 月任）

纪委书记

张胜强

组织委员

梁　丽（女）（3 月免）

安晓霞（女）（10 月任）

武装部长

董锦新（10 月免）

葛晓广（10 月任）

副镇长

谢文芳（女）

王　华

冯　晓（4 月免）

杨文军（4 月任）

胡世勇（11 月免）

荆　胜（11 月任）

张　宁（挂）（10 月任）

胡华勇（挂）（10 月任）

郭宇杨（女）（挂）（10 月免）

宋琪巍（挂）（10 月免）

申　雷（挂）（10 月免）

耿瑞明（挂）（10 月免）

河底镇

党委书记

张魁福

人大主席

赵　军

镇　长

马军军（4 月免）

赵世杰（4 月任）

副书记

马军军（2 月免）

赵世杰

董锦新（10 月任）

纪委书记

武海军

组织委员

张晓敏（女）（10 月免）

杨　菁（女）（10 月任）

武装部长

关义辉（10 月免）

赵胤光（10 月任）

副镇长

郝　强

贺建平

杨慧清（4 月免）

王佳迪（4 月任）

王　威（11 月免）

张晓敏（女）（11 月任）

李荣兵（挂）（10 月免）

蔺晓兵（挂）（10 月免）

平坦镇

党委书记

常　征（2 月免）

侯秉戬（2 月任）

人大主席

张建存

镇　长

张海刚（4月免）

冯燕斌（4月任）

副书记

张海刚（2月免）

冯燕斌（2月任）

王云峰

纪委书记

董存玺（3月免）

冯　晓（3月任，10月免）

耿瑞明（10月任）

组织委员

李　英（女）（10月任）

武装部长

王世凯

副镇长

孙永峰（4月免）

荆素红（11月免）

乔　君（11月免）

郭爱生（11月任）

刘丽琴（女）（11月任）

郭洪涛（11月任）

王肖惠（11月任）

王　凯（挂）（10月免）

王晓琴（女）（挂）（10月免）

刘　伟（挂）（10月免）

李　娜（女）（挂）（10月免）

李家庄乡

党委书记

黄瑞刚（2月免）

杨浩宇（2月任）

人大主席

齐瑞新

乡　长

刘文峥（4月免）

王贵珠（4月任）

副书记

刘文峥（2月免）

王贵珠（2月任）

李建军（3月免）

梁　丽（女）（3月任）

纪委书记

石　凯

组织委员

张　宁（10月免）

胡肖羽（女）（10月任）

武装部长

霍晓明（10月免）

张晓飞（10月任）

副乡长

李志刚

韩　强

丁丽琴（女）

孔雪梅（女）（11月任）

王江涛（挂）（10月免）

西南舁乡

党委书记

侯秉戬（2月免）

马军军（2月任）

人大主席

王海平（4月免）

王　萌（4月任）

乡　长

刘德刚（4月免）

王海平（4月任）

副书记

刘德刚（2月免）

王海平（2月任）

张世强

纪委书记

王　萌（10月免）

霍晓明（10月任）

组织委员

王文娟（女）（10月免）

王　艳（女）（10月任）

武装部长

郭洪涛（10 月免）

副乡长

牛　翔

郭慧栋

王文娟（女）（11 月任）

史俊宝

王　洋（挂）（10 月免）

杨家庄乡

党委书记

闫立宏（2 月免）

张海刚（2 月任）

人大主席

王　勇（11 月免）

胡世勇（11 月任）

乡　长

田　玲（女）

副书记

田　玲（女）

王海平（10 月免）

路　洋（10 月任）

纪委书记

崔小花（女）

组织委员

宋志清（女）（10 月免）

陈雅琴（女）（10 月任）

武装部长

赵建斌（10 月免）

张渊元（10 月任）

副乡长

王贵珠（4 月免）

赵建斌

郭海峰

宋志清（女）（11 月任）

窦春霞（女）（挂）（10 月免）

旧街乡

党委书记

要秀宇（2 月免）

刘德刚（2 月任）

人大主席

马润才（11 月免）

陈功芝（11 月任）

乡　长

王守刚（4 月免）

孙永峰（4 月任）

副书记

王守刚（2 月免）

孙永峰（2 月任）

陈功芝（10 月免）

高连富（10 月任）

纪委书记

温　清

组织委员

霍雁英（女）（10 月免）

杨　月（女）（10 月任）

武装部长

齐满春

副乡长

吴晓文

李龙义

要伟洁（女）（4 月免）

霍雁英（女）（11 月任）

李高峰（挂）（10 月免）

邓卫刚（挂）（10 月免）

事业单位

区新闻中心

主　任

高　金（女）（3 月免）

刘　宏（12 月任）

副主任

张子珑（12 月任）

区中小企业服务中心（区民营企业服务中心）（原区民营企业服务中心<区中小企业服务中心>）

主　任

李武贤（12 月免）

刘安平（12 月任）

副主任

程俊英（女）

区畜牧业发展中心

主　任

冯燕忠（12 月任）

副主任

孔永忠

区防震减灾中心（区防雹中心）（原区地震局<防雹办>）

局　长

王建荣

副局长

李高峰

总工程师

程俊英（女）

区委信息化中心

主　任

（缺）

副主任

董国华（12 月任）

区政府办公室文秘中心（原区矿地协调办公室）

主　任

（缺）

副主任

刘世耀（12 月任）

区公共就业和人才服务中心

主　任

周海威

区开发区社会保险中心

主　任

刘跃强（12 月免）

张世明（12 月任）

副主任

石朴志（12 月任）

区医疗保险中心（原区医疗保险管理服务中心）

主　任

高永庆

副主任

延淑娟（女）（12 月任）

区政务服务中心（原区行政审批服务中心）

主　任

张　伟

副主任

郭淑萍（女）

区疾病预防控制中心

主　任

荆存玉

副主任

任世文

蔺素花（女）

区农业机械化发展中心

主　任

王彩云（女）

副主任

张爱花（女）

刘俊杰

山西省农业广播电视学校阳泉市郊区分校

校　长

高清彦（12 月免）

闫学臻（12 月任）

区农村事务管理中心（区农村产权交易中心）（原区经营管理办公室）

主　任

贾丽敏（女）

副主任

赵贵炯（12 月任）

区农业技术推广中心

主　任

（缺）

副主任

李秋芳（女）

陈丽娟（女）（12 月任）

农艺师

杨　菁（女）（11 月免）

区蔬菜中心

主　任

李建伟（3 月免）

副主任

梁建鸿

区招商服务中心（原区招商局<贸促会>）

局　长（会长）

张志刚（2 月免）

副局长（副会长）

傅亚波

区旅游开发服务中心（原区文物旅游局）

局　长

张兆平（女）（3 月免）

区能源发展中心（原区营煤矿管理中心）

主　任

张俊勇（12 月任）

副主任

路　洋（11 月免）

荫营中学

校　长

王银宗

党总支书记

王银宗

副校长

郭卫东

朱丽军

李军民

刘晓斌

玉泉中学

校　长

荆振家

副校长

吕　琮

王治世

史华明

区职业高级中学校（区古城中学校）

校　长

张文军

党支部书记

郭霄跻

副校长

穆树明

吴　梁

区教师进修校

校　长

（缺）

副校长

康善富

曹新平

阳泉市第十中学校

校　长

张瑞军

书　记

薛喜炎

副校长

石守华（女）

赵晋忠

阳泉市第二十中学校

书　记

（缺）

校　长

（缺）

副校长

（缺）

区开发区联合学校

校　长

（缺）

副校长

（缺）

中国共产党阳泉市郊区委员会

重要会议

【区委九届五次全会】 2019年2月14日，区委九届五次全体会议在区政府召开。区委书记王明厚作工作报告并发表重要讲话。会议强调以习近平新时代中国特色社会主义思想为指导，全面贯彻党的十九大和十九届二中、三中全会精神，统筹推进“五位一体”总体布局，协调推进“四个全面”战略布局，深入贯彻习近平总书记视察山西重要讲话精神，按照中央和省市委经济工作会议部署，坚持稳中求进工作总基调，坚持新发展理念，坚持推动高质量发展，做好稳就业、稳金融、稳外贸、稳外资、稳投资、稳预期工作，按照巩固、增强、提升、畅通的方针，坚持把供给侧结构性改革和转型综改试验区建设相结合作为经济工作主线，坚持省委“三条基本经验”，围绕省委“三大目标”和市委“聚力六大突破，实现转型崛起”的决策部署，大力实施乡村振兴战略，树立项目兴区理念，全面深化改革，持续推进能源革命，加快构建现代产业体系，继续打好三大攻坚战，统筹推进稳增长、促改革、调结构、惠民生、防风险工作，着力走好转型升级、新型城镇化建设、基层社会治理创新“三条路”，为率先实现城乡融合示范区目标而努力奋斗，以优异成绩迎接中华人民共和国成立70周年。 （任　玮）

【区委九届六次全会】 2019年9月11日，区委九届六次全体会议在区政府召开。区委书记王明厚就推进全面从严治党提出三点要求：一要肯定成绩，把握形势，进一步增强深入推进全面从严治党的责任感使命感。二要坚持全面从严治党，始终保持全区政治生态持久的风清气正。三要坚决扛起管党治党政治责任，推动全面从严治党向纵深发展。就开展“不忘初心、牢记使命”主题教育，提出三点要求：一要提高政治站位，充分认识开展主题教育的重大意义。二要聚焦重点任务，推动主题教育高质量开展。三要强化组织领导，确保主题教育取得实效。 （任　玮）

【区委九届七次全会】 2019年12月12日，区委九届七次全体会议在区政府召开。区委书记王明厚作工作报告。报告从七个方面对2019年的工作进行总结：一是高举伟大旗帜，牢牢把握正确政治方向。二是扎实转变经济发展方式，转型升级步伐不断加快。三是大力实施乡村振兴战略，新型城镇化建设稳步推进。四是切实加强“三基建设”，基层社会治理创新取得新成效。五是牢固树立底线思维，全力以赴打好“三大攻坚战”。六是大力发展社会事业，民生福祉不断增进。七是坚决扛起全面从严治党主体责任，努力实现党内政治生态持久的风清气正。（任 玮）

【“改革创新奋发有为”大讨论】 2019年2月22日，区委下发《关于开展“改革创新、奋发有为”大讨论的实施方案》，对大讨论进行安排部署。全区上下形成改革创新、奋发有为的浓厚氛围。思想观念进一步转变。全区各级通过理论中心组学习、支部专题会议、学习强国APP平台等形式开展专题学习，进一步深化改革创新的思想和实践认同。3月13—16日，由区委常委带队，四套班子领导、相关单位负责人和企业家20余人，围绕提振耐火产业发展问题，到上海、宜兴等地行业领军大集团、大企业考察学习，以观念的更新引领行动的突围。工作标准进一步提升。全区918个党支部开展专题民主生活会、组织生活会，11407名党员参加大讨论和民主测评，共查摆出班子问题4060个，党员个人问题45600余条。一批突出问题得到解决。入村方面，共成立86个工作服务队，抽调368名干部进村服务（其中省下派3名，市下派1名），覆盖全区157个行政村（含24个贫困村），共收集意见建议437条，并逐一进行研究分析，建立工作台账，通过对已解决的251条问题进行回访，群众满意度达90%。入企方面，共成立21个组，省、市、区共下派161名干部，重点对32家企业开展入企服务，共梳理汇总困难难题58个，已解决35个问题，办结率为60%。营商环境得到改善。区委深入挖掘创优营商环境2个正面1个反面案例，以正反两方面事例为借鉴，找准优化郊区营商环境的发力点。推动重点工作落实。围绕2019年确定的重点工程，区委成立12个专项工作指挥部，不分一线二线，握指成拳，协同联动，切实推动各项重点工作稳步前进。一批制度性成果初步形成。区委根据调查摸底汇总情况，收集整理出11894名郊区籍在外人士，3823名在郊区就业创业的、体制外的、户籍不在阳泉市的各类人员，建立通讯录、云MAS短信服务平台、手机微站，制定出台《郊区人才新政十条（试行）》等相关政策，面向社会公开引进急需紧缺人才，为郊区籍在外人士及其他有识之士回乡创业、到郊区置业提供有力支撑。（任 玮）

【“不忘初心牢记使命”主题教育】 2019年9月，区委开展“不忘初心、牢记使命”主题教育。以“学”驱动，补足精神思想养分，全区918个基层党组织和11407名党员广泛学专著、读理论、讲政策、研讲话，依托学习强国APP和共产党员网，形成线上线下学习实践闭环。进一步实现习近平新时代中国特色社会主义思想武装头脑的新突破。以“研”驱动，切中城乡融合“脉搏”，132名领导干部讲主题党课，形成调研报告240篇，136条意见建议转化为决策措施，进一步探索全面推进经济社会发展工作的新路子。以“查”驱动，直击慵懒涣散“病灶”，通过下发问卷普遍查、蹲点调研上门查、谈心谈话深入查、示范引领实地查、区级领导督促查，多渠道广泛听取征集意见建议2581条，自我检视摆问题，开门纳谏听民意，刀刃向内找差距，对存在的问题进行全方位、立体式透析检查，进一步展现自我革命和干事创业的新作为。以“改”驱动，激发担当作为动能，紧紧围绕16项专项整治任务，实施区委领导牵头负责和项目清单管理制，为基层解决突出问题80余个，为群众办实事好事712件，进一步彰显宗旨意识和为民情怀的新气象。（任 玮）

【“两学一做”学习教育常态化制度化维护核心见诸行动主题教育】 2017年3月，阳泉市郊区被山西省委确定为全省“两学一做”学习教育常态化制度化示范点。区委高度重视，成立领导组，制定《关于推进“两学一做”学习教育常态化制度化维护核心见诸行动主题教育的实施方案》，全区12109名党员参加学习，县级领导带头以普通党员身份参加所在支部组织生活会，坚持每个支部每月固定一天开展“主题党日”活动，推行“主题党日3+N”工作方式。多措并举，确保主题教育取得实效。（任 玮）

【着力走好“三条路”率先实现城乡融合示范区】 2019年2月14日，区委九届五次全体会议上，确定着力走好转型升级之路、新型城镇化建设之路、基层社会治理创新之路“三条路”，率先实现城乡融合示范区的奋斗目标。（任 玮）

纪检监察

【概况】 2019年，区纪委监委以加强乡镇纪检监察工作为主抓手，依规依纪依法履职尽责，有效整治群众身边的腐败和作风问题，共处置问题线索488件，立案112件，给予党纪政务处分148人（其中，乡科级干部34人、占比23%；撤销党内职务以上重处分35人、占比23.6%），组织处理204人，留置2人，移送司法机关4人。运用“四种形态”批评教育帮助和处理595人次，第一、二、三、四种形态分别为443人、114人、26人、12人，分别占比74.4%、19.2%、4.4%、2.0%，实现政治效果、纪法效果、社会效果有机统一。（梁志忠）

【区纪委九届四次全体会议】 2019年2月15日，郊区纪委九届四次全体（扩大）会议第一次会议在区政府召开。会议深入学习贯彻习近平新时代中国特色社会主义思想，认真落实中央、省、市纪委全会和区委九届五次全会、区委经济工作会暨全区人居环境整治动员会议精神，回顾总结2018年全区纪检监察工作，研究部署了2019年工作任务，审议通过郗文保代表区纪委常委会所作的《忠诚履职，改革创新，为率先实现城乡融合示范区提供坚强政治和纪律保证》的工作报告。区委书记王明厚出席会议并作重要讲话。区委副书记、代区长宁文鑫主持会议。市纪委监委政策法规研究室副主任陈国兰出席了会议。区四套班子成员、其他副县级以上领导，区第九届纪委委员、区监委委员，各乡镇（中心）、区直各部门、各单位副科级以上干部，驻区单位主要领导和纪检组长，区纪委监委副科级（科室负责人）以上干部近500人参加了会议。（梁志忠）

【区纪委九届五次全体会议】 2019年9月12日，郊区纪委九届五次全体会议在郊区检察院举行。郊区区委常委、纪委书记、监委代主任李丽新出席会议并作题为《坚守初心、勇担使命，全力推动郊区纪检监察工作高质量发展》的讲话。会议明确要求，全区各级纪检监察机关要坚守初心、勇担使命，全力推进纪检监察工作高质量发展，为着力走好转型升级之路、新型城镇化建设之路、基层社会治理创新之路“三条路”，率先实现城乡融合示范区提供坚强政治和纪律保证。区纪委委员13人出席会议，区监委委员和全区纪检监察干部约80余人列席会议。（梁志忠）

【人防系统腐败问题专项治理领导小组第一次会议】 2019年12月20日，郊区召开人防系统腐败问题专项治理领导小组第一次会议。区委常委、纪委书记、监委代主任、区人防系统腐败问题专项治理领导小组组长李丽新主持会议并讲话。专项治理领导小组成员及区纪委监委相关科室、派驻纪检监察组负责人等20余人参加会议。（梁志忠）

【能源领域反腐败专项行动动员会议】 2019年12月20日，区纪委监委召开能源领域反腐败专项行动动员会议。区委常委、纪委书记、监委代主任李丽新主持会议并讲话。全区各乡镇党委书记、各相关部门主要负责人，区纪委监委内设科室负责人、各乡镇纪委书记、各派驻纪检监察组组长共60余人参加会议。（梁志忠）

【区纪委监委妇联成立大会】 2019年1月21日，郊区纪委监委召开第一次妇女大会，选举产生了区纪委监委妇联第一届执行委员会委员7名，其中主席1名、副主席2名。（梁志忠）

【总结创新监督监察工作经验】 2019年1月23日，郊区纪委监委派驻监督成果交流会在区检察院召开。区纪委监委第一、第四、第七派驻试点组就试点工作取得的成绩、存在的不足、面临的困难以及工作中的创新经验、下步计划等内容进行交流发言，总结“合力工作法”在驱动派驻监督高质量发展过程中的运用成果，为全面铺开监督试点工作提供强有力保证。（梁志忠）

【“送温暖做好向善文明人”慰问服务活动】 3月5日，区纪委监委妇联及青年志愿者服务队走进荫营镇敬老院开展“送温暖，做好向善文明人”慰问服务活动，为老人们送去开心和欢乐，让他们感受到社会大家庭的温暖，同时也发扬和传承尊老爱老的中华民族传统美德。（梁志忠）

【文化艺术展示暨庆三八活动】 3月初，区纪委监委在区检察院举办廉政书画摄影展，共展出剪纸、手工、书法、绘画、摄影等廉政题材作品50余件。3月8日，在区检察院举办文艺展演，共表演包括独唱、舞蹈、相声、小品、三句半、口琴独奏等15个节目。（梁志忠）

【吴纪平到郊区调研村社治理新体系试点工作】 4月24日，市委常委、纪委书记、监委主任吴纪平到郊区河底镇固庄村调研村社治理新体系试点工作，对固庄村“文明十二星”评定、村刊公开制度、“规矩治村”建设等工作给予肯定。（梁志忠）

【办案场所消防安全检查和安全培训演练】 5月23日，区纪委监委举办“学思践悟·岗位练兵”第7次专题培训。委机关全体人员、各乡镇（中心）纪委、各派驻纪检监察组共计100余人参加培训。（梁志忠）

【《中国共产党纪律处分条例》暨整治形式主义官僚主义漫画巡展】 5月27—5月30日，郊区纪委监委在区政府举办《中国共产党纪律处分条例》暨整治形式主义、官僚主义漫画巡展活动，区四套班子领导、全区副科级以上干部、村（社）“两委”主干和全区纪检监察干部共计1300余人参加活动，活动按照区、乡、村分阶段分层次推进，共巡展4天32批次，发放漫画集360本。（梁志忠）

【庆祝建党98周年系列活动】 “七一”期间，区纪委监委组织全体党员干部赴红色革命教育基地参观学习；参与区直机关工委组织的“不忘初心”主题红色故事征文活动，选送优秀征文7篇；组织机关全体党员、发展对象、入党积极分子为患重病的党员集资募捐2800元；各支部书记分别围绕党章党规、先辈先烈、奋斗历程、初心使命等内容对支部党员进行党课教育。（梁志忠）

【区荫营镇党员干部教育中心揭牌启用】 7月31日，集谈话、警示教育、培训于一体的党员干部教育中心揭牌仪式在荫营镇举行。区委常委、纪委书记、监委代主任李丽新，区纪委副书记、监委副主任赵红卫，镇党委政府全体班子成员，各村书记、主任、村纪检委员、驻村监察联络员、村务监督委员会主任共计150余人参加。（梁志忠）

【王拥军到郊区调研乡镇纪检监察工作】 9月4日，省委常委、省纪委书记、省监委代主任王拥军到郊区荫营镇调研乡镇纪检监察工作，实地察看谈话场所建立情况。市委常委、市纪委书记、市监委主任吴纪平，区委常委、区纪委书记、区监委代主任李丽新等领导陪同调研。（梁志忠）

【主题党日活动】 10月10日，区纪委监委组织党员参观西南舁乡“北七村”人居环境整治工作，开展争做忠诚干净担当的纪检监察人主题党日活动，在大西庄“六一五”惨案遗址前重温入党誓词，观看情景剧《永远忘不了六月十五那一天》。（梁志忠）

【吴纪平为郊区旧街乡监察室揭牌】 11月14日，市委常委、市纪委书记、市监委主任吴纪平为郊区监委派出旧街乡监察室揭牌，并调研村（社）治理新体系试点工作和乡镇纪检监察工作，对郊区推进村（社）权力治理工作给予充分肯定。区监察委员会派出其他乡镇监察室揭牌仪式也在同日举行。（梁志忠）

【组织观看职务犯罪庭审】 12月上旬，郊区人民法院依法对阳泉市郊区自然资源局原党组书记、局长姚立军涉嫌犯受贿罪一案进行公开开庭审理。区人民法院院长王忠强担任审判长，区人民检察院检察长严志勇出庭支持公诉。全区干部职工集中收看庭审直播。（梁志忠）

【省纪委监委检查组到郊区检查审查调查安全工作】 12月22日，省纪委监委案件监督管理室副主任樊俊明等一行4人到郊区就纪检监察机关审查调查安全工作情况进行检查。检查组对郊区的监督检查和审查调查安全工作给予充分肯定。（梁志忠）

【做实处分决定宣布工作】 2019年，区纪委监委大力创新升级和做深做细处分决定宣布工作，真正让处分决定宣布现场变为警示教育课堂。全年，共到39个单位宣布处分决定61人次，现场召开警示教育会23次，达到“处分一个人、红脸出汗一群人、警示教育一大片”的效果。（梁志忠）

【乡镇（中心）纪委基础设施建设】 2019年，区纪委监委为全区8个乡镇（中心）争取每年4万元的固定经费，并全部纳入区财政年度预算，共新配备办公办案所需设施设备52台（个），增加办公办案用房18间。8个乡镇（中心）均对谈话场所进行改造或新建，共增加面积330平米，谈话场所的严肃性、规范性、安全性得到有效保障，真正让“走读式”谈话全程可控，安全无风险。（梁志忠）

【漠视侵害群众利益专项治理】 2019年，区纪委监委聚焦4大类23项漠视侵害群众利益具体问题，查处案件8件、处理26人，推动解决了驻村干部纪律涣散、受灾补助发放缓慢、贫困村卫生所建设滞后等一批扶贫领域腐败和作风问题，严厉打击超范围用药、危害食品药品安全、环境污染等民生领域侵害群众利益问题，督促落实农村厕所革命、“煤改电”、村通公交等一批民生项目。（梁志忠）

【专项治理】 2019年，区纪委监委统筹推进9个专项治理，大力整治群众身边腐败和作风问题。集中整治形式主义、官僚主义，严肃查处有关问题22个，处理22人；推进扶贫领域腐败和作风问题专项治理，处置相关问题线索10件，给予党纪处分1人，组织处理1人；深挖彻查涉黑涉恶腐败及“保护伞”，处置问题线索34件，给予党纪政务处分14人，组织处理24人，其中处分涉案党员、公职人员13人，挖出“保护伞”并给予党纪处分3人，倒查党委政府主体责任、职能部门监管责任，问责党员干部23人，问责乡镇党委政府和职能部门5个；开展违建别墅问题清查整治专项行动，区政府对存在未批先建和非法占地的孙家沟村联排房予以没收。（梁志忠）

【“改革创新奋发有为”大讨论活动】 2019年，区纪委监委开展“改革创新、奋发有为”大讨论活动，顺利完成12项规定动作。活动期间，召开全区纪检监察系统对标一流述职报告会；对照“六个破除”，查摆问题和不足9条，整改6条，立即整改、长期坚持3条；选出市纪检监察系统先进集体1个，先进个人2名。（梁志忠）

【“不忘初心牢记使命”主题教育】 2019年，区纪委监委深入开展“不忘初心、牢记使命”主题教育，举行三次集中学习研讨；班子成员围绕“三服务”，深入基层开展调研，有效解决群众关心的痛点、焦点、难点问题；通过征求意见建议、群众反映、谈心谈话等，共征集有效意见建议47个；开展“三服务”，解决群众热点、堵点、难点问题10个；班子成员按照“四个对照”“四个找一找”进行检视剖析，找出问题71条，整改问题10条，长期坚持整改61条。（梁志忠）

【全员培训】 2019年，全区纪检监察干部分批参加中央纪委、国家监委和省市纪委监委组织的培训29期，委机关内部组织培训13期20讲，6名纪检监察干部参与省市纪委监委重要案件查办，有效提升纪检监察干部能力素质。在市纪委监委组织的3次全员测试中，合格率均为100%，并作为阳泉市唯一的县区参加省纪委监委组织的中纪委培训教程闭卷测试。（梁志忠）

【参与编写全省乡镇（街道）纪检监察干部综合业务培训课程】 按照省委常委、省纪委书记、省监委代主任王拥军要求，阳泉市纪委监委牵头，郊区纪委监委主要参与，与各县区精干力量共同组成专班，编写《全省乡镇（街道）纪检监察干部综合业务培训基础教材》，受到省市纪委监委认可，在全省推行使用。（梁志忠）

【王某军严重违纪涉嫌职务侵占犯罪案】 王某军，男，汉族，1974年5月出生，2007年6月加入中国共产党，2008年11月至2019年6月任阳泉市郊区平坦镇东西畛村党支部书记，2008年11月任阳泉市郊区平坦镇东西畛村村委会主任。王某军利用职务便利，侵占村集体资金217652.7元。2019年6月18日，区纪委给予王某军开除党籍处分。2019年6月21日，区监委将王某军涉嫌职务侵占犯罪案件移送检察机关审查起诉。2019年9月25日，阳泉市郊区人民法院以王某军犯职务侵占罪判处有期徒刑一年五个月，缓刑二年。（梁志忠）

【王某杰涉嫌贪污犯罪案】 王某杰，男，汉族，1983年1月出生，群众，2007年4月至2008年4月任阳泉市广源工业有限责任公司职工。2008年4月至2019年1月借调至原阳泉市煤炭工业局工作，担任该局下属阳泉市安全生产信息中心、阳泉市煤炭票证管理中心会计兼出纳，及该局下属银堉林场会计。2019年1月至2019年8月随岗至阳泉市能源局工作，担任该局下属阳泉市能源信息监测中心（原阳泉市煤炭票证管理中心）会计兼出纳，及该局下属银堉林场会计，2019年1月至3月担任该局下属阳泉市安全生产信息中心会计兼出纳。2019年4月至6月，任阳泉市安全生产信息中心（2019年7月划归阳泉市应急管理局）会计兼出纳。王某杰利用职务便利，采取虚列支出、私刻印章、伪造票证等手段，多次套取财政资金共计722013.7元。2019年11月1日，区监委将王某杰涉嫌贪污犯罪案件移送检察机关审查起诉。2019年12月31日，阳泉市郊区人民法院以王某杰犯贪污罪判处有期徒刑三年四个月，并处罚金20万元。（梁志忠）

组织工作

【概况】 2019年，全区组织工作坚持以习近平新时代中国特色社会主义思想为指导，抓基层打基础、抓班子带队伍、聚人才助发展，党建工作规范化、科学化、制度化水平进一步提高。以“守初心、担使命、找差距、抓落实”为总要求，坚持把学习教育、调查研究、检视问题、整改落实四个环节贯彻始终，以县级领导为重点，在全区所有基层党组织和全体党员中深入开展“不忘初心、牢记使命”主题教育，出台和完善一批工作制度，推动干部队伍、组织建设、人才工作更加规范化和精细化。紧扣省委“六个破除”“六个着力”“六个坚持”，深入开展“改革创新、奋发有为”大讨论活动。结合党政机构改革，基本配齐配强领导班子，着力打造忠诚干净担当的高素质干部队伍。稳步推进公务员职务与职级并行制度改革，畅通公务员晋升渠道。举办“不忘初心、牢记使命”党性修养专题培训班、“传承红色基因、书写郊区精神”专题培训班以及“科级干部大讲堂”，重点打造旧街狼峪等4个教育基地，制作郊区建国前农村老党员访谈专题片《红色记忆》和专题纪录片《温河故事》。举办农村“领头雁”培训班，首批6名村干部纳入专职化管理，累计培训党员干部7500余人次。深入推进“三基建设”，全年“三基建设”财政投入累计3500余万元，完成17个社区场所达标任务。实施发展壮大农村集体经济“三年行动计划”，村集体经济5万元以上达到85%以上。试点推进“党建引领、三治融合”治理新体系，郊区被列为全国乡村治理体系试点示范县区之一。坚持抓党建促脱贫，开展软弱涣散基层党组织集中整顿和扫黑除恶专项斗争，对1000余名村（社区）干部资格条件集中分析研判。召开全区城市党建工作推进会，出台郊区《关于加强新时代城市基层党建工作实施意见》和《加强城市党建工作十条措施》，全区非公和社会组织党组织整体覆盖率分别达到93.6%和100%。组建西南舁乡“北七村”党建联盟委员会，成立“农村青年人才党支部”和“乡镇党建工作站”，实现党建工作上档升级。汉河沟村党支部被评为全省标杆党组织，固庄村等9个党组织被授予全市首批基层党建工作示范点，丰华双语学校党组织被评为全省“双强六好”党组织。财政投入305万元，解决大学生村官养老保险补交历史遗留问题。深入落实《人才新政十条（试行）》，制定出台《青年优秀人才奖补办法（试行）》《人才公寓配置办法（试行）》等人才服务配套政策，引进急需紧缺人才70人，7人入选全市“拔尖人才”，25人入选全省“三晋英才”。（郭润明）

【党组织设置】 2019年，中共阳泉市郊区党组织设置918个。党（工）委22个，其中：机关3个、事业3个、企业2个、乡镇7个、农村7个；党总支82个，其中：机关21个、事业8个、国企2个、非公1个、农村50个；党支部814个，其中：机关130个、事业82个、国企24个、非公230个、社会组织25个、农村310个、社区13个。全区党员总数11407名。其中：机关912名、事业1294名、企业357名、非公226名、社会组织4名、农牧渔民5746名、退休1913名、其他955名。（延淑娟）

【“不忘初心牢记使命”主题教育】 2019年，区委组织部围绕“守初心、担使命、找差距、抓落实”的总要求，深入开展“不忘初心、牢记使命”主题教育。抓好学习教育。区委领导带头，读原著、学原文、悟原理，开展3次封闭式集中学习研讨交流活动，实现全区918个基层党组织、11407名党员的学习教育全覆盖；以纪念中国共产党成立98周年为契机，开展“十个一”、千名党员集体宣誓、优秀党员讲初心故事、初心使命担当主题党日活动。抓好调查研究。504名领导干部深入基层一线开展调研活动，形成调研报告240篇，梳理问题948条，解决407条，将136条转化为决策措施；收集“三服务”事项1215个，解决群众关心的热点难点问题70个，党群干群关系进一步密切。抓好问题检视。采取个别访谈、召开座谈会、发放征求意见表等多种方式，征求意见2581条，检视问题2903个；召开区委班子检视问题暨对照党章党规找差距专题会议，将查摆出的问题列入问题清单和整改台账，明确工作方向。抓好整改落实。聚焦15个专项整治，实施区委领导牵头负责和项目清单管理制，出台“1+14”整治方案，落实整改措施，跟踪整改实效；出台《激励干部担当作为平时考核管理办法》《基层党建工作责任制考核管理办法》《区级领导联系服务专家管理暂行办法》，形成制度，固化成果。（张晓东）

【“改革创新、奋发有为”大讨论】 2019年，区委组织部开展“改革创新、奋发有为”大讨论，并落实到具体实际工作中。破除僵化保守求“变”，解决“不愿为”的问题。围绕重点工程成立十二个专项工作指挥部，破解民营企业融资难、融资贵等问题。破除因循守旧求“新”，解决“不想为”的问题。制定出台《人才新政十条（试行）》，大力招才引智、广聚各类英才。破除封闭狭隘求“改”，解决“不敢为”的问题。围绕提振耐火产业发展问题，主动到上海、宜兴等地的行业领军大集团、大企业考察对接，形成全民招商、大招商、招优商的局面，扩大开放带动发展。破除资源依赖求“转”，解决“不善为”的问题。主要围绕依托阳泉经济技术开发区和生态新城建设主战场，抢抓机遇、打造发展平台、拓展发展空间，优化产业结构，切实破除资源依赖难题。破除随遇而安求“进”，解决“慢作为”的问题。举办“改革创新 奋发有为”弘扬雷锋精神宣讲会，引导全区党员干部对标一流，创造一流业绩。破除慵懒散慢求“实”，解决“不作为、乱作为”的问题。通过全面推行一线工作法，把工作往深里做，往实里做，以过硬作风彰显担当作为。（张晓东）

【三基建设】 2019年，区委组织部深入推进“三基建设”，持续推进基层党建全面进步。夯实根基，建强基层组织。在农村党建方面，构建“党建引领、三治融合”治理新体系，出台《村社治理新体系试点工作实施意见》；坚持抓党建促脱贫，调整轮换全区帮扶单位108个、工作队32支、驻村干部99名；实施发展壮大农村集体经济“三年行动计划”，补助项目18个，村集体经济5万元以上达到85%；对22个软弱涣散基层组织进行集中整治；开展扫黑除恶专项斗争，对1000余名村（社区）干部资格条件集中分析研判、分类识别。城市党建方面，召开全区城市党建工作推进会，出台郊区《关于加强新时代城市基层党建工作实施意见》和《加强城市党建工作十条措施》；为29家社会组织派遣党建指导员，郊区非公和社会组织党组织整体覆盖率分别达到93.6%和100%。提供保障，夯实基础工作。出台《关于深化“三基建设”进一步加强基层工作的措施》，“三基建设”财政投入累计达3500余万元，乡镇工作经费、村级组织运转经费、党建工作经费全面达标，完成17个社区场所达标任务；财政投入305万元，补交大学生村官养老保险。加油补钙，提升基本能力。组织开展村（社）“两委”主干集中培训和基层党组织书记轮训工作，开展理论宣讲116场，轮训党员5000余人；举办农村“领头雁”培训班，组织农村“两委”主干赴右玉、江浙、武乡开展集中培训；举办农村干部学历提升工程大专班和本科班；首批6名村干部纳入村主干专职化管理；对全区63个党政群机关事业单位进行考核评估，形成自查评估报告和自查评估表50多份；20个区行业系统主管部门以点带面推动本行业系统基础工作标准化、规范化建设，85家机关事业单位分层分类开展专业能力培训。 （张晓东）

【推进村（社）治理新体系试点工作】 2019年，郊区被中央农村工作领导组办公室列为全国乡村治理体系试点示范县区之一。结合试点工作，郊区充分发挥农村基层党组织的领导核心作用，实现党的领导与乡村自治的有机统一，形成区级层面权力清单30条；汉河沟村作为城郊型试点，形成以“三章三约四个十，清单流程两办法”为主的村社治理体系；固庄村作为工矿型试点，初步构建了“一单一刊一制度”的治理体系；南沟村作为普通型试点，以“一章约、两清单、三流程、四制度”为载体，初步形成“1234”治理体系，“党建引领、三治融合”的村级治理新体系初见成效。在全面总结3个试点村工作基础上，将试点范围扩大为67个村（社）；制定《关于深化“党建引领、三治融合”村社治理新体系试点工作的实施意见》，重点围绕“权力清单+行为规范”和“两守则、双约束”，积极探索“七类三十二型”特色治理模式，分型打造，创新亮点，修订完善“八项制度”，结合国家乡村治理示范县区创建工作，创新推进乡村治理体系和治理能力现代化。 （张泰旗）

【创新升级党建品牌】 2019年，成立西南舁乡“北七村”乡村振兴示范区党建联盟，实现组织共建、资源共享、智慧共聚，使基层党组织由“单打独斗”走向“抱团发展”；率先在全市成立乡镇党建工作站；建立1000余人的青年人才信息库，成立乡镇农村青年人才党支部；示范打造甄家庄、东林尖、永顺物流、审计局等一批党建活动阵地，推广荫营镇“343”工作法、旧街乡党员管理“双分类双提升”、区审计局“1234”工作法等一批党建品牌，为党建工作更好地服务于经济社会发展积蓄动能。 （张晓东）

【提升干部能力素质】 2019年，郊区依托红色文化资源重点打造旧街南沟、荫营辛庄、河底武家庄、西南舁大西庄4个党性教育基地；拍摄专题纪录片《温河故事》，深度挖掘“团结奉献、创新创业、执着担当”的温河精神；先后举办“不忘初心、牢记使命”党性修养专题培训班、“传承红色基因、书写郊区精神”专题培训班、主题教育读书研讨班等3个主题班次，组织全区12个重点工程指挥部的主要负责人、区委工作部门和区政府组成部门主要负责人赴红旗渠进行学习培训，培训党员领导干部共500余人次；以党纪、党性、能力建设、主题教育为内容，举办4期“科级干部大讲堂”，累计培训党员领导干部2000余人次。（杨晓艳）

【党政机构改革】 按照机构改革总体要求，2019年，区委组织部对机构改革涉及单位的领导班子和干部队伍进行综合分析研判，多次实地调研、与干部谈心谈话，吃透摸清各单位班子运行等情况，充分考虑每名干部的基本情况、工作阅历、现任岗位以及工作能力、专业素质等因素，配齐配强全区36个党政机构领导班子。（张彦军）

【干部队伍建设】 2019年，区委组织部着力培养忠诚干净担当的干部队伍通过开展组织工作专题调研，结合实绩考察、年度考核、日常了解等方式，发现储备近百名有潜力、能力强、素质优的一般干部；做好年轻干部递进式培养，选派优秀年轻干部在信访维稳、G239改线、创卫攻坚、驻村帮扶等重点岗位上磨砺成长，淬火墩苗；加强干部监督管理，全年与各类干部谈心谈话400余人次，组织179名正科级干部集中填报个人有关事项，开展资格廉政审查289人次，有效防止“带病提拔”；稳步推进公务员职务与职级并行制度改革，印发郊区《公务员职务与职级并行制度工作方案》，对符合套转条件的336名公务员进行职级套转，对17名干部进行职级晋升，畅通公务员干部晋升渠道。（张彦军）

【考核激励】 2019年，区委组织部充分发挥年度目标责任考核“指挥棒”和“风向标”作用，出台《阳泉市郊区目标责任平时考核激励办法》，设置责任奖、完成奖、争先奖、创优奖和特别奖五大奖项，按照“一月一报告、一季一调度、半年一小结、年底大交账”的工作机制，召开考核调度会，对省市主要经济指标、全区各项重点工程、重点工作和重点项目、各乡镇主要经济指标完成情况等进行考核排队，共计发放奖金近50万元，激励各乡镇、区直各部门党员干部担当干事、开拓创新、进位升级；调整目标责任考核奖金发放办法，突出精准性，突出关键少数，体现“三个区分开来”，即把乡镇干部与区直部门干部区分开来，把好班子与差班子区分开来，把“一把手”与其他科级干部区分开来；20名担当作为表现突出干部被市委通报表扬，激发广大党员干部担当作为的内生动力。（杨晓艳）

【推进人才强区战略】 2019年，区委组织部坚持人才优先发展，不断推进“人才强区”战略实施。出台《关于深化人才发展体制机制改革的实施意见》《阳泉市郊区人才新政十条（试行）》，科学制定《阳泉市郊区青年优秀人才奖补办法（试行）》《阳泉市郊区人才公寓配置办法（试行）》等配套措施，加大青年优秀人才、本土实用人才的引进培育力度。按照《2019年引进急需紧缺人才实施方案》，正式启动急需紧缺人才招聘工作，对事业单位引进急需紧缺人才灵活安排使用编制，打破“笔试+面试”的传统模式，取消笔试环节，更加重视能力素质评价，面向全社会引进急需紧缺人才70人，其中硕士研究生32人，一本26人，中级职称医师2人。注重“待遇留才、服务留才”，投资近2000万元打造人才公寓100余套；设立人才专项发展资金200万元，高效落实2万～20万元奖补金，共发放136.8万元；对2019年度做出突出贡献的9名高级技术和技能人才、14名农村科技特派员、6名外聘大专院校科技人才、7名高校毕业生发放补给奖励13.96万元；落实区级领导联系服务专家制度，召开人才座谈会和青年人才联谊会，促进人才扎根郊区、奉献郊区。（王昱卉）

宣传工作

【概况】 2019年，区委宣传部按照“1126”工作思路，即：紧紧围绕学习宣传贯彻习近平新时代中国特色社会主义思想这个首要任务，紧紧围绕庆祝新中国成立70周年这条主线，以建设好融媒体中心和新时代文明实践中心"两个中心"为重点，做好六方面工作，自觉担负起"举旗帜、聚民心、育新人、兴文化、展形象"使命任务，不断推进宣传思想文化工作守正创新。2019 年，全区意识形态领域工作总体态势积极向好；理论工作加强"学习强国"平台推广应用等工作，扎实推进学习平台的普及上线工作，努力营造新时代崇尚学习的浓厚氛围；郊区融媒体中心正式挂牌成立，全区新闻宣传工作持续传播党的声音，讲好郊区故事，构筑改革发展的舆论强势；郊区新时代文明实践中心建设全面启动，"城郊型新时代文明实践样板区"成为"全国试点"；区文体中心项目建设全力推进，不断满足人民群众精神文化生活新期待；全区宣传系统着力开展增强"四力"教育活动，为全区走好"三条路"，率先实现城乡融合示范区提供强有力的舆论支持、文化条件、道德引领和思想保证。（白雪亮）

【落实意识形态主体责任】 2019 年，区委宣传部认真贯彻落实意识形态工作责任制，把握正确政治方向，坚持正确舆论导向和价值取向，全区意识形态领域总体积极向好。区委常委会先后 6 次专题学习、传达、研究涉意识形态领域工作。区委意识形态工作领导小组召开 2 次专题会议，传达中共山西省委办公厅关于印发《党委（党组）意识形态工作责任制实施细则》的通知及全市宣传思想工作暨网信工作会议精神等，专题研究通过《中共阳泉市郊区委员会关于上半年意识形态责任制工作的情况报告》。全区 25 家意识形态工作研判单位每季度开展一次形势分析研判，对重大事件、重要情况、重要社情民意中的苗头性倾向性问题，有针对性地进行引导，及时处置发现的问题。加强对基层党组织意识形态工作的指导和督查，确保意识形态工作责任的落实。（葛瑞夏）

【推动理论武装工作】 2019 年，区委宣传部落实党委（党组）理论学习中心组学习规则，抓好区乡两级中心组理论学习。开展"不忘初心、牢记使命"主题教育，带头进行学习研讨，并结合工作需要，开展调查研究，坚持学以致用，以用促学，推动工作落实。召开全区学用习近平新时代中国特色社会主义思想经验交流会。全年共组织区委中心组集体学习 20 次，举办专题讲座 5 场，学习内容涉及加强党的领导、党纪党规、改革发展、统一战线、精准扶贫等 30 多个方面。各基层党委（党组）、党支部利用中心组学习、"三会一课"、支部书记讲党课等平台载体，精心组织理论学习，理论武装扎实推进。（吕峥嵘）

【"改革创新、奋发有为"大讨论】 2019 年，区委宣传部组织召开了大讨论学习交流会、报告会、主题演讲赛，进一步引深大讨论，确保学习研讨活动取得扎实成效；组织开展了"我为'聚力六大突破，实现转型崛起'做什么"主题征文活动、"我为改革创新建一言"和"改革创新金点子"征集活动，共收到征文 55 篇，建言 86 条，为郊区改革开放再出发贡献力量。（吕峥嵘）

【基层理论宣讲】 2019 年，区委宣传部结合"不忘初心、牢记使命"主题教育，组织开展《习近平新时代中国特色社会主义思想学习纲要》和中共十九届四中全会精神等专题宣讲。领导干部、支部书记、理论骨干带头上讲台，各乡镇、各系统分别组建宣讲团，通过基层党支部"三会一课"、主题党日、支部书记讲党课等形式全面开展宣讲，并通过"学习强国""微信工作群"等新型传播平台，推送理论文章，开展"线上微宣讲"。市委宣讲团、市委讲师团宣讲团小分队、区委宣讲团，先后深入机关、乡镇、农村、社区、学校、企业，累计开展基层宣讲 900 余场次，受众近 2 万人次。实现基层宣讲全覆盖，不断推动习近平新时代中国特色社会主义思想深入人心。（吕峥嵘）

【"学习强国"平台推广应用】 2019 年，区委宣传部依托区、乡、村三级党组织，层层建立组织架构，在全面建立学习组织架构的基础上，对全区管理员队伍进行专题培训，帮助各基层组织完成党员注册工作，推进学习平台的普及及上线工作，努力营造新时代崇尚学习的浓厚氛围。向“学习强国”平台供稿，《新时代文明实践“五大工程”服务百姓》《新时代精神文明建设再出发》《李家庄乡各界干部群众歌唱祖国》《交警三大队民警激情唱响〈我和我的祖国〉》等展现郊区精神文明创建成果和社会各界干部群众庆祝中华人民共和国成立70周年、歌唱赞美伟大祖国的文章、视频登上“学习强国”。（吕峥嵘）

【主题报道】 2019年，区委宣传部重点围绕全委会、三干会、劳模会等全区性重要会议，“改革创新、奋发有为”大讨论、“贴心行动”、党建工作、“国卫”城市创建、“不忘初心、牢记使命”主题教育、文明实践中心建设、乡村振兴等全区中心工作和重点任务，着力打造优势主题报道品牌，形成省市区三级媒体联动，全媒体覆盖的宣传态势。中央电视台《阳泉郊区桃林沟村：张灯结彩欢欢喜喜过大年》、今日头条《阳泉郊区西南舁村民俗文化汇演》、人民网《阳泉郊区：“五大工程”服务百姓 文明实践树立新风》、山西新闻联播《阳泉郊区支持民企招技术人才，符合条件者给予年薪10%的配套补助》《阳泉郊区引才育才并重打造人才“磁场”》3分钟的播出时长，《山西日报》《旧街乡旅游铺就脱贫路》、黄河新闻网《郊区旅游的创新发展之路—郊区文化旅游产业形成联盟》《山西经济日报》《让“老有所依”梦想照进现实》《阳泉日报》《我市成立首家乡镇党建工作站》《探访郊区环卫外包深度保洁的秘密》等1200余条在国家省市级以上媒体报道，提升郊区对外美誉度。（高　金）

【基层采风】 2019年，区委宣传部邀请省市区三级媒体深入平坦镇桃林沟村、旧街乡南沟村、西南舁乡北七村等地开展“新春走基层”活动，以“我们的节日”为主题，进行多角度深入采访，从不同侧面反映郊区乡村乡风文明、朝气蓬勃、乡村振兴的全新形象，并在中央电视台播出。围绕郊区“走好三条路，率先实现城乡融合示范区”主题，组织市区两级媒体深入基层、项目一线，进行为期一周的采访，先后在山西日报刊登专版《阳泉市郊区：行稳致远走好“三条路” 谱写城乡统筹新篇章》，新闻报道《书记带好头 村民有奔头》；市两会召开期间，《阳泉日报》刊登专版《郊区“走好三条路 率先实现城乡融合示范区》，对郊区各项工作进行了重点宣传报道；11月，省级媒体走基层看发展采风活动深入郊区，就重点项目、人居环境改善、乡村振兴等进行报道。同时还对郊区“最美基层干部”贾丽敏、提名“感动山西”十大人物和山西道德模范宋根栋、返乡创业的大学生代表王雪进行了专访，山西电视台、《山西日报》《阳泉日报》《阳泉晚报》等省市媒体分别进行宣传报道。（高　金）

【对外宣传拓展方式】 2019年，区委宣传部不断拓展外宣工作的新空间、新平台，提高外宣实效。元月，同市新闻中心共同策划组织“梦幻桃林2019光影艺术节”新闻发布会，《法制日报》、中国网、《山西日报》、山西广播电视台、《山西经济日报》《山西晚报》《山西法制报》《山西市场导报》《发展导报》《三晋都市报》《山西画报》《生活晨报》，山西新闻网、黄河新闻网、三晋传媒网，《阳泉日报》、市广播电视台以及自媒体阳泉快讯、大美阳泉、乐活阳泉、平定网、阳泉之窗、阳泉便民广场、微阳泉等50余家省市区媒体参加。国家省市区各媒体从不同角度相继进行报道。3月22日，举行“桃林沟杯”国际山地半程马拉松新闻发布会。（高　金）

【推进媒体融合】 2019年，区委宣传部2月26日，郊区融媒体中心正式挂牌成立，由报纸、电视、微信公众号、数字报四个宣传平台正常运作。郊区融媒体中心借助“不忘初心、牢记使命”主题教育和“改革创新、奋发有为”大讨论契机，把打造新型主流媒体作为首要任务，改进工作作风，创新新闻宣传方式，全年共出版《郊区周刊》51期，开设《走好三条路、率先实现城乡融合示范区》《开展五城联创、共建美好家园》《壮丽70年、奋进新时代》《打赢污染防治攻坚战》等专栏9个，刊登各类宣传报道1300余条（篇）。《郊区新闻》播发新闻1700余条，先后开辟《壮丽70年、奋进新时代、喜看新变化》《新时代、新作为、新篇章》《聚焦重点工程》《精准扶贫、你我同行》《“五城联创”在行动》等新闻专栏12个，制作播出专题节目《百姓聚焦》39期，向市台《县区新闻联播》栏目推送新闻101期，为讲好郊区故事，扩大郊区影响贡献新力量。“阳泉郊区之窗”微信公众号继续发挥平台的信息发布功能和沟通“连接”作用，推出各类新闻和宣传报道近1300条，累计关注人数达2600余人，传播范围进一步扩大。（葛瑞夏）

【宣传工作亮点纷呈】 2019年，区委宣传部组织开展全区“改革创新、奋发有为”大讨论主题演讲比赛，22组选手用身边的人和事，生动诠释惟改革者进、惟创新者强、惟改革创新者胜的深刻内涵；庆祝中华人民共和国成立70周年系列活动中，组织参加全省“时代新人说——我和祖国共成长”演讲大赛“建党初心”“绿水青山”“脱贫攻坚”“改革前沿”4个主题赛事和全市红色故事讲解大赛，均取得较好名次；组织举办“不忘初心 牢记使命”红色经典诵读大赛，29支代表队参赛，比赛中穿插知识问答，积极宣传“不忘初心 牢记使命”主题教育、十九届四中全会精神、新时代精神文明实践、社会主义核心价值观等，提高广大群众的感知度。（葛瑞夏）

【党报党刊征订】 2019年，区委宣传部出台惠民政策，由财政划拨75万元专项经费，将党报党刊作为公共文化产品统一订阅，免费赠送农村集体经济组织和民营企业，保证党报党刊的有效覆盖，为更好地传播先进思想、先进文化，推进新时代文明实践站所建设工作提供理论支撑，营造良好的营商环境。截至12月26日，郊区率先超额完成2020年度党报党刊征订任务。（葛瑞夏）

【群众文化活动】 “三节”期间，2019年，区委宣传部举办“百花迎新”春节群众文艺汇演、“奋进新时代，喜庆中国年”民间艺术展演活动、“百花迎春”剪纸楹联作品展、“迎新春、送春联”活动、“梦幻桃林2019光影艺术节”、“送欢乐下基层”文化惠民等活动。区、乡（镇）、村三级共举办群众文艺汇演91场、民间艺术表演114场、戏剧演出1108场。图书馆组织开展“我们的中国梦”——公共数字文化进万家系列宣传、《中华传统文化百部经典》推介、“读经典，学新知，链接美好生活”全民阅读月活动等六大文化宣传系列活动，累计举办展览3次、讲座10次、培训200余场次、文化服务进校园5次，辐射23个流动图书阅读服务点的全体师生，达1.3万余人次。（吕峥嵘）

【文化产业发展】 2019年，区委宣传部23家文化企业参加第二届阳泉市文化产业博览会，并免费为企业制作招商手册，其中15家文化企业近千件文化产品参展，7家文化旅游类企业作展板宣传，张世亮作《砂器制作技艺与当代生活的关系》专题互动讲座。郊区展区以“文化传承、魅力郊区”为主题，突出“传统工艺与时代主题紧密结合、融合发展、创新展示、合作共赢”四大亮点，通过剪纸艺术、古琴演奏、现场手工艺（刺绣）制作、非遗现场展示等，宣传郊区文化产业及全区重点工作，吸引人民网、山西日报、《阳泉日报》等国家和省市级媒体的刊播转发，全面扩大郊区文化产业的知晓度和影响力。文博会期间，郊区共接待市民参观9万人次，有3家企业进行现场推荐或旅游宣传，4家文化企业成功签约，现场签订订货合同30万元，收到订金4万元，现场销售4万元。区委宣传部获优秀组织奖，大龙珐花器制作中心等6家文化企业获优秀企业展示奖，《风雨兼程》等7件文创产品获奖。（吕峥嵘）

【庆祝中华人民共和国成立70周年文化活动】 2019年，区委宣传部组织基层群众，通过广场舞专场表演、红歌大家唱、戏剧专场、文艺展演等形式，开展“群星风采”广场文化活动。以“舞动新时代 共筑中国梦”为主题的广场舞大赛、庆祝中华人民共和国成立70周年合唱大赛充分展示全区人民赞祖国、聚合力、建家乡的精神面貌。举办“郊区根脉”文学系列讲座和“白泉之置与秦始皇”学术研讨活动，进一步挖掘郊区的历史底蕴，厚植文化内涵，促进文旅融合发展。（吕峥嵘）

【文化惠民工程】 2019年，区委宣传部精心编排以纪念改革开放40周年、“五城联创”“村社治理创新”为主题的舞蹈、小品、歌曲等文艺节目，深入基层演出17场。共举办各类文化培训活动200余场，受众近3万人次；完成民生实事“免费送戏下乡”58场，辐射人群近2万人次；图书馆、文化馆免费开放约240天，图书馆接待到馆读者1.2万余人，图书借阅量超过5000册；邀请省书法家协会书法小分队，走进南沟村党员培训基地，现场书写书法作品，并捐赠作品。开展“歌颂改革开放，赠写春联惠民”送春联活动，共向1300余名群众赠送春联3300余副（字）；组织书法家深入贫困村，现场书写春联6000余副。（吕峥嵘）

【非遗保护】 2019年，区委宣传部积极组织珐花器、砂器、社火架子、文迓鼓等9个代表性非遗项目参加阳泉市“文化和自然遗产日”宣传展演活动；尝试非遗文创产品与旅游融合，组织非遗和文创产品参加首届刘备山文化旅游节、第十届关公文化旅游节、世界旅游日暨迎国庆乡村旅游活动周，推动非遗产业化发展。荫营镇三泉村被评定为市级非物质文化遗产传习基地，甄国民的大龙珐花器制作中心、张世亮的东旭砂器有限公司被评定为市级非物质文化遗产传习所。张世亮和甄世强被评定为第五批省级非遗代表传承人。（吕峥嵘）

【文艺创作】 2019年，区委宣传部组织各类文艺骨干深入生活，着力推动文艺创作，推出一批展示时代风貌、彰显郊区特色的精品力作。省第四届文博会上，三泉“珐花器”被誉为“山西三宝”之一，甄国民的珐花器橄榄瓶《八宝图》获得“优秀展示奖”，张健敦《福禄寿将军罐》、张世亮《镂刻砂花器》分别获得“神工杯”工艺美术精品奖金奖、优秀奖。9个节目在市“百花迎春”群众文艺汇演颁奖晚会上分获金、银、铜奖。区美术家协会郑守梅的绘画作品在首届全国新文人书法美术家精品展比赛中荣获金奖，并被授予“中国百强画家”称号。（吕峥嵘）

【公民道德建设】 2019年，区委宣传部精心选树宣传“时代楷模”“最美人物”，做好道德模范、身边好人的评选活动。“孝心少年”武敏、援建学校的村书记宋根栋、捐助希望工程的王亮明等先进典型成为新时代道德标杆，示范带动全区新涌现出残疾公益人聂义平、服务“三农”好干部贾丽敏、孝老爱亲好媳妇姚素琴等身边好人，展现出鲜明的爱国、奉献等新时代价值追求，成为有形的正能量，鲜活的价值观。向省、市争取困难道德模范帮扶资金3.1万元，体现党和政府对先进典型的关心关爱。结合“改革创新 奋发有为”大讨论活动和新时代文明实践中心建设要求，在“3·5学雷锋日”组织召开全区“改革创新奋发有为”弘扬雷锋精神宣讲会，引导全区广大党员干部、共青团员要在工作中践行雷锋精神，更积极投身志愿服务，做社会文明的推动者。（孙瑞芳）

【精神文明创建】 2019年，区委宣传部以省级文明城市创建为统领，整合文明单位、文明村镇、文明社区以及星级文明户创建，形成由整体到局部，由宏观到具体的精神文明创建格局。文明城市创建坚持问题导向，强化责任落实、凝聚攻坚合力。召开创城工作推进会和实地测评工作会，抽调测评点、主要责任单位以及省级以上文明单位工作人员深入全区70多个测评点位开展实地测评，督查问题整改。文明单位、村镇、文明校园创建强化志愿服务和创文工作要求，践行社会责任。新申报区检察院等4个市级文明单位标兵，区妇联等3个市级文明单位，居馨社区等6个市级文明社区（村），并配合市文明办完成检查验收。申报省级文明校园1所，创建省级文明校园先进学校4所，推动“六好”标准成为校园文明建设的规范性要求。拓展文明创建的广度，新命名区级文明单位3个，文明村（社区）12个，将创建重点向开发区社区延伸，基层文明创建比例达到62%。制定《关于在全区深入开展“星级文明户”创建活动的通知》，明确“十星”标准，按照农村“星级文明户”评选和区级“十星级文明标兵户”评选两个层次递进式创建。以固庄村十二星级文明户评选为带动，下白泉村、东林尖村、冯家庄村、桃林沟村等村开展群众广泛参与的评选活动，近千户家庭受到表彰命名。2019年，编撰《玉泉山》专刊——“文明花开正当时”，总结回顾两年全区精神文明建设的丰硕成果，立体展现各文明创建实体的文明风采。 （孙瑞芳）

【未成年人思想道德建设】 2019年，区委宣传部深化未成年人德行礼仪美德教育和形势政策、爱国主义、理想信念教育。以“童心向党”活动为加强德育教育的重要抓手，组织36所中小学开展爱国主义歌曲合唱比赛，并最终包揽全市“争做时代新人，建设美好阳泉”中小学生爱国主义歌曲合唱比赛全部一等奖。郊区文苑小学“我讲习爷爷的故事”，郊区实验小学文明礼仪体验实景剧展演等活动形式新颖，内容丰实，受到省市文明办的认可肯定。承担2019年度全省乡村学校少年宫承建学校校长培训班郊区观摩工作，以河底小学为观摩点，7所学校以节目和宣传版面等形式向全省近百名与会者集中展示近年来郊区乡村学校少年宫建设成果。在全区各中小学深入开展新时代好少年评选活动，并遴选推荐5名优秀少年参评市级“新时代好少年”，引导孩子们向先进典型学习、向身边榜样看齐。 （孙瑞芳）

【新时代文明实践】 2019年，区委宣传部全区新时代文明实践工作以“城郊型新时代文明实践样板区”为建设目标，实施理论宣讲“全覆盖”、政策宣传“到基层”、文化科技“惠民生”、主流价值“育新人”、城乡融合“树新风”五大工程，满足群众需求。“区级中心”成为文明实践工作的中枢大脑，8个乡镇（社务中心）文明实践所联动传导，村文明实践站作为服务群众的终端基点，构建“中心—所—站”三级组织体系，纵向涵盖区、乡镇（中心）、村（社区），横向建设党政群机关、事业单位、驻地单位以及企业的新时代文明“实践点”，形成强大合力，文明实践的载体趋向丰富，机制逐步完善。建成刘备山文化创意园新时代文明实践基地，举办首场文化公益活动。召开“深化拓展新时代文明实践中心试点建设工作推进会”，安排部署2020年“全国新时代文明实践中心建设试点”工作，推进党员志愿队伍建设、“星级文明户”创建和移风易俗促文明乡风。 （孙瑞芳）

【贯彻落实全国网信工作会议精神】 2019年，区委宣传部认真学习贯彻落实党中央和习近平总书记关于网络安全工作的重要指示精神和决策部署，全面宣传贯彻落实网络安全法。报请区委宣传部同意，上报区委常委会议集中学习习近平总书记在全国网络安全和信息化工作会议上的讲话精神，并就郊区网络安全和信息化工作进行安排部署，明确郊区网络安全工作的主要目标，基本要求，工作任务和保护措施。 （胡晓军）

【网络舆情应对处置】 2019年，区委宣传部在二青会（中华人民共和国第二届青年运动会）、国庆期间和重要节点对郊区重点网站、客户端、关键信息基础设施的网络舆情进行实时监控追踪，密切关注有关舆情信息，做好监测记录，发现涉郊区网络舆情突发事件及时上报，做到早发现、早处理、早控制，提前预判，妥善处置，确保网络与信息化安全。协调相关乡镇、部门先后对三都村、上千亩坪村、长岭村、上白泉村等7家单位10余起网络舆情事件进行及时处置，做好线上正面发声、线下妥善处置，未生成舆情发酵，保证全区网络意识形态平稳向上的良好态势。 （胡晓军）

【网络舆情舆论引导】 2019年，区委宣传部区委网信办印发《阳泉市郊区关于加强网评员、网宣员队伍建设的通知》，组建区乡村三级网评员队伍，实现网络评论队伍全覆盖，建立健全各乡镇、郊区开发区社务中心、区直各单位网评组长专人负责制，完善应急管理制度和网络评论引导工作机制，积极动员区乡村三级干部职工和群众开展网络评论引导工作，多措并举释放正能量，共同引导舆论方向。组织网评员在人民网、新浪网、搜狐网、澎湃网、黄河新闻网等主流网站发声发力，围绕“不忘初心牢记使命”“壮丽70年 奋斗新时代”“我和我的祖国”等主题开展正面跟帖、评论和转发工作，有组织、有目的地加强网上评论和舆情引导，并及时、准确、充分做好中央和省市区主要新闻媒体刊播的重要新闻报道和新媒体产品的转载推送，做到重大会议、重要活动网上宣传不漏项、不缺项。2019年全年累计完成网评任务40余万条，形成正面社会导向。向中宣部报送网络舆情1300余条，进一步提升网络舆情引导水平。郊区网信办网评工作全市县区排名由第五名跃升至第二名。（胡晓军）

【网站网群规范建设管理】 2019年，区委宣传部开展2019“清朗”专项行动，按照“谁开办谁主管，谁应用谁负责”的原则，加强对郊区政府网站、政务微信公众号、关键信息基础设施以及非政务互联网群组、网络新媒体、客户端等重点网站平台的监督管理工作，严格履行监管职责，全面清理网上政治类、生态类、违规采编类等方面有害信息。联合区市场监督管理局、区公安分局、区文旅局沟通协调、研判会商、执法协同，开展扫黄打非、打击侵权假冒等工作，营造风清气正的清朗网络空间。按照《国务院办公厅关于推进政务新媒体健康有序发展的意见》（国办发〔2018〕123号）文件，以及阳泉市人民政府办公室《关于落实省政府办公厅2019年第二次全省政府网站和政务新媒体检查情况有关工作的通知》（阳政办函〔2019〕76号）文件精神，郊区网信办联合郊区政府办，制定出台《关于进一步规范全区政务新媒体工作的通知》，对“阳泉郊区共青团”“阳泉市郊区财政局”“阳泉郊区掌上公共法律服务平台”“阳泉郊区小微企业服务平台”等20多家微信公众号进行注销关闭，只保留“阳泉郊区之窗”官方微信公众号，保持与党同心、同向、同步、同声。成立中共阳泉市郊区互联网行业党委，准确把握互联网行业规律特点，着力激发党组织生机活力，把党组织的政治活力转化为互联网企业的发展活力，引领互联网企业履行好社会责任，共画同心圆，全面提升新时代互联网企业党建工作质量。（胡晓军）

【网络安全宣传活动】 2019年，借力国家和省、市三级网络媒体“新春走基层”活动，区网信办配合人民网、黄河新闻网、山西云媒体等网络媒体采访团，先后深入郊区旧街乡南沟村红色狼峪草帽山、蜜蜂养殖合作社、平坦镇桃林沟村和桃林民俗文化园等地进行采访报道，详细了解红色文化产业、脱贫攻坚、美丽乡村建设情况，深入挖掘风土人情和民俗文化，通过网站、微信、微博、手机报等多种平台，进行图文、视频、直播等全景式多角度融媒体宣传报道。协调沟通融媒体中心、信息网络中心在郊区政府网站、《阳泉郊区之窗》政务新媒体平台对习近平总书记重要活动重要讲话精神、“不忘初心牢记使命”主题教育、世博会、二青会、庆祝中华人民共和国成立70年、森林草原放灭火和防汛抗旱等工作进行网上宣传报道，转载推送中央、省、市主要媒体的新闻报道和新媒体产品，做到重要活动报道不缺项，并发挥自身特色和优势，制作内容丰富、形式多样的新媒体产品，形成正面宣传声势。营造正面健康的网络舆论氛围。开展网络安全周宣传活动，利用荫营广场和崇文广场电子屏向过往群众循环播放《网络安全不烦恼》等多部网络安全宣传小视频，发放宣传资料2000余册（份），提高人民群众网络安全防范意识。采取“线上+线下”的宣传模式，同步开展安全网络学、网络安全进校园，利用互联网、专题讲座、主题班会、视频节目、宣传海报等不同形式进行宣传，进一步提升全区广大群众对网络安全的防范意识，营造网络安全人人有责、人人参与的良好氛围。联合司法、团委、教育、公安等部门利用宣传标语宣传栏展示、LED显示屏滚动播放、宣传资料发放等多种形式开展反间谍法宣传活动，提高辖区居民的国家安全意识和责任意识，形成学习反间谍法、宣传反间谍法和积极参与反间谍斗争的良好氛围。（胡晓军）

统战工作

【概况】 2019年，区委统战部按照中央、省、市委统战部工作部署，围绕区委走好“三条路”率先实现城乡融合示范区奋斗目标，服务大局，找准位置，体现优势，以志愿创新服务、贴心创造价值和基地创优环境“三创”工作为抓手，发挥统战优势，拓宽工作思路，创新工作方法，凝聚人心力量，完善大统战格局。（奥文芳）

【加强党对统战工作的领导】 2019年4月13日，在全区党务工作会上，区委统战部安排部署全年统战工作。对区委统一战线工作领导小组和区宗教工作协调领导小组成员进行调整，班子成员由原来的2人增加至3人，新增1名常务副部长，并明确1名副部长兼任区民族宗教事务局局长。（奥文芳）

【组织业务培训】 2019年，区委统战部邀请中央统战部原副秘书长、干部局局长张献生到郊区做《习近平关于加强和改进统一战线工作的重要思想》统战讲座；举办全区统战理论政策业务培训班，邀请市委统战部领导以及各科室的负责人进行现场授课。组织机关干部参观延安革命纪念馆和八路军总司令部住址王家坪，参加在太行干部学院举办的阳泉市统战系统干部素质能力提升专题培训班。依托主题党日系列活动，举办《习近平新时代中国特色社会主义思想学习纲要》专题宣讲会、党外知识分子“弘扬爱国奋斗精神、建功立业新时代”主题教育活动座谈交流会等活动，动员党外人士自觉学习习近平新时代中国特色社会主义思想的重大意义、科学体系、丰富内涵等。（奥文芳）

【建立郊区无党派人士后备人才库】 2019年，区委统战部完成全市无党派人士重点人物推荐和后备人才推荐工作；开展党外知识分子调查摸底工作，网上填写调查问卷667人次；召开“改革创新、奋发有为”大讨论对标一流述职会暨党外人士座谈会，就如何做好全区统战工作建言献策。（奥文芳）

【开展民族宗教工作】 2019年，区委统战部结合“不忘初心、牢记使命”主题教育宗教工作专项整治整改工作要求，出台实施方案、建立整治任务清单、工作清单台账、报送整治工作进展情况；完成国庆期间防风险保安全护稳定专项行动方案，打好防范化解重大风险攻坚战；依法管理宗教事务，维护和谐稳定大局，认真贯彻《宗教事务条例》，不断提高宗教工作法治化水平；对宗教活动场所进行安全检查，并对查出的安全隐患，全部整改完成；走访民间信仰场所，摸清底数，掌握情况，有效规范，保障信教人士的宗教信仰自由权利。摸清户籍在郊区范围内具有清真饮食习俗的少数民族居民底数，汇总整理清真肉食补贴登记情况，并及时发放肉食补贴。（奥文芳）

【形成常态化非公经济发展调研机制】 2019年，区委统战部成立阳泉市郊区亲商工作领导组，并建立“3371”工作机制，服务招商引资建设项目和各类非公企业。针对企业存在的重点难点问题，定期到各企业进行调研，分析研判，形成常态化调研机制。联合区工商联以及区公、检、法、司等部门，组织民营企业家参加区人民法院“公众开放日”等活动，引导广大民营企业家增强法治意识，做到守法经营。（奥文芳）

【提升新联会和侨联工作质量】 2019年，区新的社会阶层人士联谊会联合阳泉市郊区心语青少年心理咨询服务中心，开展“入企入村”“法律进企业”“法律知识讲座”等活动，提升统战工作的影响力。组织召开郊区新的社会阶层人士联谊会一届二次会议暨“颂党恩、赞郊区、心贴心、建家乡”联谊会。区侨联在阳泉二监颐养服务中心召开阳泉市郊区“侨胞之家”建设推进会，为新打造的6个“侨胞之家”颁发牌匾，加强侨界群众之间沟通了解，增强侨界人士的爱党爱国情怀。（奥文芳）

【助力“贴心行动”】 2019年，区委统战部联合区委办、区文联组织了“心贴心 共追梦”郊区书画名人“贴心行动”笔会和书画展，展出作品一百余幅。在3823名郊区创业就业的外籍人员中开展“我为郊区发展建一言”征集活动，收到意见建议28条。中秋佳节，区委统战部牵头组织郊区籍在外优秀就业创业人士召开“游关王古庙、看建设成就、话家乡发展”座谈会；形成部领导坚持每月深入民营企业或郊区籍在外优秀人士家中走访调研“贴心行动”长效机制。（奥文芳）

【聚力扶贫创卫】 作为西南舁乡雨下沟村的精准扶贫帮扶单位，2019年，区委统战部强化政治意识、攻坚意识、精准意识、创新意识，深入包保村和企业，责任到人，扎实开展帮扶工作，并配合全区“创卫”工作督查组开展督查工作，把“承诺”落实为“践诺”，较好地完成了各项工作任务。（奥文芳）

机构编制

【概况】 2019年，区委编办紧紧围绕区委、区政府发展战略和重点任务，立足本职，服务大局，以全区党政机构改革为重点，稳步推进行政综合执法和事业单位清理规范，完成好事业单位登记、区直部门和乡镇权责清单的梳理、“五城联创”（国家卫生城市、国家创新型城市、国家新型智慧城市、全国双拥模范城、省级文明城市）、攻坚扶贫等工作，开展“不忘初心 牢记使命”学教活动，并积极配合区委第一巡察组的巡察。（陈益廉）

【党政机构改革】 2019年2月11日，全区机构改革动员大会召开，标志着郊区机构改革正式全面实施。按照《阳泉市郊区机构改革方案》的要求，组建区卫生健康和体育局、区退役军人事务局、区应急管理局、区医疗保障局、区能源局、区商务局等机构；将区教育局和区科学技术局的职责整合，组建区教育科技局；在下放的区国土分局的基础上组建区自然资源局。将区委老干部局职责划入区委组织部，由区委组织部统一管理老干部工作，加挂区委老干部局牌子；将区民族宗教事务局的职责、区政府办公室（区政府外事侨务办公室）的侨务方面职责划入区委统一战线工作部，由区委统一战线工作部统一管理民族宗教工作，对外加挂区民族宗教事务局牌子。党政机构改革后，阳泉市郊区共设置党政机构36个，其中，纪检监察机关1个，党委工作机关8个，政府工作部门27个。捋顺涉改8个党委工作机关，26个政府工作部门的主要职责配置、人员编制和领导职数，如期完成部门“三定”（定机构、定职责、定编制）规定，并印发《阳泉市郊区区级党政部门“三定”规定汇编》。（赵瑞玲）

【事业单位改革】 2019年2月，区委编办将承担行政职能的事业单位改革纳入党政机构改革，统筹推进、同步实施。推进承担行政职能事业单位改革。对十几个主要或部分承担行政职能的事业单位，将行政职能划归主管部门或职能相近的党政机构，原有事业单位调整为从事公益服务的事业单位或并入相关事业单位。事业单位所承担行政职能划归相关行政机构，并对这些事业机构的名称进行重新规范。深化综合行政执法改革。除生态环境执法队伍上划后，共组建10支行政执法队伍。在所辖7个乡镇各组建一支执法队，牌子加挂在乡镇综合行政执法队综合执法办公室，实行一支队伍管执法，承担相关执法职责。完成从事生产经营活动事业单位改革。涉改的生产经营类事业单位共7个，至年底，确定5个单位进行撤销事业机构，2个单位实行整体转制为企业的改革方式。完成事业单位的调整规范工作。市委编办批复副科级以上事业单位的规范事项后，对区委、区政府直属事业单位以及部门所属事业单位

共151个事业单位的机构编制事项进行了重新调整规范。（赵瑞玲）

【乡镇机构改革】 2019年，区委编办加强“三基”（抓基层、打基础、苦练基本功）建设，强化基层政府经济发展、社会管理和公共服务职能，重新制定《乡镇人民政府的职能配置、内设机构和人员编制规定》和《乡镇事业单位机构设置、职能配置和人员编制的规定》，在荫营镇等7个乡镇均综合设置5个办公室和2个事业单位，将2个事业机构均升格为副科级。区级部门派驻在乡镇的站所下放乡镇，实行属地管理，对外保留牌子，接受上级有关部门业务指导。实行派驻体制的站所，党的组织关系纳入乡镇统一管理，工作考核以乡镇为主。（赵瑞玲）

【行政审批服务管理局职能编制调整】 2019年11月，区委编办根据省市相对集中行政许可权改革要求，以“人民为中心”的发展思维，发挥集中、集成、集约的服务管理功能，对区行政审批服务管理局职能及编制进行调整。在全区行政许可拟划转事项清单审核过程中，对“四级四同”（国家、省、市、县四级，事项名称，事项编码、事项类型、设定依据相同）以及审管衔接备忘录所涉及的行政许可、行政确认、其他行政权力进行审核，形成全区21个部门的审管衔接备忘录。调剂行政编制8名，事业编12名；公务员人数4人，参公1人，事业3人。（赵振英）

【开展事业单位登记工作】 2019年，区委编办按照中编办《事业单位登记管理暂行条例》和《实施细则》精神，坚持“高标准、严要求”的工作思路，以规范登记为基础，以创新机制为动力，以突出监管为抓手，开展事业单位登记管理工作，保障事业单位的合法权益，促进事业单位公益职能的发挥。全区全年共有各类事业单位181个，登记的事业单位法人数172个，登记率95%。设立登记0个，变更登记19个，待注销4个；应报送2018年度报告165个，实报送160个，报送率96.97%；公开年度报告163个，审批免予公示2个。（陈益廉）

【《事业单位登记管理暂行条例》执行】 2019年，区委编办在执行《事业单位登记管理暂行条例》中，严格审查事业单位的法人资格、名称、住所、宗旨和业务范围、法定代表人、经费来源、开办资金等登记事项并做好备案。在设立、变更、注销的过程中，把好受理关、审核关、核准关，对登记事项按期通过网站和报纸进行公告；区事业单位登记局与各事业单位办理此项工作的人员建立直接联系，一对一指导，确保事业单位自觉、及时、按程序进行网上办理；每年3月31日前，事业单位通过向区事业单位登记局和审批机关报送年度报告，并在登记管理机关指定“事业单位在线”网站上向社会公示其年度报告，接受社会监督；全面实行事业单位法人统一社会信用代码制度，推行“多证合一”“一照一码”登记模式。全区全年共登记党政机关55家，群团7家，垂管单位1家（区税务局）、特殊情形1家（看守所）。已登记的事业单位在报送年度报告、设立登记、变更登记、证书补（换）领时，领取新版“事业单位法人证书”。（陈益廉）

【事业单位抽样调查】 2019年9月，由市编办和城区、郊区、矿区、平定编办组成的联合检查队，对阳泉市及各县区部分事业单位法人信息进行实地核查。按照3%的抽查率，检查队对区文苑小学、区医疗集团荫营分院、区委党校、区农技中心、阳泉市十中等5个事业单位就业务开展、财务运行、2018年年度报告和“事业单位法人证”使用等方面进行抽查。通过查阅资料、听取报告、实地勘察等方式，基本掌握郊区事业单位的实际情况，对存在的问题及时下发整改通知，敦促其他事业单位规范运行。（陈益廉）

【行政审批事项梳理优化】 2019年4月，阳泉市郊区人民政府办公室下发《关于印发阳泉市郊区行政审批事项梳理优化工作方案的通知》。区委编办以中国阳泉郊区网站公布的《阳泉市郊区政府部门权责清单》事项目录为准，协助各部门完成行政审批事项中行政许可、行政确认及其他类行政审批事项梳理。6月，区委编办协助区行政审批服务管理局对全区各行政职能部门权责清单认领，完成事业单位登记局其他类行政审批事项认领。8月，区委编办向区司法局上报2015年至2018年阳泉市郊区政府部门取消、下放、调整的权责清单事项的有关情况，其中取消69项，承接61项，调整25项。9月，区委编办协同区司法局、区审批局对全区27个单位和部门权责清单开展集中梳理工作，并对完成任务的19个单位和部门的权责清单提出合理化意见建议数条。（陈益廉）

【乡镇权责清单梳理】 2019年10月，为贯彻落实中央办公厅印发的《关于进一步激励广大干部新时代新担当新作为的意见》《关于解决形式主义突出问题为基层减负的通知》和省委《关于深化“三基建设”进一步加强基层工作的若干意见》，区委编办要求区各乡镇（社区）根据《关于明晰乡镇（街道）权责厘清县乡关系的指导意见》和《山西省乡镇（街道）权责清单参考目录》，结合自身实际，提出合理化意见建议。其中，河底镇共确定116项属该镇的权责范围，荫营镇90项、平坦镇66项、李家庄乡115项、旧街乡101项、西南舁乡59项。荫营镇提出合理化建议和意见3条，均上报至市委编办。12月，区委编办按照省编办《关于明晰乡镇（街道）权责厘清县乡关系的指导意见》和市委编办《关于转发<省委编办、省审批服务管理局关于明晰乡镇（街道）权责厘清县乡关系的指导意见>的通知》，以及山西省乡镇（街道）权责清单参考目录，出台了《关于转发<省委编办省审批服务管理局关于明晰乡镇（街道）权责厘清县乡关系的指导意见>的通知》，要求各乡镇在规定时间内完成权责清单的梳理。至年底，各乡镇已完成权责清单的梳理工作，流程图和风险防控图进入扫尾阶段。（陈益廉）

【“不忘初心 牢记使命”学教活动】 2019年，区委编办以“不忘初心 牢记使命”学习教育为先导，以提升干部队伍素质为重点，及时传达中央省市区有关文件、会议精神，把集中学习和个人自学结合起来，针对性地安排法规、条例和业务的学习培训。参加区组织的先进人物事迹报告会和警示教育等活动，落实党风廉政建设责任制，查找风险预警防控，加强反腐倡廉建设力度。坚持“用好的制度管人，用好的制度办事”，在建章立制抓规范上下功夫，完善各项工作制度、目标管理考核制度和内部管理制度，提升机构编制部门科学化管理水平。坚持机构编制事项集体研究、民主决策，做到“政策公开、程序规范”，决策透明有序，杜绝暗箱操作。（陈益廉）

【区委第一巡察组巡察区委编办】 2019年9月29日至11月30日，阳泉市郊区区委第一巡察组对郊区环境保护局党组、共青团阳泉市郊区委员会党支部、区委机构编制委员会办公室党支部、区委党史研究室党支部开展巡察工作。重点巡察领导班子及其成员特别是主要负责人在执行《中国共产党章程》和其他党内法规，遵守政治纪律、组织纪律、廉洁纪律、群众纪律、工作纪律、生活纪律等，以及落实党风廉政建设主体责任和监督责任的情况。并设立举报箱、举报电话等接待群众来信来电来访。巡察期间，区委编办通过自查自纠，发现有关工作纪律、政治学习、管理制度、业务学习等方面存在问题。区委编办制定立行立改措施，把党建工作作为首要工作来抓，并与业务工作有机结合，从根本上解决工作和生活中存在的问题。（陈益廉）

区直工委工作

【概况】 2019年，区直机关工委党建工作沿用中共阳泉市郊区直属机关工作委员会。下设办公室、组宣股、群团股，统一负责区直机关的党建、群团工作。截至2019年12月，区直机关工委共计管辖1个党委、7个党总支、53个党支部，910

名党员。区直机关工委围绕“服务中心、建设队伍、服务群众”的核心任务，发挥机关党组织“引领、服务、监督、协调、保障”职能作用，努力提高机关党建工作水平。（张瑞霞）

【党建活动】 区直机关工委以党的政治建设为统领，以打造模范机关为目标，探索“主题党日+”模式，做到以创新的思路谋全局，以创新的方法抓落实，让主题党日真正有“党味”“鲜味”“余味”，提高党内生活质量。坚持阵地共用，思想得到洗礼。5月30日，组织所属基层党组织入党积极分子和发展对象走进旧街乡南沟村开展主题党日活动；9月27日，联合区交通局、区发改局、区妇联党支部以及机关工委新发展的9名预备党员走进西南舁乡大西庄村、东林尖村、咀子上村、代家庄村等革命传统教育基地，使全体党员接受革命精神洗礼，增强党员意识，激励政治担当。坚持资源共享，党员党性得到锤炼。11月27日，区直机关工委联合荫营镇党委在荫营镇党员干部教育中心开展“使命在肩、奋发向前”主题党日活动。160名机关党员集体参观荫营镇廉政教育基地，成立区直机关党员志愿者服务总队并下设33支党员志愿服务队，发出“使命在肩作榜样 奋发向前当先锋”的倡议。坚持结对共建，党组织凝聚力得到增强。“七一”之际，与区妇联党支部、区信息网络中心党支部联合开展“练内功·强素质·作表率”特色主题党日活动，促进各党支部之间的交流，真正达到在活动中学习，在学习中提高。坚持活动共办，党内生活质量得到提高。6月19日，区直机关工委携手区直属机关事务服务中心党支部、区能源局党支部走进天元集团，联合开展“忆初心 话感恩 学先进 争先锋”主题党日活动。7月5日，举办纪念中国共产党成立98周年暨“读家书 忆党史 守初心 担使命”传承红色基因诵读大赛，激发广大党员干部进一步筑牢信仰之基，补足精神之钙，不忘初心、牢记使命、担当作为。（张瑞霞）

【学习教育活动】 2019年，区直机关工委开展“改革创新、奋发有为”大讨论。制定大讨论实施方案，向所属32个单位党组织发放《省大讨论先进典型报告会视频》等相关资料。5月16日，召开2019年“抓党建 促三基”工作会暨“改革创新 奋发有为”交流宣讲会。先进典型代表围绕“改革创新 奋发有为”大讨论进行交流发言。开展“不忘初心、牢记使命”主题教育。制定实施方案，成立领导小组，召开动员大会，向基层党组织书记发放一封信。工委所属基层党组织开展革命传统教育、形势政策教育、警示教育、宣讲《纲要》等共计87场次，参与人数达1300余人次。结合主题教育，在所属基层组织党员中开展“亮身份 践承诺 作表率”争做“五好”（政治素质好、思想作风好、岗位业绩好、服务群众好、模范作用好）共产党员的承诺、亮诺、践诺、评诺活动。631名在职党员作出庄严承诺并亮诺。设立党员先锋岗及党员责任区121个。（张瑞霞）

【党建工作】 2019年，区直机关工委坚持“三抓一促”工作法，履行管党治党政治责任，抓好班子，筑强堡垒，带好队伍，聚集发展合力，提升党建工作质量。5月16日，召开2019年“抓党建 促三基”工作会暨“改革创新 奋发有为”交流宣讲会、党建工作推进会。12月27日，召开2019年度基层党组织书记抓党建述职评议大会，邀请部分“两代表一委员”参加会议。参会人员观摩3家基层党组织效能建设、党员学习笔记、主题党日等党建资料。7家单位基层党组织书记进行述职发言，其他基层党组织书面述职，会议对2019年基层党组织书记抓党建工作进行民主测评和点评，增强基层党组织书记主责主业意识，更好地履行好党建第一责任人的职责，推动党建工作落到实处。（张瑞霞）

【党建特色】 2019年，区直机关工委丰富党建开展形式，以“党建+”、联合主题党日为载体，进一步加强基层党组织建设，提升基层党组织组织力。党建+理论学习，提升党建水平。5月28日，举办区直机关入党积极分子培训班。预备党员、入党积极分子、拟发展对象共计146人参加培训。培训采用“理论+实践”的形式，以上好一堂理论党课、学好一部红色经典、走进一个爱国基地、咏唱一首革命歌曲、重温一次入党誓词、接受一次革命洗礼、传承一次红色文化、培树一批后备力量“八个一”活动为主要抓手和载体，全程贯穿“学思践悟”，使广大学员从思想到灵魂都有深刻的体验。党建+形式创新，增强组织凝聚力。1月4日，组织1400余名党员干部参加全市2019年“五城联创·全民动起来”新年健步行活动。7月30日成立阳泉市郊区机关“东方红”合唱团。9月30日，红旗飘扬颂党恩、歌声嘹亮赞祖国——阳泉市郊区机关“东方红”合唱团成员在区政府广场纵情歌唱，赞美祖国。9月21日，翰墨飘香赞祖国 丹青溢彩显身手——区直机关书法培训班开班，区直机关14家单位30余名书法爱好者积极参与。党建+志愿服务，彰显责任担当。成立了区直机关党员志愿者服务总队并下设33支党员志愿服务队，志愿者用实际行动为郊区营造干净整洁、健康舒适、文明有序的乡村环境。（张瑞霞）

巡察工作

【组织对九届第六轮被巡察单位进行党建知识测试】 4月26日，区委3个巡察组分别组织对12个区直被巡察单位的党员干部进行党建知识测试，测试的主要内容为十九大报告精神、《中国共产党党章》、习近平总书记系列重要讲话、“改革创新、奋发有为”大讨论内容等，以真学强化被巡察单位党建意识，扭转重业务轻党建现象。（梁志忠）

【开展巡察工作】 2019年，区委完成六轮、七轮常规巡察，1轮村（社）延伸巡察，对24个区直单位、35个村（社）进行巡察，共发现问题415个，提出意见建议190条，移交问题线索17条，推动解决拆迁补偿款发放不及时、举债发福利唱戏等一批群众关心的急事、难事、揪心事及影响发展稳定大局的风险问题。（梁志忠）

老干部工作

【概况】 按照全区2019年机构改革方案，区委老干部局并入区委组织部，加挂区委老干部局牌子。2019年，全区老干部工作坚持以习近平新时代中国特色社会主义思想为指导，按照省委、市委“改革创新、奋发有为”大讨论和“不忘初心、牢记使命”主题教育要求，贯彻落实十九大关于“认真做好离退休干部工作”的要求，以“让组织放心、让老干部满意”为目标，围绕中心、服务大局，坚持抓班子、带队伍、强管理、优服务、促发展的工作理念，组织开展春节、重阳节走访慰问老干部活动，特困离退休干部救助，离休和县级老干部健康体检、“不忘初心 牢记使命”主题教育老干部宣讲团郊区报告会、老干部党员主题党日活动以及多场老年大学文艺演出活动，老干部工作满意度进一步得到提升。（张理义）

【春节走访慰问离退休老干部】 2019年春节期间，区委书记王明厚、区委副书记代区长宁文鑫、区人大主任王如生、区政协主席王振杰等区四套班子主要领导带队走访慰问原区委书记王克恭、段永章等13名曾在郊区工作过的地市级退休老领导和部分县级退休老干部，为他们送去新春祝福。老干部局通过政府采购，为全区1800余名离退休老干部购买价值32万元的春节慰问品，通过各级党组织在春节前夕送到老干部家中，送去党的温暖和关怀。（张理义）

【科技文化下乡】 4月10日，区委老干部局联合区文化和旅游局到结对帮扶贫困村——河底镇河南村，举办科技文化下乡活动。河南村村民、贫困户23人观看粮食、蔬菜等农作物种植技术视频和《红海行动》爱国主义教育片。活动现场向村民发放玉米、苹果、黄瓜、番茄等种植技术图书50余册。（张理义）

【文艺演出走进河南村】 为深入宣传中共精准扶贫、文化惠民政策，5月21日，区老年大学文艺队走进河底镇河南村，为村民奉献了一场精彩纷呈的文化大餐。整个演出活动长达2个小时，舞蹈《沸腾的黄土地》《心上的罗加》，豫剧选段《走过了一道道山》，大合唱《打酸枣》，独唱《祖国万岁》以及《陈氏36式太极刀》等20个节目赢得村民的阵阵掌声。（张理义）

【举办“迎七一 颂党恩”专题文艺演出】 为庆祝中国共产党成立98周年，6月27日区老年大学在郊区荫营广场举办“迎七一 · 颂党恩”专题文艺演出。区老年大学舞蹈、声乐、太极拳等专业的100多名学员通力合作、载歌载舞，表演合唱《唱支山歌给党听》《我和我的祖国》，舞蹈《圪梁梁上闹革命》《党啊，你是我心上的罗加》《沸腾的黄土地》，独唱《双脚踏上幸福路》《再见了大别山》，三句半《夸夸郊区老年大学》，萨克斯独奏《最美的歌唱给妈妈》，葫芦丝独奏《再吹山歌给党听》等24个节目，1000多名观众。演出在《没有共产党就没有新中国》的嘹亮歌声中落下帷幕。（张理义）

【主题党日活动】 为进一步增强全区离退休干部党组织的凝聚力、战斗力、号召力，7月18日，区委老干部局组织全区离退休干部党支部书记、部分离退休干部党员、老年大学骨干学员代表共计44人到阳泉市红色教育基地、廉政教育基地盂县清城镇张家垴村开展主题党日活动。（张理义）

【文艺演出走进曹里村】 为深入宣传党的精准扶贫、乡村振兴政策，鼓舞贫困村群众打赢脱贫攻坚战，9月23日，区老年大学学员走进平坦镇曹里村，表演舞蹈《沸腾的黄土地》《心上的罗加》，器乐合奏《喜洋洋幸福年》，大合唱《我和我的祖国》，女声独唱《绣金匾》，男声独唱《双脚踏上幸福路》等节目。驻曹里村工作队现场给村民们发放杂粮和蔬菜种植图书70余册。（张理义）

【组织“不忘初心 牢记使命”主题教育老干部宣讲会】 11月15日，举办阳泉市“不忘初心 牢记使命”主题教育老干部宣讲团郊区报告会。会上，市政府原秘书长张王亮、区委党校原常务副校长罗树宏分别以《辉煌中国》《为中国点赞》为主题，为广大学员进行宣讲。区老年大学60余名学员聆听宣讲。（张理义）

党校工作

【概况】 郊区区委党校成立于1987年7月，建校30年来，已六迁校址。2019年7月迁至区人民武装部东配楼。校园面积2300平米、建筑面积1200平米。2019年，区委党校坚持以习近平新时代中国特色社会主义思想为统领，按照中央和省、市、区委对干部教育培训工作、党校工作的新精神新要求，深化党校发展改革，推进标准化建设，提升党校教学质量和办学水平，充分发挥区委党校在全区党员干部教育培训中的主渠道主阵地作用。（吴淑先）

【干部培训】 2019年，区委党校共举办各类培训班6期，培训2360余人次。其中，改革创新示范班培训520余人，新聘事业单位工作人员岗前培训班培训112人，全区领头雁培训班培训520余人，“不忘初心、牢记使命”主题教育专题培训，800多人次。（吴淑先）

【理论宣讲】 2019年，区委党校主要围绕5个主题送教上门25场次，受众1600人次，较好地发挥了党校理论阵地的作用。围绕乡风文明建设，深入到杨家庄乡机关，荫营镇三都村、后沟村、老虎沟村，西南舁乡王家庄村等单位辅导5次，受众340余人；围绕党的基本知识、党史、党章，到机关工委、卫计局、河底镇、平坦镇、西南舁乡、荫营镇辅导13场次，受众700人次；围绕“不忘初心、牢记使命”主题教育，红色教育宣讲3场次，受众100余人；围绕十九届四中全会精神，到开发区、旧街、杨家庄等宣讲3次，受众240余人；围绕村社治理到旧街乡进行宣讲，受众80余人。（吴淑先）

【理论研究】 2019年，区委党校干部参与中共十九大征文、改革开放40年征文、中华人民共和国70年征文活动，杜慧撰写的《新中国成立70年乡村治理变迁与经验》、毛晓芳《以史为鉴 不忘初心 砥砺前行》获市委党校庆祝新中国成立70周年理论研讨会一等奖，武舍鱼《加强乡风文明建设 助推乡村振兴》获三等奖。 （吴淑先）

【自身建设】 2019年，区委党校牢固树立“党校姓党”的理念，通过加强师德教育、师德考核、师德评议以及奖惩考核等措施，提高教师思想道德素质；新聘2名硕士研究生，具有研究生学历的教师占整个教师队伍的27%，教师结构进一步优化；区政府拨专款30万元对新校址进行改建，集办公、培训于一体，教学基础设施基本齐全，能够满足100名学员的培训餐饮和住宿需求，改善党校的办公条件，优化办公环境；派送教职工到浙江大学、右玉干部学院、太行干部学院、华北电力大学进修学习21人次；成立村社干部职业化培训学校，建立清华大学乡村振兴远程教学站，为郊区乡村振兴提供人才战略支撑。 （吴淑先）

档案管理

【概况】 阳泉市郊区档案馆成立于1971年，阳泉市郊区档案局成立于1985年。局（馆）合署办公，一套班子、两块牌子，履行全区档案事业的行政管理和区直机关、团体、企事业单位档案保管利用两种职能，为阳泉市郊区人民政府直属事业单位。2019年2月3日，根据《阳泉市郊区机构改革方案》（阳郊发〔2019〕1号），将区档案局（区档案馆）承担的行政职能划归区委办公室，区委办公室对外加挂区档案局牌子，区档案馆由区政府直属事业单位调整为区委直属事业单位。8月20日，根据《阳泉市郊区档案馆职能配置、内设机构和人员编制规定》（阳郊办发〔2019〕40号），阳泉市郊区档案馆是负责接收、征集、管理档案和开展档案利用等的专门机构。属公益一类，正科级建制，事业编制11人。领导职数一正两副。内设机构为办公室、收集征集股、档案管理股、编纂研究股、信息技术股、现行文件利用中心。

郊区档案馆位于郊区荫营镇江正大街，郊区政府大楼东侧，总建筑面积5127.5平方米，是一座集郊区重要档案资料保管基地、中小学档案教育社会实践基地、爱国主义教育基地、现行文件利用中心、政府信息公开查阅中心、电子文件中心和政务会议中心“七位一体”的国家一级档案馆。 （高新华）

【数字档案馆建设】 2019年，区档案馆继续实施“存量数字化、增量电子化、服务网络化”战略，完善各类档案目录数据库，按计划分期、分批进行全文录入扫描、修图和导入挂接等工作。截至2019年底，电子目录达到77.28万条，全文扫描91.39万幅。 （高新华）

【档案资源、利用、安全“三个体系”建设】 2019年，区档案馆继续巩固国家一级档案馆品牌，以建设数字档案馆为重点，着力打造民生档案和开放档案信息资源共享平台，完善档案资源、利用、安全三大体系，馆内档案库房实现了智能化管理，馆藏档案资料实现数字化管理，区档案馆“七位一体”的综合管理水平明显提高。档案资源体系建设：区档案馆接收21个单位的档案4518卷12337件、资料372卷。截至2019年底，馆藏105个全宗，馆藏档案、资料130838.7卷（件），其中档案121906.6卷件（114203卷，77036件）；资料8932.1卷件（8879卷，531件）。共征集到电子版档案资料12.9G，实物档案资料177件；档案利用体系建设:馆内接待档案查阅利用者285人次，提供利用档案资料1118卷件，复印资料1177件。对66个全宗进行鉴定开放控制，共鉴定7973件，其中应开放档案4263件，控制档案486件，不予鉴定3224件。重点编辑《郊区档案馆组织沿革》和《郊区档案馆年鉴》等编研材料；档案安全体系建设：构建和完善人防、物防、技防相结合的“三位一体”综合防范网络体系和应急处置机制。定期对档案大楼、档案馆库的安全、消防及卫生进行检查。在 2019 年全市档案安全风险隐患整治工作考核中，综合得分全市第一。（高新华）

【服务中心工作】 2019 年，区档案馆做好机构改革档案的指导。按照区委、区政府《关于做好机构改革中档案处置工作的通知》文件精神，对所有涉改单位的档案进行处置，移交区档案馆 3130 件，有效防止档案流失和失泄密问题发生；做好国企退休人员档案的接收，完成全市国有企业退休职工人事档案移交进馆任务，截至 2019 年年底，接收 82 个企业，1425 卷人事档案。（高新华）

【"两个"基地建设】 5 月 29 日，郊区档案馆组织郊区文苑小学 100 余名师生，开展以"新中国的记忆"为主题的档案社会实践活动。9 月 30 日，举办"郊区庆祝中华人民共和国成立 70 周年大型史料图片展"，共接待党员、干部、群众和社会各界人士 1500 多人。（高新华）

史志编研

【年鉴编纂】 2019 年年初，区委党史研究室（区地方志研究室）结合全区中心工作、年度特色和亮点，拟定《阳泉市郊区年鉴（2019）》编纂工作要求、编纂提纲和行文规范与通知一并下发，对年鉴征集工作进行全面安排部署。该卷年鉴框架结构、栏目设置更加科学合理，条目编写更加精细，资料更加翔实，突出地反映郊区改革发展的基本情况和时代特色。截至 2019 年年底，年鉴已交由山西人民出版社审读。（云 霞）

【指导基层修志】 2019 年，区委党史研究室（区地方志研究室）加强对乡镇、村志书等的编纂指导和审查验收工作。优化志书编纂工作流程，提高基层志书编纂质量，突出地方特色，推出一批精品志书。《河底镇志》出版发行，《三都村志》刊印；先后对《固庄村志》《魏家峪村志》《西南舁村志》《李家山村志》《大西庄村志》进行审读；《光氏族谱》审读完成。对汉河沟、冯家庄、咀子上、石卜嘴、代家庄村志书编纂编修人员进行业务培训。（云 霞）

【充实完善区人才库】 2019 年，区党史研究室配合市、区开展的"暖心行动"，对原有《阳泉市郊区在外知名人士信息库》进行扩充，郊区籍在外优秀人士入库增加到 11894 人，郊区外来创业人士入库 3823 人，并归类汇总，入编 2019 阳泉市郊区年鉴人物编，进一步加强郊区人才的对外信息联系。（云 霞）

【脱贫攻坚帮扶】 2019 年，区委党史研究室（地方志研究室）加强脱贫攻坚力度，所帮扶的贫困村——后山村土地租赁 100 亩、收入 1.5 万元，荒山荒坡出租 200 亩、收入 2 万元，一期光伏项目初步收益近万元，村中基本实现年轻人有增收渠道、老年人老有所养、村集体收入稳步增长的既定目标。全年，村中享受小额扶贫贷款 4 户，发展养蜂 3 户、养猪 2 户；享受雨露计划 1 户；享受健康扶贫政策 2 户，增加贫困户收入、壮大集体经济。配合相关部门，全力扑灭"3·12"后山山林大火，为行政村撤并做好前期宣传发动工作。（云 霞）

【创卫攻坚】 2019 年，区委党史研究室（区地方志研究室），在创卫攻坚和荫营镇区及延伸周边环境卫生综合整治提升行动中积极行动、主动作为，克服人员不足等困难，定期组织全体工作人员到责任片区平坦镇桃林沟村、荫营矿开展义务劳动，及时购买相关创卫劳动工具等，确保创卫工作取得实效，全力打好打赢整治攻坚战。（云 霞）

机关事务

【概况】 2019 年 2 月 28 日，阳泉市郊区机关事务管理局挂牌更名"阳泉市郊区直属机关事务服务中心"，为区委直属事业单位，编制数 105 人。截至 2019 年年底，在职干部职工 87 人（其中：事业干部 26 人、行政工人 39 人、事业工人 22 人），退休职工 45 人。下设主要有办公室、党务办公室、餐饮服务中心、公车服务中心、计划财务股、节能股、综合维修股、公共服务股、档案图书室 9 个部门。承担具体职责是：机关办公服务（机关交通服务、通讯服务、办公区域环境卫生服务、会议室服务、办公用房管理服务、办公文具用品服务、办公设备服务、财务核算服务、大楼安保服务）、机关后勤生活服务（职工餐饮服务）及承办区委区政府委托事项。（王晓娟）

【党建品牌引领后勤】 2019 年，区直属机关事务服务中心党支部创建“先锋后勤”党建服务品牌，设计品牌标识，通过聚焦“三推进一落实”各项主题教育活动的有效开展，全面推进思想建党；支部换届、“职工之家”、各项群团活动开展等，全面推进组织建党；认真落实党建管理制度，严肃党内政治生活，规范党务工作流程，全面推进制度建党；夯实党建工作引领基础，后勤各项工作水平不断提升。通过“主要领导—分管领导—中层干部—部门职工”分级模式，实行压力传导、压实责任落实，实现“一岗双责”的全面落实。（王晓娟）

【公车服务】 由原机关车队、机关修理厂和公车平台合并改建的公车服务中心，位于荫营东大街 16 号，占地 2300 多平方米，于 2019 年 3 月底动工，先后拆除危建约 70 平方米，整修车间、库房、办公用房、职工宿舍、食堂约 600 平方米，硬化场地约 400 平方米，新建停车棚、洗车房、冲水式厕所、淋浴室约 200 平方米，土建投资 100 余万元；安装易讯通、监控设备、北斗星定位系统，信息化投资 50 余万元。6 月中旬，公车服务中心投入试运行，有机要用车 92 辆、实物保障用车 18 辆、特种技术用车 6 辆、接待调研用车 5 辆，司勤人员 68 人。（王晓娟）

【助力城市创卫】 2019 年，区直属机关事务服务中心响应卫生城市的创建工作，包保桃源社区、居馨社区、铝矾土矿社区和荫营镇街上村的创卫工作。在居馨社区，组织人员进行大规模的垃圾清理，共出动人员 300 余人次，装载机等大型机械车辆 5 部，垃圾清运车辆 10 部，覆盖绿网 1000 多平方米，倾倒垃圾 800 余吨，累计花费资金约 3 万元；在西谷窖小区，帮助社区拆除老旧建筑、拆除旧厕、路面硬化恢复等，共计花费资金约 7 万元；在铝矾土矿社区，组织职工成立 6 个创卫攻坚小组，包保 3 个网格，全天候在社区进行创卫，在荫营镇街上村，每周五组织人员进行集中清理，创卫工作成为常态性工作。（王晓娟）

【脱贫攻坚】 2019 年，区直属机关事务服务中心脱贫攻坚结对帮扶村为郊区杨家庄乡大南庄村，该村总面积 1.86 平方公里，耕地面积 590 亩，农业人口 241 人，总户数 110 户。有贫困户 43 户 98 人。驻村工作队配合村支两委制定《并村实施方案》、签订协议、完成了旧房面积测量确认、成立分房领导小组。2019 年年底，原大南庄村整村异地搬迁至桃林沟喜来居小区，两村资源共享，原大南庄村民享受桃林沟村民待遇，总体达到“两不愁、三保障”及“搬得出、稳得住、能致富”的目标。（王晓娟）

【拆迁扫障】 位于保晋路原郊区政府宿舍楼拆迁扫障工作长达 6 年之久协商未果，仍有 3 户住户拒签拆迁协议。按照郊区区委区政府相关工作要求，2018 年 10 月拆迁扫障再次启动，郊区机关事务管理局主要领导带队多次与拆迁户沟通协商，谈政策、讲道理，2019 年 7 月，征拆双方协商拆迁协议签订成功，至此保晋路多年拆迁工作全部完成。（王晓娟）

外事工作

2019 年，中共阳泉市郊区区委外事工作委员会成立，设立外事委员会办公室，外事办把握党管外事的原则，坚持“外事为民”的宗旨，担负服务地区经济社会发展的使命，立足实际，主动作为，各项工作取得了一定的进展。对郊区的侨胞侨属进行摸底走访；深入郊区投资兴业的外资企业，了解企业发展情况，帮助解决实际困难，宣传郊区招商引资、人才引进等方面的政策；落实国家总体安全观。在对外工作中旗帜鲜明地坚持一个中国原则，坚决反对制造“两个中国”或“一中一台”的图谋，坚决反对美国西方敌对势力对我的渗透破坏，坚决反对外部势力干预台港澳事务，多渠道做好境外反“法轮功”等邪教组织工作。（刘书材）

关心下一代工作

【概况】 2019年，郊区关工委贯彻落实中共十九大精神和习近平总书记系列重要讲话精神，围绕中心，服务大局，发挥“五老”优势，以“中华魂”主题教育及“传承红色基因、争做时代新人”活动为载体，勇于创新，务求实效，尽心竭力履行关心、教育、培养青少年的使命，实现关心下一代工作的新发展、新突破。（张婧芳）

【“中华魂”(爱我中华——辉煌70年)主题演讲】 2019年12月，由区关工委牵头，区教育局、团区委联合组织举办“中华魂”（爱我中华——辉煌70年）读书演讲比赛，比赛分小学组、初中组、青年组、组合组4个组别。经过激烈的角逐，以组别评出一、二、三等奖，同时选拔出代表郊区参加市级演讲赛的选手。（张婧芳）

【推荐阳泉市关心下一代党史国史教育基地】 2019年，依据省、市关工委党史国史教育基地推荐标准，郊区关工委领导深入基层调查了解，综合考量，最终选拔并推荐荫营镇辛庄村红色文化景区和西南舁乡北大西庄村为阳泉市第二批关心下一代党史国史教育基地。（张婧芳）

【武锦福到郊区调研】 2019年6月24日，省关工委常务副主任兼秘书长武锦福一行到郊区，就关心下一代工作进行调研。市关工委主任高全怀、区关工委主任要宜为等领导陪同。省关工委一行听取郊区“中华魂”读书活动和家长学校活动情况，现场观摩区实验小学“魅力家长课堂”，参观荫营镇三都村玉伏文化室、文化中心、三都小学等。省关工委领导对郊区关工委工作给与充分肯定和高度评价，并提出更高要求，希望郊区关工委要不断研究新情况、解决新问题，广泛引入社会力量，合理利用资源，寓教于乐，为青少年健康快乐成长营造良好的环境。（张婧芳）

【建立视力保护示范基地】 2019年7月25日，郊区关工委将区实验小学确定为区“科学防控近视、关爱儿童眼健康”示范基地。（张婧芳）

【“中华魂”主题演讲】 2019年7月，在全国“中华魂”（腾飞的祖国——改革开放40年）主题演讲赛表彰活动中，郊区二中曹慧娴荣获初中组一等奖，王思睿荣获小学组二等奖，河底小学葛涵宇、文苑小学李明月和任子心、三郊中学刘天骄、固庄矿王慧分别荣获小学组、初中组、青年组三等奖；在全省“中华魂”（腾飞的祖国——改革开放40年）表彰活动中，郊区平坦中学杨慧玲、荫营中学张可分别荣获初中组、青年组三等奖，郊区“中华魂”组委会被评为先进集体，教育科技局张婧芳被评为“先进工作者”。（张婧芳）

【郊区选手代表阳泉市参加省读书教育成果展活动】 2019年7月，郊区固庄矿职工王慧、平坦中学杨慧玲代表阳泉市参加全省青少年“中华魂”读书和“传承红色基因，争做时代新人”主题教育成果展示中分别荣获青年组一等奖和中学组二等奖。（张婧芳）

阳泉市郊区人民代表大会常务委员会

综合工作

【概况】 2019年，区人大常委会以习近平新时代中国特色社会主义思想为指导，深入学习贯彻中共十九大精神和习近平总书记视察山西重要讲话精神，全面贯彻中共十九大和十九届二中、三中、四中全会精神，深入贯彻习近平总书记关于坚持和完善人民代表大会制度的重要思想，始终坚持党的领导、人民当家作主、依法治国有机统一，围绕区委决策部署和全区工作大局，履行宪法和法律赋予的各项职责，全年召开常委会会议11次，组织开展专题视察、调研、检查21次，听取和审议专项工作报告13个，作出决议、决定12项，任命人民陪审员49名，补选市十五届人大代表2名，完成区十八届人大四次会议确定的目标任务，为全区经济社会发展和民主法治建设作出积极贡献。 （关义辉）

【区十八届人大四次会议】 阳泉市郊区第十八届人民代表大会第四次会议于2019年3月3日至6日召开。应出席本次会议的代表156名，实际出席148名，列席人员141人。会议听取和审议区人民政府代区长宁文鑫作的区人民政府工作报告、区人大常委会副主任潘钰作的区人大常委会工作报告、区人民法院院长王忠强作的区人民法院工作报告、区人民检察院检察长严志勇作的区人民检察院工作报告；审查区人民政府提出的区2018年国民经济和社会发展计划执行情况与2019年国民经济和社会发展计划（草案）的报告、区2018年财政预算执行情况与2019年财政预算（草案）的报告、区2018年环境状况和环境保护目标完成情况的报告。区十八届人大四次会议第四次全体会议表决通过关于批准各项工作报告的决议。

会议通过设立区十八届人大社会建设委员会的决定及有关专门委员会组成人员名单情况：潘钰兼任区十八届人大财政经济委员会主任委员；石久军任区十八届人大法制委员会副主任委员；乔国强兼任区十八届人大社会建设委员会主任委员；史军福兼任区十八届人大社会建设委员会副主任委员；史永记、任东所、宋晓文兼任区十八届人大社会建设委员会委员。

会议通过接受辞职请求决定情况：会议表决通过关于接受王如生辞去区人大常委会主任职务请求的决定、关于接受陈玉俊辞去区人大常委会副主任职务请求的决定和关于接受刘瑞生、段拥军、晋玮（挂职）、邹锦超（挂职）四人辞去区人民政府副区长职务请求的决定。

会议补选区人大常委会主任、副主任、委员，区人民政府区长、副区长：选举田进勇为区人大常委会主任；张魁福为区人大常委会副主任；石久军为区人大常委会委员。宁文鑫为区人民政府区长；郭方恺为区人民政府副区长；晋玮为区人民政府副区长；杨兆明为区人民政府副区长；韩晓东为区人民政府副区长。（关义辉）

重大事项

【加强中共领导】 2019年，阳泉市郊区人大常委会把深入学习贯彻习近平新时代中国特色社会主义思想作为首要政治任务，重温习近平总书记“三篇光辉文献”，把学习贯彻习近平总书记关于坚持和完善人民代表大会制度的重要思想摆在突出位置，召开纪念地方人大设立常委会40周年座谈会暨学用交流会，开展“不忘初心、牢记使命”主题教育，增强“四个意识”，坚定“四个自信”，做到“两个维护”，筑牢做好新时代人大工作的思想政治基础。把纪律和规矩挺在前面，坚持民主集中制，加强党风廉政教育，努力建设一支忠诚、干净、担当的人大干部队伍。（关义辉）

【经济监督】 2019年，阳泉市郊区人大常委会坚持发展第一要务，谋大局、议大事，履行经济发展监督职责。听取和审议区政府关于国民经济和社会发展计划执行情况的报告，听取和审议预算执行、调整等工作报告。针对全区经济总量不大，转型升级步伐不快，大项目好项目不多，新经济增长点培育不足等问题，建议政府以转型项目为抓手，加快园区建设步伐，以科技、管理为先导，促进煤炭、耐火传统产业升级改造，以深化改革为牵引，持续推进“放管服”改革，提升政府服务能力，推动经济高质量发展。（关义辉）

【民生监督】 2019年，阳泉市郊区人大常委会始终坚持以人民为中心的发展思想，积极回应民生关切，聚焦群众关注的热点事项开展监督，助力办好民生实事。听取和审议区政府关于民政工作情况的报告，建议政府构建有力工作机制，加大资金支持力度，提高民政服务质量，履行好民生保障职责；听取和审议关于公立医院改革工作情况的报告，建议政府和区人民医院把公立医院改革与全区综合改革、民生发展结合起来，推动医改向纵深发展；听取和审议关于棚户区（城中村）改造项目进展情况的报告，建议政府紧抓政策机遇，切实履行好监管责任，严控各类风险，确保棚户区改造顺利实施。（关义辉）

【环保监督】 2019年，阳泉市郊区人大常委会牢固树立“绿水青山就是金山银山”理念，对区政府2018年环境现状和环境目标完成情况进行审议。听取和审议关于农村人居环境整治工作情况的报告，建议区政府坚持规划先行、示范引领、整合资源、统筹推进，强化后期管理。跟踪监督大气污染防治和山底老窑水治理，由区政府及相关部门每季度提交工作进展报告，区人大常委会及时跟进监督，在第36次常委会上审议两个跟踪监督事项工作报告。（关义辉）

【司法监督】 2019年，阳泉市郊区人大常委会听取和审议区法院关于行政审判工作情况的报告，建议区法院加强对行政立案、审判、执行全流程监督管理，严格标准要求，切实提高行政案件的审理质效；听取和审议区检察院关于公益诉讼工作情况的报告，建议区检察院聚焦环境和资源保护、食品药品安全等重点领域，加大办案力度，强化专项监督，引导社会参与，发挥公益诉讼在保障民生、促进依法行政、加强廉政建设上的重要作用，维护国家和社会公共利益。（关义辉）

【依法行使人事任免权】 2019年，阳泉市郊区人大常委会坚持党管干部和人大依法行使人事任免权相统一，严格履行任前法律考试、供职表态发言、酝酿讨论、任免表决、宪法宣誓等法律程序。2019年度，依法任免国家机关工作人员53人次，配合区级机构改革，完成政府组成部门负责人任免工作。（关义辉）

【人大代表联络站点全覆盖】 2019年，全区投资156万元，完成8个乡镇人大代表联络站和24个村级人大代表联络点建设任务，构建形成“一站多点”的立体格局；确定每月10日为代表联络站接待选民日，656名省、市、区、乡四级人大代表首次进站，接待选民367人次，有效发挥联络站点平台视察调研、联系群众、舆论宣传、献计献策、强化监督、学习交流等基础作用。10月17日，全市人大代表联络站全覆盖和规范化建设观摩交流会在郊区举行。（关义辉）

【完善代表意见建议办理机制】 2019年，阳泉市郊区人大常委会通过落实集中交办、跟踪督办、满意度测评等措施不断完善代表意见建议办理机制。听取和审议区政府关于区十八届人大四次会议代表建议意见办理工作情况的报告。区十八届人大四次会议上收到72件代表建议、意见，区人大继续实行代表意见建议办理百分量化测评，在乡镇人大组织代表测评的基础上，首次组织区人大常委会组成人员对8件重点意见建议办理情况进行满意度测评。（关义辉）

【提升代表履职能力】 2019年，阳泉市郊区人大常委会继续强化“15410三联系制度”落实，拓展代表履职渠道，全年邀请代表参加视察调研，并列席常委会会议82人次；按照省市人大要求深入开展了“向申纪兰学习，做人民好代表，争当志愿者”活动，组建9支志愿者服务队，向全区人大代表发出做一件志愿服务的好人好事，征集一条高质量的意见建议，写一篇心得体会的“三个一”倡议。学习活动期间，省、市、区、乡（镇）四级人大代表共做志愿服务好人好事461件，征集意见建议321条，撰写心得体会480篇，工作做法在省人大常委会办公厅主办的《情况通报》刊登。（关义辉）

【规范代表履职行为】 2019年，阳泉市郊区人大常委会严格执行“一本一簿一卡”代表履职管理办法，确保代表服务基层、联系选民落到实处；强化代表履职监督，听取5名驻区市人大代表年度述职报告并进行评议测评，形成代表述职监督常态化机制；严格代表资格审查，补选区代表15名，依法暂停2名区人大代表的代表职务。（关义辉）

【预算联网监督中心建成运行】 2019年，阳泉市郊区人大投资93.8万元，建起区人大预算联网监督中心，与市人大预算监督中心联网对接，开启信息化和网络化预算审查监督模式。（关义辉）

【国有资产监督报告制度建立】 2019年，阳泉市郊区人大落实区委《关于建立区政府向区人大报告国有资产管理情况的意见》，制定听取国有资产管理情况报告规划，并审议反映各类国有资产基本情况的书面报告，听取和审议行政事业性国有资产管理情况的专项报告，提升全区国有资产监督管理水平。（关义辉）

【乡镇人大工作】 2019年，阳泉市郊区人大常委会不断加强对乡镇人大工作的指导与支持。荫营镇以“突出三项联系，达到三个覆盖，实现三大目标”为主线，将联络站点建设与重点工程有机结合；河底镇常年坚持人大代表接待群众来访，畅通为民代言渠道，并围绕G239改线、北部集中供热、镇志编撰等工作积极建言献策；平坦镇人大关注民生，组织代表对棚户区改造、煤改电项目工程进行视察；义井镇人大围绕环境卫生整治，产权制度改革等方面开展视察调研；李家庄乡人大开展当好宣传员，架起连心桥，当好服务员，争做贴心人活动，助力城市建设；西南舁乡人大作为唯一乡镇代表在省、市人大代表工作会上介绍联企、联困、联果农的“三联”工作法；杨家庄乡人大开展进企业、进农户、暖民心“两进一暖”活动；旧街乡人大把代表联络站点建成代表素质的助推器，人大工作的加油站，联系选民的连心桥。（关义辉）

【做好信访接待督办】 常委会高度重视人民群众来信来访，对重要信访案件，领导班子成员主动接待、加强协调、跟踪督办。共接待群众来信来访26件次，督促有关部门解决群众合理诉求，保障群众合法权益，维护社会和谐稳定。（关义辉）

阳泉市郊区人民政府

重要会议

【区创建国家卫生城市指挥部召开会议】 2019年1月11日，区创建国家卫生城市指挥部召开会议，传达市创建国家卫生城市攻坚指挥部第七次会议精神，听取工作进展情况汇报，安排部署下一阶段工作。区委书记王明厚，代区长宁文鑫，区委副书记孙毅，区领导田进勇、张斌武、张富英、赵旭、晋玮、刘金文等参加。各片区指挥长，平坦镇、李家庄乡、开发区社会事务服务中心和重点部门负责人汇报“双月行动”以来创卫工作进展情况及存在的问题。会议强调，要全面完成好“双月行动”的节点任务、协调任务、开春后工程施工准备工作、长效机制的建立等，确保创建工作有力有序、扎实推进。（刘书材）

【全区机构改革动员大会】 2019年2月11日，全区机构改革动员大会召开。区四套班子负责人、区人民法院院长、区人民检察院检察长、区直部门主要负责人、区委深化党政机构改革领导小组成员及办公室负责人、各乡镇相关负责人参加会议。会议强调，全区上下要坚持以习近平总书记关于深化党和国家机构改革的重要论述精神为指引，深入贯彻落实中共十九大和十九届三中全会精神，按照中央和省委、市委要求，进一步统一思想，凝聚共识，确保圆满完成全区机构改革各项任务。（刘书材）

【区政府党组专题民主生活会】 2019年3月8日，区政府党组书记、区长宁文鑫主持召开区政府党组2018年度民主生活会。宁文鑫通报2017年度区政府党组民主生活会问题整改情况、落实意识形态工作责任制情况，以及2018年度民主生活会征求意见情况。宁文鑫代表区政府党组班子作对照检查发言，围绕会议主题，结合省委“改革创新、奋发有为”大讨论要求，重点从思想政治、精神状态、工作作风、“六个破除”等方面查摆差距不足，深入剖析原因，提出整改措施。（刘书材）

【区安委会全体（扩大）会议】 2019年3月10日，区政府安委会第一次全体（扩大）会议暨全区安全生产工作会议召开。区长宁文鑫，区委常委、常务副区长郭方恺，副区长晋玮、韩文明、赵旭、杨兆明、韩晓东、苑莉出席。区政府副区长就各自分管领域的安全生产工作进行安排部署；荫营镇、住房和城乡建设管理局、保安煤业负责人作表态发言。（刘书材）

【创卫攻坚推进大会】 2019年3月28日，区政府召开创卫攻坚推进大会。区委副书记、区长宁文鑫，市创卫指挥部督查二组组长延鹏翀出席，区领导郗文保、田进勇、刘瑞生等出席。会议指出，全区上下要认真贯彻落实市创卫攻坚指挥部第八次会议部署要求，进一步统一思想，坚定信心，再鼓干劲，全力攻坚，以“改革创新、奋发有为”的勇气和担当，推动全区创卫工作再上新台阶。（刘书材）

【脱贫攻坚工作会议】 2019年4月18日，全区脱贫攻坚工作会议召开。会议贯彻落实中央、省、市脱贫攻坚会议精神，总结2018年工作，安排2019年工作及驻村帮扶、“三支队伍”管理等工作。区委副书记、区长宁文鑫参加，区委副书记、区纪委书记、区监委主任郗文保主持。区委常委、区委组织部部长梁敏，副区长杨兆明出席。会议要求各级各部门要加强领导，强化监督，为脱贫攻坚提供坚强保障。以“改革创新、奋发有为”大讨论为契机，坚决扛起主体责任，改进工作作风，完善考核监督机制，推进脱贫攻坚责任落实、政策落实、工作落实，促进全区经济社会持续健康发展，为走好“三条路”，率先实现城乡融合示范区奠定坚实基础。（刘书材）

【扫黑除恶专项斗争工作推进会】 2019年5月21日，区委副书记、区长宁文鑫主持召开全区扫黑除恶专项斗争工作推进会。会议贯彻落实上级有关精神，回顾总结扫黑除恶专项斗争开展情况，认真分析当前形势和存在问题，持续深入推动郊区扫黑除恶专项斗争开展。区委书记王明厚，区领导张斌武、李丽新、王文玉、张魁福、韩文明等出席。会议强调，要把开展扫黑除恶专项斗争作为当前和今后一项重要政治任务来抓，集中力量，全力以赴，不折不扣抓好落实。要密切协作配合，勠力同心，形成打击合力，确保专项斗争取得明显成效。要加强督导检查，严明纪律，严格问责，通过专项斗争，彻底扫除黑恶势力，提高促发展、保稳定的能力和水平。（刘书材）

【农村人居环境整治现场观摩会】 2019年5月25日，全区农村人居环境整治现场观摩会召开。区长宁文鑫，区人大常委会副主任张富英、潘钰，副区长杨兆明参加。会议指出，各级各部门要把思想和行动统一到中央、省、市各项决策部署上来，进一步增强责任感和紧迫感，坚定信心，聚焦重点，持续发力，全面推进农村人居环境整治工作。（刘书材）

【招商引资动员大会】 2019年9月27日，全区招商引资动员大会召开。区委书记王明厚，区委副书记郗文保，区领导田进勇，刘瑞生等出席。会议强调，全区上下要认真学习贯彻习近平新时代中国特色社会主义思想，按照全市招商引资工作动员大会要求，坚持“项目兴区”理念，聚焦聚力、持之以恒加快推进招商引资项目建设，为全区经济高质量发展提供有力支撑。（刘书材）

【区政府安委会全体（扩大）会议】 2019年11月22日，区政府安委会全体（扩大）会议召开，通报全区2019年1月至10月安全生产情况，安排部署岁末年初工作。区长宁文鑫，区领导郭方恺、韩文明、赵旭、杨兆明、韩晓东、苑莉出席。会议指出，各级各部门要树立“行百里者半九十”的危机意识，坚决克服麻痹大意思想，时刻紧绷安全生产这根弦，认真防风险，着力除隐患，坚决遏事故，圆满完成全年安全生产目标任务。（刘书材）

【区政府常务会议】 2019年4月25日，区长宁文鑫主持召开区政府常务会议。区政府常务副区长郭方恺，副区长晋玮、韩文明、杨兆明、韩晓东、苑莉参加会议。会议传达学习省委十一届113次、115次常委会议有关精神；听取全区经济运行情况和重点项目推进情况汇报并研究其他事项。

5月31日，区长宁文鑫主持召开区政府常务会议。区政府常务副区长郭方恺，副区长晋玮、韩文明、赵旭、韩晓东、苑莉参加会议。会议传达省政府办公厅《关于进一步加强项目用地管理的紧急通知》和国务院扶贫办主任刘永富在全国扶贫办主任座谈会上的讲话精神；听取2019年以来郊区安全生产工作情况汇报、消防工作汇报、环保工作情况汇报，并就下一步工作进行安排。

6月26日，区长宁文鑫主持召开区政府常务会议。区政府常务副区长郭方恺，副区长晋玮、韩文明、赵旭、杨兆明、韩晓东、苑莉参加会议。会议研究《阳泉市郊区全面推进政务服务中心“一窗受理、协同办理、集成服务”工作方案》和乡镇人民政府行政辅助人员管理相关事宜；听取郊区水务一体化PPP项目建设方案调整情况汇报，并就重点工程项目推进、“双过半”目标任务冲刺、环境保护、“创卫”和农村人居环境整治、安全生产及改革创新等工作进行强调安排。

9月24日，区长宁文鑫主持召开区政府常务会议。区政府常务副区长郭方恺，副区长晋玮、韩文明、赵旭、韩晓东、苑莉参加会议。会议听取区应急管理、消防、市场监管等部门关于全区安全生产工作的情况汇报和环保重污染天气应急响应预案安排部署情况的汇报；研究信用社改制相关事宜；安排部署“创卫”、脱贫攻坚、信访维稳、重点工程推进等工作。

12月28日，区长宁文鑫主持召开区政府常务会议。区政府常务副区长郭方恺，副区长晋玮、韩文明、赵旭、杨兆明、韩晓东参加会议。会议传达学习中央经济和农村工作会议精神、习近平总书记“三篇光辉文献”、习近平总书记在中央政治局第十九次集体学习时的重要讲话精神；听取区应急管理局关于全区安全生产情况的汇报和全区脱贫攻坚情况汇报，并就相关工作进行安排；研究建立全区三年项目储备库和相对集中行政许可权改革相关事宜；安排部署全区重点工作及其他事项。（刘书材）

主要工作

【主要指标完成情况】 2019年，全区地区生产总值达到122.96亿元，增长4.1%。规模以上工业增加值增长2.2%。“项目兴区”态势良好，固定资产投资增长19.2%。财政保障能力不断提升，一般公共预算收入达到4.79亿元，增长21.7%。群众生活不断改善，城乡居民人均可支配收入分别达到28555元和16265元，增长6.6%和9.4%。社会消费品零售总额达到38.78亿元，增长7.6%。郊区在全省25个市辖区区域经济考核中保持了第9名的较好排位。（刘书材）

【园区建设】 2019年，荫营工业园区打造2000亩的工业平台，白泉工业园区清退“僵尸企业”释放600亩工业用地，园区配套设施进一步完善，为项目落地提供有力支撑。中科泓源资源循环利用项目、日加科技高端铸造砂及水处理剂项目开工建设，航天气凝胶毡中试基地项目建成投产，灿坤工贸PVC建材、加林科技宝珠砂生产线等项目投产运营。（刘书材）

【产业结构调整】 2019年，新增规上企业9家，规上工业增加值中煤炭行业占比下降5.1个百分点，制造业占比提升0.9个百分点，经济发展对煤炭的依赖持续降低。在全市率先开展工业企业环保深化治理，以环保为手段倒逼产业升级，313家企业基本完成治理，正在进行第三方专业机构验收，75家未完成的企业全部进行关停。招商引资氛围渐浓。出台“招商十条”优惠政策，全年引进百万元以上项目25项，当年开工19项，特别是万达商业综合体项目历经多方共同努力成功落地并开工建设，将为郊区经济转型注入新的活力。（刘书材）

【重点工程建设】 2019年，郊区先后完成宁波北路、洪城北路、二青会射击射箭馆、综合交通客运枢纽、中兴大道等重点工程的拆迁扫障，基本实现重点项目无“堵点”。漾泉大道一期顺利通车。G207绕城改线、中兴大道先后贯通。G239改线工程推进顺利，苇泊以南路段的关键性节点工程全部开工。水务一体化项目实质性启动建设。北部集中供热管网工程开工。区职业高级中学和文体中心项目完成大量前期工作，基本具备开工建设条件。城中村和采煤沉

陷区治理工作统筹推进，集中解决一批历史遗留问题，多个停滞的项目重新启动。（刘书材）

【城市品质提升】 2019年，郊区创卫攻坚成效初显。全区上下齐心协力、全员参与，累计投资2.1亿元，清理垃圾30多万吨，实施各类工程项目824个，顺利通过国家创卫暗访组检查验收。启动荫营镇区及周边区域环境综合整治，大力开展积存垃圾清理和拆违拆临，整治效果初步显现。环保攻坚有力有效。全年实施城市周边裸露土地绿化3400亩，清洁取暖改造17549户，整治307复线和315省道的道路扬尘，二级以上优良天数达到220天，$PM_{2.5}$和PM_{10}全年平均浓度分别下降19.6%和13.3%，空气质量改善明显。（刘书材）

【脱贫攻坚】 2019年，郊区全面完成帮扶单位和“三支队伍”调整轮换，“一主六辅”产业扶贫措施全面落实，“两不愁三保障”全部达标，2018年识别的3户7人如期脱贫，省市巡查反馈问题全部整改到位。（刘书材）

【乡村振兴】 2019年，郊区农业发展势头良好。全年新发展果园1387亩，肉蛋奶产量分别达到337.2、449.3、51.8万公斤，粮食总产量达到1458万公斤。农民专业合作社达到234个，入社农户5423户，入社资金1.48亿元。千亩坪现代农业产业园基础设施逐步完善，千百绿、汉博光伏、鑫品益食品加工等一批项目开工建设。乡村旅游蓬勃发展。全年接待游客125万人次，收入达到1845万元，郊区连续五年被评为全省“休闲农业与乡村旅游示范县（区）”，桃林沟、咀子上入选山西省首批3A级乡村旅游示范村。人居环境整治亮点突出。学习浙江“千万工程”经验，改厕1200余座，建成垃圾中转站7座，污水处理站4座，垃圾集中转运服务覆盖5个乡镇的71个行政村。西南舁“北七村”示范片区建设成效明显，示范效应逐步显现。郊区被评为山西省“农村人居环境整治示范县（区）”，争取中央专项资金2000万元。（刘书材）

【国资国企改革】 2019年，郊区组建玉泉投资公司整合国有经营性资产，打造市场化的投融资平台，为工业园区和其他产业基础设施建设提供资金支持。全力支持郊区农信社化险改制，阳泉农村商业银行顺利挂牌成立。（刘书材）

【营商环境改善】 2019年，郊区行政审批制度改革有序推进。完成“一枚印章管审批”改革，在完成规定动作的基础上积极探索自选动作，打造全市一流的营商环境和群众办事环境。2019年，新增各类市场主体2195户，比上年度增加30.4%。人才招引力度空前。建立重点大学毕业生和研究生进入事业单位的绿色通道，为68名急需紧缺人才发放奖补资金137万元，投资600余万元装修“拎包入住”的高标准人才公寓112套，为人才引进提供有力支撑。农村改革走在前列。完成农村产权制度改革省级试点工作，启动农村产权交易中心建设，68个行政村实现分红。初步构建村社治理新体系，郊区被列为“全国乡村治理体系试点县（区）”。合并行政村工作稳步推进，合并减少47个行政村，新设立9个城市社区。（刘书材）

【民生事业】 2019年，郊区财政民生支出达到13.02亿元，占一般公共预算支出的76.39%。教育事业均衡发展。实施中小学布局结构调整，全区中小学从64所减少到39所，整合学校的学生享受免费校车服务。荫营中学完成教学楼和宿舍楼改造。义务教育“六率”全部达到100%，高考录取率达90%以上，教育质量实现新提升。医疗卫生水平不断提高。健康档案建档率、家庭医生签约率分别达到89.6%和70.1%，公共卫生管理和家庭医生签约服务两项工作均获阳泉市第一，县乡医疗一体化改革稳步推进，区人民医院信息化改造全部完成。文化惠民深入开展。举办各类文化活动1300余场，30余万人次受益，首届郊区春晚成功举办。三泉村“珐花器”参展山西省第四届文博会，被誉为“山西三宝”之一。区融媒体中心建设工程全面推进。社会保障水平稳步提升。全年新增城镇就业人员4509人，城镇登记失业率控制在4%以内，基本医疗保险参保率持续稳定在90%以上，社会救助标准逐年提高，城乡居民养老保险中心获评“全国优质服务窗口”。安全生产事故起数和死亡人数实现“双下降”，一批信访积案得到妥善化解，“全国双拥模范城”创建工作有序开展，扫黑除恶专项斗争纵深推进，民族宗教、外事侨务、老龄妇幼、史志档案、国防动员等工作也都取得新成绩。（刘书材）

【政府建设】 2019年，郊区开展“不忘初心、牢记使命”主题教育，高标准、严要求落实主题教育各项任务。全面完成机构改革，新调整设置区政府工作部门27个，构建更加完备、科学、高效的政府机构运行体系。执行区人大及其常委会决议，支持区政协履行职能，自觉接受人大法律监督和政协民主监督，全年办理人大代表意见、建议70件，办理政协委员提案156件。持续深化“13710”督办机制，行政效能不断提升。（刘书材）

退役军人管理

【概况】 按照国务院和省市区人民政府关于机构改革的要求，2019年3月，郊区退役军人事务局挂牌成立，班子成员配备一正一副（党组书记兼局长、党组成员兼副局长各一名）。整合区民政局的退役军人优抚安置、双拥等职责划转至区退役军人事务局，履行上述岗位职责的机关事业人员一并随编划转，完成机构组建，并实现各项工作正常运转。2019年郊区建立区、乡镇（街道）、村（社区）退役军人事务三级联动机制。设立1个区级退役军人服务中心和7个乡镇、1个开发区社会服务中心，共计174个退役军人服务站，实现退役军人服务体系纵向到底的“全覆盖”，每个退役军人服务站承担退役军人管理服务职责，并通过政府购买服务的方式，明确各行政村（社区）有1名人员负责相关工作。郊区重点优抚对象1016人，共发放优抚资金622万元；优抚对象医疗补助金人员共162人，共计发放19万元，受理申请评定（调整）残疾等级共4人，经指定医院鉴定，基本符合条件，全部纳入享受范围。全区享受待遇义务兵203人，共发放义务兵优待金860万元；对自主就业退役士兵发放一次性地方经济补助共计92.03万元。2019年，对全区范围内所有涉军信访问题进行登记、梳理，对照政策规定逐条逐项分析原因，制定整改落实措施，保障退役军人合法权益。（王　勇）

【区退役军人事务局挂牌成立】 2019年3月，经区人民政府决定，阳泉市郊区退役军人事务局挂牌成立，有行政编制6名，事业编制9名。下设拥军优抚股、政策解释和权益保障股、双拥安置股、办公室、财务室；下属事业单位2个，即区退役军人服务中心和郊区光荣院。主要职能是承担组织协调全区拥军优属工作和军属优待抚恤等工作，落实各类优抚对象优抚抚恤补助标准；拟定计划分配的军队转业干部符合条件的退役士兵安置政策和年度安置计划并组织实施。承担市直相关单位安置军队转业干部和符合退役条件的退役士兵工作，拟定全区随军随调家属就业安置政策和年度安置计划并组织实施；承担退役军人思想政治舆论宣传总结，表彰荣誉奖励和信访工作，拟定退役军人解困和稳定政策配合做好指导退役军人党建工作。承担退役军人权益维护和有关人员的帮扶援助工作。拟定自主就业退役士兵就业创业年度计划并组织实施，组织开展就业创业促进和教育培训等工作。（王　勇）

【阳泉市郊区双拥工作领导组全体（扩大）会议暨创建全国双拥模范城推进会】 2019年12月11日，阳泉市郊区召开双拥领导组全体（扩大）会议暨创建全国双拥模范城推进会，总结部署全区双拥工作。区委副书记、郊区双拥工作领导组组长郗文保，区政府副区长、郊区双拥工作领导组副组长杨兆明，区人武部部长、区双拥工作领导组副组长崔景峰，区退役军人事务局局长、区双拥工作领导组副组长王勇等参加会议，参会的还有60多家双拥成员单位。会议要求，全区双拥工作领导组全体成员单位，要统一思想，提高认识，增强做好新时代双拥工作和创建“全国双拥模范城”的责任感、紧迫感。要把创建“全国双拥模范城”作为一项重大政治任务，突出重点、多措并举，全力做好“全国双拥模范城”创建工作。（王　勇）

应急管理

【概况】 2019年，郊区贯彻落实全国、全省、全市安全生产工作会议精神，正视机构改革、人员转隶带来的影响，采取有效措施，安全生产工作平稳向好发展，确保敏感时期、重点领域、重点行业的安全生产基本平稳。全年全区累计发生生产经营性道路交通事故3起、死亡3人，同比事故起数减少16起、下降84%，死亡人数减少18人、下降85%。累计发生火灾15起，财产损失共计229595元，同比火灾起数上升66.7%，财产损失下降约96.5%。亿元地区生产总值生产安全事故死亡率0.026人/亿元（含开发区）。完成市政府2019年下达全区的年度目标任务（0.161人/亿元），实现全区安全生产整体水平好于上年，在市安委2019年度安全生产和消防目标责任考核中评为优秀。区应急管理局直管行业煤矿、非煤矿山、危险化学品、烟花爆竹、冶金工贸均未发生死亡事故，煤矿百万吨死亡率继续为0。（梁红霞）

【健全安全生产责任体系】 2019年，在机构改革过度期间，郊区按照“管行业必须管安全、管业务必须管安全、管生产经营必须管安全”的要求，明确涉改部门安全监管职责，建立和落实了安全生产巡查和约谈制度，加强对党政领导干部和政府有关部门履行安全生产和消防工作职责进行监督检查。区应急管理局根据“三定”方案总体要求，提升基础工作水平，梳理部门和内设机构工作职责，明确工作岗位和岗位职责，按照工作优先、民意为基、工作连续、提升热情、全面促进“五个原则”，通过领导提名、民主推荐、组织谈话、集体决定等程序，对内设股室负责人进行了科学调整和任命。（梁红霞）

【直管行业安全生产专项整治】 2019年，区应急管理局构建风险分级管控和隐患排查治理双重预防工作机制，持续开展“三个专项行动”，安全生产集中整治、重点行业安全专项整治和安全“体检”等大检查活动，直管行业累计出动检查人员1500余人次，检查企业350家次，查处各类隐患及问题918条，下达各类执法文书260份，处理煤矿行政处罚案件11起，非煤矿山行政处罚案件2起，行政处罚78.7万元。联合多部门查封白泉内部加油站，处理李家庄桃坡村环境污染事件，配合商务局、公安分局、市场监督管理局、交通局，开展打击黑加油站行动。（梁红霞）

【应急管理】 2019年，区应急管理局认真贯彻落实党中央国务院和省、市、区决策部署，推动全区应急管理工作落实，组建成立区综合应急救援大队，防汛抗旱、抗震救灾、森林防火等专业机构，应急指挥与协调职能得到强化，全区应急管理体制初步建立。与气象、自然资源等部门实现气象监测预报预警服务信息、各类自然灾害监测数据、灾情信息和灾害风险信息的共享共用。对7个乡镇及开发区社会事务服务中心，157个行政村的自然灾害信息员个人信息进行登记核实，更新数据库，并对全区应急救援物资储备情况进行调查摸底，建立基本的物资储备信息台账。据统计，2019年全区遭受低温冷冻、风雹、虫害、干旱等5起自然灾害，共造成全区79316人次受灾，农作物受灾面积达4163.1公顷（62446.34亩），上报申请到中央、省、市救助资金284万元，并通过“一卡通”全部发放到位。（梁红霞）

【安全生产标准化建设】 2019年，区应急管理局直管的4个煤矿企业达到安全生产二级标准。中石化阳泉市郊区石油分公司白泉加油站达到安全生产二级标准。22家加油站、1家烟花爆竹批发企业达到安全生产三级标准。（梁红霞）

【安全宣传教育】 2019年，区安委利用党报党刊、电台电视台等主流媒体和微信等新载体，宣传党的方针政策，普及安全和应急避险常识，强化警示教育，营造浓厚氛围，凝聚安全发展和防灾减灾救灾共识。区安委办在区电视台、郊区周刊开设“专家话安全”访谈栏目，邀请行业专家剖析事故案例，普及安全知识，并公布咨询热线，答复群众来电咨询。各乡镇、部门推进安全生产和防灾减灾知识、技能进学校、进机关、进企业、进社区、进农村、进家庭、进公共场所等“七进”活动，提升广大人民群众的灾害预防、应急避险和自救互救能力。在“安全生产月”活动期间，共组织宣传人员 700 余人次，设立现场安全生产宣传咨询台 20 余个，制作 100 余条宣传标语、200 余块宣传展板，发放 2 万余份宣传资料，接受 1500 余名群众现场咨询。组织安全主题宣讲 413 场，安全咨询日线上线下活动 111 次，累计咨询 27600 余人次。发放宣传资料 47000 余份，展开应急演练 203 次，参与人数 22200 余人次。开展警示教育和科普宣传活动 593 场，参与人数 23500 余人次。（梁红霞）

【“3·12”旧街乡后山村森林火灾事故】 2019 年 3 月 12 日，郊区旧街乡后山村森林火灾。全市共调度 600 余人次、200 余辆车前往现场扑救。经查，此次火灾由旧街乡后山村村民李某荣在自有地刨地过程中，随手将抽剩的烟头扔到地里，不慎引发大面积森林火灾，过火林受损面积达到 11338.5 亩，直接造成乔木林地、疏林地、灌木林地和散生林地四项林木经济损失 2995.68 万元。8 月 22 日，郊区法院作出判决，被告人李某荣犯失火罪，判处有期徒刑 3 年 6 个月，并赔偿被烧毁林木损失 2995.68 万元。同时，区纪委监委组成专门调查组，启动问责程序，对 10 名相关责任人做出相应处理。（梁红霞）

行政审批

【概况】 2019 年，区行政审批服务管理局，先后制定《阳泉市郊区全面推进政务服务中心“一窗受理、协同办理、集成服务”工作方案》《阳泉市郊区相对集中行政许可权改革工作方案》等方案，加快转变政府职能，加快简政放权力度，开展各项工作，深化“放管服效”改革，打造“六最”营商环境，推进“互联网+政务”改革，推行行政审批事项“四级四同”，深入开展相对集中行政许可权改革，致力于实现群众和企业到政府办事“只进一扇门”“只对一个窗”“最多跑一次”，着力打造“前台综合受理，后台分类审批，统一窗口出件”审批模式，创造优质、便捷、高效的政务服务环境。（李晓丽）

【“四级四同”推进】 2019 年，为全面深化“放管服效”改革，贯彻落实“一网通办”前提下“最多跑一次”改革要求，推进行政审批服务便民化，实现审批服务事项“四级四同”。在“四级四同”事项梳理过程中，郊区行政审批局细化目标任务，明确时间节点，组织各相关单位业务骨干实操培训，及时做好“四级四同”政务系统事项动态调整和要素内容及时更新工作，确保郊区与全市、全省事项同步更新、同标准办理，进而达到行政审批事项“一次性告知”“一网通办”目标。2019 年，国家、省、市公布行政权力事项 633 项，郊区政务服务事项动态管理系统共梳理录入“四级四同”事项 440 项，其中，行政许可类 246 项，行政给付类 7 项，行政确认类 40 项，行政奖励类 62 项，行政裁决类 8 项，其他行政权力类 77 项，总同步率达 70%，居阳泉市各县区排名第一位。（李晓丽）

【权责清单梳理】 按照市行政审批局《关于集中梳理调整市县政府部门权责清单的通知》要求，2019 年，郊区行政审批局联合区编办、区司法局，协调各相关部门结合改革后部门职责划转和调整的实际情况，以新制定的“三定”方案为依据，以已经公布到政务网上的权责清单为基础，按照“谁行使、谁梳理”“不重复、不遗漏”的原则，重新梳理完善 9 类行政权力事项清单（行政许可、行政处罚、行政强制、行政征收、行政给付、行政裁决、行政确认、行政奖励、其他类）。2019年，区直各相关单位以及各乡镇已按要求全部报回权责清单“一表二图”（“一表”指权责清单梳理调整填报表，“二图”指事项办理流程图及廉政风险防控图），经行政审批局权责清单审核小组全面审查，发现问题，沟通解决，在政府门户网站和政务服务网公开发布。（李晓丽）

【监管系统建设】 为加快郊区“互联网+监管”系统建设，郊区行政审批局组织区直各单位迅速实施推进，认领国家、省、市确定的监管事项，对属于检查事项的，编制检查实施清单，录入监管事项平台，并持续做好系统监管事项梳理和系统补录工作。2019年，郊区报送数据总数2509条，入库总数2509条，各部门监管事项共868项，监管对象入库1569个，执法人员入库207名，监管行为录入346条，投诉举报库录入188条，双随机入库数199条，监管数据覆盖率11.29%，入库率达100%。（李晓丽）

【行政审批流程优化】 为了最大限度精简审批环节和层级，压缩审批事项办理时间及内部运行环节，2019年，郊区行政审批局编制《行政审批事项标准化受理清单》和《办事指南》，列明依据条件、收件标准、流程时限、注意事项，并提供规范表格、填写说明和示范文本，作为“综合受理窗口”申报材料的依据。区各单位按照受理、审查、决定、送达（办结）环节，压缩审批时间，实现区级审批事项办理时间平均压缩50%，并根据区委、区政府要求，在50%的基础上再压缩20%。实现目录标准化、流程标准化、材料标准化。（李晓丽）

【“六最”营商环境优化】 为创优郊区“六最”营商环境，2019年，区行政审批局全面梳理优化企业办事流程，压缩办事时间，提高办事效率，夯实搭建“互联网+政务服务”平台。重塑企业注册登记流程。压缩企业开办时间，将企业开办流程重塑为企业登记、刻制公章、申请发票核定三个环节，规范和简化申办事项审批、核准，缩短办事时限，提高办事效率。推动企业投资项目、注册登记“一窗办理”模式。按照部门具体职能，将民营经济整合归类为企业投资项目、注册登记两类综合窗口，分类推行“前台综合受理、后台分类审批、综合窗口出件”工作模式，实行一窗受理，集成服务，实现“一窗通办”。提升对民营经济的服务水平。依法在政务服务网站上公开申办事项的前置条件、办理流程、审批环节，推行网上申办、网上受理、网上办结。设立“民营经济审批绿色通道”，安排专门的工作人员针对具体事项提供相应的指导、领办、帮办、代办服务。完善电话预约、容缺受理、延时办理等便民措施，真正实现民营企业办理事项“一网办、一次办、一窗办”，为企业提供“便捷、高效、规范、满意”的服务。（李晓丽）

【典型事例剖析】 2019年，按照市委、市政府、区委、区政府《关于开展营商环境典型事例剖析活动的工作方案》，区行政审批局在全区范围内开展典型事例剖析活动。正面案例选取航天建设集团气凝胶项目等，通过深入剖析，客观总结，寻求其发展特色、典型意义，探索发展共性，为郊区转变政府职能、优化营商环境提供借鉴；反面案例选取金隅通达公司均质合成耐火材料项目等，深入挖掘分析，对标问题找措施，对标先进找差距，深入查找短板，有针对性提出解决措施。（李晓丽）

【外出“取经”学经验】 2019年4月中旬和5月初，郊区行政审批局局长朱建芳、主任张伟分别带队赴高平、成都、内江、重庆、长子、嘉兴、厦门、沈阳等先进地区，学习考察政务服务管理、“互联网+政务服务”平台、建筑工程行政审批制度改革等方面的先进做法和经验，结合郊区实际，谋划和部署政务服务工作，为政务服务大厅的搬迁早做准备。（李晓丽）

【完善大厅设计筹备搬迁事宜】 2019年，为确保政务服务大厅顺利入驻，提供便民利企的优质高效服务，行政审批局按照“一窗受理”工作要求，与设计方积极沟通，从整体设计、窗口布局、装修建设等方面科学合理规划，多部门窗口有机整合，“协同办理”审批事项，提升“集成服务”效率。经过多轮研究，政务大厅新址设计方案已完成，并持续跟进政务大厅整体布局及设施建设。（李晓丽）

【相对集中行政许可权改革】 为进一步深化行政审批制度改革，提高行政审批效率，优化营商环境，推进政府治理体系和治理能力现代化，2019 年，行政审批局出台《阳泉市郊区相对集中行政许可权改革实施方案》，在全区范围内推广复制晋城市相对集中行政许可权改革试点经验，并根据郊区实际情况做相应调整。成立郊区相对集中行政许可权改革工作领导小组，区委书记任第一组长，领导小组下设办公室，负责“相对集中行政许可权”改革方案的制定，统筹推进改革措施的落实。相对集中行政许可权，旨在根据“精简、统一、效能”的原则，将政府各部门的行政许可权集中交由一个专门的行政审批机构行使。按照“以划转为原则，不划转为例外”和“宜划就划”“应划尽划”的原则，规范划转职能和事项；按照“编随事走、人随编走”的原则，合理调整人员编制；实行“一枚印章管审批”，启用区级“行政审批服务管理局行政审批专用章”，规范行政审批专用章管理；构建“前台综合受理、后台分类办理、统一窗口出件”审批模式，推行审批流程再造和标准化建设；加快推进“互联网+政务服务”，最大程度推进“一网通办”；在制度体系、联动机制、服务模式、事中事后监管方面全面统筹，并按照《实施方案》时间、节点有序推进。（李晓丽）

信访工作

【概况】 2019 年，郊区信访工作以习近平新时代特色社会主义理论为指导，不忘初心，牢记使命，贯彻“加强和改进人民信访工作”的重要思想，学习借鉴“枫桥经验”，着力打造阳光信访、责任信访、法治信访，落实全面从严治党要求，坚持突出问题导向，开展“信访工作规范化提升年”活动，推进“三基”建设，创建“工作一流、群众满意”信访窗口，实施信访事项控增减存，探索实践“让群众最多访一次”信访工作模式，推动全区信访形势持续向好。（孔贵红）

【单位名称变更】 根据《关于印发<阳泉市郊区机构改革方案>的通知》（阳郊发〔2019〕1号），2019 年，“阳泉市郊区区委区政府信访局”更名为“阳泉市郊区信访局”；按照省市工作要求，“阳泉市郊区处理信访突出问题及群体性事件联席会议办公室”更名为“阳泉市郊区信访工作联席会议办公室”。（孔贵红）

【领导班子建设】 2019 年 4 月，李建军任阳泉市郊区信访局党组书记，同年 5 月，任命李建军担任阳泉市郊区信访局局长。（孔贵红）

【换届选举】 根据《关于印发<阳泉市郊区机构改革方案>的通知》（阳郊发〔2019〕1 号）和《关于调整部分基层党组织设置和隶属关系的通知》（阳郊发〔2019〕14 号）文件精神，依照《中国共产党章程》《中国共产党基层组织选举工作暂行条例》等相关规定和区直机关工委有关文件，2019 年 6 月 29 日区信访局召开支部换届大会，采用无记名投票方式和差额选举办法，选举产生新一届支部委员会，李建军当选党支部书记，王海文为组织委员，史宝云为宣传委员。（孔贵红）

【网上信访】 随着网上信访投诉平台和“手机信访客户端”APP、微信公众号等相继开通，区信访局建立信访网上投、事项网上办、结果网上评、问题网上督、形势网上判的“一网式”信访综合管理服务机制，提高网上信访及时受理率、按期办结率和群众满意率。2019 年，共受理网上投诉 184 件，信访部门及时受理率为 97.83%，对信访机构满意率为 100%；责任单位及时受理率为 97.83%，按期答复率为 97.28%，对处理机关满意率为 99.46%。（孔贵红）

【“四个重点”攻坚战】 2019年3月，郊区正式启动信访积案化解“四个重点”攻坚工作。区委、区政府主要领导，先后7次召开信访联席会议、常委会、政府办公会，对历史遗留14件信访个案，3个集体访进行专题研究，制定化解方案并听取进展汇报。截至11月底，8件疑难信访事项妥善化解，息诉罢访；中央交办3件信访事项，妥善办结视同化解；省、市交办和本级排查的（剔除重复交办件）37件重点信访事项，已息诉罢访10件、已办结转教育疏导27件。（孔贵红）

【开展信访工作规范化提升年活动】 2019年，区信访局转变工作作风，提高服务效能，着力把服务大厅建设成为作风正、服务好、效率高、群众满意的窗口，贯穿到办理来信、接待来访、疏导解释、交办转办、督查督办、协调处理各个工作环节，日常信访接待秩序进一步规范，群众满意度明显提高。信访视频系统在原来的基础上，区政府追加43万元财政预算，按照政府采购规定程序，进行招投标，付诸实施，安装调试完毕，正常运行。（孔贵红）

【强化信访预警信息】 2019年，区信访局根据信访案件的性质和类型，认真研判可能造成的社会负面影响，及时对有关乡镇、单位下达信访预警19期，督促并亲自参与处置。河底燕龛村因采煤村民房屋沉陷受损、杨家庄乡南村项目400余人拖欠工资、坪上村50余户业主维权等群体性信访等通过预警督办都及时得到处置，把问题消灭在萌芽状态。（孔贵红）

【建立多元调处机制】 区信访局按照多元调处化解信访问题的办法，与区司法局联合成立访调对接领导组，出台实施办法，成立工作机构，在信访局设立访调对接专门机构和场地，形成多元调处机制，推动案件的化解。2019年共调处信访案件6件。（孔贵红）

【提高法治信访意识】 2019年5月17日，郊区信访局以“循法信访、依法办访”为主题，会同荫营镇政府在荫营广场举办《信访条例》集中宣传日活动，向过往群众发放《信访条例》《关于进一步规范信访事项受理办理程序引导来访人依法逐级走访的办法》《网上信访办理流程》等相关资料，共展出展板4块，发放宣传资料3000余份，提供现场咨询6起，对提高群众法治信访意识。（孔贵红）

【业务培训】 针对机构改革后80%的信访分管领导和工作人员对信访知识不熟悉，对工作业务不知晓的问题，11月22日，区信访局邀请市信访局接待科、办信科、督办科的领导对全区40多名分管信访工作的领导和网上信访人员进行为期一天的信访业务知识培训。从接待登记受理、转送交办、办理答复、送达落实、督查督办等环节入手，规范信访部门工作人员和有权处理单位工作人员的行为。（孔贵红）

【制度完善】 2019年，信访工作继续巩固实施每周一区级领导、区直部门大接访制度，畅通群众信访渠道，加大信访事项督办力度；对重点案件严格落实“四定五包”稳控化解机制，确保每件事项有人管，重点人员有人稳，压实信访责任；11月，区信访局整理《信访工作制度和业务知识汇编》，装订成册印发各乡镇和相关工作部门，使其成为领导干部和工作人员快速熟悉入手信访工作的业务指南。（孔贵红）

【扶贫工作】 2019年，信访局支部按照全区扶贫工作总体安排，党员干部与旧街乡枣园村5户贫困户结成联系帮扶对象，定期到结对子家庭走访慰问，给他们送去米面油和其他生活用品，宣传党和国家扶贫工作有关政策，引导他们创业和就业，送去党和政府的关怀和温暖。（孔贵红）

【创卫攻坚】 2019年，区信访局积极响应全市创卫攻坚号召，定期组织干部职工到李家庄乡桑堰村、荫营镇上烟村，参加创卫义务劳动，帮助清理杂草、清运生活垃圾、铲除清除小广告等，为桑堰村创卫建设捐助2000元。（孔贵红）

【“不忘初心、牢记使命”主题教育】 2019年9月以来，区信访局把“不忘初心、牢记使命”主题教育作为一项政治任务，贯穿工作的始终。坚持个人自学与集中学习相结合，重点讨论与检视问题相结合，做到学习时间保证，学习内容明确。集中学习研讨3次，撰写调研报告2篇，12月5日召开专题民主生活会和组织生活会。主题教育的开展，使全体党员干部的党性再一次得到升华，增强政治意识、党性意识、宗旨意识、担当意识，工作作风也有明显转变。 （孔贵红）

【推进“四化”建设】 2019年，区信访局推进“四化”建设体系标准化。确定局机关党建工作任务、工作措施和工作重点，推行党员承诺制。管理信息化。按照党员干部队伍管理文件要求，落实专人，按标准、要求做好机关党建平台建设、信息录入等工作，建立单位工作微信群，为党员管理和服务提供方便。合信访接待、联席办、网投办、案件督办、办公室5个业务工作的实际，以“不忘初心、牢记使命”主题教育为主线，发掘自身特色亮点，创新工作。服务人性化。推进“互联网+党建”模式，建立微信公众号，公布网上信访网址和来访投诉电话，方便群众，拉近党和政府与群众之间的距离。 （孔贵红）

【重大节日庆典安保工作】 2019年8月全国第二届青年运动会射箭比赛项目在阳泉射击馆举行、2019年10月北京举行中华人民共和国成立70周年庆典。在这两个重大活动期间，区信访局全程参与和负责安全保障工作，完成信访维稳工作任务；国庆期间，省信访局副局长侯永霞到郊区督导国庆安保信访工作，通过基层调研、随机走访等形式，对郊区国庆信访维稳工作给予充分肯定。 （孔贵红）

【表彰奖励】 2019年11月，郊区信访局被市信访局评为“新中国成立70周年庆祝活动和党的十九届四中全会期间信访工作先进集体”；李建军被市信访局评为“中华人民共和国成立70周年庆祝活动和中共十九届四中全会期间信访工作先进工作者”。 （孔贵红）

扶贫开发

【概况】 阳泉市郊区属于全省45个非贫困县区之一。2019年，农村居民人均可支配收入预计16265元，增幅9.4%。全区有贫困村24个，低收入村18个，分布于6个乡镇（中心），建档立卡贫困人口共1512户3396人，占全市贫困人口26033人的13%，占全区户籍农业人口的2.9%。截至2019年年底，有2户6人未脱贫，贫困发生率由最高时候的3.16%下降到0.005%。摸底边缘户和脱贫监测户共计79户166人（其中边缘户22户48人、脱贫监测户57户118人），两类人员占贫困人口比例4.6%。

2019年，郊区以习近平关于扶贫工作的重要论述为指导，践行“不忘初心，牢记使命，脱贫攻坚，善做善成”的扶贫核心价值观，结合全省“改革创新、奋发有为”大讨论，进一步增强使命感责任感紧迫感，坚持脱贫巩固不放松、不停顿、不懈怠，主要任务由重点攻坚转移到巩固提升脱贫成果、全面融入乡村振兴工作上来，强化“交总账”意识，注重巩固成效，突出整体提升，确保脱贫攻坚成果巩固，质量提升。 （胡建忠）

【取得成效】 逐步完善脱贫攻坚巩固提升体系，教育、医疗、住房、饮水“3+1保障”全面落实，责任、政策、工作“三落实”更加扎实，严格落实“四不摘”重大要求，坚持精准方略，进一步夯实了产业就业支撑，实现基础设施和公共服务提档升级，迈好乡村振兴战略的第一步。 （胡建忠）

【推进措施】 围绕“精准”方略，夯实脱贫成果巩固措施。围绕“产业就业”并举，夯实稳定脱贫根本支撑。围绕“基础设施和公共服务设施”建设，实施贫困村提档升级工程。围绕“资金使用和项目建设”，提升资金使用精准度。围绕“扶贫扶志”，激发

贫困群众内生动力。围绕“巩固提升”，筑牢返贫防线。（胡建忠）

【三支队伍建设】 2019年8月，郊区“调整三支队伍”，共安排驻村第一书记32名（其中市派24名），组建驻村队32支（其中市派17名），包括第一书记在内驻村工作队员共计99人；24个贫困村每村1名区级领导包带；党员干部结对贫困户调整和全覆盖结对帮扶全面完成。帮扶单位共有112家（其中市级24家）。（胡建忠）

【扶贫资金】 2019年，省市区三级共安排财政专项扶贫资金1094.6499万元（省级131万元，市级435.65万元，区级528万元），资金结余率低于8%。资金分配精准用于制定绩效目标的扶贫项目，所有资金分配全部在郊区政府门户网站进行公示。2019年收到省级资金460万元，区级预算安排590万元（较2018年增加62万元），第一批资金于3月底之前分配到项目。（胡建忠）

【扶贫小额信贷投放】 2019年全区累计投放小额信贷资金781.9万元，完成年度任务750万元的104.2%，贴息资金全部按时到位。有逾期贷款2户，核实并办理延期手续。（胡建忠）

【易地扶贫搬迁】 郊区于2018年8月10日核准易地扶贫搬迁规模163户410人。国扶系统标注受益户157户392人（“十三五”时期享受危房改造政策取消标注2户6人，动态调整出列4户12人）。有同步搬迁户90户191人。贫困户实际入住153户；原大南庄村全部拆除并复垦187亩；保障兜底贫困户5户10人；有劳动能力贫困人口236人（其中84人从事产业项目，194人实现了就业）。（胡建忠）

【产业扶贫】 2019年，郊区产业扶贫主要围绕“一主六辅”发展产业，“一主”指的是果业，主要包括苹果、玉露香梨、樱桃、桃等品种，“六辅”指的是小杂粮、菌类、光伏、养蜂、养殖、电商等产业项目。自2015年开始累计种植果树4679亩；蜜蜂养殖规模849箱；自2018年以来新建养猪场、养羊场、养鸡场、养牛场、养驴场等12处，新建食用菌大棚等生产设施3000平方米；共建设村级电站3个，户用分布式光伏发电项目6个，总规模309千瓦，全部并网发电，村级电站未享受国家补助电价。（胡建忠）

【饮水安全】 2019年，郊区涉及贫困村和低收入村饮水提质工程项目13个，主要建设内容为管路维修更换、自来水管网入村入户以及配套净水设施设备，涉及贫困村6处、低收入村7处，总投资400.3万元（其中区级自筹32.3万元），已全部竣工。（胡建忠）

【基础教育】 2019年，郊区义务教育阶段适龄儿童入学率100%，无失学辍学学生；落实学生资助金额121.85万元，义务教育阶段寄宿制学生营养改善计划全部落实到位。2018—2019年度对5名考入大学、71名考入中职中技的建档立卡贫困学生给予资金补助共计23.8万元。（胡建忠）

【基本医疗】 2019年，郊区村级卫生室全覆盖，面积40-60平方米及60平方米以上各12个，四室分离的8个，三室分离的16个，每个卫生室配备合格村医一名，设施设备和药品配备符合要求；健康扶贫“双签约”服务签约率100%。全面落实“一站式”服务、“先诊疗后付费”和免除普通门诊挂号费；设立医疗扶贫“绿色通道”，贫困户患者在“挂号、住院、检查、手术、转诊”五个方面优先；医疗保障实际报销比例93.26%（标准为90%以上）。“三保险三救助”全面落实，参保率100%，居民医保和补充医保救治资金88.07万元，2019年住院“136”兜底保障371人次77万元，医保目录外费用支付441人次20万元；慢性病审批申报19人、通过10人。（胡建忠）

【住房安全】 2014年至2019年郊区实施危房改造项目涉及贫困村19个，涉及建档立卡贫困户 434 户，已经全部竣工验收，补助资金全部对户支付到位。2019 年初步排查有 10 户贫困户需要进行危房改造。（胡建忠）

【扶贫项目资产收益】 2019 年，郊区在坚持资金分配精准和项目安排精准的前提下，以村集体实施的村级光伏扶贫项目和以合作社等新型农业经营主体实施的冷库、养殖等产业项目，投入的扶贫资金全部转化为村级股份，明确利益联结机制，制定符合法律和政策的收益分配方案，兼顾村集体、项目实施主体以及贫困户和非贫困户之间的利益，实现资产收益。虎峪村通过村级光伏电站和果品冷库两个项目、杜家庄村通过肉牛养殖场及其他资产收益分红，贫困户可获得人均分红 2000 余元。（胡建忠）

【风险排查防范】 2019 年，郊区面对产业项目失败或初期无收益、小额信贷资金逾期、致贫返贫以及信访舆情四类风险采取防范措施，跟进产业后续服务，区农业农村局牵头组建 15 人的专业技术指导队，本着“沉下去、实调研、真服务”的原则，做好产业项目指导实施、跟进技术服务和管理、开展专业技能和实用技术培训等工作，确保产业项目顺利实施并及早达产达效，落实利益联结机制，明确受益分配方案并实现分红，鼓励贫困户在果树地套种小杂粮、薯类及林下经济；运用系统中的小额信贷分析和预警模块，提前做好预判，发挥村两委和驻村干部、第一书记作用，做好贷前调查、贷中审查、贷后管理，跟踪资金使用和项目实施；重点针对 82 户贫困家庭年人均可支配收入不达 4000 元、505 户贫困家庭转移性收入超过年收入 50%、93 户年收入逐年下降三类人员以及摸底排查的边缘户和脱贫监测户，进一步强化帮扶措施和实时监控，及时跟进相关政策落实；四是建立区乡村三级舆情预警体系，关注舆情动态，强化重大舆情、风险监控与应急处置，对涉贫信访隐患做到早发现、早了解、早汇报、早化解，杜绝出现由于不重视放任不管导致的越级上访事件发生，不让局部问题、极端事件影响大局，全力维护全区脱贫攻坚良好氛围。（胡建忠）

【亮点工作】 2019 年，郊区扶贫开发工作亮点纷呈。桃林沟村并大南庄村实施易地扶贫搬迁为标志，“以强带弱、并村帮扶” 模式得到成功实践。以西南舁乡“北七村”集中连片人居环境改善项目（包括东林尖村、杜家庄村、代家庄村 3 个贫困村和咀子上村 1 个低收入村）实施为主要标志，农村人居环境整治成效明显。以深化农村集体产权制度改革为突破口，让农民变股民促进脱贫攻坚的农村集体产权制度改革深入推进。（胡建忠）

中国人民政治协商会议
阳泉市郊区委员会

综合工作

【概况】 2019年，区政协机关在职干部15名，其中：主席1名、副主席4名（非党2名）、四级调研员2名、秘书长1名、“六委一室”主任、副主任各1名。设党组1个，书记、副书记各1名，党组成员2名。设党总支1个，下辖党支部2个（机关党支部和退休老干部党支部），党员28人（机关支部11人、老干部退休支部17人）。区政协第九届委员会设办公室、提案委、经济委、农业和农村委、教科卫体委、文化文史和学习委、社会法制委“六委一室”。在6个专委会、7个乡镇、1个开发区社会事务服务中心、6个民主党派（民革、民进、民盟、民建、农工党、九三学社）中设立政协联络组20个。设中共、共青团、工会、妇联、无党派、工商、经济、农林、社会科学、教育、科技、文化艺术、医卫、新闻、民族宗教、社会福利、特邀等17个界别。有政协委员176名，缺额4名，其中中共党员70名，占39.8%。常委会由33人组成。

2019年区政协开展“改革创新、奋发有为”大讨论和“不忘初心牢记使命”主题教育活动，组织党组和主席会学习6次、常委会学习3次、开展集中研讨3次、上专题党课3次、座谈交流9次，政协各参加单位、各专委会和各乡镇联络组培训委员400余人次；全年召开主席会11次、常委会6次，专题性议政会3次，围绕5个方面开展视察监督，专项调研课题5个，提交调研报告8篇，163件提案全部办复，满意率达93.25%，委员的意见建议得到重视和采纳；开展庆祝新中国和人民政协成立70周年“五个一”活动，山西新闻数字频道作报道。7月23日，省政协副主席李武章带队的省委政协工作调研组到郊区政协机关和委员之家调研，认为郊区开展的提案跟踪督办、民生问题专题调研、“三环联动”工作机制、印发委员手册等工作，有特色、有亮点，可圈可点，给予了高度评价。

2019年3月11日至6月11日，区委第二巡察组对区政协机关党总支开展为期3个月的集中巡察。7月25日，巡察组进行反馈，实事求是指出区政协机关党总支存在的问题和不足，并提出改进意见和建议。区政协机关党总支成立领导组，出台整改方案，结合实际制定问题、责任、整改清单，将任务分解细化，明确时间节点、责任领导、牵头部门和责任人，扎实做好反馈意见的整改落实工作。 （李润平）

【“改革创新、奋发有为”大讨论】 2019年3月1日，郊区政协召开全区政协系统“改革创新、奋发有为”大讨论动员会，出台大讨论实施方案，对规定动作及具体任务进行详细分解。以各乡镇政协联络组为单位，开展“我为改革创新做什么”大家谈活动、“对标一流、履职担当”公开承诺活动，全区政协系统掀起大讨论热潮。（李润平）

【“不忘初心 牢记使命”主题教育】 2019年9月10日，区政协党组围绕“不忘初心 牢记使命”主题教育的总体要求、目标任务，安排部署，组织实施，做到方向不偏、程序不减、措施到位、扎实推进。强化理论武装，学习入心入脑。坚持刀刃向内，全面检视问题。先后召开座谈会5次，走访委员100多人，发放征求意见表150多份，梳理意见建议5类30余条。党组班子成员及机关党员按照“六个对照”“五个查找”“18个是否”要求，对标对表，认真自查，逐项分析，找准问题。突出问题导向，狠抓整改落实。召开党组班子专题民主生活会和机关支部专题组织生活会。全体党员自我检视、相互批评、勇于解剖、揭短亮丑，见人见事见思想，直言不讳不遮掩，达到“团结—批评—团结”的目的。（李润平）

【“五个一”系列活动】 2019年，区政协举办了庆祝中华人民共和国成立70周年和人民政协成立70周年“五个一”系列活动。山西新闻数字频道作刊登报道。召开一次“迎重阳、忆辉煌、话未来”专题座谈会，邀请在政协工作过的老领导、历届政协委员和机关干部代表40余人共聚一堂，共叙政协发展历程，共话郊区发展前景；举办一场“赞祖国、颂政协、爱家乡”诗歌朗诵赛，各乡镇（开发区）政协联络组、各专委会、各民主党派组织的20支队伍参加比赛；开展一次“我与人民政协”主题征文活动，选送36篇参加市政协组织的庆祝中华人民共和国成立70周年和人民政协成立70周年“我与人民政协”征文比赛，获得二等奖3篇，三等奖4篇，1篇选登在《阳泉日报》，8篇选登在《阳泉日报·郊区周刊》，郊区政协获得优秀组织奖；组织一轮委员联谊活动，通过学习座谈、参观视察、入村入企走访等形式，了解委员履职情况，倾听委员呼声，帮助委员解决实际问题；出版一辑文史资料——《留住乡愁·村情辑》，收录郊区189个行政村的村情史料，共计28万字，220余帧照片。“五个一”系列活动的开展，进一步展示政协委员良好的精神风貌，凝聚起心系郊区、共谋发展的正能量。（李润平）

重要会议

【区政协九届四次会议】 阳泉市郊区政协九届四次会议于2019年3月3日—5日召开。出席会议委员164名。区四套班子领导，各乡镇、区直各部门及驻区各单位党组织负责人等列席会议。大会听取并审议区政协主席王振杰代表政协阳泉市郊区第九届委员会常务委员会所作的工作报告；听取并审议区政协副主席齐敏芝所作的提案工作情况的报告；审议通过政协阳泉市郊区第九届委员会第四次会议政治决议。区委书记王明厚到会祝贺并作重要讲话。会议选举区政协党组书记刘瑞生为区政协主席。会议期间举办委员发言会，9名区政协委员围绕营商环境改善、乡村振兴、养老服务体系建设以及文化、教育、卫生等事关全区改革发展的重大问题和关系群众切身利益的热点问题作大会发言。（李润平）

【区政协九届十六次常委会】 2019年5月28日，区政协召开九届十六次常委会。区政府副区长赵旭应邀参加会议。会议传达学习省政府主席李佳在省政协十二届七次常委会议上的讲话以及区委书记王明厚在全区“改革创新、奋发有为”大讨论总结暨目标管理工作会议上的讲话精神；通报《阳泉市郊区教育资源情况》；审议通过《关于进一步优化教育资源配置加快教育改革步伐的建议》和《关于设立开发区政协联络组的决定》。（李润平）

【区政协九届十七次常委会】 2019年11月29日，区政协召开九届十七次常委会。区政协常委、各专委会主任、各乡镇（开发区）政协联络组长、各民主党派负责人、部分村干部及相关部门负责人参会。会议传达学习习近平总书记在中央政协工作会议暨庆祝中国人民政治协商会议成立70周年大会上的讲话以及中共十九届四中全会精神，审议通过《政协阳泉市郊区委员会提案工作办法》和《关于郊区传统村落现状与保护利用的建议》。（李润平）

【区政协九届十八次常委会】 2019 年 12 月 24 日，区政协召开九届十八次常委会。集体学习中央经济工作会议精神和全省领导干部会议精神。围绕促进郊区民营经济高质量发展进行议政建言。区政府副区长杨兆明应邀出席会议，并就《关于区政协九届四次会议提案办理情况》和《关于全区民营经济发展情况》进行通报。会议审议通过《关于促进民营经济高质量发展的建议》以及有关委员人事事项。（李润平）

民主监督

【社情民意信息工作】 2019 年，区政协把反映社情民意信息工作作为政协委员履行职责、参政议政、建言献策的重要抓手，立足省、市、区委中心工作，围绕改革发展稳定大局和人民群众关注的热点难点问题，组织和发动委员开展调查研究，反映社情民意信息。3 月 2 日，区政协召开 2018 年度反映社情民意信息工作暨履职敬业优秀政协委员表彰会，并下发《社情民意信息工作考核表彰办法》。11 月 12 日，召开反映社情民意信息工作推进会，邀请市政协研究室主任苏向东进行专题辅导。全年累计收到社情民意信息 186 篇，其中报省 64 篇、报市 109 篇。谢文芳、任向阳委员撰写的《关于农村集体产权制度改革的几点建议》被省政协转送全国政协，李玉霞委员撰写的《关于基层森林火灾防治一体化的建议》、吴晓文委员撰写的《农村特殊群体养老保险缴纳方式变更问题应分类施策》被省政协综合采用；赵秀枝、石旭、梁国栋等委员撰写的《关于在我市中小学中积极推行“校长职级制”的建议》《关于大力发展我市“夜间经济”的建议》《关于建设“智慧”停车库的建议》等 10 篇被市政协社情民意信息采用。（李润平）

【履职考核表彰】 2019 年，为了充分调动郊区各级政协组织、各参加单位和广大政协委员参政议政、建言献策的积极性，区政协制定出台《政协阳泉市郊区委员会提案工作办法》和《阳泉市郊区政协反映社情民意信息工作考核表彰办法》，分别从提案的提出、审查、处理、办理、督办以及社情民意信息的任务要求、计分办法、确认通报、结果运用、考核表彰等方面进行细化分解，对委员年度履职情况进行综合考评。2019 年，区政协根据考核办法对 15 件优秀提案、10 个提案办理先进单位，10 个反映社情民意信息工作先进单位、10 名先进个人、8 名先进工作者和 27 名履职敬业优秀政协委员进行表彰。（李润平）

【提案办理】 2019 年，区政协委员、政协各参加单位和政协各专门委员会、乡镇（开发区）联络组，共提出提案 176 件，审查立案 163 件，占提案总数的 92.61% 。立案提案中，委员个人或联名提案 144 件，占 88.34%；集体提案 19 件，占 11.66%。为了增强提案办理实效，区政协 11 次组织召开提案督办座谈会，共督办提案 130 件，收回评议表 177 份。截至 2019 年 11 月，163 件提案全部办理答复完毕，提案已经解决或基本解决的 91 件，占 55.83%；正在解决或已列入计划逐步解决的 56 件，占 34.36%；因法律、政策及职责职权所限暂时不能解决、有待向上级争取解决的 16 件，占 9.81%。从委员对提案办理结果的满意度反馈情况看，办理满意提案 152 件，基本满意 10 件，1 件弃权，委员满意率 93.25%。（李润平）

参政议政

【创卫和环境卫生整治工作】 2019年，区政协机关工作人员积极参与包片、包村、督查等工作。在开发区创卫工作中，定期定时到所包宏苑、新泉社区开展义务劳动、进行督查，协调有关单位捐助电脑10台，建成200平方米钢制结构停车棚1个。在荫营镇区及周边环境卫生集中整治工作中，坚持每周一次义务劳动，协调争取临近企业的支持，出动大型机械、车辆20多（台）次，帮助所包村清理积存垃圾2000余吨，有效改善该村的人居环境。（李润平）

【服务中心工作】 2019年，区政协主席班子成员分别担任G239国道改线、漾泉一期和国道207、307绕城改线工程建设指挥部总指挥以及西南舁乡北七村集中连片整治工作负责人，并且在包保乡镇、信访维稳、创卫督查、扑灭火灾等急难险重工作中扑在一线、干在一线，以实际行动践行初心使命。（李润平）

【脱贫攻坚工作】 2019年，区政协领导带头，多次深入扶贫联系点—河底镇河南村，帮助制发展规划，定期走访慰问结对帮扶户，协调解决基础建设、项目引进、农业发展、农民增收等方面的实际问题。帮助该村引进集餐饮、住宿、汽修为一体的三产项目，完成2000立方蓄水池建设工程，种植苹果树140余亩等，巩固脱贫成果取得明显成效。（李润平）

【专题调研】 2019年，区政协围绕行政村撤并、教育资源优化整合、传统古村落保护、民营经济高质量发展、征地拆迁、农村人居环境整治、乡镇敬老院建设、委员主体作用发挥以及宗教场所建设、文物保护、法制建设等课题开展专题调研，召开专题议政性常委会3次，提交调研报告8篇，提出有价值的意见建议30多条，许多建议得到区委区政府主要领导的批示，并付诸实施。（李润平）

民主党派

中国国民党革命委员会阳泉市郊区支部

【概况】 2019年，民革阳泉市郊区支部以庆祝中华人民共和国成立70周年和人民政协成立70周年为主线，加强思想建设，增强参政议政实效，谱写郊区支部在新时代的新篇章。 （石 旭）

【思想引领】 2019年，民革阳泉市郊区支部党员吴晓文和石旭报送的征文《十年磨一剑，砺得梅花香》和《逐梦前行》，分别获得阳泉市政协“我与人民政协”征文二等奖和三等奖。 （石 旭）

【参政议政】 2019年，民革阳泉市郊区支部民革党员中市、区政协委员的主体作用，围绕项目建设、招商引资、农村基层政权建设、非公经济发展、非遗文化传承、乡村旅游、发展夜间经济、深化“贴心行动”等主题，深入基层、开展专题调研21次，认真撰写、上报社情民意信息28篇。其中，3篇被国家级单篇采用、4篇被省级单篇采用，另有10多篇被阳泉市政协采用。支部党员赵海润、吴晓文联合署名文章《加强乡村治理关键就在抓准抓紧抓“关键少数”》在《团结报》刊登；赵海润、吴晓文分别执笔的《关于中医药在动物健康领域应用的建议》《新农合农民参保缴费存在问题及建议》均被山西省政协、全国政协采用；赵海润撰写的《关于建立居家养老资金补贴制度的建议》被民革省委会选用。石旭撰写的《关于阳泉市郊区砂器产业发展的调研报告》引发媒体的高度关注。 （石 旭）

中国民主同盟阳泉市郊区支部

【概况】 民盟阳泉市委郊区支部成立于2010年12月30日，2019年共有成员7名，其中市人大代表1名，区政协委员3名。2019年，民盟郊区支部以中共十九大精神和习近平新时代中国特色社会主义思想为指导，增强“四个意识”，坚定“四个自信”，立足本职，加强学习，不断提高自身素质，提高政治把握能力，积极参政议政，认真践行为民服务，在政治上、思想上同中共中央保持高度一致，画好同心圆，汇聚正能量。2019年11月1日至3日，郊区民盟主委杨玉明参加民盟阳泉市委组织的学习考察活动，先后到长治的乾圆文化传媒、民盟一分众创空间、民盟长治市市委、临汾民盟工程支部、四中支部参观座谈，并撰写《到长治、临汾学习考察体会》。 （杨玉明）

【参政议政】 2019年，民盟郊区支部组织支部成员特别是支部成员中的人大代表、政协委员，发挥自身优势，围绕中心工作，参与社会活动，履行参政议政、民主监督职能，献科学发展之计，谋改善民生之策，做构建和谐之事。民盟郊区支部开展大量调研活动，形成许多有参考价值的意见建议。参加市政府组织的漾泉大道建设专题会，参与郊区政协组织的社区建设调研活动，对阳泉市汉河沟村集体经济发展进行调研，撰写《壮大集体经济 助力乡村振兴》的调研报告，对郊区职业学校发展现状进行调研，撰写了《关于推进郊区职业中学新校址建设的建议》的调研报告，成为政府科学决策的参考。市人大代表、区政协常委杨玉明提交的《关于规范农村社保金发放的建议》《关于落实郊区公务员医疗补助政策的建议》《关于推进华隆陶瓷厂处僵治困工作的建议》《关于S214线荫营—冯家庄段中间带设置的意见》《柳沟村惊现古生物化石保护利用迫在眉睫》《依法进行房屋拆迁补偿维护城镇发展良好秩序》等提案、议案、社情民意，区政协委员敦梅撰写的《关于我区乡村振兴中产业融合的意见建议》《关于开展郊区党史进课堂活动的建议》的提案，王育红委员撰写的《关于大力发展我区职业教育的建议》的提案等，均引起政府相关部门的高度重视，采纳并付诸实施。民盟郊区支部提出的《全面推进我区生态修复的建议》，区政府拿出2亿元实施生态修复治理工作，2019年编制完成的10个坑点的生态修复治理方案有序推进。 （杨玉明）

【服务漾泉大道一期重点工程】 漾泉大道一期（G207—新城大道段）工程是阳泉市通往“二青会”射击馆的重要通道，为保证“二青会”的道路畅通，阳泉市市委书记到漾泉大道一期工程工地进行调研，提出在7月底完工的要求，市人大代表、区政协常委杨玉明作为该项目的项目负责人，深入工地、合理协调，倒排工期组织施工，协调涉及工程建设的相关单位，及时解决实际问题，加班加点、加人加设备，采取平行作业施工推进、分解任务到人、工程进度日报制等措施，终于在7月20日实现通车，提前4个多月完成2.4公里的道路工程，成功挑战“不可能”，在郊区2019年12个重点工程指挥部工作评选中名列第一，圆满完成市委、市政府提出的在7月底通车的目标，为“二青会”的召开提供了道路保障。《阳泉日报》以《砥砺奋进 不辱使命—漾泉大道一期工程如期贯通背后的故事》进行专题报道。 （杨玉明）

【获奖情况】 2019年，民盟郊区支部荣获民盟阳泉市“思想宣传工作先进集体”，在郊区政协组织的庆祝中华人民共和国成立70周年和人民政协成立70周年“赞祖国、颂政协、爱家乡”诗歌朗诵比赛中，民盟郊区支部参赛队荣获“三等奖”。区政协常委杨玉明获2018—2019年度民盟阳泉市“先进盟务工作者”、郊区政协反映社情民意工作“先进工作者”，杨玉明提出的《关于规范农村社保金发放的建议》被郊区政协评为“优秀提案”，撰写的“我与人民政协”征文《发挥委员专长提高履职效能》在《阳泉日报》郊区专刊上刊登；政协委员敦梅获2018—2019年度民盟阳泉市“反映社情民意信息先进个人”。 （杨玉明）

中国民主建国会阳泉市郊区支部

【概况】 民建阳泉郊区支部成立于1995年，截至2019年，支部共有会员23人。其中：市人大代表1人市政协委员1人，区政协常委1人，区政协委员5人，新发展会员2人。支部成立以来，履行参政党职能，坚持与经济界紧密联系，发挥特色优势，坚持与时俱进，在自我教育中不断提高会员素质，为阳泉郊区经济社会发展发挥积极作用。2019年度民建阳泉郊区支部获得阳泉市郊区九届政协反映社情民意信息工作先进单位、提案工作先进集体。总支主委刘美英荣获“反映社情民意信息工作先进个人”、副主委张芳被评为“履职敬业优秀政协委员”。 （刘美英）

【学教活动】 2019年1月1日，总支组织会员开展专题学习联谊活动。按照习近平总书记“四新”“三好”要求，省委书记骆惠宁对全省各民主党派“三硬”“三要”的要求，将中央经济工作会议、习近平总书记在民营企业家座谈会和庆祝改革开放40周年大会、郝明金在民建中央庆祝改革开放40周年、省委书记骆惠宁在全省支持民营企业大会上的讲话精神、省委省政府关于支持民营经济发展的若干意见等大政方针、重大决策第一时间传达学习到位。2月24日，组织市、县两级人大代表和政协委员参加市委会组织的社情民意培训班，进一步提升党派中代表、委员的履职能力。6月23日至29日，总支刘美英作为参政议政骨干会员，在哈尔滨商业大学参加民建山西省委组织的参政议政培训班学习。10月26日至27日，总支选派两名负责人参加民建市委赴吕梁开展“重温革命历程 深化主题教育”活动，先后参观晋绥边区革命纪念馆、晋绥军区司令部旧址、蔡家崖纪念馆和刘胡兰纪念馆。12月19日，集中学习贯彻中共十九届四中全会精神，学习中共省委十一届九次全会和阳泉市委十二届八次全会精神。按照民建市委、郊区区委统战部学习贯彻精神要求做了安排部署。结合“不忘合作初心，继续携手前进”主题教育活动，主动学，深度学，原汁原味学，真正做到武装头脑、指导实践、推动工作。组织会员观看首映《铁血阳泉》，把“不忘合作初心，继续携手前进”主题教育活动引向深入。 （刘美英）

【支部建设】 2019年1月17日，民建阳泉市委在阳泉宾馆召开2018年工作总结暨表彰大会。郊区总支荣获“民建阳泉市委先进基层组织”称号。1月29日，到老会员史广俊家中进行探望，把党和组织的温暖送到老会员手中。3月5日，组织召开“改革创新、奋发有为”大讨论动员安排会议，要求每个会员要按照时间节点和规定动作，对标一流，聚力六大突破，改革创新谋发展，奋发有为促转型，把大讨论的成效转化为做好全年工作的动力。（刘美英）

【参政议政】 2019年，总支秉承密切联系经济界的优势，围绕中心、深入调研，道实情、建良言，不断提高政党协商的能力和水平。全年报送集体提案1件，委员提案7件，反映社情民意信息19篇，其中上报省政协3篇，市政协采用5篇。总支主委刘美英撰写的《完善城市内涝预警机制》被民建中央、民建省委采纳，被《团结报》采用。 （刘美英）

【纪念中华人民共和国成立70周年纪念活动】 2019年6月2日，总支组织会员参加民建市委举办的“喜迎二青盛会·庆祝建国70周年”知识问答竞猜暨趣味运动会，完成各项赛事，并获得优胜奖项。9月15日，总支组织会员参加民建阳泉市委在阳泉宾馆举办的“礼赞祖国70年携手奋进新时代”联欢会，自编自演配乐诗朗诵《祖国颂》。10月12日，组队参加区政协“赞祖国、颂政协、爱家乡”诗歌朗诵比赛荣获一等奖。《守初心 担使命 抒写政协无悔人生》《感悟初心 阅读使命》《只想活着》三篇文章以及《不忘初心》《我和我的祖国》《纽带》等多幅摄影作品被民建山西省委、市委公众平台选登。 （刘美英）

【专题调研】 2019年7月，总支主委刘美英参加市委统战部组织赴城区、郊区、盂县养老机构的实地走访和调研，听取相关部门的汇报，参加市委2019年“康养产业”专题协商座谈会，代表民建阳泉市委做《加大养老服务力度提升我市老龄人口康养水平》汇报发言。 （刘美英）

【社会服务】 2019年4月1日，民建郊区总支联合郊区人民检察院、郊区工商联以及税务业务部门到阳泉市星火金源工贸有限公司，进行送法下乡，服务民企，统战实践创新基地对接活动，引深“改革创新、奋发有为”大讨论的成效；5月30日，民建郊区总支组织会员到阳泉十中参加“争做新时代好队员”一年级新生入队暨七年级建队仪式，为孩子们赠送红领巾340余条；10月12日，民建郊区支部携手阳泉市第二人民医院，到坡底街道娘电社区开展“不忘初心、牢记使命”为民服务送医疗活动，为社区居民提供医疗检查220余人次，缓解因娘子关电厂关停、职工分流外地后，社区留守老人和儿童就医不便的困难。（刘美英）

中国民主促进会阳泉市荫营支部

【概况】 民进阳泉市荫营支部成立于2004年6月，截至2019年，有会员16名，均为大学文化，平均年龄44岁。支部有市人大代表2名，市政协委员2名，区政协常委2名，区政协委员5名。荫营支部先后荣获“全国民进先进基层组织”“山西民进先进基层组织”“阳泉市民进先进基层组织”等荣誉，闫冰被评为“山西民进先进个人”，张晓琴、白兰芳被民进阳泉市委评为“先进个人”。（闫　冰）

【自身建设】 2019年，民进阳泉市荫营支部加强自身建设。自觉加强学习。通过集体组织学习、个人自学和利用网络平台学习相结合的办法，学习《习近平新时代中国特色社会主义思想三十讲》《新时代面对面》，以及统战理论知识，撰写统战论文《基层政协应该懂政协会协商善议政》等2篇，保证时刻与中国共产党思想上同心同德、目标上同心同向、行动上同心同行的正确方向。完善支部制度建设。组织建立健全支部学习制度、会议制度、会员管理制度等一整套规章制度，通过思想交流的“软办法”和纪律制度的“硬约束”，促进思想进步，作风转变，素质提升。闫冰撰写的《喜迎党的十九大衣食住行话变迁》在阳泉市政协、市委统战部、中国人寿阳泉分公司举办的“喜迎十九大，同心促发展”征文活动中获得一等奖。《履职为民三件事，一片冰心在玉壶》在市政协征文活动中获得三等奖，并在2019年10月16日《阳泉日报》郊区周刊登载。（闫　冰）

【参政议政】 2019年，民进阳泉市荫营支部全体会员在做好本职工作的同时，参加组织活动，深入调研，反映社情民意。支部中的5名政协委员参加“两会”，撰写提案，参加议政发言。闫冰在市政协十三届四次会议上提交《制止礼炮车噪音污染》《开通阳泉市区到平定和郊区的共享单车》《开通阳泉市区到荫营晚间直通车》等提案。在郊区政协九届四次会议上，民进荫营支部作《扶持杜仲产业，发展特色农业》的大会发言，闫冰、任涛海参与完成《郊区传统古村落保护与利用》的调研报告，参加“关于阳泉郊区区划调整征求意见座谈会”，支部先后组织会员参加支部参政议政活动10次，撰写统战论文2篇。先后有《在五城联创中开展星级评选》《抗击疫情要注重心理疏导》《在武汉设立中国抗疫纪念碑的建议》等社情民意，被政协系统采用；闫冰的政协提案《关于解决农村乡镇医生待遇的建议》，在市十三届四次全会被评为优秀提案，受到表彰，在抗疫期间，他创作公益歌曲《武汉加油》，由区文化局杨丽琴进行谱曲，参加网络交流。白雪亮、张小英的诗朗诵《祖国，我为你落笔成歌》参加郊区政协诗歌朗诵会并获奖。（闫　冰）

【社会服务】 2019年，民进阳泉市荫营支部按照市委会的要求，把提高自身能力和专委会工作结合起来，始终注重提高履职工作的质量和效果。坚持常年服务基层，部分会员，走村入户，征集文史资料，支部主任闫冰编纂的《留住乡愁》（村情辑）整理189个村的文史资料，字数28万字，照片220帧，经阳泉市委宣传部审核，已印刷出版2000册。通过支部组织策划，在东南舁村组织举办全省古村落研讨会，来自全省40多个乡村负责人参加古村落保护与研 讨，宣传阳泉郊区，促进乡村振兴。在阳泉电视台的《阳泉故事》栏目中，会员走进电视台，讲好阳泉故事。闫冰被阳泉市委统战部聘为“智库专家”，牵头“康养产业发展的实践与思考”，组织课题调研。坚持到区政协扶贫包点村河南村，多次捐资捐物，为贫困户闫换云解决实际问题，为乡村旅游发展和扶贫工作做出了应有的贡献。（闫　冰）

中国农工民主党阳泉市郊区总支部

【概况】 阳泉市郊区农工党基层组织是市二院支部，成立于 1989 年 11 月 20 日，2014 年 10 月 18 日支部换届，更名为“中国农工民主党阳泉市郊区总支部”，历任支部主委有赵恩培、王晋、余津，现任总支主委史振慧。下辖 3 个支部，二院一支部、二院二支部及综合支部。截至 2019 年，共有农工党员 26 人。其中高级职称 6 人，中级职称 13 人；市人大代表 1 人，市政协委员 2 人，区政协委员 9 人。（史振慧）

【理论学习与实践】 2019 年，农工民主党阳泉市郊区总支密切关注中央、省、市、区的时事政治发展动态，参加区委统战部、区政协、农工党市委及市二院组织的政治理论学习活动，参加：“改革创新、奋发有为”大讨论，对标一流、述职评议活动，“不忘初心、牢记使命”主题教育活动等。（史振慧）

【政协委员履职情况】 2019 年 3 月 2 日至 5 日，5 名区政协委员参加政协阳泉市郊区第九届四次会议，提交 10 件提案，并以《完善家庭医生签约服务体系，切实普惠百姓健康》和《加强文化建设扶持力度，满足基层群众文化需求》为题进行大会发言。在区政协反映社情民意信息工作及履职敬业优秀委员表彰会上，支部获得“先进集体”，史振慧获得“先进个人”，胡湧获得“履职敬业优秀政协委员”。10 月 20 日，支部节目《十月的中国》参加庆祝中华人民共和国成立 70 周年和人民政协成立 70 周年“赞祖国、颂政协、爱家乡”诗歌朗诵比赛获得二等奖。（史振慧）

【人大代表履职情况】 2019 年，市人大代表史振慧，落实市人大“14710”联系制度，参加集中视察和调研活动。2 月 24 日至 27 日，参加阳泉市第十五届人民代表大会第四次会议。3 月 3 日至 6 日，列席郊区十八届人民代表大会第四次会议。8 月 4 日至 10 日，参加阳泉市人大组织的“省人大代表和市人大代表小组召集人履职能力提升培训班”，到贵州省接受红色革命教育。10 月 23 日至 24 日、12 月 25 日列席阳泉市第十五届人大常委会第二十六次、二十七次会议。11 月 6 日，在区人大参加“向申纪兰学习，做人民好代表，争当志愿者”活动启动仪式，并在仪式上进行表态发言。11 月 11 日，到平坦镇人大代表联络站参加四级代表进站活动。（史振慧）

【参加统战部活动情况】 2019 年，农工党郊区总支，参加区委统战部组织的学习活动和社会服务活动。5 月 21 日组织医疗志愿者服务队到西南舁乡大西庄村开展送健康慰问义诊服务活动。撰写的论文《我市县乡医疗卫生机构一体化改革工作调研报告》获得市委统战部统战理论政策研究优秀成果三等奖。（史振慧）

【党员风采】 2019 年 2 月，刘永玲课案《鉴会聆听》获得阳泉市郊区第七届基础教育“三优工程”评选活动优质课二等奖，4 月刘永玲获得阳泉市文联系统“百名最美文艺志愿者”，她带领“同心合唱队”参加了阳泉市第二届夕阳红晚会；史海明被任命为阳泉市郊区人民陪审员，8 月底登记成为造血干细胞捐献者；王克昌 2019 年 8 月获得中国医师节郊区医疗集团优秀医师。（史振慧）

【支部活动】 2019 年 6 月 5 日，市委统战部副部长黄少英等到农工党郊区总支调研各民主党派（农工党）基层组织建设情况。6 月底，支部选送 8 幅作品参加农工党省、市委组织的“同心共祝祖国好”随手拍摄影展，靳翠红、任爱果作品获得省级二等奖，史振慧作品获得省级三等奖。7 月 28 日，组织党员到盂县东梁乡辛庄村的“农工情党员活动基地”进行参观学习；8 月 4 日，农工党省委调研阳泉市委工作及基层支部（郊区总支）建设情况。10 月 12 日，组织党员到城区坡底街道娘电社区开展“不忘初心、牢记使命”为民服务送医疗活动。10 月 26 日—27 日，组织部分党员参加市委组织的文水刘胡兰事迹陈列馆、晋绥边区革命纪念馆参观学习活动。11 月 30 日，组织 10 名医疗专家到市二院、河底镇卫生院开展“不忘合作初心，继续携手前进”主题教育送健康义诊、会诊服务活动。12 月 12 日，全体党员参加“中国农工民主党阳泉市委员会成立三十周年纪念活动”，支部荣获“参政议政工作先进基层支部”。农工党员王晋、余津、李志刚获得“特别贡献奖”，史丽清被评为“优秀党务工作者”，史海明、任爱果被评为“优秀党员”。（史振慧）

九三学社阳泉郊区支部

【机构沿革】 九三学社阳泉郊区支社是在郊区小组的基础上发展起来的基层组织，成立于 2010 年 12 月 11 日。2016 年 6 月 6 日举行第二次社员大会，选举产生支社主任委员李玉霞、支社副主任委员赵联祥、参政议政委员傅阿荣、学习宣传委员姚素琴、社会服务委员张三虎。截至 2019 年底，郊区支社共有社员 11 名，其中：市政协委员 1 名、区人大常委 1 名、区政协常委 1 名、区政协委员 4 名。（李玉霞）

【主题教育】 2019 年 8 月 22 日，九三学社阳泉郊区支社组织召开“不忘合作初心，继续携手前进”主题教育活动动员部署会，结合自身实际，组织社员参加九三学社阳泉市委、郊区区委统战部等举办的学习习近平总书记系列重要讲话精神集中授课辅导、主题教育报告会、社情民意培训班、专题调研活动等，学习中共十九大精神，交流学习心得体会，开展专题学习讨论，有针对性地引导支社社员识大体，顾大局，讲政治，尽责任。（李玉霞）

【参观革命圣地延安】 2019 年，九三学社阳泉郊区支部积极组织支社社员参加社市委组织的赴延安主题教育活动，感悟延安精神，参观梁家河、延安革命纪念馆、枣园、王家坪、杨家岭等革命旧址，加深中国共产党与民主党派风雨同舟、荣辱与共的光荣历史的理解，加深对中国共产党领导的多党合作和政治协商制度必然性、伟大独创性和巨大优越性的认识。（李玉霞）

【参加诗歌朗诵比赛】 2019 年 10 月，九三郊区支社社员参加区政协组织的庆祝中华人民共和国成立 70 周年和人民政协成立 70 周年“赞祖国、颂政协、爱家乡”诗歌朗诵赛。姚素琴等社员代表九三郊区支社参赛的节目《透过历史的眼眸》获得朗诵比赛二等奖，李玉霞参加的提案委队《革命史诗红旗颂》获得朗诵比赛一等奖。（李玉霞）

【社会服务】 2019 年 6 月 20 日，九三学社阳泉郊区支社联合阳泉市英英职业培训学校，到西南舁乡东南舁村，就育婴员职业概况、职业礼仪、0～3 岁婴幼儿喂养、饮食营养搭配、早期教育、安全事故防范、常见病护理、安全与急救等相关知识，对 47 名适龄妇女进行为期 10 天的育婴技术专业培训。英英职业培训学校为参训合格人员颁发国家承认的结业证书，并提供相关就业指导。（李玉霞）

【参政议政】 九三学社阳泉郊区支社社员中的人大代表、政协委员肩负社会责任，积极参政议政，2019 年共向市、区“两会”提交人大议案、政协提案 12 篇，社情民意信息 16 篇。九三学社郊区支社被九三学社阳泉市委授予“2019 年度先进基层组织”，被郊区政协评为“2019 年度反映社情民意信息工作先进集体”，集体提案《关于加强农村垃圾和固体废物治理，建设美丽郊区的建议》被郊区政协评为 2019 年度优秀提案；支社主委、市政协委员、区政协常委李玉霞在市、区两会上提交了《关于加强餐厨垃圾无害化处理的建议》和《保障人才队伍建设，增强民营企业造血功能》等 4 份提案，并在市政协大会上做了《创新人才引进机制，提升民营企业内生动力》的书面大会发言；支社社员、政协委员付阿荣代表九三学社郊区支社在区政协会议上，就《革除封建陋习，促进乡风文明》作书面发言；李玉霞通过大量调研，积极反映群众的意愿和呼声，撰写的《关于基层森林火灾防治一体化的建议》被九三学社中央单篇采用，《建生态补偿机制，保资源地区环境》《整治雾霾要先治环评腐败》《统筹扶贫资金，实现精准扶贫》被全国政协综合采用；《用足“煤炭新政”政策，推进山西可持续发展进程》《进一步完善基层司法系统员额制度的建议》等社情民意被省政协采用。李玉霞被九三学社山西省委授予“2019年度反映社情民意信息工作先进个人二等奖”，荣获九三学社阳泉市委“2019年度优秀社员”，在市政协十三届四次会议上，获得优秀社情民意奖，被区政协评为“2019年度反映社情民意信息工作先进个人”。 （李玉霞）

群众团体

阳泉市郊区总工会

【概况】 阳泉市郊区总工会位于阳泉市郊区荫营镇东大街29号，于1976年11月建会，有下属事业单位3个：阳泉市郊区职工服务中心、阳泉市郊区职工技术协会、阳泉市郊区社会主义劳动竞赛委员会。机关内设机构有综合办公室、组织人事女工部、保障部、经济劳保和法工部、网络宣教部。阳泉市郊区总工会有公务员6名，事业编工作人员8名。其中，主席1名，常务副主席1名，副主席2名，挂职副主席1名，兼职副主席2名。2019年，郊区总工会坚持以习近平新时代中国特色社会主义思想为指导，全面贯彻落实党的十九大、十九届二中、三中、四中全会精神和中国工会十七大精神，聚焦新时代工会工作改革创新，围绕职工权益保障，服务体系建设等问题，履职尽责，务求实效，各项工作取得新进展。（曹　晋）

【省级劳动模范推荐】 2019年3月，郊区总工会推荐出席山西省劳动模范表彰大会集体和个人4个，其中山西煤销集团保安煤业有限公司洗选中心煤泥水班组荣获山西省模范集体荣誉称号，阳泉荫营中学教师聂喜军、阳泉华岭耐火材料有限公司职工胡存玉等3人荣获山西省劳动模范荣誉称号。郊区电视台、郊区周刊等开辟专栏、专版宣传劳模，刊登劳模事迹，营造良好氛围。郊区总工会向全区广大干部职工发出倡议，尊重劳模，关爱劳模，争当劳模。（曹　晋）

【“迎五一”第六届职工登高健步走】 2019年4月30日，区总工会组织“迎五一”第六届职工登高健步走活动，区直机关、各乡镇等69家单位的1900余名职工参加。健步走活动从荫营镇刘备山脚下出发，经旅游线路到达顶峰中转，然后返回起点，全程往返8公里。经过2个多小时的激烈竞争，产生男女一等奖各20名、二等奖各40名、三等奖各60各、优秀奖各80名，鼓励奖若干名。（王　涛）

【“五小”竞赛】 2019年5月，郊区总工会为全区各企（事）业单位下发《2019年度继续深入开展“五小六化”劳动竞赛的通知》《关于在全区广大职工中开展岗位练兵和技能竞赛的通知》《2019年安康杯竞赛活动的通知》等文件，对竞赛活动的目标、任务、参赛范围作出明确安排和部署，并组织开展各项竞赛活动。全区共推荐34个项目参加2018年全市“五小”创新竞赛，获得一等奖1个，二等奖2个，三等奖3个。（曹　晋）

【阳泉市工会系统“三基建设”成果观摩组到郊区指导工会工作】 5月21日，市总工会党组成员、副主席杨海平带领全市工会系统“三基建设”观摩组到郊区观摩工会“三基建设”成果。观摩组先后到冀东水泥有限责任公司、郊区机关事务管理局，查看工会规范化建设档案资料，实地参观职工活动阵地、职工书屋、乒乓球室、健身室、羽毛球场地、篮球场地、职工食堂等，并听取相关负责人“三基建设”工作汇报。（王俊珍）

【参与阳泉市“喜迎二青盛会”全民健身季第六届职工运动会】 2019年，区总工会组织郊区区直机关、各乡镇和相关企业单位共9支队伍120名职工，参加阳泉市“喜迎二青盛会”全民健身季第六届职工运动会的10个项目的比赛。其中健身长跑获得“男子团体”第二名；篮球比赛获得“男子机关事业单位组”季军；象棋比赛获得团体二等奖；华牌比赛获得团体三等奖。（王　涛）

【“爱心托管班”】 2019年，郊区总工会协同郊区教育局工会，首次开办职工子女假期“爱心托管班”，托管班设1个班，有任课教师6人，日期为8月1日到20日，40个学时，共接收学生20名。开办完全公益性质的职工子女爱心托管班，郊区总工会真正发挥职工“娘家人”的作用，解决职工幼年子女暑假期间无人看护的困难，真正为职工提供“心贴心、实打实”的爱心服务。（王俊珍）

【推动货车司机集中入会】 2019年，郊区总工会采取依托“龙头”企业工会推动建会、行业性（区域性）工会联合会扩大覆盖、以乡镇（街道）和村（社区）工会为依托源头入会等方式，做好货车司机群体入会工作。河底镇依托河底村率先完成货运行业工会联合会的组织换届，共吸纳376名货车司机入会。荫营镇工会依托镇龙头企业长远运输公司组建工会，吸纳210名货车司机入会。西南舁乡货运行业工会吸纳245名货车司机入会。李家庄乡依托3名糖酒吸纳54名货车司机入会。平坦镇货运行业工会吸纳61名货车司机入会。杨家庄乡依托通宝鑫能物流有限公司吸纳36名货车司机入会。旧街乡以村工会组织货运司机集中源头入会，吸纳10名货车司机入会。截至2019年底，郊区大货车司机集中入会工作结束，共有992人加入工会组织。（王俊珍）

【智慧工会服务大数据平台录入工作】 2019年11月，全市智慧工会服务大数据平台录入工作会议召开后，郊区总工会迅速列出培训计划和培训人员范围，于11月22日、11月29日、12月5日分三期开展培训，培训基层工会工作人员193人，并陆续开展录入工作。其间分乡镇、分系统对基层录入情况进行督导和检查。截至12月底，共录入工会组织490家，会员22007人。（王俊珍）

【城镇职工解困脱困】 郊区总工会把推进城镇困难职工解困脱困工作作为服务职工的主要抓手，多措并举、精准发力，全区16户困难家庭如期脱困，截至2019年12月底，中华全国帮扶系统的困难职工为4户。（张春燕）

【组织全区煤矿企业群监员培训】 2019年，郊区总工会组织区保安煤业、旧街煤业、坡头煤矿、神堂煤矿的45名群监员参加全市群监员培训班学习，所有人员通过学习全部取得由山西省总工会颁发的山西省特聘群监员证书。（曹　晋）

【职工书屋打造】 2019年郊区新建三家职工书屋，分别是：审计局机关工会、平坦镇辛兴村工会联合会、西南舁乡鑫火金源工贸工会。截至2019年底，郊区已建职工书屋73家，配备图书共1500册。（王　涛）

共青团阳泉市郊区委员会

【概况】 2019年，共青团阳泉市郊区委员会（以下简称团区委）在职人员3名，书记1名，副书记1名，科员1名。全区有共有团员4829人，其中学生2359人，机关事业单位213人，农村（社区）1884人，国有企业36人，两新组织11人。有团组织356个，其中团委15个（7个乡镇团委和1个开发区社务中心团委，2个全日制高级中学团委，1个职业高级中学团委，2个初级中学团委，2个区直团委）、团总支26个、团支部342个［学校领域团支部170个，村、社区级团（总）支部154个，7个机关事业单位团支部，两新组织团组织3个］。（王紫燕）

【强化理论学习】 2019年，团区委组织基层团委学习习近平总书记关于青少年工作的重要指示，特别是在纪念五四运动100周年大会上的讲话和致中国少年先锋队70周年贺信，开展青年骨干理想信念教育、创业青年“改革创新 奋发有为”观摩交流等，坚定全区广大共青团员、少先队员以及各级团干部、各界青年的政治信仰。（王紫燕）

【学雷锋志愿服务月系列活动】 2019年3月5日，团区委组织开发区12个社区的50名志愿者，开展“五城联创”学雷锋志愿服务活动；联合区委宣传部、区文明办召开“改革创新奋发有为”弘扬雷锋精神宣讲会，有80余人参加；各级团组织先后开展爱心慰问、文艺演出、义务理发、环境整治等各类“学雷锋”志愿服务活动20余场次，累计500余人次参加。（王紫燕）

【“改革创新奋发有为”大讨论】 2019年3月15日，团区委组织全区团干召开“改革创新奋发有为——弘扬雷锋精神宣讲会”；3月20日，召开对标一流党员民主评议会；3月25日，联合区委宣传部开展“改革创新奋发有为”主题演讲比赛；4月22日，组织各级团干在旧街乡南沟村百团大战纪念碑前，开展理想信念教育活动；4月24日，组织创业青年代表开展“改革创新奋发有为”观摩交流活动。（王紫燕）

【纪念五四运动100周年系列活动】 2019年4月30日，阳泉市郊区纪念五四运动100周年“青春健步走”暨“青春心向党 建功新时代”特别主题团日活动在刘备山举行，活动分为青春健步走、集中入团仪式、18岁成人仪式三个环节，以青春的名义，弘扬五四精神，展现郊区青年“青春心向党·建功新时代”的奋进姿态。全区各级团组织以“青春心向党 建功新时代”为主题举办各类青年职业指导暨就业招聘活动、朗诵比赛、集中入团仪式、歌咏比赛、文艺表演等活动46场次，覆盖全区4万团员青年。（王紫燕）

【爱国主义歌曲合唱比赛】 2019年4月15日，阳泉市郊区中小学生爱国主义歌曲合唱比赛在郊区固庄矿俱乐部举行。全区36所中、小学代表队1500余名学生参加比赛。（王紫燕）

【团区委十届三次全委会召开】 2019年5月7日，团区委召开十届三次全委会暨纪念五四运动100周年表彰大会，大会听取团区委书记高连富代表团区委第十届常委会作的题为《不忘跟党初心，牢记青春使命，在全区走好“三条路”，率先实现城乡融合示范区的进程中发挥生力军作用》工作报告。大会授予荫营镇团委等10家团委“五四红旗团委”称号，授予荫营镇下荫营村团总支等24家团支部“五四红旗团支部称号”，授予袁红等23人“优秀团干部”称号，授予蔺一凡等44人“优秀共青团员”称号 。（王紫燕）

【庆“六一”主题队日活动】 5月30日，团区委、区少工委在郊区文苑小学举办“争做新时代好队员”庆“六一”主题队日活动。（王紫燕）

【“七一”主题党日活动】 2019年7月1日，团区委组织98名团员代表参加全区纪念中国共产党成立98周年主题党日暨千名党员集体宣誓仪式。98名团员代表向98名党员代表敬赠政治生日贺卡和“知党情，跟党走，我想对您说句心里话”特色信件，表达团员青年向党员同志学习，向党组织靠拢的决心和信心。（王紫燕）

【“祝福祖国·我向国旗敬礼”活动】 为庆祝中华人民共和国成立70周年，9月15日至10月15日，团区委、区少工委在全区中小学团员学生、少先队员中，开展“为祖国送祝福、向国旗敬礼、和国旗合影、带着国旗去旅行”等主题教育活动，引导青少年从小树立听党话、跟党走的信念，抒发热爱祖国、祝福祖国的情感。 （王紫燕）

【全区青少年工作联席会议第一次全体（扩大）会议】 12月18日，阳泉市郊区青少年工作联席会议第一次全体（扩大）会议召开，建立阳泉市郊区青少年工作联席会议制度，完善青少年工作政策体系，全面推进《中长期青年发展规划（2016—2025年）》《山西省青少年发展“十三五”规划》落地实施。 （王紫燕）

【青少年“护苗”行动】 2019年，团区委开展“助力计划”困境青少年服务项目，争取项目资金9万元，推报13个单位和学校开展禁毒防艾、团体心理辅导和安全教育、青年之家示范性建设项目；聘请市、区心理辅导专家，先后在玉泉中学、西南舁学校等4所学校开展“轻松备考——12355与你同行”团体心理辅导活动，累计开展36场次；定期向市预防青少年违法犯罪专项组报送五类重点青少年数据；全区各中小学暑期安全自护教育活动实现全覆盖。 （王紫燕）

【畅通青年创新创业渠道】 2019年，团区委举办2019阳泉市郊区第二届“农信杯”创业创新大赛，有17个项目参加角逐，最高获得2万元的创业资金支持；组织在外务工青年、本地创业青年参观“全国大学生村官十大村民贴心人”温东升的扶贫创业基地，学习创业经验，提升发展本领；区两会前，邀请区人大代表、政协委员和团员青年代表围绕“返乡大学生创业过程中的困难和问题”进行座谈，开展“共青团与人大代表、政协委员面对面活动。 （王紫燕）

【真情助困】 2019年春节期间，团区委组织参与全市青年文明号真情助困结对帮扶活动，为30名困难青少年送去共计3万元的慰问金和对联、米、面、油等生活物资；“六一”儿童节期间，参加苇泊小学的慰问对接活动；持续开展希望工程“圆梦行动”，为19名困难大学新生资助每人5000元的助学金。 （王紫燕）

【开展困境青少年服务项目】 2019年，团区委争取中央专项彩票公益金9万元，完成安全教育课程、团体心理辅导课程共110课时任务，在13所学校开展禁毒防艾项目；面向150多名特殊儿童开展“青暖童心”——关爱留守儿童行动、关爱外来务工人员子女行动和关爱服刑人员未成年子女计划项目。 （王紫燕）

【推进重点青少年群体预防犯罪工作】 2019年，团区委开展“法治进校园”活动和“五类重点青少年”数据摸排收集整理工作，推行“守护青春”青少年法治广播节目，为预防未成年人犯罪工作奠定基础。 （王紫燕）

【服务中心工作】 2019年，团区委组织2批次240名志愿者全力服务二青会；组织50余名志愿者参加义务植树劳动，帮助开发区惠泽社区、御康社区完成创卫攻坚任务；选派干部参加脱贫攻坚工作的同时，在“希望工程”“真情助困”等方面重点向建档立卡贫困户倾斜，并通过消费扶贫、结对精准帮扶等方式帮助贫困村巩固脱贫成效。 （王紫燕）

【“贴心行动”返乡青年服务交流活动】 2019年春节期间，团区委组织3场座谈会，在全区基层团组织中开展“贴心行动”返乡青年服务交流活动；暑假期间，组织40余名外出务工、本地创业、在校优秀大学生参加的返乡青年座谈会，参观山西好人田俊丽夫妇的凤舞山鸡养殖场；新学年开始前，组织即将分赴高校的100余名新生开展连心会，并将这些新生纳入区青年人才库，建立常态化联系微信群。（王紫燕）

【首届青年人才联谊会】 为充分发挥青年帮助青年、青年联系青年的作用，2019年，团区委联合区委组织部举办了“我等的人才来”全区首届青年人才联谊会。全区新招聘的50余名紧缺人才和来自全市机关企事业单位的100多名青年参加联谊会，区政府副区长赵旭亲临现场致辞。青年人才联谊会为广大青年提供交友平台，用牵红线、搭鹊桥的方式，引导广大青年人才“把家安在郊区、把心留在郊区、把事业成就在郊区”。（王紫燕）

【春晖志愿者协会成立】 5月20日，阳泉市郊区春晖志愿者协会在荫营镇后沟村举行揭牌仪式，区委常委宣传部部长、区人大常委会主任田进勇出席揭牌仪式并讲话。春晖志愿者协会是全区成立的首家社会人员组成的志愿者协会。协会在高考期间、“八一”建军节、重阳节前后，先后开展“真情助考”、慰问演出、资助困难老军人、慰问孤寡老人等10余场次的各类志愿服务活动，活动覆盖部队、农村、学校、社区等。（王紫燕）

【夯实基层基础】 2019年，团区委认真总结提炼基层团组织建设经验，探索“一籍双支”工作机制，成功参选团中央农村基层团组织建设经验典型案例；加强“三都村”青年之家建设，每周组织青年学生开展书法、国画、传统家风家训培训，发挥三都村文化底蕴深厚的独特优势，实现以文化人、成风化俗的目标。（王紫燕）

阳泉市郊区妇女联合会

【概况】 2019年，阳泉市郊区妇联围绕新时代妇联工作总要求，坚持服务党政大局，坚持引领、联系、服务妇女基本职能，团结带领全区广大妇女组织和妇联干部，以党建带妇建，以改革促发展，以行动助振兴，推动郊区妇女组织和妇女工作再上新台阶。（高琳琳）

【区纪委监委召开第一次妇女大会】 2019年1月21日，区纪委监委召开第一次妇女大会，正式成立郊区纪委监委妇女联合会。区妇联主席张翠花、区纪委副书记、监委副主任尹战东、妇联副主席周素勤出席会议，区纪委监委20余名妇女代表参加大会。会议选举产生区纪委监委妇联第一届执行委员会委员7名。（高琳琳）

【省妇联送荣誉下基层】 2019年3月5日，山西省妇联副主席王玉花、挂职副主席张永莉、阳泉市妇联主席卢东华一行到郊区李家庄乡汉河沟村，为获得“山西省三八红旗集体”荣誉的“汉河沟村学雷锋巾帼志愿队”授牌。“汉河沟村学雷锋巾帼志愿队”活跃在村里的大街小巷，组织志愿者进行公益活动，改善村容村貌、进行文明宣传，开展文体活动、丰富村民生活。王玉花对志愿服务队在助力乡村振兴，提高村民文明素养和改善村容村貌等方面做出的贡献给予肯定。（高琳琳）

【基层妇联工作创新案例和巾帼文明岗创建展演活动】 2019年3月12日，阳泉市郊区妇联举办基层妇联工作创新案例和巾帼文明岗创建展演活动。13个基层妇联工作创新案例参展，内容涉及建设美丽家园、创建文明家庭、推动家庭教育、实施巾帼志愿者服务、带动巾帼脱贫、促进妇女创业就业、创新妇女组织建设和妇女干部队伍建设等妇女工作重点领域，为全区广大基层妇联和妇联工作者作出示范；巾帼文明岗创建展演活动由来自郊区党政机关、企事业单位、“两新”组织、农村经济合作社等行业的职工参加，采取配乐诗朗诵、情景剧、舞蹈等方式，展示学习型、技能型、服务型、创新型、诚信型等岗位特色和新时代女性风采，彰显了巾帼建功活动的深刻内涵。会上，郊区妇联还对2018年表现突出的10名基层妇联主席进行表彰。（高琳琳）

【郊区家庭教育项目启动】 2019年5月16日，由10家单位联合开展的第三期郊区家庭教育项目正式启动。主要内容是：建好3所学校，推动形成家校共育、家社共促的家庭教育新格局；建好桃林沟家风家教馆，推动形成教学相促、践研相辅的家庭教育新平台；组织开展党员干部树家风活动，推动形成内外兼修、横纵相合的家庭教育新气象。（高琳琳）

【第二届“信合杯”创业创新大赛】 2019年6月28日，由阳泉市郊区总工会、区妇联、团区委、区发改局、区教科局、区人社局、区中小企业局联合主办的阳泉市郊区第二届“信合杯”创业创新大赛在区政府报告厅举行。参加大赛的有企业家代表、创业青年、创业女性共计160余人。创业创新大赛结合全区产业转型和产业发展的实际，从工业、农业、三产、物流、文化、教育等多个侧面展示创业创新者的风采和创业创新者的实践成果，激发更多的劳动者走向创业创新之路。（高琳琳）

【李菲到郊区调研】 2019年7月9日，山西省妇联副主席李菲到郊区调研“四新”（新领域、新业态、新阶层、新群体）领域妇女组织建设情况和农村各阶层妇女组织发展情况。调研组一行先后参观桃林沟村民俗文化园和汉河沟村景河广场。李菲对桃林沟农村妇女组织利用企业文化教育、老字号文化教育和诚信文化教育，传播正能量，弘扬好家风的做法以及汉河沟村妇女议事会在村社治理新体系运行过程中所发挥的作用给予肯定，并希望郊区大胆探索，大胆实践，通过三级妇联组织层层传递，把法治理念带进千家万户，加快村社治理新体系落地生根，推进村社精神文明建设，为全省创建更高水平的生态活力幸福之城提供道德滋养、精神动力和良好的人文环境。（高琳琳）

【桃林沟古州家风馆开馆】 2019年9月24日，郊区桃林沟古州家风馆开馆。桃林沟家风馆的特点在于它全部取材于本土，以弘扬本土优秀家风文化为目标，深入挖掘优秀的传统文化所蕴含的思想观念，助推郊区的家庭建设和文明实践活动，它的建成唤起人们对本土文化的自信，为乡村文化振兴拓宽思路。（高琳琳）

【首批赴雄安月嫂座谈会】 2019年10月12日，郊区妇联召开首批赴雄安月嫂座谈会，欢送来自郊区7个乡镇13个村的21名月嫂赴雄安工作。会上，各乡镇妇联主席为月嫂佩戴光荣花，并赠送暖心礼物和暖心卡，8名月嫂代表就接受技能培训走上月嫂岗位以及农村妇女通过创业就业实现人生价值的心得体会进行交流发言。（高琳琳）

【基层妇联“三基建设”暨巾帼领题行动成果观摩展示活动】 2019年10月30日，郊区妇联组织全区三级妇联主席对全区7个乡镇、1个中心“三基建设”和巾帼领题行动的成果进行观摩。先后学习观摩杨家庄乡孙家沟村巾帼创业创新典型手工刺绣坊、开发区社务中心平坦垴村巾帼创卫志愿者队伍建设、李家庄乡冯家庄村妇女组织创新发展、旧街乡南沟村巾帼脱贫攻坚、平坦镇魏家峪村紫金山农场妇联组织“三基建设”、荫营镇下烟村美丽家园创建、河底镇“青龙雅庠”道德讲堂文明家庭创建、西南舁乡“北七村”乡村振兴等8个基层妇联工作的先进经验，全面展示妇联组织“三基建设”和妇联系统深化改革的成果。（高琳琳）

阳泉市郊区科学技术协会

【概况】 郊区科学技术协会，简称区科协，成立于1984年9月，人员编制4名。科协下设农展馆，属集体事业单位。2019年，全区有乡镇科协组织7个，各种科学技术学会、协会、研究会40个。区科协的主要任务是普及科学知识，推广先进技术，开展科学论证，咨询服务，组织学术交流和专业技术培训，表彰奖励科学技术工作者，举荐人才，开展青少年科学技术教育活动等。（吕晗雅）

【科协系统改革】 2019年6月，郊区7个乡镇科协组织完成调整工作，7名主席由乡镇党委成员担任，24名副主席由乡镇“三长”（10名学校校长，7名医院院长和7名农技站站长）担任，另各设秘书长1名，负责日常联系工作，成员若干名由各行各业的科技工作者组成，实现乡镇科协工作全覆盖。加强科协基层组织建设，发挥“三长”的团结引领作用，8月，基层科协代表赴天津科协考察学习，听取当地科普工作者讲解，了解天津科普教育活动、科技进社下乡等方面的经验和方法。12月，区科协作为县区科协代表在省科协“3+1”工作培训班上作经验交流发言。（吕晗雅）

【科普惠农】 2019年，森乐农业有限公司、后洼核桃协会、益丰昌种养专业合作社、融昇园农业技术开发有限公司被命名为山西省农村科普示范基地；1月24日，“全省百万农民冬季培训班”在西南舁牧森林场开班，培训采取“线上线下”“集中分散”的形式，在锦丰种植科普惠农中心服务站、北庄鑫海种植专业合作社、佳禾蜂业专业合作社、汉河沟村乡村e站等同时推进，邀请15名专家重点培训中药材技术、果树栽植、病虫害防治等15项内容，发放培训资料，提升农民现代化种植理念；以农村科普阵地为重点，动员广大农业科技工作者和农村科普带头人参与“五小”竞赛活动，全区有6个单位、6个项目申报，涵盖农产品、农机、农业工艺等多个领域。12月24日，在全省农业农村领域“五小六化”总结大会上，区科协获优秀组织奖，荫营镇山头村永亮农机专业合作社的玉米田间群体结构优化种植技术应用获优秀成果二等奖，并参与布展；杨家庄乡庙岭村龙腾种植专业合作社获优胜单位奖。（吕晗雅）

【科普宣传】 2019年，区科协组建科技、农业、卫生三支志愿者队伍，开展科普宣传主题活动，在全区营造“讲科学、爱科学、学科学、用科学”的浓厚社会氛围。5月29日，在李家庄乡汉河沟村开展“礼赞共和国、追梦新时代——科技志愿服务行动”全国科技工作者日主题活动；9月14日至20日，开展以“礼赞共和国、智慧新生活”为主题的全国科普日系列活动。医务志愿者为群众量血压、测脉搏，提供义诊、咨询服务；春晖志愿者协会进行群众喜闻乐见的科普文艺演出；其他志愿者为现场群众发放挂图、书籍等宣传资料，讲解环保、农业技术、食品健康、安全逃生等科普知识，引导广大群众了解科技、走近科技工作者，养成科学健康的生活方式。各乡镇科协开展一系列面向乡村、社区、企业、学校的科技志愿者服务活动。区科协围绕“提高灾害防治能力，构筑生命安全线”主题在荫营广场开展防灾减灾日活动；围绕“科技强区科普惠民”主题在区步行街举办科技活动周；组织区直机关、乡镇、学校、社区等人员参加“2019年全民科学素质网络竞赛”答题活动，参与人数达1500余人，参与次数达10000余次。（吕晗雅）

【科普助教】 2019年，区科协联合区教科局组织全区中小学生参加第34届青少年科技创新大赛，共收到作品1322件，经筛选，将优秀作品推荐到市科协、省科协，36项作品获得省级科技创新成果奖、9项获得省级科幻画奖、1项获得省级科技实践活动奖；106项作品、10名教师、5所学校获得市级奖励。举办郊区首届青少年科技创新大赛展示活动，173件科幻画、科技小制作和科技小论文，通过学生的现场演示、PPT解说进行展示，充分展现全区中小学生对科学的热爱和不断探索、勇于创新的科学精神；12月，区科协将6件科普展品送往区实验小学，提高科学课程的实践性和趣味性。（吕晗雅）

【入村扶贫】 2019年，区科协会同党校、司法局、温和灌区等单位负责人与杨家庄乡齐家岩村村、支两委班子成员以及贫困户代表一起，召开致贫原因分析研判会，了解贫困户心声，共同为贫困户脱贫和农村集体经济增收出谋划策；先后多次到贫困户家中走访慰问，开展消费扶贫，并一次性给予齐家岩村养蜂技术资金帮助5000元。（吕晗雅）

阳泉市郊区工商业联合会

【概况】 阳泉市郊区工商业联合会，简称区工商联。共有编制3个，主席（会长）1名，党组书记兼常务副主席（副会长）1名，兼职副主席13名、副会长12名。下设7个乡镇商会和1个行业协会,共有企业会员300余个。（梁淑英　周　洁）

【荣誉】　2019年，区工商联再次荣获全国“五好”县级工商联荣誉称号，成为阳泉市唯一一家蝉联4年的全国“五好”县级工商联，受到山西省工商联民营企业调查点工作先进基层单位的通报表扬，被市委统战部、市工商联授予“标兵单位”“百企帮百村”精准扶贫突出贡献奖，党组书记梁淑英被市委统战部、市工商联授予“创新标兵”荣誉称号。（梁淑英　周　洁）

【政治引领】　区工商联多渠道引领，多方式宣讲，坚定民营企业家听党话、跟党走的信念。2019年3月，区工商联邀请省工商联副主席隋淑静、市工商联副主席郭晋兴到郊区华岭耐火有限公司，就习近平总书记在民营企业座谈会上的重要讲话精神和山西省支持民营企业发展政策的若干意见，为100余名民营企业家进行宣讲学习；邀请市委宣传部副部长史玉宝为民营企业家进行理想信念辅导；八一前夕，组织部分民营企业家走进区人武部进行慰问，并接受国防教育；11月1日，组织民营企业家集体学习十九届四中全会报告；12月，区工商联党组书记梁淑英、主席王晓东到山西通宝鑫能物流有限公司、阳泉中创陶粒有限公司、阳泉鑫盛瓷业有限公司等企业，进行中共十九届四中全会精神宣讲，并赠送《习近平新时代中国特色社会主义思想学习纲要》《新中国发展面对面》等书籍；组织部分民营企业家观看电影《铁血阳泉》。（梁淑英　周　洁）

【素质提升】　2019年3月29日，区工商联联合司法局、总工会等6部门，为民营企业家举办“郊区矛盾纠纷就地调处化解暨合同法专题知识讲座”；9月27日，联合区市场监督管理局、应急管理局等部门，举办“送法进民企”法治宣传活动。邀请世济律师事务所、硕明律师事务所专业人士及心理咨询辅导师，走进山西圣火炉料有限公司、阳泉前锋不定型耐火材料有限公司、阳泉恒祥耐火材料有限公司，开展面对面、零距离接触，为他们进行全方位的“法律体检”；11月1日，邀请阳泉市硕明律师事务所专业人士，在郊区工商联会员联谊中心为民营企业家进行法律知识讲座；11月5日，组织10余名民营企业家参加区人民法院的“公众开放日”活动，参观诉讼服务中心、法院文化中心、执行指挥中心等，并进行交流座谈。（梁淑英　周　洁）

【贴心行动】　2019年，区工商联发挥桥梁纽带作用和联系广泛的职能优势，全方位、多角度、立体式开展“贴心行动”。3月，针对民营企业“融资难、融资贵”的问题，带领金融机构负责人主动对接企业，现场办公，为13家中小微企业提供贷款434.5万元，为中嘉磨料磨具有限公司申报科创贷款,到位资金280万元；4月12日，组织民营企业家召开“改革创新、奋发有为”大家谈座谈会；6月14日，到阳泉市广凯机械制造有限公司进行走访慰问；7月，到阳泉市顺通加油站、阳泉加林科技有限公司、阳泉市鲁中耐火材料有限公司等外籍民营企业开展“贴心行动”，10家外籍企业成为区工商联新会员；9月11日，走访慰问部分阳泉籍在外企业家和外籍在阳泉创业人士，赠送《习近平新时代中国特色社会主义思想学习纲要》《新中国发展面对面》书籍；9月19日，帮助阳泉鲲鹏滤材科技有限公司与北京水环境治理企业进行产品对接和市场开发，并在产品污染治理的发展催化剂载体、平板滤膜在污水治理方面的应用研发等方面达成初步意向。（梁淑英　周　洁）

【搭建学习交流平台】　6月27日，阳泉市郊区工商联（总商会）会员联谊中心成立，在阳泉万新科技创新成果转化中心举行揭牌仪式；12月31日，阳泉市郊区非公有制企业培训学校在区委党校举行揭牌仪式。会员联谊中心和企业培训学校的成立，为郊区民营企业搭建了学习交流、信息共享、成果转化、企业互助的平台。（梁淑英　周　洁）

【第六届二次执委会召开】 2019年11月1日，阳泉市郊区工商业联合会（总商会）第六届二次执委会召开。区委常委、统战部长段拥军出席会议。会议听取并审议梁淑英代表第六届执委会所作的工作报告，补选阳泉市郊区工商业联合会（总商会）第六届二次执委会主席（会长）、副主席、副会长，颁发当选证牌。会上传达学习中国共产党第十九届中央委员会第四次全体会议公报和全省推进工商业高质量发展大会精神，宣读区委区政府关于成立郊区亲商工作领导组的通知。（梁淑英　周　洁）

【脱贫攻坚】 2019年，区工商联组织和发动民营企业家，开展“百企帮百村”活动，为脱贫攻坚奉献爱心。鑫宇文化有限公司走进虎峪村、新庄窝村和后山村等贫困村送去新春对联600余幅、挂历240余本；华润燃气有限公司拿出5.68万元，帮助石窖堖村整修老年活动中心、文化阅览室、卫生室、党员活动室等；华阳正元化工有限公司捐款2万元帮助张家岩村建设蔬菜大棚；帮助贫困村销售玉露香梨、小杂粮等农副产品及产业扶贫产品16万元；走访贫困村，跟踪落实帮扶项目。（梁淑英　周　洁）

【创卫工作】 2019年，区工商联干部职工参加所包单位开发区御康山庄小区创卫劳动；发动民营企业家积极参与创卫工作。山西华远通建筑公司等民营企业，出动大型机械帮助倾倒垃圾10余车，约40吨；豪门家私捐赠移动公厕10个，共计100余万元；阳泉通宝鑫能公司捐款5000元支持创卫工作。区工商联走进耀邦环卫公司进行慰问，向环卫工人发放爱心企业捐赠的生活用品等。（梁淑英　周　洁）

阳泉市郊区残疾人联合会

【概况】 2019年，郊区残联内设办公室和综合业务股，人员编制2名，在编人员2名；下辖残疾人就业服务所直属单位1个，人员编制5名，在编人员4名。成立了残疾人托养中心1个、残疾人康复中心1个；为乡镇（矿）残联选聘残疾人专职委员9名。2019年郊区残联开展残疾人康复、就业、教育、文化、体育、维权等重要工作，积极落实各种惠残助残政策，大力推进残疾人“两个体系”建设，全面推动全区残疾人事业与经济社会协调发展。（王　军）

【重度残疾人护理补贴工作移交区民政局】 根据山西省残疾人联合会、山西省民政厅、山西省财政厅《关于调整重度残疾人护理补贴发放工作的通知》（晋残联2019〔30〕号）以及（阳残联2019〔12〕号）文件精神，2019年1月1日起，重度残疾人护理补贴由民政部门统一发放。区残联及时厘清往来资金，积极协调区财政局办理结余资金划拨手续，并主动对接区民政局，将2016—2018年享受护理补贴人员花名表及相关档案资料及2019年一季度应享受护理补贴人员花名及金额等数据资料一并移交民政局。（王　军）

【到期残疾人证换发】 根据阳泉市残联《关于转发〈关于规范到期残疾人证换发工作的〉的通知》（阳残发〔2019〕1号）精神，2019年，区残联简化换证流程，分片区、分批次集中开展第二代残疾人证换发工作，共换发残疾人证2638个，确保了残疾人依法享有国家和地方政府各项优惠政策和服务。（王　军）

【完成省政府民生实事项目】 2019年，郊区残联承担省政府民生实事“残疾预防重点干预和残疾儿童抢救性康复项目”，其中，0～6岁阳性儿童残疾诊断任务15例，完成16例；疑似残疾人残疾评定任务330例，完成356例；残疾儿童抢救性康复服务任务47例，完成31例。（王　军）

【残疾人精准康复服务】 2019年，区残联为200余名有需求的残疾人免费配发辅助器具，为5名肢残者申请或安装假肢，为822例重度肢体、智力和精神残疾患者提供支持性服务。有需求的残疾人康复服务率达到80%以上。（王　军）

【残疾人托养服务】 2019年，区残联争取国家“阳光家园”计划和彩票公益金项目，为94例精神、智力和重度肢体残疾人开展“机构+居家”托养服务。 （王 军）

【维权政策落实和慰问救助】 2019年，区残联投入7.25万元为20户贫困残疾人家庭进行家庭无障碍改造；投入0.156万元，为6名贫困残疾人发放机动轮椅车燃油补贴；春节、助残日期间，走访慰问贫困残疾人家庭29户，发放救助资金1.4万余元；通过彩票公益金助学项目，资助4名残疾大学生每人5000元助学金，资助残疾人家庭子女2名每人3000元助学金，共资助2.6万元。 （王 军）

【宣传文体活动】 2019年，区残联在第20个“全国爱耳日”、第24个“全国爱眼日”、第29次“全国助残日”、第3次“残疾预防日”期间，通过新闻播报、网络传送、设立宣传台、悬挂宣传条幅、文艺表演等形式进行大力宣传，并邀请区康复中心专家为残疾人提供免费咨询义诊服务。举办残疾人文化进家庭“五个一”活动、残疾人文化才艺作品展、“我和我的祖国”文化周宣传、“2019年书香中国•阅读有我”等活动，李书花《阅读相伴心飞翔》获得山西省“我与阅读”主题征文比赛二等奖；在山西省残联主办的“庆祝中华人民共和国成立70周年山西省残疾人书法绘画手工艺作品展”上，区残联选送的杨家庄乡张京生水彩画作品《农家小景》被评为优秀绘画作品；开发区王鹏魁手工艺作品《羽毛之恋》被评为优秀手工艺作品；侯家沟村王长明和大华社区赵乃清的书法作品被评为优秀书法作品。 （王 军）

【“爱心联盟”文艺队成立】 2019年，聂义平等二十多位郊区残疾人自发组织成立“爱心联盟”文艺队伍，他们自编自演了三句半《残疾优惠政策好》、小品《残疾预防很重要》、评说《残疾自强不息》等节目，经常到各个乡镇敬老院、残疾人家庭慰问演出。区残联为他们资助和配备一批乐器、音响、旗帜等。 （王 军）

【创建市级文明单位】 7月10日，市委宣传部、市文明办等领导对区残联创建阳泉市市级文明单位申报评选工作进行验收。11月25日，郊区残联被市委、市政府命名为第十二批“文明单位”。 （王 军）

【残疾人就业】 2019年，区残联完成对所有按比例安排残疾人申报企业的年检工作，依法征收残疾人就业保障金494.87万元。依托有关培训机构，免费对88名城镇残疾人进行劳动技能培训。举办农村贫困残疾人实用技术和种养殖技术培训班1次，培训50人次，培训资金约0.9万元。 （王 军）

【区残联第七届主席团第二次会议】 应区委党政领导干部选拔任用工作需要，经区委组织安排和提名，依据《中国残疾人联合会章程》规定，11月26日，区残联召开第七届主席团第二次会议，会议选举出区残联第七届主席团新一任主席、副主席，杨兆明（副区长）当选新一任主席；推举出新一任阳泉市郊区残联执行理事会理事长人选，王守刚被政府任命为阳泉市郊区残联执行理事会新一任理事长。 （王 军）

【“不忘初心、牢记使命”主题教育活动】 2019年，区残联组织开展“不忘初心、牢记使命”主题教育活动，对照中央提出的“十八个是否”“四个对照”与“四个找一找”，深入学习讨论、广泛征求意见，深入交心谈心，深刻剖析原因，实事求是制定整改措施，不折不扣完成主题教育活动规定程序，促进工作作风的转变、工作效率的提高以及服务质量的提升。 （王 军）

阳泉市郊区文学艺术界联合会

【概况】 阳泉市郊区文学艺术工作者联合会成立于1993年12月28日，2011年10月更名为阳泉市郊区文学艺术界联合会（简称区文联），内设办公室、组联部、编辑部，编制6名，在岗工作人员6名，其中主席1名。有艺术家协会9个，即：作家协会（下设两个学会，即诗词曲学会和楹联学会）、书法家协会、美术家协会、摄影家协会、音乐家协会、舞蹈家协会、戏剧家协会、曲艺家协会、民间文艺家协会，有乡镇文联1个，即河底镇文联。（张　芠）

【协会建设】 1月15日，区书法家协会召开年会，区文联主席米爱梅，区书协名誉主席任四新，区书协主席石志刚以及区书法家协会全体会员参加会议。4月30日，区书法家协会在刘备山文化创意园召开主席团会议，增选张建国为郊区书法家协会副主席兼秘书长，增补要蔺宇、魏丽花为郊区书法家协会理事。（张　芠）

【文艺活动】 春节期间，区委宣传部、区文联联合举办“迎新春话发展望未来”楹联、国画、剪纸作品展，共展出优秀楹联、国画和剪纸作品100幅；1月，郊区电视台《文化视点》栏目分别走进郊区作协、郊区美协做专访活动，老中青三代会员参与节目录制；4月14日，区委统战部、区文联联合开展“心贴心共追梦”郊区籍书画名人“贴心行动”笔会，并在区政府一楼大厅展出80余幅优秀作品；“6·5世界环境日”前，阳泉市生态环境局郊区分局、区文联、区融媒体中心联合举办“美丽家园，我们在行动”书法、美术、摄影展，共展出书法、美术、摄影作品近120幅；在庆祝中华人民共和国成立70周年之际，区人大、区文联联合举办“担当新使命奋进新时代”书法作品及摄影图片展，共展出书法作品100余幅、图片展板17块。（张　芠）

【文艺志愿服务】 春节前夕，区文联组织书法家深入平坦镇侯家山村，杨家庄乡庙岭村、齐家堰村，西南舁乡代家庄村等贫困村，写春联，送祝福，现场书写并赠送春联6000余幅；7月2日，山西书法三晋行走进阳泉，“深入生活、扎根人民”（公益）活动启动仪式在旧街乡南沟村举行，省书法家协会会员现场挥毫泼墨，向南沟村村民捐赠书法作品；10月27日至11月6日，由阳泉市文联、郊区区委宣传部、郊区城乡建设管理中心、郊区文联主办的“走进郊区”写生创作活动启动，邀请北京画院、荣宝斋画院、李小可山水画研究工作室/访问学者工作室等40多名知名画家，走进郊区翠枫山风景区，河底镇牵牛镇村，西南舁乡北舁村、东南舁村，东林尖村，荫营镇三都村，平坦镇桃林沟村等地，进行为期十天的采风创作，画家们走进郊区、画说郊区，创作出许多饱含郊区人文风光的优秀作品。（张　芠）

【采风创作】 4月20日，郊区文联组织作家协会、书法家协会、美术家协会、摄影家协会60余人，到郊区王家庄村，开展阳泉市益丰昌种植园“拍樱桃 写樱桃 画樱桃”采风活动；6月，组织区作家协会部分会员到荫营镇三都村采风，以不同的文学形式，创作反映三都村悠久文化历史和新时代美好生活的文艺作品；8月16日，举行“温河故事”创作笔会，市区两级10余名作家，用手中的笔挖掘新时代“温河精神”的新内涵。（张　芠）

【文艺培训】 7月至9月，区文联举办“郊区根脉”文学系列讲座，邀请市文联文艺理论研究室专家王文尧老师，从历史典故、文史资料、考古发现等方面，讲述秦始皇在白泉的历史故事；8月28日，举办中国·阳泉“白泉之置与秦始皇”学术研讨会，邀请北京大学、吉林大学、贵州大学、山西大学、沈阳师范大学专家教授就“白泉之置与秦始皇”学术问题进行研讨，并深入郊区白泉村、三都村、林里关王庙进行实地调研，进一步挖掘郊区的历史底蕴，厚植文化内涵，促进文旅融合发展；11月23日，邀请中国美术家协会会员、阳泉美术家协会主席、阳泉美术院副院长赵华双到郊区进行《花鸟画的笔情墨趣》专题讲座，探索当代花鸟画表现的新方式，领会中国传统花鸟画精神；12月18日，举办《铁血阳泉》电影解读讲座，邀请市文联党组书记、主席，山西省作家协会副主席，《铁血阳泉》编剧侯讵望，讲解电影《铁血阳泉》剧本创作的稿本以及电影的台前幕后，进一步增强了文艺工作者的使命感和责任感；12月20日，举办“弘扬传统文化，传承书法艺术”书法讲座，邀请中国书法家协会会员、山西省书法家协会常务理事、阳泉市书法家协会主席郑恩田，从书法临摹过程中需要注意的要点以及书法创作过程中的一些误区等方面进行讲解。（张 芡）

【文学刊物编辑】 2019年，区文联共编辑印刷《玉泉山》4期，其中文学刊物2期。与区委宣传部联合编辑《玉泉山》专刊《精神文明建设》，凝聚广大干部群众的共同价值追求，体现郊区新作为，书写郊区新篇章；与区委组织部、河底镇联合编辑《玉泉山》特刊《温河故事》，用文学的形式再现郊区温河水利工程的建设历程和感人事迹，反映郊区人民自力更生、艰苦奋斗、不怕困难、团结拼搏的精神风貌。（张 芡）

【参加重要赛事及获奖情况】 2019年，阳泉市文联召开第四届七次全委会，评选并表彰百名优秀文艺志愿者，郊区共有20名会员受到表彰。区作家协会副主席、90后作家荆卓然创作大量的文学作品，获奖无数，成为阳泉市乃至山西省创作阵地上最为优秀的作家之一，受到省、市文艺界的高度关注。各协会文艺家创作成果颇丰。

美术家协会：郑守梅的绘画作品，在由北京当代友好书画院、新文人美术馆联合主办的首届全国新文人书法美术家精品展比赛中荣获“金奖”，郑宇梅被授予“中国百强画家”荣誉称号，作品由新文人美术馆收藏并颁发收藏证书；赵瑞的水彩画《暖冬丽日》入选山西省第十七届美术作品展；付永刚的国画《胜利喜讯》参加第七届“相约北京”全国文化艺术作品大赛，国画《雪降千峰吉祥年》参加山西省总工会第十届书画作品展；贾夏的版画《可爱的你》入选第十二届山西省版画作品展，彩铅作品《雪韵》荣获“纪念五四运动100周年阳泉市青年美术作品展”优秀奖；余洋的油画《壮美锡崖沟》入选“山西省油画学会阳泉分会2019年金秋油画作品展”。

书法家协会：王世峰的书法《毛泽东词》参加“翰墨丹青颂祖国”阳泉市庆祝中华人民共和国成立七十周年书画作品展。

作家协会：区作协主席郭彦清参加中国作协组织的“四力”培训班和省作协举办的《剧本创作》培训班；荆卓然入选“三晋英才”拔尖骨干人才、阳泉市第五届拔尖人才，参加阳泉市“推进文艺繁荣 助力转型崛起”文艺工作座谈会，市委组织部、市电视台录制《阳泉人才宣传片》《阳泉日报》“党建领航·人才”专版采访，市“三晋英才”工作座谈会，市委组织部“阳泉市高层次人才研修疗养班”。荆卓然的组诗《在章丘，我等待着一位宋朝女诗人送来招安的文书》获得由山东省作协《时代文学》杂志社、山东省散文学会等联合举办的“清照故里·锦绣章丘”全国征文三等奖，并入选华龄出版社《2018百名作家写章丘》选集；李书华的散文《阅读伴我心飞翔》获山西省残联读书二等奖。

摄影家协会：郭西力的作品《南瓜科技》获得由山西省扶贫开发办公室、山西日报报业集团、山西省摄影家协会举办的2019“奋进新时代 脱贫奔小康——讲述山西脱贫故事”优秀摄影作品优秀奖。

民间文艺家协会：窦月英的剪纸作品《龙凤盘合》在山西省民间文艺家协会、省文化馆、省民间剪纸艺术家协会举办的2019年“诸事如意”多彩剪纸作品展中荣获金奖，并被省民间剪纸艺术家协会永久收藏；张世亮的砂器作品《空》获“2019山西当代国际陶艺交流展”二等奖；郑二梅的刺绣作品《婴儿老虎尾嘴》在首届山西省文化旅游创意产品设计大赛中获“传统工艺+非遗创意”设计类优秀奖，郑二梅获得首届全省职业技能大赛——刺绣工赛项三等奖；郑芳获得刺绣工赛项优秀奖；刘换林、窦月英获得剪纸工赛项优秀奖；张蔚然的民俗摄影入围山西省庆祝中华人民共和国成立70周年群众文化系列活动“文化共享 美好生活”山西省第十一届网络摄影展，并参加在汾阳市贾家庄贾樟柯艺术中心和太原美术馆的线下展出；甄世强的陶艺作品获得山西省教育厅校外活动陶艺成果展二等奖；在 2019 第四届山西文化产业博览交易会上，甄国民的大龙珐花器制作中心获“优秀展示奖”，高健敦的《福禄寿将军罐》和张世亮的《镂刻砂花器》分别获得“‘神工杯’工艺美术精品奖”金奖和优秀奖；张世亮的砂器《风雨兼程》在阳泉市第二届文化产业博览会上获文创产品设计大赛银奖，张永伟的押花葫芦《〈七绝•葡萄〉茶叶罐》、张彦芳的刺绣《二青会伴手礼》获文创产品设计大赛铜奖，张永伟的烫画葫芦《兰亭序》、孙玉英的刺绣《十二生肖挂件》、张世亮的砂器《中国梦》、史淑惠的彩塑《中共第一城》获文创产品设计大赛优秀奖。（张　芡）

建设 环保

城乡建设

【概况】 2019年，郊区住建局加强基础设施建设，G239改线、忠义路建设工程顺利推进，漾泉大道一期、国道207线前洼至林里公路、中兴大道相继竣工通车，区内路网日趋完善，城市框架进一步拉大，市民出行更加便捷。市政务服务中心停车场工程竣工启用，成为阳泉市新的“城市地标、政府窗口、市民之家”。郊区北部集中供热管网工程启动，集中供热格局扩大。南窑庄、老虎沟、下荫营、桃林沟等棚户区改造项目体制机制理顺，全年保障性住房建设开工409套，基本建成3024套，完成投资83390万元。清扫保洁面积增至150万平方米，环卫市场化工作进一步推进。全面开展农村非正规垃圾堆放点整治工作，全区生活垃圾分类工作全面启动，结合西南舁乡“北七村”人居环境改善工作，推进农村住房建设试点县工作。 （毕祯云）

【郊区北部集中供热管网工程开工】 2019年11月，郊区北部集中供热管网工程在307国道白泉段正式开工。该工程完工后，可满足郊区北部固庄矿、河底镇及阳泉经济技术开发区北区528.23万平方米的用热需求，有效解决该区气源短缺的问题，对于扩大全市集中供热格局、提升城市基础设施建设水平、优化郊区北部区域生态环境具有重大意义。郊区北部集中供热管网工程建设内容为：在河坡电厂至隔压换热站间新建一级管网7.7千米；隔压换热站至用户热力站间新建二级支、干线管网10.75千米；新建隔压站一座，供热能力354兆瓦；新建热力站62座。工程由市热力有限责任公司建设，山西中青旅建设有限公司、誉海建设工程有限公司施工，初步批复工程总投资31908万元。该项目2019—2020年计划完成河坡电厂到河底镇一、二级管网14.3千米及隔压换热站的建设，计划完成投资17000万元。共分四个标段，其中第一标段为：河坡电厂出口至江正大街北敷设一级管线4千米；第二标段为：江正大街北至隔压换热站敷设一级管线3.7千米；第三标段为：隔压换热站至河底镇敷设二级管线6.6千米；第四标段为：隔压换热站土建、站内设备和工艺管道安装。一标段、二标段、三标段计划工期分别为50天，四标段为230天。 （毕祯云）

【荫营便民综合市场改造启运】 2019年2月，荫营便民综合市场开始试营业。该市场位于荫营镇中心广场北侧，占地面积1517平方米，主要经营土特产、水产品、粮油、肉类、农副产品等，有商户71户。便民市场设施齐全、整洁

干净、规划合理，是郊区推进创卫工作建设的一个高标准便民市场。（毕祯云）

【村镇建设】 2019年，郊区村镇建设工作围绕市、区改善农村人居环境和建设美丽宜居乡村工作目标，对往年80户农村危房改造进行复核排查，并完成系统平台录入，完成传统建筑挂牌工作，挂牌共7处（均在西南舁乡大洼村）。（毕祯云）

【环卫市场化管理】 2019年，郊区环卫管理结合“创卫”和环保大气污染防治工作开展。湖北耀邦环卫公司推行环卫一体化工作，新购置各类环卫专用车辆14台，率先在荫营镇区及创卫区域启动餐厨垃圾统一收运工作。辖区清扫保洁面积由原来的85万平方米增加到150万平方米，机扫率达到75%以上。（毕祯云）

【创建国家园林城市】 2019年，郊区开展市容环境集中整治，累计整顿、清理、取缔、规范占道经营、小吃摊点679家（处），拆除各类软体广告、条幅、吊挂、广告牌匾190处（条、个），取缔移动广告牌26处，拆除各类建筑物、违法搭建、临时亭棚386处，面积为11877.8平方米，拆除地桩地锁1568个，规划车位342个，清除各类城市“牛皮癣”2817处。做好垃圾清运，全年累计清运各类垃圾43807.23吨，发放垃圾桶400个。市政设施维护改造，累计投资7500多万元，实施绿化、人行道铺设、局部管网改造、挡墙砌筑、路面硬化等各类创卫工程30余项。推行环卫一体化工作，清扫保洁面积达150万平方米。对李荫路专项整治二期工程进行绿化带日常养护管理、补植补栽、部分绿化带拆除、花池砖路沿石修葺、路灯维修更换等工作。实施铝矾土矿道路两侧人行道改造，铝矾土矿社区绿化改造工程，新建集贸市场，维护对铝矾土矿路段路面。（毕祯云）

【农村生活垃圾治理】 2019年，杨家庄乡、李家庄乡、平坦镇、河底镇垃圾中转站建成投运，完成每个乡镇至少1座垃圾中转站的任务。开展农村非正规垃圾堆放点整治工作，全年整治非正规垃圾堆放点93处。出台全区生活垃圾分类工作实施方案，购置并发放大型生活垃圾分类桶1600个，小型生活垃圾分类桶16000个，在试点村设置垃圾分类宣传栏，提高居民垃圾分类意识。结合西南舁乡“北七村”人居环境改善工作，确定西南舁乡作为试点乡（镇），咀子上、大西庄、东林尖3个行政村作为试点村，推进农村住房建设试点县工作。（毕祯云）

【城乡规划】 2019年初，郊区完成《阳泉市郊区县域乡村建设规划（2017—2030）》编制工作。3月，区政府对河底镇固庄村、荫营镇上千亩坪村、平坦镇桃林沟村等3个村村庄实用性规划进行批复12月，对江正大街以南拟建的文化中心、古城职业中学选址进行规划用地调整。对阳泉市广凯机械制造有限公司金属顶梁和截齿加工项目、阳泉日加材料科技有限公司新建年产20000吨高端铸造砂和10000吨水处理剂项目、阳泉市合瑞源物流有限公司新建100万吨货运站项目完成规划选址。“万达广场”项目前期规划手续办理完成。配合区交通局对街上、下千亩坪、下烟、段家庄、下白泉、河南等村进行旧路改造。郊区新建6个足球场完成选址工作，燕军气体制氧厂进行搬迁选址调研。（张　星）

建设管理

【建筑市场管理】 2019年，郊区住建局严格基本建设程序，从报建、招投标、施工许可严格把关，加强事中事后监管，重点对建设单位、施工单位、监理单位市场行为及从业人员到岗履职情况进行监督检查，对不按基本建设程序的工程及违法违规市场行为依法进行查处，全年共下达行政处罚决定书7项，罚款42万元。（毕祯云）

【建筑工程质量监督】 2019年，区住建局贯彻国家有关质量法律法规及规范，制定全年监督计划，优化监督力量，提高监管效率，通过春季复工检查，年中重点督查，以及对各项目重点分部、竣工验收的监督，全年下达质量隐患整改通知书80余份，促进工程质量的提高。（毕祯云）

【建筑工程安全监督】 2019年，区住建局围绕“迎二青、助创卫、保国庆”开展各类建筑工程安全监督检查和专项治理行动10余次，共组织隐患排查和安全体检35次，下达安全隐患排查通知35份，排查治理各类安全隐患306条，整改306条；组织全局工程监管人员和25名工地项目负责人赴石家庄观摩学习，提高建筑工地安全监管整体水平。对3项重大工程的专项施工方案进行专家论证，并全部安全实施完毕。投资近30万元，安装远程视频安全监督平台，实现与工地的远程对接。开展标准化工作创建，全区申报标准化工地10个，其中市级标准化工地8个，省级标准化工地2个。（毕祯云）

【建设领域环保工作】 2019年，按照建筑工地扬尘污染治理“六个百分之百”要求，区住建局加强日常检查次数，责令未按要求治理的施工企业及时整改到位。启动重污染天气应急预警7次，按照应急预警要求，下达停工指令60份。对渣土车辆运输抛洒现象进行集中治理，重点对平阳路、新城大道等路段以及建筑工地的渣土车辆运输进行突击检查，下达行政处罚通知书3份，罚款1.72万元。继续加大清扫保洁机扫力度，主干道机扫率达70%以上；镇区洒水每天至少8次，其他路段每天2—3次，日洒水量达300吨。全区取缔露天烧烤13家，开展重点区域餐饮业油烟污染专项整治工作，督促7家不达标单位、店主按照整治标准进行整改。（毕祯云）

房地产管理

【保障房建设】 2019年，郊区超额完成市下达的保障性住房各项指标任务：开工409套，开工率272.7%；基本建成套数完成3024套，完成率100.8%；完成投资83390万元，完成率149.7%。（毕祯云）

【城镇困难家庭保障性住房分配】 2019年，郊区居乐园小区3#、6#、8#共240套公租房达到入住条件，城镇住房困难家庭分配入住227套。（毕祯云）

【公共租赁住房三级审核工作】 郊区完成2019年度城镇住房困难家庭公共租赁住房申请“三级审核”工作，共入户审核434户。（毕祯云）

【入住“人才公寓”】 2019年，郊区人才公寓设施购置齐全，装修完成。经过区委组织部、区工信局、区能源局等机关事业单位申报、公示，并经区住建局审核等相关程序，8月15日，郊区为机关事业单位首批18名人才办理入住相关手续。年底，区人才公寓入住人才达72人。（毕祯云）

【物业管理】 2019年，开发区12个社区、11个村、126个小区社会管理事务由郊区接管，对其中90个小区进行物业监管。全年共处理物业管理纠纷及各类物业管理问题180余件。全年共办理前期物业合同备案54家、物业服务等级备案53家，对7家新成立业主委员会的小区进行物业备案。（毕祯云）

市政管理

【市政设施】 2019年，荫营镇区道路标线14500平方米，更新禁停标牌6套，设置创卫宣传牌30余块。汛期及时清理井盖、雨水井垃圾杂物，平整疏通荫营河河道3109立方米。荫营镇区人员密集场所安装防撞柱145根，防撞护栏186米，挡车球29个。全年受理临时占用和挖掘道路审批事项2项。完成辖区“五街七路两公园两广场一草坪”绿化苗木日常养护管理工作，完成李荫路李家庄小游园5000平方米绿化改造扫尾工程，对李家庄互通大桥进行整体粉刷。（毕祯云）

【城镇燃气安全监管】 2019年，区住建局对城镇燃气安全生产非法行为进行查处，全年开

展燃气企业安全检查37次，对发现的安全隐患全部进行整改。（毕祯云）

【路灯照明设施管理】 2019年，区路灯管理所按照路灯管理相关标准、规定做好日常巡查、维护、维修等工作。完成区“三节”灯展彩灯安装工作和灯展电源布置，重新铺设荫营东公园照明电缆，维修改造景观灯22盏，配合G239、G207改线工程，拆除新城大道北段路灯40盏，全年镇区照明灯亮灯率达98%。（毕祯云）

【城市管理】 2019年，开展马路市场和市容环境综合整治活动，建立城市管理长效机制，提升城市管理水平。城市管理执法队伍达80余人，管理范围达100万平方米。区城管综合行政执法大队通过对荫营建成区及周边范围、郊区开发区开展马路市场、流动摊点、非法广告、临建违建、燃煤炭火及门头牌匾进行市容环境卫生综合整治，城市管理行政执法各项工作取得明显成效。（毕祯云）

环境保护

【概况】 2019年，阳泉市生态环境局郊区分局以习近平新时代中国特色社会主义思想为指引，深入学习贯彻中共十九大和十九届二中、三中、四中全会精神，不忘初心、牢记使命，始终把人民群众对美好环境的向往作为工作中心和目标，以“深化治理”为依托，以“三个一批”为抓手，统筹推进经济社会发展与生态环境保护协同共进。2019年，郊区二级以上优良天数220天，同比增加8天。落实“一厂一策、一企一人、一企一策”应急减排措施，实行区域联动、执行错峰生产、加强道路保洁、严格环境监管等措施，有效减轻重污染天气的影响。温河辛庄水站和荫营河河北水站率先在全省完成建设任务。在全省组织的违法排污大整治“百日清零”专项行动中被省生态环境厅授予先进集体称号。全年累计出动执法人员760人次，排查工业企业240家，对存在环境违法行为的140家企业进行处罚，下达行政处罚决定书76份，下达整改通知书180份，停产整治决定书4份，查封决定书14份，责令改正违法行为决定书101份，涉嫌违法犯罪移送公安机关1件，共下达行政罚款393万元。大气污染热点网格监管成效明显，建成区、乡、村三级网格员队伍，形成快速反应联动机制，热点反馈率达100%，在全市6个县区排名第一。（李东生）

【环境信访问题处置】 2019年，阳泉市生态环境局郊区分局以高度的责任感和对群众负责任的态度处理来信来访，监察大队共接到信访案件406件，其中有效信访231件；来访6件，“12369”举报电话127件，信息平台98件。（李东生）

【资金申报】 2019年，阳泉市生态环境局郊区分局申报中央和省级大气污染防治专项资金项目库项目53个、水污染防治专项资金项目4个。（常　奕）

【控制污染物减排】 2019年，阳泉市生态环境局郊区分局按照市政府分解各县区的减排任务指标，结合实际制定全区2019年总量减排项目计划和措施。推进重点工程阳煤三电厂机组超低排放改造、阳泉冀东水泥有限公司SNCR烟气脱硝工程、低氮燃烧器、分解炉分级燃烧等工程，保证污染物达到特别排放限值和设施稳定运行。加强工业企业深度治理，完成阳泉祥瑞耐火材料有限责任公司推板窑技改项目，拆除原有的煤气发生炉1座，减少热量扩散，起到节能降耗作用。通过实施农村散煤“双替代”（燃煤、燃气）清洁取暖工程，对阳泉市博强瓷业有限公司煤气发生炉和荫营煤矿燃煤锅炉实施淘汰工程，至年底各项工程全部完成。（常　奕）

【环境影响评价】 2019年，阳泉市生态环境局郊区分局把好环保项目审批关，从源头上控制新污染的产生，明确首问责任制和一次性告知制度，按照上级环保部门要求，环境影响报告书（表）全部上网进行受理、拟批、批复三次公示，增加环评审批透明度。2019年全年共审批项目67个，其中审批报告书2个，报告表65个，计划总投资175891.3万元，环保投资11373.5万元，完成专网上报和建档等一系列工作，共28个登记表项目进行了网上备案。（常 奕）

【大气污染防治】 2019年，阳泉市生态环境局郊区分局出台《阳泉市郊区重点行业污染防治深化治理实施方案》，对治理目标、行业标准、方法步骤等提出明确要求，专门聘请省市环保专家，对治理工作中遇到的技术难题进行“把脉问诊”。加强对治理工作推进情况的督查检查，其中全区深化治理386家企业，提升类企业27家、规范类企业161家、关停类企业198家。198家关停类企业已全部采取断电、断气、查封等关停措施，另有18家达不到治理进度要求的企业实施停产措施。共涉及耐火企业258家，其中首批关停149家、二批停产16家。2019年，完成主体工程建设或基本完成治理的企业313家，未完成的73家企业处于停产治理。按照实际情况对锅炉实施分类处置，21台燃气锅炉完成淘汰；燃气锅炉低氮改造共计75台，完成改造的锅炉23台，占应改造锅炉总数的30.7%，正在进行改造的12台，其他未进行改造的燃气锅炉中，部分引用热电联产、停运和改用电空调。建立工业企业无组织排放治理全口径清单，共计37家，已完成全封闭改造治理35家，剩余2家正在治理当中。建立全区工业炉窑管理清单，已完成阳泉祥瑞耐火材料有限责任公司隧道窑煤改天然气深度治理。继续推进“散乱污”企业监管与调度，严密监管已取缔的174家散乱污企业，推进完善提升改造类企业的环保手续。利用大数据分析解决郊区大气环境质量问题，按照上级要求，郊区热点网格监管体系已建立区、乡、村三级网格员队伍，形成快速反应联动机制，完善大气污染问题的发现、反馈、处置。已完成2019年度全区重污染天气应急预案修订工作，对企业重污染天气应急专项预案进行备案。调度、汇总各成员单位每日应急减排检查情况，共出工作简报121期。（常 奕）

【水污染防治】 2019年，阳泉市生态环境局郊区分局重点对荫营煤矿、固庄煤矿、新景煤矿、保安煤矿、旧街煤矿、坡头煤矿、神堂煤矿、燕龛煤矿等8家煤矿强化监控，对非外排水煤矿的矿井水、生活污水经处理后全部达标回用。推进下烟村、上白泉村、王家庄村、程庄村农村生活污水治理工作，上述村庄污水管网基本建设完成，污水处理站试运行。按照上级部门要求，汇总上报郊区25座加油站地下油罐防渗改造工作。分别为：中石油加油站4座，中石化加油站13座，民营加油站8座。其中已有22座加油站完成双层罐改造、防渗池建设，完成率为88%。（常 奕）

【土壤污染治理】 2019年，阳泉市生态环境局郊区分局多次召开领导班子专题会议，按照《阳泉市郊区矿山生态环境恢复治理试点示范工程建设实施方案》要求，安排部署6个矿山生态环境恢复治理试点示范工程，至年底保安煤矿、固庄煤矿、新景煤矿、旧街煤矿、荫营煤矿已完成验收工作。工程总投资20588万元，治理面积2927亩。制定《阳泉市郊区土壤污染防治工作方案》，督促汉河沟土壤治理、桃林沟矸山治理等8项土壤污染治理工程完工，配合相关责任单位做好全区范围内无主矸山治理工作，完成好老虎沟、街上等10个历史采矿遗留坑点治理。李家庄乡汉河沟硫铁矿作为全区土壤污染治理试点示范工程，废渣堆场占地70余亩，堆存废渣150余万吨，阳泉市生态环境局郊区分局分两次共向上争取治理资金331万元进行土壤污染治理，至年底工程已完成自主验收。（常 奕）

【辐射与危险废物安全监管】 2019年，郊区辐射站开展辐射安全综合检查专项行动，共检查单位14家，下达责令整改通知书2家。（李东生）

【环境违法行为治理行动】 2019年，阳泉市生态环境局郊区分局严查环境违法行为，开展大练兵活动。全年共下达《环境违法行为责令改正决定书》108份，移送案件108家。“四类案件”再度升级，对 17 家企业实施查封，2 家企业责令停产，1 家因违规倾倒危险废物触犯刑法，当事人被刑拘。（宋红霞 李东生）

【排污许可证核发】 2019 年，阳泉市生态环境局郊区分局对符合领证条件的 140 家排污企业核发排污许可证，涉及 7 个乡镇 30 个行业，申请领证发证率 100%。通过排污许可证的网上审核、发放，完善企业环保年审制度，加强对企业的生态环境保护管理。（常 奕）

【环境监察】 2019 年，结合全省开展违法排污大整治行动，郊区开展集中执法、联合执法，加大抽查、夜查的频次和强度，严肃查处各类环境违法行为。全年累计出动执法人数 760 人次，排查工业企业 240 家，对存在环境违法行为的 140 家企业进行处罚，其中下达行政处罚决定书 76 份，行政罚款 393 万元，下达整改通知书 180 份，停产整治决定书 4 份，查封决定书 14 份，责令改正违法行为决定书 101 份，涉嫌违法犯罪移送公安机关 1 件，随意倾倒危废案件移送公安机关 1 件。（周 立）

【环境宣传教育】 2019 年，阳泉市生态环境局郊区分局、区文联、区融媒体中心联合举办“美丽家园，我们在行动”书法、美术、摄影展。此次展览共展出书法、美术、摄影作品近 120 幅，反映郊区围绕生态、绿色、可持续发展，在持续改善环境空气质量，加大污染防治攻坚力度中取得的成效，在全社会形成崇尚生态文明的浓厚氛围。（周 立）

环境监测

【温河和荫营河水质自动监测站建设】 根据山西省水污染防治工作领导小组办公室（晋水防办发〔2019〕14 号）特急文件精神和 15 号、16 加急文件精神，2019 年，郊区监测站用一个多月时间完成温河辛庄水站和荫营河河北水站的建设任务，保证郊区地表水水质自动监测的正常开展。水站建成完善全省水环境自动监测网络，提升水质监测预警能力、掌握水环境污染状况，理清水环境污染责任，加大水污染治理力度，推动水环境质量持续改善，确保完成“水十条”工作目标。（牛昌茂）

【降尘监测】 郊区有 1 个国控降尘监测点位，位于区人民医院楼顶，5 个省控降尘监测点位，分别是冀东水泥、平坦镇政府、街上村、白泉村、三泉村，由郊区监测站负责采样送样，市环境监测中心分析计算。国控降尘点的监测数据由国家生态环境部定期发布，省控降尘点的监测数据由山西省生态环境厅定期发布。2019 年 12 月，郊区降尘量为 6.3 吨/平方千米·月，全省排第 97 位。（牛昌茂）

【地表水环境质量监测】 郊区有 5 个地表水常规监测断面，分别为山底河山底村断面、苇泊河河南村断面、温河辛庄断面、荫营河白泉村断面、保安河新店村断面，其中县控断面 2 个（河南村、新店村），市控断面 3 个（山底村、白泉村、辛庄村），辛庄村断面为考核断面。

3 个地表水跨界断面，其中入境断面为温河盂县郊区断面，出境断面为温河辛庄庙东断面和荫营河入平定界鹏远耐火厂西断面。

常规断面监测项目 pH 值、溶解氧、高锰酸盐指数、COD、BOD5、氨氮、氟化物、砷、六价铬、氰化物、挥发酚、硫化物和硝酸盐 13 项，跨界断面监测项目为氨氮和化学需氧量。郊区生态环境监测站每月一次对 8 个断面进行例行监测。

根据监测结果，1—12 月，地表水常规监测断面中，山底村断面劣Ⅴ类比例为 100%，河南村断面劣Ⅴ类比例为 100%，白泉村断面劣Ⅴ类比例为 100%，辛庄村断面劣Ⅴ类比例为 60%，新店村断面达到或优于Ⅲ类的比例有 36.4%，劣Ⅴ类比例为 0.5 个断面中达到或优于Ⅲ类水体的比例有 10.9%，劣Ⅴ类水体比例为 67.4%。

跨界断面中温河辛庄庙东断面氨氮浓度均值为 4.25 毫克/升，比上年同期上升 84.8%，化学需氧量浓度均值为 27.1 毫克/升，比上年同期下降 7.2%。荫营河入平定界鹏远耐火厂西断面氨氮浓度均值为 16.7 毫克/升，比上年同期上升

79.4%，化学需氧量浓度均值为 38.6 毫克/升，比去年同期下降 4.1%。（牛昌茂）

【道路交通噪声监测】 2019 年 9 月，郊区生态环境监测站对荫营东大街道路交通噪声进行监测，监测时段分为早、午、晚三段，监测车流量分别为 932 辆、803 辆和 184 辆，交通噪声等效声级分别为 68.0 分贝、64.7 分贝和 60.4 分贝。（牛昌茂）

房地产开发公司

【阳泉市郊区城乡建设发展总公司】 公司位于阳泉市郊区荫营镇，成立于 1999 年 5 月，隶属于阳泉市郊区人民政府，属差额拨款事业单位，人员编制 35 人。公司下辖阳泉市兴富华房地产开发公司、阳泉市郊区建筑工程公司、阳泉市郊区利丰煤气中心 3 个独立核算、自主经营、自负盈亏、具有独立法人资格的国营企业。公司先后被市、区授予“优秀建筑企业”“先进施工企业”“十强企业”等称号。（毕祯云）

【阳泉市兴富华房地产开发公司】 公司成立于 1989 年 7 月，原名郊区乡镇建设开发公司，2010 年更名，隶属于阳泉市郊区城乡建设发展总公司，法人代表周慧剑。注册资金 2200 万元。2019 年，有职工 45 人，其中大中专毕业生 22 人，中级职称以上 9 人，年开发能力 15 余万平方米。曾开发瑞丰小区、荫营中学改扩建工程、桃林沟住宅小区、柳沟住宅小区、平坦垴住宅小区等项目，开发建筑面积约 80 万平方米，完成投资约 3.6 亿元。重点完成了荫营南区淑华园、文华园、雅馨园小区、桃林沟棚户区改造等房地产开发项目。（毕祯云）

【阳泉市豪门房地产开发有限公司】 公司位于阳泉市郊区泉中路 511 号（旧豪门家私城），成立于 2006 年 5 月，注册资本 10000 万元，法定代表人王学春。公司经营范围包括房地产开发、经营，销售钢材、木材、水泥等。有员工 150 人，其中高级职称 16 人、中级职称 15 人、初级职称 23 人。公司秉承“诚信、合作、创新、卓越”的经营理念，形成“以信誉求生存，以质量谋发展”的企业文化，实行规划、开发、管理、销售、服务一体化。先后开发奥林花园豪苑居底商住宅楼、新澳城、未来城、居乐园小区经济适用住房、左岸蓝山等房地产工程。（毕祯云）

【阳泉市燎原房地产开发有限公司】 公司位于阳泉市郊区李家庄村李荫路西商业网点 12 号，成立于 2006 年 03 月 13 日，法定代表人顾朝晖。注册资金 3000 万元，2019 年追加至 27345 万元，有员工 130 余人，经营范围包括房地产开发、经营，房屋、场地租赁，娱乐及体育设备出租。2015 年以来，开发了恒大帝景工程。（毕祯云）

【阳泉市瑞丰房地产开发有限公司】 公司位于阳泉市郊区李家庄瑞晟园办公楼 302 室，成立于 2005 年 1 月，是经阳泉市工商局注册的民营企业，法定代表人汪浩。注册资本 800 万元，主营建筑材料、五金、机械设备（不含汽车）、电子产品（不含卫星地面接收设施）、办公设备及用品。公司始终坚持诚信经营，资产总计 1500 万元。先后开发并完成街上新村建设住宅小区、南窑庄佳瑞园 A 区 1 至 5 号楼幼儿园、B 区 1、2、3 号楼安居工程、瑞晟园小区、佳瑞园 A 区 6、7、8 号高层住宅楼等工程。（毕祯云）

建筑工程公司

【阳泉市扬帆建筑工程有限公司】 公司位于阳泉市郊区荫营镇雅馨园，成立于 1992 年 7 月，原名阳泉市郊区建筑工程公司，2016 年 5 月更名，法定代表人李文生。公司为三级资质，经营范围包括房屋建筑工程施工，室内装饰，注册资金 2000 万元，是郊区唯一一家国有建筑施工企业。拥有各类施工机械 120 余部，固定资产 800 余万元，职工 42 人。公司相继承建郊区平坦垴住宅小区、桃林沟喜来居住宅楼、阳泉市郊区国地税自助税务大厅装修等工程，被市、区授予“先进企业”“创税大户”“敢打硬仗的战斗集体”等荣誉称号。（毕祯云）

交通 邮电

公路建设

【概况】 2019年，区公路管理段全面贯彻党的十九大精神，以习近平新时代中国特色社会主义思想为指导，以“改革创新 奋发有为”大讨论、“不忘初心 牢记使命”主题教育等活动为引领，围绕“养建”工作中心，坚持稳中求进工作总基调，践行新发展理念，坚持改革创新，推动管理升级，促进公路养护和管理各项工作迈上新台阶。

区公路管理段下设三股（财务股、生产技术股、资产安全股）、一室（综合办公室）、一大队（路政大队）、一中心（白泉路面养护中心）、五个道班（义井道班、苇泊道班、旧街道班、霍树头道班、白泉道班），在职职工118人。独立承担着全区境内国道207线、307线、239线，省道315线、352线共93.582千米干线公路（其中一级路25.538千米，二级路60.194千米，三级路7.85千米），32座公路桥梁（大桥1座，中桥14座，小桥17座），涵洞108道的养护管理及大中修水毁工程施工任务，具有公路养护一类资质。（张瑞芳）

【公路养护】 2019年，区公路管理段在巩固过去三年养护管理“八比八看”成果的基础上，进一步推进路基路面规范化精细化养护。年初抽调技术人员对管养全线进行路况调查，认真分析病害成因，分类科学制定处治措施，实现养护及时、投入小、成效显。将国道207线列入示范路创建计划，突出抓好安全防护、标志设置、交通渠化、景点建设，做到点线面结合，打造高标准示范路。推广预防性养护新材料，在国道239、207线应用龟裂修复剂处理裂缝，使新旧路面融为一体，起到密封作用。在洒水车上加装清洗机清洗波形梁护栏，减少人工投入，降低养护成本。推进沥青路面泡沫就地冷再生、废弃物资源再生利用等技术的应用，使废旧路面材料回收率达98%，循环利用率达80%以上。落实养护和新改建工程“六个百分百”，强化“二青会”等重点路段路面保洁、洒水抑尘、绿化美化，优化干线公路通行环境。到年底，境内国省干线公路优良路率达90%，公路技术状况指数85.98。

国省干线公路日常养护工作年内主要完成：整修平台29.01千米/239.5千米，整修边坡32.24平方千米/40.3千米，恢复挡墙10立方米，浆砌片石恢复边沟1442米，新增边沟105米，疏通水沟8151.6立方米/475千米，路肩保养188010平方米，轮廓线镶边恢复900米等路基标准化养护建设任务；完成清扫路面15957.8平方千米，清理垃圾10271.8立方米，补植行道树 7000 株，种植草花 17980 平方米，修剪杂草 153830 平方米，在霍树头土质边坡种植紫穗槐 10500 株，连翘 2500 株，在国道 207 线旧二院至义井桥路段种植紫穗槐 11000 株，爬山虎 8000 株；重点对国道 239、207、307 等路线进行处治，完成贴缝带贴缝 24400 米，处理翻浆 1218.50 平方米，填补坑槽 3064.75 平方米，铣刨加铺 4452 平方米，灌缝 39920 米，刷油 12915.65 平方米；完成国道 307 线坡头路段新增标志 2 块，国道 207 线白岩沟至河南口、大西庄至五渡路段及国道 307 线路面标线施划 21568.35 平方米，对沿线污染的标志、波形梁护栏进行清洗。 （张瑞芳）

【**桥涵养护**】 2019 年，郊区境内国省干线桥梁技术状况水平均在二类以上。在桥涵养护工作中，区公路段以“安全、完好、耐久”为目标，不断加强桥涵的经常性全面养管力度。年初制定桥涵养护针对性实施方案，坚持道班日常巡查与专业技术人员经常性检查相配合，定期对桥涵上下部构造、涵洞上下游洞口、路基防护进行全面排查，及时对缺损设施进行恢复和完善，增设涵洞警示柱，恢复桥栏，同时做好检查记录。加强对掩埋桥梁（荫营货栈桥）的管理，确保国省范围内桥涵设施完好、安全运行。

全年完成保安沟桥、旧街桥、车道沟桥、杨树沟桥河道清淤 105 立方米，疏通泄水孔 386 个，疏通涵洞 547.2 立方米/269 道，加强对荫营 2#桥的检查维护，保障桥涵设施完好、功能完善、安全通畅。 （张瑞芳）

【**路政管理**】2019 年，区公路管理段以保障公路完好畅通、维护路产路权为己任，强化路政执法队伍建设。完善落实执法规范化建设、执法公示等“三项制度”，将赔补偿收费标准、许可程序、赔补偿程序、处罚程序、强制程序、当事人享有的权利、许可制度、执法人员监督台、执法依据等进行有效公示；制定“三基三化”（基层执法队伍的职业化建设、基层执法站所的标准化建设、基础管理制度的规范化建设）建设方案、执法人员学习培训方案和计划，组织专业培训 6 次，专项考试 1 次，执法人员专业考核和综合考核各 1 次。

开展路域环境综合整治和车辆抛洒污染治理专项行动，拆除非公路标志 53 块，治理带泥道口 240 平方米/5 处，路店隔离 55 米/2 处，清理加水点 5 处、乱堆乱放 3 处、摆摊设点 5 处，清理国道 307 线擎天柱 2 处，有效维护公路良好通行环境。

2019 年，郊区境内国省干线公路共发生路政赔偿案件 34 起，发现、查处、结案 34 起，收取赔偿费 280022.93 元，查处率、结案率、赔偿率、路产恢复率均为 100%。 （张瑞芳）

【**公路安全管理**】 2019 年，区公路管理段将安全工作摆在重中之重位置，规范管理，严格措施，确保各项安全责任精准落实。坚持每月召开安全生产例会，逐级签订安全生产责任书、安全承诺书，健全预警机制、完善应急预案。常态化开展班前嘱托和安全督查，为安全生产提供保障。采取集中学习和重点培训相结合的方式，强化安全宣传教育和技能培训。细化安全检查和隐患排查，建立隐患治理档案，针对不同类别安全隐患认真整改。开展“安全宣传月”等活动，形成人人讲安全、时时抓安全的氛围。抓好信访、综治、扫黑除恶等工作，维护公路事业和谐稳定发展大局。

年内，召开安全例会 12 次，签订安全目标责任书 10 份、安全承诺 57 份，开展专题安全培训 4 次、安全隐患排查和检查 60 次，整改 3 处隐患路段，完成路面沉陷处治 3240 平方米，防撞护栏 174 米，挡土墙 500 立方米/60 米，全年无安全生产事故。 （张瑞芳）

【**工程项目建设**】 2019 年，区公路管理段以“品质工程创建”为目标，主动适应高质量建设新要求，坚持把品质工程理念贯穿于公路工程项目建设管理全过程，在科学统筹规划、突出精细管理、提升工艺水平等方面下足功夫，严把材料关、试验关、工艺关，严控关键工序、关键环节和关键节点，深入推进工程质量管理标准化建设。落实“三重一大”议事制度，从源头上防控项目廉政风险，党员干部带头保安全、保质量、保进度，保证全年各项目建设任务完成预期目标。

2019 年，完成的公路养建项目主要有：国道 207 线霍树头至韩庄段安全隐患处治工程。项目起点为霍树头，经白岩沟、河南口至韩庄，为山岭重丘区二级公路，路段桩号为 K916+600-K923+800，全长 6.089 千米（白岩沟处断链 1.111 千米），路基宽度分别为 10 米（K916+600-K919+351）、12 米（K919+351-K923+800），设计行车速度 40 千米每小时。其中，K919+200-K921+500 段为省政府办公厅关于交通事故多发路段挂牌督办的重点之一。该项目维持原二级公路标准，对白岩沟平交至河南口平交 K28+335-k28+545、K920+462-K920+852 和 K921+812-K922+172 路段内 2 处共 960 米纵坡进行调整，分别由 6.81%调整至 5.95%、由 6.67%调整至 5.95%；结合实际地形因素，对原标准较低的、损坏的防撞护栏拆除重做，对短缺的进行增设，强化安全防护功能；在 k921+247.01 处设置一处紧急避险车道，避险车道制动坡床 6 米，服务车道 5.5 米，制动坡床纵坡≤15%。项目于 2018 年 8 月 22 日中标，9 月 10 日开工建设，2018 年完成主体工程。2019 年完善避险车道工程，于 6 月 10 日完工。完成投资 2131 万元（其中，2019 年完成投资 955 万元）。

“二青会”路面改造工程。此项目为第二届全国青年运动会射击射箭比赛场馆道路路面改造工程，工程段落为国道 207 线路 K938+853-K942+550，大致范围为国道 207 线与漾泉大道相交边缘以北 550 米至五渡转盘。K938+853-K939+653 段长 800 米，路基宽度扩宽为 20 米（含两侧 3 米人行道），统一加铺 4 厘米改性沥青混凝土上面层。加宽路段路面结构 5 厘米改性沥青混凝土下面层+20 厘米水泥稳定碎石基层+20 厘米水泥稳定碎石底基层。K939+653-K942+550 段长 2897 米，维持原有路面宽度不变，局部病害路段对 3 厘米上面层铣刨重铺。整体路面铣刨 1 厘米上面层，加铺 3 厘米改性沥青混凝土上面层，维修恢复两侧局部损毁水沟、挡土墙。项目于 2019 年 4 月下旬开工，6 月 20 日完工，完成投资 624 万元。

郊区外环路前洼至西落菇堰桥路面建设及设施完善工程。此项目起点 K0+000 位于前洼村东，终点 K3+954.650 位于西落菇堰村西与国道 207 线相接，路线全长 3.955 千米，全线采用二级公路技术标准，设计速度 60 千米每小时，路基宽度 12 米。项目设天桥 2 座，长 66 米；通道 2 道，长 40 米；路面结构采用（3+5）厘米改性沥青砼面层+20 厘米水泥稳定碎石基层+20 厘米水泥稳定碎石底基层+20 厘米级配碎石垫层；完善排水及安全防护设施。项目于 2019 年 12 月完工，完成投资 3000 万元。

国道 307 复线维修工程。国道 307 复线为阳泉市北外环，是全市一条主要运煤通道，自 2007 年建成通车以来，已运营 12 年，路况较差，远不能满足人们交通出行的要求，也和城市发展环境不相适应。2019 年，区公路管理段对该路段实施全线路基、路面、沿线设施维修和公路景点建设。该项目起点位于马家坡桥，终点位于白泉五岔口，起点桩号（与国道 307 线赛西路平交点）k3+875，终点桩号（与国道 207 线、义白路、娘阳线交叉点）k21+385，全长 17.51 千米，一级公路。路面宽 22.5 米，桥梁 8 座，桥梁全长 1265.78 米，其中大桥 4 座、中桥 4 座；隧道 2 座，隧道全长 945.7 米（赛鱼隧道 40.7 米、天子庙隧道 905 米）。项目采取沥青泡沫冷再生、铣刨加铺、坑槽挖补、刷油灌缝等措施对路面进行处治，采取砌筑边沟、浇筑路缘、恢复挡墙、更换里程碑及百米桩等措施，对沿线设施进行完善；通过修整边坡平台、镶嵌轮廓线、补植绿篱花草、修剪行道树等，对路基进行固化、美化；通过设置道口标柱、安装面包石、硬化道口等措施，对平交道口实施综合治理；通过景点建设、标线划设、油刷粉刷，对路域环境进行亮化，实现畅、洁、舒、美的建设目标。项目于 2019 年 6 月 12 日开工，8 月 30 日完工，完成投资 1009 万元。

（张瑞芳）

运输管理

【概况】 2019年，全区农村公路养护里程770.993公里，共446条。其中：区级公路8条69.21公里，乡级公路18条116.663公里，村级公路429条585.12公里。全年计划完成农村公路建设固体资产投资5000万元，实际完成12000万元。全区有公交线路51条，候车厅138个。共有货运经营户518家，拥有车辆2213辆。维修企业97个，驾校3个。2019年乡镇通客车率达100%，行政村通客车率达99%。全市首条免费公交500路运营正常。对37家货运源头公示企业采取巡查方式进行监管，监管覆盖率达100%。2019年区交通运输局主要承担G239线阳泉郊区过境河底至荫营段改线工程、漾泉大道一期工程、国道207改线工程共三项重点工程。 （王素琴）

【G239线阳泉郊区过境河底至荫营段改线】 该工程起点位于郊区与盂县县界滴水崖村东北侧，终点位于新城大道与荫营东大街十字交叉处。作为国家级阳泉经济技术开发区（共4个园区，80平方公里）中荫营工业园（20平方公里）的主轴干线工程，向北到小沟村，对接盂县，向南通过新城大道，与阳泉市区相连，形成高标准的快速通道。项目的实施为郊区北部打造近20平方公里的经济走廊奠定基础，是郊区历史上投资规模最大的一项道路重点工程。

项目建设里程全长13.667公里，为双向四车道一级公路，设计速度采用80公里/时，路基宽度为25.5米。项目概算投资126860.70万元，资金总计划126860.70万元，其中项目资本金25373万元，交通部车购税专项资金36679万元，社会资本方债务融资约64808.7万元。

项目采用PPP模式，即区政府与社会资本方按照2:8比例注入资本金，成立项目公司。项目主体，项目资金由资本金+中央车购税补助+社会资本方贷款构成，合作期为17年，其中建设期2年，运营期15年。到2019年底，项目累计到位资金30707万元，其中社会资本方项目资本金13962万元，交通部车购税专项资金15000万元，政府项目资本金1745万元。 （王素琴）

【漾泉大道一期工程限期完工】 漾泉大道一期工程于2011年1月开工建设，期间因阳大铁路建设和城市规划调整，设计方案多次修改，2018年10月修改设计施工图完成。漾泉大道一期工程（国道207—新城大道）道路全长2.4公里（含漾泉大桥），按城市一级道路标准设计，为双向8车道，路基宽73米，路面宽度53米，计划总投资3.5亿元，其中道路工程计划投资1.6亿元，漾泉大桥计划投资1.9亿元。漾泉大桥委托山西阳大铁路有限责任公司建设。为保障全国“二青会”射箭比赛，漾泉大道一期工程于2019年4月10日开工建设，2019年7月20日实现全线通车，缩短工期近160天。2019年12月25日，剩余工程全部完工。 （王素琴）

【“四好农村路”建设】 2019年，区交通运输局贯彻执行“四好农村路”建设战略部署，把加快交通基础设施建设作为首要任务来抓，系统谋划交通事业发展，突出抓好重点工程，狠抓农村公路建设。全年计划完成农村公路建设固定资产投资5000万元，实际完成12000万元。其中：“四好农村路”建设村通水泥“油”路改造工程247公里，完成投资9300万元；安全生命防护工程10公里完成投资300万元；养护提质工程140公里，完成投资2100万元；窄路基路面拓宽工程3公里完成投资300万元。（王素琴）

【公路养护】 2019年，区交通运输局加强公路养护，重点抓好日常养护、水毁抢修、水毁修复保通工作。全年公路列养率100%，县道经常性养护率100%，乡道经常性养护率100%，村道经常性养护率100%。全年农村公路优良率为84.92%。其中：县级公路74.52%，乡级公路83.79%，村级公路86.8%。 （王素琴）

【路政管理】 2019年，区交通运输局以路产路权管理、依法治超，保护路产、维护路权、保障畅通安全为重点，开展路政宣传月活动，悬挂宣传条幅标语1条、散发宣传单1300份，增强了广大群众“爱护公路、服务出行”的安全意识和法律意识。开展路面巡查，维护公路安全畅通和人民生命财产安全。全年共上路巡查3125人次，巡查里程43544公里，拆除非公路标志2块，清理路边摆摊设点3处，排查整治辖区县级公路限高限宽设施规范拆除38处，办理许可案件2起，查处结案率均达100%，路警联合执法4次，路政移交交警案件存档记录28件。

按照省政府223号令精神，区治超办重点在乡镇、工商、运管等部门的配合下，对重新摸底核实的37家合法重点货运源头企业进行公示，全面加强公示源头企业的监管，实现监管无缝隙。超限超载率始终保持在0.02%以下，路域环境得到改善。全年共出动执法车辆376辆次，执法人员1902人次，巡查881次。 （王素琴）

【道路运输管理】 2019年，全区公共交通供给质量不断提升。全区道路货运经营户653家。拥有车辆2147辆。全区现有公交线路50条。全年新建成30个候车亭。保有量138个。乡镇通公交率100%，行政村通公交率99%，贫困村通公交率100%。公交新能源汽车实现全覆盖。加强道路运输市场规范化治理。严格开展道路运输行业执法，查处非法经营的“黑车”“黑户”。严厉整治成品油市场，组织专项行动14次，检查车辆29辆次，会同相关部门查扣3辆。开展安全生产大检查和深化“打非治违”专项整治行动，出动稽查185人次，出动执法车辆62辆次，检查车辆145辆次，全区道路运输安全稳定。加大运输安全监管力度。继续加强货运市场管理，严把市场准入关。完成培训和安全生产教育。督促北斗定位系统安装。完善道路交通事故的应急救援机制，“安全承诺书”签订率达100%。全区维修企业97家，全年下达限期整改通知书7份，整改率达100%，与企业签订安全责任书30份。改进和加强驾校监管力度，规范教学行为，严格审核教学和培训记录。开展到期道路运输驾驶员从业资格证继续教育工作。加大源头企业监管力度。加强货运源头企业监督检查，严格落实“一超四罚”“黑名单”制度，查处违法违规案件3起，签订源头治超承诺书32份。对全区117家货运企业和维修企业进行质量信誉考核。 （王素琴）

【交通事业安全发展】 2019年，区交通运输局抓好行业生产安全管理。明确各部门安全管理主体责任，落实“四不两直”工作制度。按时召开安全例会、专项工作动员会，为切实做好“二青会”期间安全稳定工作、国庆期间道路交通安全工作，制定“防风险、保平安、护二青、迎大庆”消防安全执法检查专项行动实施方案、安全生产大反思大排查大整治工作方案，成立局专项督查小组，局领导亲自带队突击检查36次。建立“双随机”和重点监督检查相结合的执法制度。以专项检查、随机抽查、暗查暗访等方式定期、不定期开展安全生产执法检查和大检查。局安委和各部门出动90个检查组次，320人次，检查企业90家，排查隐患41条，整改41条。对重点时段进行安全生产大检查，国庆节期间，共出动检查组13组次，35人次，对重点运输企业进行安全排查，对所有正在施工的公路建养工地进行不间断循环检查。对辖区内运输企业做好安全宣传教育“七进”活动，开展专项知识培训、应急演练活动，提高应对突发事故的意识和应急处置能力。通过一系列措施，道路交通系统全年实现“零事故”。 （王素琴）

【创建环保绿色交通】 2018—2019年，阳泉市郊区交通运输局创卫工程共投资593.6737万元。投资134.4606万元对康达社区进行整治，硬化路面9724.6平方米，维修安装路沿石786块，维修更换检查井234个，施打标线978.1平方米，安装减速带5道；投资87.9315万元对新城大道进行整治，硬化路面697.2平方米，铺装人行道3255.8平方米，维修安装路缘石128块，安装反光柱268根，共出动1045人次，清理边沟、人行道、非机动车道累计85千米；投资81.9609万元对漾泉大道进行整治，硬化路面1750平方米，铺装人行道2842.2平方米，维修安装路缘石201块，共出动574人次，清理边沟、人行道、非机动车道、路面56千米；投资275.7998万元，完成30个主要道路支线路口硬化，其中2018年完成投资137.3277万元，硬化路口11个，2019年完成投资138.4721万元，硬化路口19个；投资0.7703万元对阳泉东高速口进行整治，完成路面硬化35.2平方米；投资13.3506万元对荫营高速口进行整治，完成路面硬化785.31平方米，维修、喷涂防撞墙50米；对辖区县级公路及养护标准路进行清扫，对候车厅进行定期不定期保洁维护，并张贴公益广告，加强施工扬尘治理，增加洒水除尘频次。（王素琴）

【打赢蓝天保卫战】 2019年，阳泉市郊区交通运输局按照《阳泉市郊区打赢蓝天保卫战三年行动计划》各项重点任务，明确职责，分解任务，促进全区环境空气质量持续改善。优化大型柴油货车通行路线，与交警队联系沟通，优化荫营镇区柴油货车和散状物料运输通行路线，按照全区重污染天气环保调度会安排，配合交警部门执行新的绕行路线。加快车辆结构升级，实施机动车国六排放标准，国三及以下排放标准的营运柴油货车要求报废，不再进行年度审验，鼓励车辆所有人更新车辆，全区公交新能源汽车实现全覆盖。实施机动车检测维修制度，严格管控大型柴油货车登记注册，对环保检测未达标的车辆不予办理登记注册手续，不合格车辆到具备资质的维修单位进行维修治理，经维修治理合格后进行复检，检验合格后出具合格报告，2019年有5辆不合格车辆被查处，1辆被注销，1辆被停运，3辆进行治理。加强非道路移动机械污染管控，开展路面巡察工作，采取局路政每日稽查，与交警不定期进行联合稽查，交警、公路局、公路段、白泉检测站、局路政所5家联合执法等多种形式，对辖区内大型货车进行管控，区交通运输局参加全区大型联合执法4次。强化扬尘综合治理，加大对散装物料运输车辆监管，对高速公路口及重点路段进行水沟清理、道路维修，对区级公路和美化标准路进行日清扫。创卫包点包片工作有序推进，全局干部职工到开发区康达小区清理垃圾、小广告及义务劳动15次，在创卫“双清双管”工作中，共派出40余名干部职工定人、定岗轮班值守，加大保洁频次和强度，确保创卫无死角、无盲区，组织全局干部职工100余人次对包点荫营镇后沟村环境卫生集中清理3次，清理垃圾杂物30余吨。（王素琴）

【交通扶贫】 2019年，阳泉市郊区交通运输局围绕“两通一包”即通公路、通公交、驻村帮扶3个重点推进扶贫工作。实施阳泉市郊区“北七村”项目，涉及3个贫困村（代家庄村、杜家庄村、东林尖村）6.2千米，投资728万元；郊区养护提质工程（村道“畅返不畅”）项目涉及9个贫困村（石窖垴村、郊山村、雨下沟村、张家洼村、桐花树村、河南村、曹里村、南沟村、测石村）0.72千米，投资104.7万元。西南舁驻村工作队重点帮扶西南舁村沥青铺筑村中主干道700米，水泥硬化一条新街0.84千米5360平方米，两项工程共投资171.6万元。举办“六一”献爱心活动，全局党员干部职工为西南舁村幼儿园捐款3200元，捐赠价值4000多元的文具、书包40多套。（王素琴）

交通监管

【概况】 2019年，交警三大队以习近平新时代中国特色社会主义思想为指导，以做好庆祝中华人民共和国成立70周年交通安保工作为主线，以“不忘初心，安全为主”为目标，以预防和减少道路交通事故为宗旨，围绕支队“11281”及大队“引领、落实、规范、巩固、创新”工作思路，不断引深“改革创新、奋发有为”大讨论活动和“不忘初心、牢记使命”主题教育活动，开展“除隐患、防事故、保大庆”“大气污染防治”“五大行动”等各项道路交通秩序专项整治行动，较好完成全年各项交通管理工作任务，为辖区经济发展和群众平安出行创造安全、畅通、文明、有序的道路交通环境。（闫统礼）

【队伍建设】 2019年，交警三大队组织全体民警学习白杉、叶雄、陈翔、黄文秀、张瑾瑶等人的先进典型事迹。开展2019年度“博爱一日捐”“送温暖、献爱心”“学雷锋、见行动”、创卫等活动。不断强化“两个责任”和“一岗双责”落实，及时发现和解决队伍中存在的问题，与全体民（辅）警层层签订《党风廉政建设责任书》《山西公安交警（辅警）执勤执法“十不准”》《公路交警中队规范执勤执法十二条》，强化党风廉政建设和“四项整治”工作力度。9月1日在阳泉市纪委监委廉政教育基地成立交警三大队党纪警风廉政学校。（闫统礼）

【交通秩序管理】 2019年，交警三大队强化交通秩序管理，加大道路交通违法行为查处力度。开展秋冬季大气污染综合治理攻坚行动、扬尘污染专项整治、桥梁和隧道交通安全隐患排查及治理工作、“除隐患、防事故、保大庆”及“五大行动”交通秩序集中整治、酒驾醉驾毒驾夜查统一行动、冬季道路交通安全百日行动，营造安全畅通文明有序的道路交通环境。全年共出动警力18020余人次，警车2760余辆次，组织集中行动90余次，查处各类道路交通违法行为16692起，其中简易程序16102起，一般程序590起。（闫统礼）

【交通隐患整治】 2019年，交警三大队早动员、早部署、早安排，制定道路交通隐患排查工作方案，安排各秩序中队全面开展所辖交通安全隐患排查工作。共排查出13处交通安全隐患，并全部整改完成。（闫统礼）

【交通安全宣传】 2019年，交警三大队以农村道路交通安全宣传为核心，以“文明交通行动计划”为依托，以交通安全宣传“七进”为载体，不断创新宣传模式，大力开展交通安全宣传活动。全年共投资印制《中小学生宣传读本》5000余册，印制《农村交通宣传资料》90000余份，向社会发放雨伞、围裙、抽纸等各种宣传品10000余件（个）。（闫统礼）

【平台建设】 2019年，交警三大队狠抓“三个平台、四个中心”的应用建设，在执法规范化建设上实现新突破。推进执法全流程智能管理平台的建设应用，全年所有案件全部在平台上运行，确保执法全环节网上流转、网上审批、网上管理、网上监督，发挥执法全流程智能管理平台受立案管理和案件质量考评功能，定期开展网上执法巡查活动，边审核边考评，一案一考评，一月一通报。坚持以人民为中心的发展思想，推进“一网通一次办”服务群众服务企业平台注册推广工作走深走实，实现“让数据多跑路，让群众少跑腿，服务群众零距离”目标。（闫统礼）

邮　政

【概况】 2019年，中国邮政集团阳泉郊区分公司学习习近平新时代中国特色社会主义思想及十九届四中全会精神，贯彻落实全市邮政工作会议精神，实现整体工作较好运行。全年完成业务收入730万元（其中：金融516万元，寄递34万元，渠道平台49万元，文传集邮131万元），完成市分全年计划（880万元）82.95%。（王东荣）

【金融业务】 2019年，中国邮政集团阳泉郊区分公司抓住春节前后储蓄存款旺季，通过邀约客户召开沙龙、产说会等形式，遏制余额及价值余额的较大下滑势头；在四季度开展“荣耀阳泉杯”金融跨赛第一阶段中，全区分以发展价值余额、净增余额及“四卡两绑”业务为重点，结合实际制定《郊区分公司金融网点目标考核办法》及《郊区分公司非储蓄人员储蓄竞赛考核办法》，四季度所有网点余额全部实现正增长；截至12月底，邮储余额累计净增-1189万元，价值余额净增136万元，中邮消金吸粉6302户；在“金融补收利剑出鞘”营销活动中，保险补收34万元，在元月开门红活动中，超额完成首卖日计划，同时在日常发展中采取首单奖、一单一奖、质询谈话等措施推动业务发展。

截至2019年12月底，保险累计完成收入67万元，完成市分全年计划的47.93%。（王东荣）

【寄递业务】 2019年，中国邮政集团阳泉郊区分公司开展投递人员散件揽收竞赛活动，重点营销公关大客户2家，确保寄递收入提前2个月完成。截至12月底，寄递业务实现收入34万元，完成市分公司全年计划70.8%。（王东荣）

【渠道平台】 2019年，中国邮政集团阳泉郊区分公司农资营销收入13万，取得化肥销售有史以来最好成绩，代开税票401笔37.7万元。截至12月底，渠道平台业务累计实现收入49万元，完成市分计划80.3%。（王东荣）

【文化传媒】 2019年，中国邮政集团阳泉郊区分公司销售《习近平在正定》图书1083本，“二青会”产品营销7万余元，集邮营销实现收入20万元，完成市分计划71.4%，报刊收订稳中有升，超额完成2020年度报刊大收订流转额计划；完成私费订阅、微信订阅和重点报刊订阅目标，截至12月底，报刊收入完成78万元，完成市分计划的96.3%。（王东荣）

【管理服务水平】 2019年，中国邮政集团阳泉郊区分公司执行市分窗口收寄“三个百分之百”要求，完成“两会”、第二届“一带一路”、国庆70周年等国家重大活动期间寄递安全保障工作。全年检查发现内控违规问题30个，处罚11人次。与柜员签订《安全责任书》，全年柜员45人进行轮岗，74人进行行为排查，对7个支局长家属进行谈话并组织安全教育培训5次。开展寄递服务自查活动，制定整改措施，对乡镇所在的地包快邮件实现当日妥投，固化“四个百分之百”，客户服务满意度达90分以上。（王东荣）

【公益活动】 在“3·5”学雷锋周，开展便民利民服务，为老年人测量血压63人次，邀请二院医生为客户义诊30人次；在“六一”儿童节期间，为郊区旧街乡小学捐赠价值2000元的图书。（王东荣）

电　信

【概况】 郊区电信营销中心全名为中国电信阳泉分公司郊区营销中心，隶属中国电信山西分公司，下辖郊区荫营网格和河底、李家庄两个农村支局，自有营业厅1家。区电信营销中心有员工17人，经营移动数据、专线互联网、家庭宽带、大数据、云、互联网+、安全存储、新兴集成业务、视频监控、智慧平台搭建等业务。营业范围为荫营镇、河底镇、西南舁乡、李家庄乡、杨家庄乡，营业区面积301平方公里，常住人口14.7万人。区电信营销中心于2008年10月正式成立，位于荫营镇九州超市东侧。截至2019年12月，郊区电信营销中心出账用户总数超过16000户，全年累计收入达730万元。发展手机用户3296户，发展宽带用户1304户，落实国家“提速降费”惠民政策，全网宽带最高带宽达500兆，最低免费提速至200兆。（郝琴琴）

【持续打造智能生活新体验】 2019年，郊区电信营销中心推出一系列智能家居产品，营业厅打造智能家居体验区，方便进厅用户体验通过智能家居解放家人的双手，让智能家居乖乖听话。网格支局人员和装维工程师上门免费为用户检测网络质量，及时解决用户使用中存在的问题。（郝琴琴）

移　动

【概况】 2019年，阳泉移动郊区分公司共有员工42人，其中党员7人，积极分子4人，团员3人；大学本科以上学历占比70%，下辖4个基层网格、1个营业厅班组。2019年，郊区分公司以习近平新时代中国特色社会主义思想为统领，坚持稳中求进、不断改善、保持领先的工作主线，将“六个理念”贯穿工作始终，企业发展呈现稳中向好、有序推进的新态势。全年通信服务收入3200余万元，通信服务份额55%，宽带到达份额40%，整体经营指标同比增长幅度明显。（朱鸿远）

【开展“党建和创”活动】 2019年，阳泉移动郊区分公司党支部与郊区行政审批管理局党支部签订“党建和创”协议，开展一系列共建、共融、共享党建活动，推动组织、党建、信息化产品等内容的交流合作。通过党建工作联动，双方的了解进一步加深，为交流沟通搭建桥梁，加强政务信息化合作推进，为广大人民群众办事带来快捷与方便。（朱鸿远）

【提升网络质量】 2019年，阳泉移动郊区分公司完成17个宽带小区光缆迁改，新增端口4500个；新验收入网小区22个，形成3832个端口能力，覆盖住户数7500户。加强对装机、维护人员的监督管理，宽带安装响应率、宽带安装及时率均达100%。（朱鸿远）

【推进教育行业信息化】 2019年，在区教育局的委托下，阳泉移动郊区分公司在文苑小学、西南舁八一小学、辛兴小学等试点学校建设同步课堂系统，使用反馈良好。该系统的建设是全市教育行业信息化应用的一项重要内容，能使分布在不同地点的教室（会议室、办公室）同时进行集体备课、多方实时会议等工作，实现一对一、一对多方式的远程实时互动，彼此之间高速率、低时延，声画同步，达到资源集中化利用。同时能大大节省时间，改善教学质量，提高教学效率与工作效率。（朱鸿远）

联　通

【概况】 2019年，郊区联通分公司紧扣“活力、精进、可持续”三个关键词，贯彻上级组织对党建工作的部署和要求，与实际工作相结合，发挥党组织核心作用，加强和改进党的工作，实现党建工作与业务工作深度融合，提高公司网络质量及市场竞争力，较好完成省、市公司下达的各项任务。（李月琴）

【市场经营】 2019年，郊区联通分公司以大村突破为抓手，带动重点业务快速发展。组织农村驻地网开CEO选择客情关系好的千人以上村庄开展公关，讲解公司业务、高速宽带和IPTV业务优势，争取业务支持。根据每个村实际，制定相应的大村突破政策。员工与村里有影响力的人结对子，深入用户家中现场营销，共完成大村突破15个、大村复耕5个。推行“融合首销”，融合业务占比稳步提升。狠抓前期市场培育、营销及受理人员培训、系统支撑、受理流程理顺、营销活动开展等，每月融合业务发展完成率全市排名靠前。强化宽带到期用户续费工作。（李月琴）

【运维线工作】 2019年，郊区联通分公司坚持以客户感知为导向，以市场为导向，完成运维线各项工作。在设备维护方面，完成郊区505端局和10个接入机房的正常发电及日常电源维护工作，全年总计发电47次159.45小时，处理电源设备故障11次，配合完成河底、杨家庄、白泉、西南舁油机发电机与油箱分离整改工作，白泉和杨家庄油机房移发电机；完成正常设备割接升级8次，设备预检预修10余次，对郊区机房及电源隐患排查整改13处，配合查修郊区505端局和接入网、基站机房空调故障19台/次，对郊区10千伏高压配电设备进行春季检修，配合完成郊区华为OLT非互通板割接，总计替换12张非互通板（割接FTTH用户302户，FTTB设备55台），配合开通郊区中继上行电路2条，用户电路25条（升级2条）；配合处理其他专业故障52起，完成郊区505端局和接入机房温度测试、郊区机房和河底机房2000安时和1000安时蓄电池组更换及下烟、牵牛镇基站，白泉、三郊接入机房500安时蓄电池组更换工作；完成郊区老旧三层交换机3026和3552割接退网工作（共割接24户），配合市公司核查三方资料88户，完成郊区设备资源清查工作，完成郊区传输、电源、无效资产的清查核对，完成152台灭火器年检更换其他响应及技术支援工作。在公众客户响应方面，2019年装移机及时率为98.94%，高于市公司指标0.94%，宽带修障及时率为97.61%，低于市公司指标0.39%，全年满意度整体指标为95.34%，高于市公司指标10.34%；全区公众客户响应2019年配合末梢人员完成沃互联小区整治工作，坐标采集100%，二达图导入17766户，贴签157个小区，配合末梢人员核实光衰整治153户；14个维护人员在星级评比中有8名五星级、2名四星级，共10名末梢人员获得星级人员；完成荫营矿路西小区光改，康馨、明珠城、卧虎小区，大洼、居乐园、程庄煤矿4号、瑞兴汽修、荫营矿公寓等建立分光器（包括二级分光）43个。在能耗报账方面，全年完成电视电话会议95次，正常维护费用报账7笔，电费全年报账310个点1200多次，固定资产签收核实50条、资产报废2条，配合报账员建立郊区自有基站和固网机房房租协议及自有基站、接入网机房设备和电费台账、能耗台账，完成郊区基站房租和接入网机房房租合同9个。参加全年节假日及“一带一路峰会”“两会”、中高考等重保11次，1至2月抽调专人配合集客完成126个益农信息社的大客户宽带开通及调测，建立专用链接网站126个，配合安装制度、门牌、牌匾1500余块，5—7月配合完成127个光缆交接箱外观喷涂、标志、编号，整修门把手200余把，修理破损交接箱20个；在终端管理方面，建立健全领用、回收、发放等台账，采取定时及不定期检查核对，实时更新，保证系统库存量与实物账实相符。全年回收整理2368台ONT和1557台IPTV，整理返修ONT1541台、IPTV1120台。（李月琴）

农　业

综合工作

【概况】 2019年，阳泉市郊区农业农村局对标全面建成小康社会“三农”工作必须完成的硬任务，引用现代农业发展理念，不断深化农业供给侧结构性改革，着力优化产业结构、建设美丽乡村、巩固脱贫成效，提升农村人居环境和公共服务水平，提升农村改革发展成果，培育农业农村发展新动能，求真务实、快干实干，推动全区农业和农村经济稳步发展。全年农业总产值达3.268亿元，同比增长3.42%，农业增加值达1.7057亿元，同比增长2.13%，农村居民人均可支配收入16265元，同比增长9.4%。 （高倩 郭芝德）

【产业扶贫】 2019年，阳泉市郊区农业农村局围绕“一主六辅”产业发展总体布局实施产业扶贫项目。“一主”指果业，主要包括苹果、玉露香梨、樱桃、桃等品种，“六辅”指小杂粮、菌类、光伏、养蜂、养殖、电商等产业项目。基本形成以西南舁乡苹果、小杂粮，旧街乡玉露香梨、蜂蜜，杨家庄乡特色种植养殖，平坦镇养殖，河底镇信息化农场，开发区社务中心整村搬迁后续就业等发展板块，贫困村村村有带动主体和农民合作社，产业扶贫“五有”机制基本建立，成功申报市级扶贫龙头企业和农民专业合作社各1个，确认区级扶贫龙头企业3个、扶贫农民专业合作社5个。在特色农业扶贫上，自2015年开始贫困群众累计种植果树4679亩，盛果期每亩果品收入达1万元以上，带动1394户贫困户实现增收；蜜蜂养殖规模849箱，正常年生产蜂蜜42450公斤，收入达127万元，带动227户贫困户增收；自2018年以来新建养猪场、养羊场、养鸡场、养牛场、养驴场等12处，其中羊1100只、牛160头、猪1200头、驴120头、鸡3.36万只，带动763户贫困户增收；新建食用菌大棚等生产设施3000平方米，年生产食用菌6万公斤，收入36万元，带动202户贫困户增收。在电商扶贫上，抓好贫困村电子商务网点“六有”标准基础上，依托区电子商务平台，新建区电子商务服务中心，该中心办公场地100平方米，仓储库房50平方米，冷库40立方米，配备物流配送车2辆，全年出车1200余次，配送包括贫困户在内货物超3万件。在光伏扶贫上，建设村级电站3个，户用分布式光伏发电项目6个，总规模309千瓦，全部并网发电；总投资247.35万元，其中使用财政专项扶贫资金113.45万元，贫困户小额信贷资金投入110万元，受益贫困户117户202人。在消费扶贫上，年初对各乡镇、各村农产品种类、供货量、供货时间、供货方式等进行摸底，统计每季度销售情况，制定全区《“10·17”全国扶贫日系列活动方案》，“五进九销”活动共涉及采购单位102家，销售产品主要包括苹果、梨、小杂粮、薯类、蜂蜜、鸡蛋、食用菌等农产品，销售金额总计68.17万元，累计带动2161户次实现增收。（高倩 郭芝德）

【人居环境整治】 2019年，阳泉市郊区农业农村局以交通主干线、各乡镇示范片示范村、重点景区为重点，拆除违章建筑、废弃建筑和残垣断壁170处,拆后复绿面积约4000平方米，有效解决乱圈乱占、乱搭乱建等突出问题；以“三清一改”为重点，开展“村庄清洁行动”，整治非正规垃圾堆放点30处，清运垃圾、“四堆”3.6万吨，清理河道水渠10万平方米，清运农业废弃物1800吨；上千亩坪村、下烟村、东林尖村等8个村纳入2019年整村厕所改造计划，改造农村户厕1200余座。因地制宜采用污水治理与厕所改造相结合、集中处理与分散处理相结合，西南舁“北七村”以及下烟、程庄、高垴庄、南沟等17个村启动污水治理工程；以创建国家卫生城市为目标，开展卫生乡镇、卫生村、卫生社区等创建工作。李家庄乡、杨家庄乡争创省级卫生乡镇，后洼、北大西庄、咀子上、东林尖、长岭等10个村命名为省级卫生村。2019年，全区人居环境整治工程总投资超过3亿元，是郊区历史上投资最大、成效最好、群众最为满意的一项民生工程。在全省2020年农村人居环境整治中央预算内投资年度建设方案评审会上，郊区获批中央预算内建设资金2000万元。（高倩 郭芝德）

【农村集体产权制度改革试点】 2019年，郊区7乡镇1中心157个行政村全部完成清产核资、身份确认、折股量化，选举组建集体经济组织，并将清产核资成果录入农业部清产核资系统，通过核实全区总资产46.21亿元，其中：经营性资产13.98亿元，非经营性资产32.23亿元；集体总面积75.63万亩，其中农用地45.36万亩，建设用地12.44万亩，未利用地17.83万亩，确认成员人数131093人，户数60323户，折股量化资产总额67.71万元。改革的基础性任务完成率100%。2018年底，全区旧街乡5个村集体已率先实现资产股权收益分红，股东分红金额达129万元，涉及股东人数1019人，其中：佛洼村66万元、高岭村28万元、阳窑村30万元、柳渠村2万元、虎峪村3万元。按照2019年国家和省、市新的考核指标要求，再次全面自评验收，截止2019年底，接受市产改验收组对全区乡镇100%、村集体20%以上的检查验收，接受省农业厅的抽查验收和国家聘请第三方督查检查。（高倩 郭芝德）

【省级农产品质量安全县创建】 2019年，阳泉市郊区农业农村局开展“三下乡宣传活动、农产品质量安全进村宣传周、安全生产月咨询日”等宣传活动，发放宣传册1500余份，接待指导农民80人次。制定《2019阳泉市郊区农业农村局安全大排查大整治专项行动实施方案》《阳泉市郊区农业农村局关于加强2019年安全生产大排查工作的实施方案》。完善农产品溯源平台登记，17家企业登记注册，对544家协同监管企业进行签收登记，制作400册安全生产记录本。定期不定期开展兽药、兽药添加剂、生物制品等质量安全检查，对荫营、河底等乡镇兽药经销户的兽药、兽药添加剂、生物制品经销摊点进行检查。集中抽检生猪尿液2600余份，监测结果全部阴性，未发现购买、销售、使用“瘦肉精”和含有“瘦肉精”的猪只以及肉制品。对全区奶牛不定期进行生鲜乳三聚氰胺现场监测，共监测16头，经检验全部为阴性。对本行业监管对象开展大检查，举报受理率100%、违法线索及案件查处率100%、案件信息公开率100%。全年共出动执法人员208人次，安全检查60多次，检查企业30多家，办理农资案件2起，共罚款5000元，全区无任何农业生产（农产品质量）安全事件发生。（高倩 郭芝德）

【粮食生产】 2019年，全区春播总面积为59329.39亩，总产1195.32万公斤。其中玉米面积50679.46亩，总产1034.48万公斤。谷子面积4001.56亩，总产46.11万公斤。豆杂类面积1665.42亩，总产14.55万公斤。薯类面积2820.95亩，总产98.38万公斤。其他面积162亩，总产1.8万公斤。（高倩 郭芝德）

【果品生产】 2019年，全区新发展果园面积1387亩，全区果园面积达到1.9929万亩，总产1002万公斤，总挂果面积0.93万亩。其中苹果面积1.41万亩，挂果面积0.64万亩，总产890万公斤；梨面积0.23万亩，总产30万公斤；葡萄面积0.01万亩，总产40万公斤；樱桃、桃、杏等其他杂果共计0.3429万亩，总产42万公斤。由于2018年夏天干旱少雨，苹果花芽分化不好，加之2019年春季倒春寒的影响，果园产量较正常年份有所下降，对全区果品产量影响较大。（高倩 郭芝德）

【省级果品品质提升项目】 2019年，郊区承担省级果品品质提升项目，项目总投资30万元，建设规模300亩，通过项目建设进一步加大果园围网、防雹网、果袋、绿色防控设施设备等投入，对改善果园基础生产条件，促进果品品质的提高发挥重要作用。（高倩 郭芝德）

【省级有机旱作封闭示范片项目】 2019年，郊区争取到省级果品示范区项目，项目总规模1000亩，总资金100万元，实施主体为阳泉市东兴富士种植专业合作社。通过项目建设，改善项目区果园土壤养分含量，增强蓄水保墒能力，改善树势，提高果品品质。（高倩 郭芝德）

【市级标准化果园建设项目】为进一步推动全区果品产业升级换代，2019年，郊区农业技术推广中心组织阳泉市森乐农业有限公司、共4家农业企业申报市级标准化果园建设项目。项目总计投资60万元，用于支持4家项目单位建设节水灌溉、果园绿色防控、围网，购置有机肥等基础生产物资，增强果园防控抗逆能力，配合树型管理等措施，提高项目区果园的整体综合生产水平，促进项目单位提质上档。该项目现已经区级初验并通过市级终验。（高倩 郭芝德）

【非洲猪瘟防控】 2018年8月以来，非洲猪瘟疫情在全国持续发生，非洲猪瘟疫情防控成为全区重大动物疫病防控工作的重中之重。2019年，郊区组织规模养殖场参加非洲猪瘟防控培训，组织宝鑫、掌龙山、迎鑫源等14家规模养殖场负责人参加全国非洲猪瘟防控远程培训。组织全区99名村级防疫员参加非洲猪瘟防控培训，提高村级防疫员应对突发疫情的应急处置能力。购置非洲猪瘟快速检测设备，派出专人赴河北省石家庄市学习非洲猪瘟快速检测技术，为防控工作提供技术支撑。组织开展“大清洗、大消毒”专项行动，重点针对养殖场、病死猪掩埋点开展彻底清洗消毒，向全区发放火碱40袋1000公斤，消毒12.57万平方米，发放消毒液1.5吨。召开动物重大疫病指挥部会议，就全区强化生猪及其产品市场监管，加强非洲猪瘟疫情防控做出安排，在全区进行又一轮排查，共排查141个场（户）34322头生猪。宣传非洲猪瘟防控知识，向规模养殖场（户）宣传“七要”“九必追”“五不补”等政策及防控措施，提高养殖场户的防控意识和责任，促进各项防控措施的落实。（高倩 郭芝德）

【重大动物疫病集中免疫】 畜禽集中免疫分为春季防疫、秋季防疫。2019年，郊区所有畜禽应免尽免，牲畜口蹄疫猪28323头，猪瘟28323头；牲畜口蹄疫羊7075只，小反刍兽疫羊6736只，羊布病6697只；牲畜口蹄疫牛500头；牛布病343头；高致病性禽流感425791只，鸡新城疫425791只。秋季防疫已免疫牲畜口蹄疫猪21236头，猪瘟24115头；牲畜口蹄疫羊4388只，小反刍兽疫羊2848只，羊布病3256只；牲畜口蹄疫牛235头，牛布病145头；高致病性禽流感392072只，鸡新城疫386654只。（高倩 郭芝德）

【免疫抗体定点监测】 按照省疫病预防控制中心安排，2019年，区畜牧中心春防后对旧街乡佛洼禽业、杨家庄乡丰利养殖场和志强养鸡场3个鸡病定点监测点采样，共采集血清40份，咽肛拭子40份。所采样品送市农业农村局疫病预防控制中心。秋防结束后，中心采集血汪清3

个猪场60份；3个牛场60份；3个羊场血清60份、鼻腔拭子60份；3个鸡场血清60份、咽肛拭子60份。所采样品送市防疫站。（高倩　郭芝德）

【动物卫生监督】　实施畜禽产地检疫制度，全区实施产地检疫猪1315车35862头；鸡52车203400羽；实施出县境检疫牛3车27头，动物及其产品报检后检疫率达到100%。严格病死猪无害化处理制度，全区无害化处理病死猪13850头，羊70只。开展官方兽医培训，重点针对畜禽动物检疫程序特别是生猪检疫进行培训，并对跨省提出进一步要求。做好掌上牧云APP填报工作，出栏500头以上或设计规模存栏300头以上已备案的养猪场下载掌上牧云APP，每月上报生产情况，便于农业农村部实时跟踪监测，全区27个规模养殖场（户）填报。（高倩　郭芝德）

【综合示范县建设项目】　2019年，郊区完成智慧农机信息平台建设，实现智慧农机平台系统升级及与省农机中心综合信息平台的对接。开展新机具、新技术展演活动，分别于11月6日、11月12日在荫营镇山头村永亮专业农机合作社组织举办玉米全程机械化作业机具演示会和智慧农机培训现场会等新技术、新装备现场演示活动2次，参与人数150人次以上。分别在荫营镇山头村永亮农机专业合作社和河底镇五架山村宏锦农机专业合作社开展生产示范基地建设，建设玉米全程机械化示范区，示范面积达2000亩，辐射面积达1000亩，其中荫营镇山头村1600亩，辐射面积500亩，河底镇五架山村400亩，辐射面积500亩。引进适合山区丘陵玉米机械化作业的农业机械，保证示范区玉米全程机械化作业的顺利推进。2019年为荫营镇山头村永亮农机专业合作社和河底镇五架山村宏锦农机专业合作社引进新机具12台（套），总价值94万元。通过示范区的带动，建设农业机械化综合示范乡1个，示范村2个，使全区综合机械化水平明显提升，主要农作物机械化水平比上年提高1%以上，示范区农作物综合机械化水平达80%以上。（高倩　郭芝德）

【机耕路建设项目】　2019年，郊区选择郊区农业作物种植区域内有积极性、符合机耕路建设条件的行政村、组织建设机耕路。争取上级资金60万元，在郊区4个乡（镇）中的6个村建设标准为宽度2.5米以上、水泥厚度为10——15厘米的水泥硬化机耕路10公里；建设标准为宽度3米以上的机耕土路6公里。建设的机耕道路既可供简易农用机动车行驶，又可供各种农业机械行走。郊区农机中心验收组对机耕路建设进行验收，市农机中心进行督查验收，并予以肯定。机耕路示范建设项目，提高农机使用效率，扩大可耕地覆盖面积，解决由于无法使用农业机械造成的土地撂荒问题。相对农民出行，农产品运输也有积极作用。（高倩　郭芝德）

【设施农业机械化项目】　2019年，郊区农机中心承担省农机中心下达的设施农业机械化项目。项目总投资18.3万元，在河底镇北庄村建设占地面积为50亩的高效设施农业机械化示范区，引进设施农业装备37台（套）。其中起垄机2台，采摘运输车5台，水肥一体化设备5套，空间电场10套，植物补光灯（钠灯）8组（80个），太阳能杀虫灯10台。项目机具全部安装到位。10月22日，区农机中心在河底镇北庄村鑫海种植专业合作社举办2019年设施农业机械化现场演示活动。现场对起垄机、采摘运输机、水肥一体化设备、空间电场、太阳能杀虫灯、植物补光灯进行演示，并对技术装备的使用原理，以及在防治病虫害方面的作用效果和实践操作中应注意的问题进行具体讲解，加深广大种植户对设施农业机械的了解和认识。（高倩　郭芝德）

【农机购置补贴】　2019年，郊区国家农机购置补贴资金为40万元，全区共使用国家农机购置补贴资金16.8万元，全受益农户22户，补贴机具35台。实行“自主购机、定额补贴、先购后补、县级结算、直补到卡（户）”的补贴操作方式，提升便民化服务水平，强化信息公开、便捷补贴申请流程、创新补贴机具核验办法、及时审核补贴申请、加强补贴工作监管，按照惠民公平、便民高效的原则开展农机购置补贴工作。补贴资金优先使用结转资金，实行总量控制，动态调剂管理，实现资金使用两年动态紧平衡。（高倩 郭芝德）

【新型职业农民培育】 郊区重点围绕2019年农业主导品种和主推技术、农产品加工技术、中央和省强农惠农政策普及宣传等内容，开展以防灾减灾、病虫害统防统治、农业节本增效、农产品质量安全等为重点的科技培训和技术服务，有计划、有组织地开展农业科技大培训活动。

实施培训行动以来，全区建立联系村20个，开展农民技术培训班3期，共培训农民300人次；举办农业科技下乡活动12次，现场培训指导15次，发放农业生产技术资料、科技书等共计500份，营造“用科技、促增收”的浓厚氛围。其中，完成新型职业农民培训2期共125人，全部为专业技能和社会服务型。包括养蜂专业1期65人，果树管理1期60人。（高倩 郭芝德）

【千亩坪现代农业产业园建设】 供水工程情况：园区供水工程分四大板块。第一板块以西垴村深水井为水源，将供水管道延伸至东区现已开发的所有区域。项目设计方为山西中方森特建筑工程设计研究院，2018年11月15日完成招标工作，中标单位为林州市永盛建筑有限公司，中标价格为412752.66元。2019年3月下旬开始施工，年底前该工程已完工。第二板块工程分东西两段，东段工程在第一部分工程的基础上，瞄准两头，一头与西垴深井水源直接对接，加大供水能力，一头与已建成的设施逐个对接，完善供水末端；西段工程则主要和上千亩坪村深井水源、区自来水公司温河水池对接，确保园区供水安全，同时把正在进行的土地整理地段也纳入范围，工程量已完成过半。第三板块是千百绿园区水利配套工程，该工程总投资48万元，已完工。第四板块市亿源合作社供水工程，总投资20万元。

土地平整工程情况：千亩坪农业园土地整理工程以现有园区主干道为中轴，分两大区域进行，第一区域为园区主干道北侧，涉及上千亩坪、下千亩坪两村，总面积约450亩左右，其中包括下千亩坪村从2018年开始先期整理土地200亩，第二区域为园区主干道南侧，涉及下千亩坪、西古两村，整理土地的总面积为347亩。2019年，土地平整施工设计完成，两个平台所涉及的3个村民主审议程序完成，财政评审、施工招标的程序正在进行中，上千亩坪段和下千—西古段都已开工。结合区自然资源局实施的私挖滥采坑点的生态修复整治工作，2019年，在园区西垴、杨树沟地段延伸土地整理240亩左右，与上千亩坪土地整理地块整体连片，总体形成1000亩左右的平台。

供电工程情况：10千伏536东垴线上千园区线路接续工程（任仟线线路架设）项目于2019年3月22日完成招标工作，中标方为阳泉市聚源电力实业有限公司荫营分公司（郊区供电局），中标价格为428379.4元。该工程已顺利完工，入驻园区的企业已开始向供电主管部门进行动力匹配申报。

千百绿园区工程情况 千百绿农业公司是以水为中心，集餐饮、采摘、休闲为一体的三产融合型企业。总占地面积500亩，一期工程占地200亩，累计投资达3000多万元，2019年继续进行道路、水利、绿化、游客服务中心及其他配套设施建设基本完工。（高倩 郭芝德）

种植业

【概况】 2019年，郊区粮食产量1465.03万公斤，果品产量1020万公斤，中药材产量为18.8万公斤。（石振宇）

【粮食生产】 2019年，郊区春播总面积为63609亩，总产1465.03万公斤，因春夏季干旱少雨，减产较为严重。其中，玉米播种面积54948亩，总产1356.6万公斤；谷子播种面积4368亩，总产74.38万公斤；豆杂类播种面积1314亩，总产9.28万公斤；薯类播种面积2731.5亩，总产21.4万公斤；其他播种面积247.5亩，总产3.37万公斤。（石振宇）

【果品生产】 2019年，郊区新发展果树面积953亩，果园总面积19929亩，总挂果面积为9304亩，总产1020万公斤。其中苹果种植面积14133亩，总产893.9万公斤；梨种植面积2276亩，总产32.28万公斤；葡萄种植面积144亩，总产40.65万公斤；樱桃种植面积663亩，总产2.1万公斤；桃、杏等其他杂果种植面积2713亩。（石振宇）

【中药材种植】 2019年，郊区新增中药材种植面积830亩，其中荫营镇新增种植300亩，平坦镇新增种植30亩，旧街乡新增种植500亩，品种主要有杜仲、连翘、党参、丹皮等。（石振宇）

【花卉种植】 2019年，郊区花卉种植496.5亩，主要为现代月季（玫瑰），种植面积300亩，其他品种如香石竹、百合、菊花、非洲菊等均有少量种植。（石振宇）

蔬菜种植

【蔬菜标准化生产基地建设】 2019年，全区有6家单位进行设施蔬菜标准化生产基地建设，分别是阳泉市冬春蔬菜专业合作社、阳泉市北庄鑫海种植专业合作社、阳泉市山农种植专业合作社、阳泉市亿源种植专业合作社、阳泉市中绿蔬菜专业合作社和阳泉市凤凰山种植专业合作社。2019年8月，为进一步提升设施蔬菜标准化生产水平和产品质量安全水平，不断增强蔬菜产业竞争力，稳步增加农民收入，丰富市民菜篮子，促进全区设施农业的供给侧结构性改革，落实好乡村振兴战略，全区开展220亩设施蔬菜提升项目建设，分别是阳泉市北庄鑫海种植专业合作社和阳泉市山头蔬菜种植有限公司。截止年底，设施蔬菜提升项目全部完成。（陈丽娟）

【“大棚房”问题清理整治】 为切实贯彻落实全区“大棚房”问题专项清理整治工作要求，严格按照“大棚房”问题整改工作指导意见，准确把握政策界限，依法依规整治整改，把握时间节点，坚决守住耕地保护红线和农地姓“农”底线。到2019年3月底，对全区14个30亩规模以上基地和58个设施蔬菜温室大棚基地开展拉网式、台账式的摸底排查、“回头看”及整治整改三大阶段性工作。全区共发现“大棚房”Ⅰ类问题1个：阳泉市正玉工贸有限公司在杨家庄乡北杨家庄村修建住宅，违规占用耕地面积1.6亩。该违法建筑于3月9日全部拆除，恢复耕地面积1.6亩。（陈丽娟）

【示范应用智能网络温湿监测仪】 2019年，区蔬菜中心引进智能网络温湿监测仪，在北庄、山头、下白泉、杨树沟、山底等设施蔬菜基地进行试验示范，对其探头灵敏度、温湿度测量精度进行实地试验和测量，效果明显。该设备通过对设施蔬菜温室内部环境感知终端，实时采集温室和大棚内温湿度数据，通过移动互联网传输至管理平台，实现物联网信息化管理技术在设施蔬菜基地的应用。该项技术的应用和推广，有利于改变全区粗放的农业经营管理方式，促进基地改善生产条件，合理利用资源，提高生产效率；有利于基地进行综合环境调控、肥水灌溉，提高蔬菜生产及防控能力，提升蔬菜农产品的产量与品质。（陈丽娟）

【“三到位”贴心服务】 2019年，为推进全区蔬菜产业高质量发展，打造一支“爱农业、懂技术、善经营”的新型职业农民队伍，区蔬菜中心开展“三到位”贴心服务。即信息服务到位。技术人员把采集的蔬菜栽培和管理、市场需求等方面信息，根据菜农生产设施实际情况，帮助他们出谋划策，制订栽培品种、生产管理等方案，通过农业公司、蔬菜专业合作社等合作经济组织，放大信息效应，惠及更多菜农。技术指导到位。组织技术人员深入乡村，走进蔬菜基地，对种植大户开展结对帮扶，现场进行技术指导，增强菜农的理论水平和实践技能。技术培训到位。组织蔬菜种植大户、专业合作社负责人开展病虫害综合防控技术培训，为科学防控病虫害、保障生产安全提供技术“底气”。（陈丽娟）

畜牧业

【概况】 2019年，区畜牧业发展中心积极防控重大动物疫病，严格动物卫生监督，强化畜产品安全监管，确保全区畜牧业平稳发展，生猪存栏稳中有增。全区肉类总产量3338.8吨，禽类总产量6362吨，奶类总产量1404吨。全区未发生重大动物疫情。（商建芳）

【乡镇畜牧兽医管理站改革】 2019年3月，按照《关于机构改革下放乡镇站所有关事项的通知》（阳郊深改组〔2019〕7号）文件要求，区畜牧业发展中心下属事业单位乡镇畜牧兽医管理站13名人员下放到7个乡镇，实行属地管理。2019年12月，区委下发文件《关于调整全区官方兽医管理的通知》（阳郊办发〔2019〕50号）文件，官方兽医人员实行双重管理，个人年度考核由区畜牧业发展中心组织实施。（商建芳）

【晋冀两省毗邻市县第五联防组非洲猪瘟及其他重大动物疫病联防工作会召开】 2019年7月26日，晋冀两省毗邻市县第五联防组非洲猪瘟及其他重大动物疫病联防工作会在我区召开。石家庄市农业农村局、阳泉市农业农村局、石家庄市赞皇县、灵寿县、井陉县、平山县农业农村局、平定县、盂县畜牧业发展中心等9个单位参加工作会。会议交流了两省非洲猪瘟防控工作经验，为晋冀两省加强合作、联防联控动物重大疫病提供了技术支持。（商建芳）

【实施畜禽产地检疫】 全区实施产地检疫猪35862头、鸡203400羽，实施出县境检疫牛27头。动物及其产品报检后检疫率达100%。（商建芳）

【病死畜禽无害化处理】 全区无害化处理病死猪13850头、羊70只。（商建芳）

【启用生猪掌上牧云APP】 2019年10月，郊区生猪掌上牧云APP启动。出栏500头以上或设计规模存栏300头以上已备案的养猪场每月上报生产情况，便于农业农村部实时跟踪监测。我区27个规模养殖场（户）填报。（商建芳）

【农业政策性保险】 2019年，区畜牧业发展中心配合人保财险、人寿保险2家保险公司，完成能繁母猪保险2692头，育肥猪保险27458头。（商建芳）

【阳泉市汇鑫现代养殖农业园项目】 位于西南舁乡大西庄村，占地面积150多亩，预计总投资1.2亿元，由阳泉市汇鑫农业有限公司投资建设，分两期实施。其中，一期工程投资8000万元，主要建设现代猪舍20栋、无害化粪便处理设施1座、繁殖车间、消毒车间等配套设施。项目建成后年出栏生猪达2万头规模。二期工程计划投资4000万，建设时间为2020年9月至2021年9月，建设内容是利用周边流转300亩土地，建设现代化果蔬大棚，发展现代农业采摘示范园以及特色农业经济循环园，并配套相关特色农业体验园。（商建芳）

【阳泉市华晟农业有限公司扩建项目】 位于河底镇程庄村，2019年完成存栏蛋鸡3.3万羽的鸡舍1栋，蛋鸡存栏规模达5万羽。（商建芳）

【福安养殖有限公司生猪养殖项目】 位于杨家庄乡桐花树村，该项目依托大象集团，新建存栏2000头的猪场。2019年猪舍主体工程接近完工。（商建芳）

农业技术

【概况】 阳泉市郊区农业技术推广中心于2002年9月16日成立，为区政府直属正科级事业单位。中心主要职责为:按照有关农业法律法规组织实施农业技术推广工作；对确定推广的农业技术进行试验、示范；指导下级农业技术推广机构、群众性科技组织和农民技术人员的农业技术推广活动，参与制定农业技术推广计划并组织实施；组织农业技术专业培训。中心内设农技站、果树工作站、植保植检站、种子管理站、土壤肥料工作站 5 个站室。全区种植作物主要有玉米、谷子、大豆、马铃薯、甘薯、糜黍、高粱等，年种植面积在 11 万亩左右。2019 年，由于春季干旱少雨，4 月初寒流影响，产量均受到一定影响。（石振宇）

【水果标准园建设项目】 2019 年，区农业技术推广中心帮助阳泉市鑫地园种植专业合作社、阳泉市下白泉鑫汇通农业有限公司、阳泉市异果盛种植专业合作社、阳泉市森乐农业公司 4 家农业企业争取上级资金 60 万元，全部为省级资金。通过项目建设，在西南舁乡代家庄、东南舁村，荫营镇下白泉村，杨家庄乡庙岭村等 4 个村，实施水果标准园建设项目共 510 亩。（石振宇）

【果园绿色防控融合示范项目】 2019 年，区农业技术推广中心将果园绿色防控技术作为全区植保工作的推广重点，制定《阳泉市郊区农药减量增效融合示范基地绿色防控的建设方案》，在全区建设高标准农作物病虫绿色防控融合示范区 500 亩，其中示范区面积在 200 亩以上，展示区面积在 300 亩以上，绿色防控主推技术到位率达 95%以上，化学农药使用量减少 30%以上。以融合示范区为重点，开展技术培训和现场指导，发放技术资料，提高果农绿色防控意识，全年开展绿色防控技术培训 4 次，发放技术资料 1.5 万份，进行现场指导 10 余场。（石振宇）

【新品种试验示范项目】 2019 年，区农业技术推广中心实施的新品种试验示范项目总规模 60 亩，建设地点为荫营镇矾窑村、山头村，西南舁乡大西庄村，河底镇五架山村。作物成熟前组织乡镇技术人员、规模种植户、供种单位人员参加新品种、新技术田间观摩，先后到寿阳、矾窑、大西庄 3 个试验示范点，观摩玉米、谷子、杂豆新品种及新的栽种技术。2019 年气候干旱严重，对农作物新品种新技术试验示范影响较大，其中玉米品种试验示范及高密栽培技术示范播种基本按时完成，出苗较好，在持续干旱情况下，形成了一定的试验示范结果。大豆由于干旱和山害对出苗、成株造成严重影响，田间缺苗率高，单产无法计算。谷子由于干旱播期较常年播种期晚近半月，成熟度较差。（石振宇）

【耕地质量提升与减肥增效项目】 2019 年，区农业技术推广中心继续承担耕地质量提升与减肥增效项目。该项目获得补贴 4 万元，主要用于采土化验 16 个样点，主要粮食作物化肥利用率试验 1 项，肥效校正试验 2 项，建立耕地质量调查监测与评价分析数据库，做好配方发布、信息上墙、标牌建设、宣传培训、技术指导和考核评价等工作。（石振宇）

【基层农技推广体系改革与建设补助项目】 项目总投资 52 万元，主要对以下五方面给予补助：对 28 名基层农技人员推广服务进行补助。农业科技示范补助，即 3 个示范基地建设项目，140 户示范户开展新品种、新技术试验示范所需的物资投入以及展示活动等所需费用。农技人员能力建设补助，主要用于全区基层农技人员参加培训所需费用。信息化平台建设补助，主要用于基层农技推广人员使用信息化手段开展农技推广服务，其中农技人员使用手机 APP，开办网络书屋、订阅《农民日报》等。其他补助，主要用于项目实施过程中资料印刷、制度建设、工作考评审计等。（石振宇）

【新型职业农民培育】 2019 年，区农业技术推广中心结合农时及早组织新型职业农民培育工作，聘请省市区各级专家进行理论授课，共计培训 70 人，其中，新型经营主体带头人 36 人，专业技能型及社会服务型人员 34 人。（石振宇）

【有机旱作农业示范点及封闭示范片项目】 2019 年，区农业技术推广中心组织实施 2 个有机旱作农业示范点及 1 个种植业封闭示范片项目。项目总计资金 120 万元，包括樱桃、苹果 2 个产业。通过项目实施，整合有机旱作生产技术进行集中投入，引领、带动、鼓

励项目区加大技术应用，提高生产管理水平及产品质量。（石振宇）

【科技培训】 2019 年，区农业技术推广中心以农民实用为出发点，加强农业技术培训工作，全年共培训人员 1023 人。聘请省果树所、省棉花研究所、省品资所等相关院所专家开展理论培训，结合农时组织人员赴运城、杨凌、白水、晋中、长治、盂县等地参观学习，调动农民技术员学技术、用技术的积极性。加强全区果业发展后劲，5 个区级农业技术服务小队面向 7 个乡镇开展服务，共服务 800 余人次。（石振宇）

【农作物病虫害防控救灾补助项目】 根据《阳泉市农业农村局关于下达 2019 年中央农作物病虫害补助经费使用计划的通知》要求，2019 年中央财政下达的 20 万元农业生产救灾资金用于防治玉米、杂粮及蝗虫等重大病虫害的发生。由防控专业技术强、药械齐全的 2 家专业化防治组织分别承担防治任务，阳泉市保丰农业技术服务有限公司郊区分公司完成统防统治任务 9000 亩（其中玉米重大病虫害防控面积 5000 亩、蝗虫防控 4000 亩），补助资金 11.5 万元；益丰昌种植专业合作社完成统防统治任务 6000 亩（其中玉米重大病虫害防控面积 5000 亩、蝗虫防控 1000 亩），补助资金 8.5 万元。根据对部分地块的调查，病虫害统防统治效果达 75%以上，专业化防治比例达 25%。（石振宇）

【农资市场监管】 2019 年，区农业技术推广中心共对 2 家种子代销企业、20 家专营包装种子门店提交的种子备案资料进行审核。符合备案条件和要求品种 95 个，其中玉米 94 个、大豆 1 个，种子数量 25833 公斤。中心对这些品种进行网上备案登记，并打印备案单下发给相关单位。春耕备耕期间，配合市种子管理站对全区种子经营单位进行种子质量抽检，共抽检 2 个单位种子样品 4 个。与区执法大队联合对 10 家种子门店种子经营情况进行抽查，对 2 家不备案先行销售的门店进行查处。（石振宇）

农业机械

【农机装备水平】 2019 年，全区农业机械经营总收入 2022 万元，农业机械总动力达 45133 千瓦。各类农业机械共有 5084 台套，其中拖拉机 510 台（大中型 140 台、小型 370 台），拖拉机配套机具 1270 台（大中型 455 台、小型 815 台），耕整地机械 1069 台（耕整机 374 台、机引犁 205 台、旋耕机 391 台、深松机 29 台、机引耙 70 台），种植施肥机械 215 台（播种机 112 台、免耕播种机 34 台、精少量播种机 31 台、化肥深施机 4 台、地膜覆盖机 34 台），农用排灌机械 1119 台（水泵 1028 台、节水灌溉类机械 91 台），田园管理机动喷雾机 95 台，收获机械 197 台（其中玉米联合收割机械 40 台、牧草收获机械 1 台、秸秆粉碎还田机械 114 台），收获后处理机械（脱粒机）177 台，农产品初加工机械 3087 台（农产品初加工动力作业机械 2404 台、农产品初加工作业机械 693 台）畜牧饲养机械 308 台（其中饲草料加工机械 154 台、畜牧饲养机械 60 台、畜产品采集加工机械 17 台），林果业机械 140 台（挖坑机 68 台、果树修剪机 72 台），新增 4YZX-2C自走式玉米收获机 2 台。（王建英）

【农业机械化作业】 2019 年，全区机耕面积 3693 公顷，机械化作业水平达 73.49%；机播面积 3758 公顷，机械化作业水平达 69.84%；农作物机收面积 1600 公顷，机械化作业水平达 29.73%（其中玉米机收面积 1592 公顷，机收水平为 94.32%；薯类机收面积 38 公顷，机收水平为 10.6%）；全区综合机械化作业水平达 59.27%。（王建英）

【“智慧农机”系统平台建设】 2019 年郊区加强“智慧农机”系统平台建设按照招投标程序进行实施，为承担深松作业任务的农机户安装 GPS 监控终端。着力构建“智慧农机”信息管理服务体系，建立“智慧农机”作业平台，推进办公自动化，升级定制“智慧农机”软件

模块，实现“智慧农机”云平台与山西省“智慧农机”信息服务管理平台的对接。（王建英）

【农机新技术推广】 2019年，郊区农机中心承担省农机中心下达的设施农业机械化项目。项目总投资18.3万元，在河底镇北庄村建设占地面积为50亩的高效设施农业机械化示范区，引进设施农业装备37台（套）。其中起垄机2台，采摘运输车5台，水肥一体化设备5套，空间电场10套，植物补光灯（钠灯）8组（80个），太阳能杀虫灯10台等。设施农业装备的综合应用可减少农药使用量，实现设施农业无公害生产，探索一套适合郊区的设施农业机械化高效模式。完成深松作业补助面积2500亩，并通过“智慧农机”信息平台进行平台远程监控，保证深松征地数量和质量。（王建英）

【农机监理】 2019年，郊区农机中心本着“管业务必须管安全、管行业必须管安全”的原则，严格落实安全生产“一岗双责”，健全完善从区到乡到村的三级监管网络，构建起农机安全生产长效机制。全年共检验拖拉机203台，注册登记拖拉机9台，新考驾驶员5人，签订农机安全生产责任状220余份，发放安全短信2200余条，截至11月底对符合报废年限及条件的70台运输型拖拉机办理注销登记，并按季度在《阳泉日报》登报公告。被省农机局评为“全省农机安全生产目标责任考核优秀单位”。（王建英）

农村事务

【概况】 2019年8月20日，阳泉市郊区经营管理办公室更名为阳泉市郊区农村事务管理中心，加挂阳泉市郊区农村产权交易中心的牌子，实行一套工作机构，两个机构名称，为正科级财政拨款事业单位，公益一类，编制8人，隶属阳泉市郊区农业农村局。主要职责是协助做好农村基本经营制度、农村土地承包改革、农村土地承包经营权流转、农村土地承包纠纷服务工作；协助做好家庭农场、农民合作经济组织、农业产业化和农业社会化服务体系的建设与发展；协助做好减轻农民负担和村民“一事一议”筹资筹劳服务工作；协助做好农村宅基地改革，以及对闲置宅基地和闲置农房的利用工作；承担全区农村产权交易市场培育和管理，集信息发布、产权交易、政策咨询、资产评估、抵押融资等功能为一体，为农村集体统一经营管理的资源性资产、经营性资产等资产使用权租赁，农村集体建设项目招标和农业生产投融资等各类农村产权依法流转交易提供服务。（贾丽敏）

【完成农村集体资产清产核资】 2019年12月，郊区7个乡镇1个中心所辖157个行政村集体资产清产核资工作全面完成。此次核查以2017年12月31日为基准日，全区农村集体资产负债类情况：村级集体核实资产总计为46.35亿元，其中经营性资产13.99亿元，非经营性资产32.36亿元，负债总额26.76亿元，所有者权益19.59亿元，政府投资、移交资产额1324.73万元，2018年收入11176.23万元，补助收入706.80万元，支出7110.21万元，收益4066.02万元。未因清产核资或产权改革新增债务。全区资源性资产清查登记情况：村级集体土地总面积为77.41万亩，其中农用地为45.81万亩，建设用地为13.16万亩，未利用地为18.44万亩。未承包地户资源面积16.41万亩。（贾丽敏）

【“四化”确保农村集体资产清产核资工作规范实施】 2018—2019年，在组织实施农村集体资产清产核资工作中，始终坚持以“四化”为基准，做到科学规划、稳步实施、数字精准。注重登记全面化。固定资产、流动资产、经营性资产、资源面积全部登记上账，特别是土地登记，在村界范围内除承包地、林地、宅基地“三权”以外，全部纳入清产核产范围，同时按照国土部门提供的前三年平均产值和倍数进行量化折股。专业团队协作化。组建法律顾问组、会计专业组和勘察测量组3个专业团队，专业团队分工协作，共解答法律咨询问题147个，化解财务疑难问题300多个，对146个行政村的资源性资产进行勘察测量。“四清”领域目标化。全面清查各村所有各类集体资产，明确存量资产状况和使用情况，做到存量资产要清；对投资入股的、上级拔付的、工程类项目等资金进行核实，做到积累资金要清；对未承包到户、未被利用的土地资源测量和勘验，做到资源面积要清；逐笔梳理现有欠款和挂账，做到债权债务要清。做到应清尽清，应核必核，账证相符和账实相符。规范制度保障化。建立健全集体资产登记、保管、使用和处置各项制度，建设农村集体资产监督管理平台，完善农村三资委托代理制度和产权交易平台，从制度上遏制 “微腐败”，让农村集体资产实现在阳光下运行。（贾丽敏）

【农村集体产权制度改革任务完成率实现三个100%】 2019年10月，全区157个行政村全部完成清产核资、身份确认、折股量化等基础性工作，成立集体经济组织实体，颁发赋码登记证书，改革各项任务按要求顺利推进，初步探索并建立符合市场经济要求的农村集体经济运营新机制，全区改革的基础性工作任务完成率实现三个100%。成员身份确认占应确认人户数的100%。共确认成员人数131093人，户数60323户，全部编制集体经济组织成员名册和成员登记备案工作。清产核资任务量完成100%。全区农村集体总资产46.21亿元，其中经营性资产13.98亿元，非经营性资产32.23亿元，集体总面积75.63万亩，农用地45.36万亩，建设用地12.44万亩，未利用地17.83万亩，数据成果全部录入并通过审核上报农业部清产核资系统。三是折股量化工作完成100%。折股量化资产总额67.71亿元（包括经营性资产和资源的折股量化），在资产所有权、资产量化、股权设置和管理各个方面尽最大可能做到公平公正、清晰明确、合情合理。产权改革效应在全区初步显现，农民对集体资产股份占有、收益、有偿退出及抵押、担保、继承各项权利得到进一步保障。（贾丽敏）

【土地确权“回头看”】 2019年，郊区全面开展土地确权“回头看”工作，共排查出问题32户，涉及土地53.05亩，存在问题当年全部整改。到年底，全区已确权家庭承包面积77132.08亩，已确权家庭承包地块74493块，签订合同户数25754户。资料整理归档25754卷，占应整理资料总数的100%，打印经营权证书25754户，颁发经营权证书25754份，占应颁发证书总数的100%。（贾丽敏）

【土地流转】 2019年，郊区共流转土地969.12亩，累计流转耕地面积28118.29亩，占承包耕地总面积的25.81%；转包方式累计4223亩，占总流转面积的15.02%；出租方式累计10077.29亩，占总流转面积的35.84%；互换方式累计3091亩，占总流转面积的10.99%；转让方式累计3426亩，占总流转面积的12.18%；入股方式累计1919亩，占总流转面积的6.82%；其他方式流转累计5382亩，占总流转面积的19.14%。（贾丽敏）

林　业

【概况】 2019年，区林业局围绕区级重点工作要求，继续加大生态环境建设力度，在造林任务重、人员极度短缺的实际情况下，合理安排，精心组织，采取有力措施，各项工作取得阶段性成果。（段香娥）

【科学造林】 2019年，郊区造林绿化工作完成。完成荒山造林绿化工程。全年上级林业部门下达郊区造林任务23100亩，工程总投资1248万元。工程竣工率100%。高标准完成造林绿化美化工作。完成“北七村”造林绿化美化工作，承担裸露土地治理任务，开展区周边镇区环境整治绿化工作、气凝胶厂绿化工作，以及创卫绿化整理、“二青会”绿化提升等工作。累计投入1700余万元，绿化面积4340.48亩。推动全民义务植树。投资321.6万元，累计发放义务植树苗木42.7余万株，涉及7个乡镇及开发区。（段香娥）

【护林防火及安全生产】 2019年，区林业局制作并发放护林防火小红旗5000面、袖章1000

块、宣传条幅500块、马夹1000件、宣传单10万份。组织隐患排查和安全生产检查，全区共清理重点林区周边可燃物2.5万亩，排查电力隐患12处，在重点林区打造防火隔离带，确保漏洞及时堵塞，隐患及时消除。加强队伍建设，及时兑付区级补助护林员工资，督促乡镇、村与护林员签订责任状，实行网格化管理。加强乡镇半专业灭火队伍建设。（段香娥）

【森林资源管护防疫】 2019年，区林业局加强森林资源管理，依法行政审批。其中，办理永久占地项目初审5项，上缴省财政森林植被恢复费156.8908万元；办理临时使用林地审批5项，上缴区财政森林植被恢复费322.9059万元；完成全区生态公益林投保工作，投保面积21.3万亩，配合保险公司进行火灾现场勘验和理赔工作；完成2019年森林督查自查工作及森林资源一张图年度更新工作；配合区行政审批服务管理局开展行政审批事项梳理优化工作，四级四同工作，完成15项行政许可及关联事项划转工作，并签订审管衔接备忘录。注重森林有害生物防治，严格森林植物检疫。开展针对松材线虫和美国白蛾检疫执法专项行动，购买农药用于森林有害生物防治。（段香娥）

【涉林案件处理】 2019年，区林业局增强执法力度，打击违法行为。结合“绿卫2019”行动和卫片执法，区林业局办结林业行政案件9起，罚款共计20.4169万元，全部上缴区财政。（段香娥）

【干果经济林管理及国家级公益林管护】 2019年，郊区干果经济林提质增效，促进产业增收。在西南舁乡开展技术培训3期；整形修剪核桃树300亩；对核桃高接换优120亩，完成节后抹芽、平顶、松绑等管理工作。河底林场修剪板栗10余亩；完成核桃病虫害防治1000余亩，发放药品30箱；完成干果经济林提质增效综合管理技术示范项目肥料招标采购工作，发放肥料47吨，并指导农户科学使用。

加强国家级公益林管护。编制《2019—2023年阳泉市郊区永久性生态公益林保护实施方案》；建立管护员巡检系统；乡镇、林场签订7份管护责任书；新建管护责任碑1块、小型宣传碑2块、大型宣传牌1块；完成国家级公益林补偿资金兑现22.64万元。（段香娥）

【开展“创卫”工作】 2019年，区林业局组织专业技术人员为社区义务种植绿化苗木200平方米，修剪绿化带约1000平方米，整形修剪树木10余株，组织专车专人对苗木进行后期管护浇水。（段香娥）

【林业扶贫】 2019年，郊区有扶贫攻坚造林专业合作社10家，总人数210人，其中贫困劳动力148人，占总人数的70%。全年扶贫攻坚造林专业合作社承担造林任务12600亩，贫困户年平均工资12000元。区林业局将贫困户人口转化为护林人员，增加贫困人口收入。全区有国家公益林管护面积1.89万亩，聘用管护人员8人，其中5人为贫困人员，发放管护资金8.50万元；未成林抚育管护面积3.15万亩，聘用管护人员31人，其中贫困户19人。（段香娥）

水　利

【水务一体化PPP项目】 该项目于2017年10月由淮安市水利勘测设计研究院有限公司编制完成了项目可行性研究报告，2018年5月入财政部PPP项目库，被山西省财政厅列为第五批示范项目之一。2019年7月，由山西省水利水电勘测设计研究院编制完成油瓮水库改造工程初步设计，由河南省水利勘测设计研究有限公司编制完成温河灌区供水改造工程项目初步设计，9月上旬，温河灌区供水改造工程和油瓮水库改造工程初步设计通过专家评审。10月，由河南省水利勘测设计研究有限公司编制完成河底污水处理厂工程初步设计，11月上旬通过专家评审。2019年8月完成社会资本方招投标，9月—11月项目建设指挥部与中标方进行合同细节谈判，11月28日阳泉市郊区人民政府与社会资本方山西省水利建筑工程局有限公司、山东军辉建设集团有限公司（联合体）

依照法定程序组建“山西泰漾水务有限责任公司”。按照协议，项目施工期为2年，2021年底建成投入运营。（杨宝军）

【西南舁乡北部集中供水工程】 西南舁乡北部集中供水工程项目计划投资887万元，利用北大西庄、王家庄、西南舁深井为水源，第一期工程为东线和南线7个村主管路及泵站、蓄水池工程，第二期工程为西线西南舁、霍树头2村的入村主管路及大西庄、东林尖、咀子上3村自来水管网入户工程，主要建设内容为铺设管路26.1千米及路面恢复。

该项目于2019年4月编制完成项目建议书，4月26日郊区发改局对项目建议书进行批复。先后完成设计招投标、工程初步设计并通过专家评审和财政评审以及工程监理招投标、施工招投标工作。工程于6月底开工，12月底全面完工，项目建成后改善西南舁乡10个村（其中贫困村3个、低收入村2个）8000余人（其中贫困人口875人）的生活用水及生产用水。（杨宝军）

【农村饮水安全工程】 2019年，郊区完成农村饮水安全巩固提升工程25处、饮水安全维修养护工程10处，完成投资1062万元，巩固提升35个村（其中贫困村6个、低收入村7个），3.5万人（其中贫困人口0.13万人）的饮水安全。（杨宝军）

【小型水利工程管理体制改革】 作为全省小型水利工程管理体制改革示范县（区）之一，2019年，按照试点先行、典型引路、分类实施、全面推进的总体要求，区水利局成立全区水务行业小型水利工程管理体制改革领导组，制定《阳泉市郊区深化小型水利工程管理体制改革示范县实施方案》。对127处农村饮水工程、7处河道堤防进行管理体制改革。8月中旬，项目通过市级验收。（杨宝军）

【水资源管理】 2019年，区水资办加强和规范取水许可管理，主动深入乡村企业开展取水许可换证工作，全区浅井办理取水许可换证8家，深井办理25家。

科学论证，开展泉域水环境影响评价工作。完成《山西亚美建筑工程材料有限责任公司大南庄石灰岩矿改建项目对娘子关泉域水环境影响评价报告》和《山西省阳泉固庄煤矿150万吨/年矿井及150万吨/年洗煤厂项目对娘子关泉域水环境影响评价报告》审查批复，确保矿山开采基本不会对娘子关泉域岩溶地下水产生明显影响。严格执行山西省6部门《关于加强对探矿权采矿权建设项目用地与各类保护区重叠情况进行联合核查的通知》文件要求，加强对项目用地预审范围与各类泉域保护区范围重叠情况的核查工作，全年办理项目用地预审范围与各类泉域保护区范围重叠情况15件。

全面下达取用水计划，做好计划用水管理。根据最严格水资源管理制度的要求，制定并下达2019年全区取用水计划，统筹全区水量分配方案，并监督实施，全区水资源税纳税人25户全部下达取用水计划，做到总量控制定额用水。

认真核定水资源税计量工作，确保水资源税应收尽收。2019年，包括开发区、荫营煤矿、固庄煤矿、燕龛煤矿在内，全区征收水资源税（采矿排水水资源税）3000万元。加强水资源欠费征缴力度，清缴欠费928万元，确保水资源税（费）应收尽收。（杨宝军）

【节水型社会达标建设】 根据《山西省水利厅关于开展县域节水型社会达标建设工作的通知》（晋水节水〔2017〕194号）和《阳泉市水利局关于提前下达2019年第一批专项转移支付财政水利发展资金计划的通知》（阳水字〔2019〕20号）文件要求，“世界水日”“中国水周”期间，区水利局在荫营广场举行创建节水型社会启动仪式，通过展版、电子屏幕、发放宣传画册及手袋等进行形式多样的宣传。制定并出台《阳泉市郊区创建节水型社会达标建设的实施方案》，编制完成《阳泉市郊区节约用水管理办法和建设项目节约用水设施管理办法》，完成节水型机关、节水型企业、节水型学校（水情教育基地）、节水型社区创建工作，并向社会及时公示。（杨宝军）

【创建省级水利法治示范县】　2019年底，完成创建省级水利法治示范县验收工作。区水利局开展水政执法工作。与区检察院联合开展"携手清四乱、保护河道生态"百日会战，经过半年的联合巡查，共发现问题20处，其中乱占5处（围垦造地），乱堆15处（固体垃圾），下达整改文件20份，整改率100%。深化行政审批改革。按照"三定"方案做好行政审批事项的梳理工作，全面对接政务服务事项"四级四同"，推进企业投资承诺制改革，完善山西省投资项目在线审批监管平台。做好法治宣传工作。"世界水日""中国水周"期间，在荫营广场举行创建省级水利法治示范县启动仪式。深化"放管服效"改革。打造"六最营商环境"（审批最少、流程最优、体制最顺、机制最活、效率最高、服务最好的营商环境），对照"三定"方案，全面梳理入驻政务服务事项受理清单及权责清单，完成综合窗口事项授权，加快推进一体化综合性政务服务平台建设。　（杨宝军）

【河底镇区生活污水管网工程】　阳泉市郊区河底镇区生活污水管网工程是河底镇污水处理厂重要配套工程，于2019年8月30日正式开工建设，12月底全部完工。工程主要新建DN350—DN400重力流污水管1332米，DN350压力流污水管565米，DN300收水井接入检查井支管232米，检查井45座，污水截流井18座，污水提升泵站1座，以及配电工程。工程概算总投资330.416万元。　（杨宝军）

【阳泉市娘子关泉域水质保护工程】　根据山西省人民政府《关于山西省地下水超采区综合治理实施方案（2019年度）的批复》（晋政函〔2019〕61号）文件精神，2019年，区水利局实施阳泉市娘子关泉域水质保护工程（阳泉市郊区封闭治理废旧深井项目），10月28日开工建设，年底完成80%的工程量。该项目总投资420万元（中央投资400万元），封闭治理废旧深井10眼，通过隔断串层污染通道，减少岩溶地下水污染负荷，保护娘子关泉域岩溶地下水。　（杨宝军）

【河长制改革】　2019年，郊区出台《郊区进一步深化河长制改革的工作方案》，并下发至相关单位。为有效促进河长巡河和实行对河道的有效管护，区河长办建立完善河长制信息系统平台，将7条区级河流、43条乡镇级河流以及所涉及到的所有三级河长（7个区级河长、50个乡镇级河长、108个村级河长），行政区划，河流编码，坐标，成员单位全部按时录入系统。4月18日，区水利局申请资金130余万元进行河道和水库的确权划界。为保证河长有序巡河，根据区乡两级领导变动，及时调整5位区级河长和办公室主任、副主任，并重新制作和更换22块河长制公示牌。　（杨宝军）

【水生态修复与保护】　2019年，郊区完成水土流失治理面积650公顷。全年对辖区内38个生产建设单位及所在村下达关于办理水土保持手续及整改意见的通知。完成阳泉中庸科创新材料有限公司年产10万吨石油压裂支撑剂、阳泉灿坤工贸有限公司新建年产270万平方米PVC建材系列产品及年产1万吨包膜二氧化肽、阳泉景祐新能源有限公司40兆瓦风电、阳泉市餐厨垃圾和有机废物综合处理工程、山西亚美建筑工程材料有限公司大南庄石灰岩矿改建项目、阳泉市郊区水务一体化PPP项目、阳泉煤业（集团）有限责任公司一矿阎家庄分区工程、阳泉市郊区西南舁乡东南舁村粘土矿、阳泉冀东水泥有限责任公司石灰岩矿、阳泉市星火金源工贸有限公司新建年产20万吨石灰石生产线、年产30万吨活性氧化钙破碎系统及年产30万吨氧化钙生产线10个项目的水土保持方案的评审工作。会同省、市级水土保持监督部门重点对山西河坡发电有限责任公司"上大压小"（2×300兆瓦）热电联产机组工程，阳泉市生活垃圾焚烧发电项目，阳泉采煤深陷区国家先进技术光伏发电示范基地小沟—山底（河底）100兆瓦光伏发电项目，阳泉北—大寨新建铁路项目，国道307、207线阳泉市绕城改线工程，阳煤集团所属一矿、二矿、新景3个大中型煤矿等生产建设项目的水土保持责任主体开展水土保持监督检查，做到现场检查、及时发现，发现问题提出限期整改，着力消除水土流失危害隐患。督促开发建设项目的水土保持方案落实及水土保持自主验收工作，推动落实水土保持“三同时”制度。（杨宝军）

防汛抗旱

【防汛抗旱工作】 2019年，区水利局落实防汛抗旱责任人及应急预案，将河道、水库、城镇防汛行政责任人、抗旱行政责任人名单在《郊区周刊》公示，接受监督，将各类重大防汛隐患和风险点纳入应急预案，督促阳大铁路、平阳路等重点在建工程落实工程度汛方案、应急预案和抢险措施。区防办对7个乡镇22个应急水源地进行排查维修，为3个乡镇10个村送水500车5000吨。到年底共排查出各类防汛隐患1231处，其中河道类12处，危房及低洼住宅类1192处，铁路、公路类2处，山洪地质灾害和私挖滥采类20处，社区围墙、护坡22处，排水隐患10处。做好河道清障，出动大型机械350台班次，出动人员500人次。投资近150万元，完成桃河上游郊区段、洪城河上游、李家庄河、荫营河、苇泊河、山底河、燕龛河等河道清障10万立方米，加大对李家庄河十米桥五渡段的整治力度，设立防护网700余米，对该河道侯家沟段700余米河道及边坡垃圾进行清理，清理污水管网10余次，整治绿化边坡6000余平方米，清理垃圾3万余立方米，砌筑堤防160米，混凝土硬化60平方米，整治废旧房屋2座，维修泄洪渠1个，累计投入资金90余万元，彻底解决人民群众反映的河水污染问题。对全区安装无线预警的136个村、21个自动水位检测站和100个简易雨量站全部进行排查和维修，组织各乡镇进行一次山洪地质灾害防御演练，参与演练群众总人数达800人。（杨宝军）

镇区供水

阳泉市郊区自来水公司位于荫营镇白毛梁（上千亩坪村），成立于1999年8月，属二级供水企业，供水主水源为阳泉市自来水公司供给的娘子关提水水源。主要承担着荫营镇区及周边村庄、李荫路沿线企事业单位和居民（供水服务人口约6万人）的生产、生活供水任务。公司下设办公室、财务室、调度室、经营室、监察室、生产调度中心、业务服务大厅、抄表检修、工程抢修、管道巡查、泵站、水厂等10多个部门和机构，有职工93人，年供水量300余万立方米。

区自来水公司加强供水设施基础化建设，创建供水智能化、信息化、高效便捷化管理运行新模式，建设智慧水务云平台，对供水设施、水量、水压、水质及其相关数据进行全面智能管理，释放人力，提高保障，所有管线及相关供水信息均能一一体现；通过安装独立的营收系统，实现短信通知供水业务、扫码缴费、微信生活缴费、手机APP缴费、柜台缴费等多种缴费模式；开展更换智能远传水表服务，实现在线监测用户用水情况，预判、统计和及时处理各类供水问题。（石晓伟）

温河灌区

【新建水库管理房】 2019年，油瓮水库完成标准化建设，新建水库管理房1处，两层60余平方米。室内配套办公桌椅、床、空调等设施，大坝安装照明设施，水库配备救身艇、救身衣等设备。（郝永胜）

【改线部分南干渠】 因G239改线工程建设，温河南干渠苇泊、三都段部分渠道需要改线，经过前期勘测、方案确定、图纸设计、财政评审、施工招标等一系列准备工作，改线工程于2019年年初正式开始。该段渠道改线后采用钢管铺设，全长1300米，工程总投资354.52万元。到年底，完成沟槽开挖600余米，土石方1600余立方米，管道铺设400余米，完成投资150万元。（郝永胜）

【安装测流计量设施】 为精准计量供水水量，减少水资源浪费，2019年，温河灌区管理站分别在南北干渠渠道和各用水户分水口安装计量

设施，其中分水闸处安排太阳能全自动流量计2台，南干渠东村、牵牛镇、河底等分水口处安装巴歇尔槽测量仪6台。（郝永胜）

【北干渠改造工程】 水务一体化PPP项目（温河灌区供水改造项目）由总干渠维修工程、南干渠改造工程、北干渠改造工程、新建净化水厂工程和油瓮水库加坝扩容工程五部分组成，项目总投资2.7亿元。2019年，为尽快恢复北干渠供水功能，早日解决西南舁果园、农业灌溉用水，温河灌区管理站多次协调投资方，于9月启动北干渠改造工程，2020年将完成修复。（郝永胜）

【建设水情教育基地】 温河灌区有郊区"红旗渠"之称，是郊区人民勤劳、智慧的体现。2019年，温河灌区管理站利用原会议室，改造建成温河水情教育基地，通过图片、实物展示，再现当年温河水利工程建设场景，弘扬"温河精神"，激励当代青年。（郝永胜）

工 业

综 述

2019年以来,随着供给侧改革的不断深入,改革红利效应逐步释放,煤炭市场日趋稳定,全区工业经济整体呈V字型走势,波动范围相对较小,全年工业增加值呈正增长。全区规模以上工业增加值累计完成26.29亿元,同比增长2.19%。1—12月,煤炭产业完成工业增加值15.82亿元,同比降低6.43%,占全区规模以上工业增加值比重为60.17%,比上年同期下降5.93%;制造业增加值完成5.83亿元,同比增长10.81%,占全区规模以上工业增加值比重为22.17%,比上年同期上升1.37%;全区工业企业利税总额为14.3亿元,同比降低11.3%。

2019年,全区有规上工业企业32家,其中煤矿企业7个、食品制造业1个、耐火企业11个、水泥和石灰制造企业3个、其他非金属矿物制造企业2个、专用设备制造业2个、光缆制造业1个、电力企业4个、燃气企业1个。（帖一国）

煤炭工业

【概况】 2019年,郊区全年原煤产量221.89万吨,同比增长4.97%;总产值84606.8万元,同比增长5.16%。洗选煤行业全年入洗入选原煤174.6万吨,同比增长54.38%,行业情况稳中向好。（李昌恩）

【煤矿行业】 2019年,郊区共有煤矿9座,正常运营的7座,其中归郊区管辖的4座:分别是山西煤炭运销集团阳泉郊区有限公司下属的保安煤业、旧街煤业,山西阳泉郊区和泰煤业有限公司下属的神堂煤业、坡头煤业;另外3座驻地煤矿分别为荫营矿、固庄矿和燕龛矿。有2座煤矿处于停工停产状态,分别是和泰荫营煤业及和泰牵牛山煤业。和泰荫营煤业于2019年11月正式关闭退出,和泰牵牛山煤业暂时保留。（李昌恩）

【洗储煤行业】 2019年,郊区登记洗选煤企业14个,其中,煤矿附属洗煤企业2个,独立洗煤企业12个。区能源局贯彻落实山西省人民政府办公厅《关于推进全省煤炭洗选行业产业升级实现规范发展的意见》及《关于加快煤炭企业生产经营信息采集和物流平台建设的通知》,逐步完善洗储煤企业档案,全面掌握洗储煤企业的能力、动态生产经营情况。（杨江涛）

【阳煤集团西上庄煤矿开工建设】 阳煤集团西上庄煤矿是南煤集团的接替井田,项目所在地平坦镇。批复规模为500万吨/年，矿井采用立井开拓，井田面积为46.744千米，资源储量87239万吨，设计可采储量50687万吨，服务年限72.41年。西上庄煤矿建设估算总投资48.2043亿元，项目井巷工程量55379米，建设工期57个月。项目2017年10月被列为停建项目，2019年经批准再次启动，并列为省、市年度重点项目。2019年9月26日正式开工建设，预计于2024年4月投产。（李昌恩）

【和泰荫营煤业关闭退出】 2019年，郊区成立煤炭行业化解过剩产能工作领导组，印发《阳泉市郊区化解过剩产能验收实施方案》（阳郊煤化解产能验收办发〔2019〕1号）。经多方努力，和泰荫营煤业按期实施关闭。10月29日，阳泉市郊区煤炭行业化解过剩产能验收工作领导组对和泰荫营煤业关闭工作进行验收，10月30日，阳泉市煤炭行业化解过剩产能验收工作领导组对和泰荫营煤业关闭工作进行验收。11月29日，山西省煤炭行业化解过剩产能验收工作领导组对和泰荫营煤业关闭工作进行全面验收。经验收合格，山西阳泉郊区和泰荫营煤业正式关闭退出。（杨江涛）

煤炭运销

【概况】 山西煤炭运销集团阳泉郊区有限公司（简称郊区公司）成立于1984年，是由山西煤炭运销集团出资2000万元全资控股的子公司，截至2019年底，郊区公司共有在册职工654人，资产总额17.50亿元，拥有恒源经贸、洁能煤层气两家全资子公司及控股煤炭企业：保安煤业、旧街煤业、鸿泰煤业。

公司围绕省委“四为四高两同步”总体思路、集团公司“1366”发展战略和阳泉公司“11168”工作思路，以全面推进公司转型改革为根本点，以提高发展质量和效益为立足点，以建立内涵式质量效益型企业为切入点，不断深化改革，加快发展，逐渐形成集专业化后勤服务、燃气经营、新能源项目开发于一体的现代化服务企业。

公司注重党建、企业文化创建与回馈社会，积极致力公益，先后开展各类公益活动100余项，连续多年被评为“山西省诚信单位”“山西省模范企业”“阳泉市重信用守合同企业”“集团公司标兵单位”“郊区十强企业”等称号。（张 鹏）

【郊区第一个新能源充电站】 2019年，郊区煤运公司利用南窑庄原三晋车队闲置场区，投资188万元建成郊区第一个新能源充电站。该充电站占地面积4800平米，配电容量1000千伏安，供电电源10千伏。站内装有20个充电桩，其中直流充电桩10个，交流充电桩10个，提供24小时充电服务，能同时满足20辆电车的充电需求。投产运行以来，能满足公司系统内电动通勤车辆的充电需求，实现外部单位纯电动公交、出租车及个人电动车充电。站内配备司机之家、便捷超市、自助洗车等服务设施。（张 鹏）

荫营煤矿

【概况】 2019年，荫营煤矿（又名阳泉一监）紧扣“163434”工作部署和“三年三步走”工作目标，围绕“迎国庆、防风险、保安全、护稳定”工作主线，不忘初心、牢记使命，坚守安全底线，打赢攻坚硬仗，推进七大工程建设，年初确定的各项目标任务圆满完成，整体工作稳中向好。（田义仓）

【安全稳定】 2019年，荫营煤矿坚持将安全稳定作为压倒一切的政治任务，打赢全国“两会”、二青会和中华人民共和国成立70周年等重要敏感节点的大仗硬仗攻坚仗，监狱和煤矿持续保持平稳发展态势，监狱实现连续22年无押犯脱逃和“四无”目标，煤矿实现连续9年7个月安全生产，队伍、信访、环保、基建等全方位和谐稳定发展大局更加稳固。（田义仓）

【煤矿生产】 2019年，荫营煤矿贯彻落实“两法三规一条例”，严格三级带班制度，加大隐患排查治理，先后制定出台19个专项检查方案，强化关键环节、重点工程、特殊时段安全管理，强化“防火、高陡边坡、安全生产”三个专项治理，克服主采工作面搬家封闭、采掘衔接紧张等不利影响，确保150504、150312工作面过构造等22项重点工程安全顺利完成，在连续100多天不能正常生产的困难条件下完成240万吨原煤生产任务，块炭率21.75%。（田义仓）

【班子队伍建设】 2019年，荫营煤矿以党建带队建，持续加强党委领导班子自身建设，着力打造“五个过硬”的领导班子。完成885名在职民警“执法勤务警员职务序列”套改工作，完成18名晋升一级高级警长和二级高级警长，36名晋升四级高级警长，27名民警晋升二级、三级、四级警长的工作。招录11名新公务员，分别选派45名民警到女监、社区参加轮值轮训和矫治工作，选派19名民警参加第五批援疆工作。涌现出全国“人民满意的公务员”、全国司法行政系统二级英模王永茂，全省特级劳模、“三晋英才”张为民为代表的一大批先进典型，16人荣获中华人民共和国成立70周年纪念章。（田义仓）

【全面从严治党】 2019年，荫营煤矿强化“两个责任”落实，出台《关于进一步贯彻落实中央八项规定精神的实施细则》，先后2次对200多名副科级以上领导干部进行廉政约谈，3次组织党规党纪专题培训，4次集中党员干部3000人次接受警示教育；持续开展“认清危害、讲清立场、肃清流毒”专题警示教育和引深“5·17”案件警示教育整治整改工作，不断强化压力传导，层层压实责任。针对煤矿经济体量大、业务序列多、安全风险高、重点经济风险岗位多等特点，明确物资采购、市场销售、基建工程建设、非基建项目投资、资金管理5个防范经济风险的重点领域，提出“五个不能”硬性措施，组织与相关客户、供货商签订《廉洁承诺书》，严格把控重要关口，做到责任明确，流程清晰，监督到位。加强对刑罚执行工作的监督检查，重点围绕“春节”“五一”“中秋”“十一”等节点，开展常态化明察暗访，强化纪律规矩意识，全监上下形成令行禁止、风清气正的良好氛围。（田义仓）

【企业经营管理】 2019年，荫营煤矿强化依法合规管理，内控管理和经营水平明显提升。始终坚持“制度管人、流程管事”，对“六全六定”管理法进行延伸拓展，提出全面开展依法合规管理工作指导意见，形成2卷《依法合规管理工作手册》，修订监狱基础工作的一目录三手册。开展监狱及煤矿资产大盘点大摸清工作，理顺资产隶属关系；规范企业机构设置，完成67名工人中队长选聘工作。完成新成立公司的工商注册登记、银行开户、税务登记、资产划转、资金注入、业务划分等工作。按时召开季度经济运行活动分析会，落实《国有企业采购规范》，加强资金管理、物资采购、工程建设等制度；严格项目审计、加强成本管理、加大修旧利废，盘活资金、增收节支，材料控制指标比上年降低7%；实施工资和安全、效益、产量、成本、能耗同时挂钩制度，坚持薪酬分配与效益变化同步增减，实行奖罚并举，确保各项管理工作在依法合规的框架内有序进行。开拓市场，巩固战略用户，采取灵活的价格机制，实现营业收入11.6亿元，利润1.36亿元，协调完成增值税退税资金9869万元，保障企业利益最大化。（田义仓）

【重点工程建设】 2019年，荫营煤矿加快推进各项重点工程建设，转型发展源动力持续增强。新监狱建设方面，在中央预算资金8000万元基本到位的有利条件下，完成监狱新区《国有土地使用证》《选址意见书》《修建性详细规划图》等的审批办理工作，项目设计方案通过司法部和监狱局的审核，11月20日场地平整和夯实碾压工程正式开工。基建工程建设方面，完成信息楼院面、监内路面硬化工程，信息楼大门建设落成，车行门禁系统开始运行，完成矿部大楼粉刷和强弱电更换工程，监内澡塘车间和 3 号监舍楼维修改造工程进入收尾阶段，整体维修体育馆，更新 119 套健身器材，新增绿化面积 2 万 5 千平方米。民生环保工程建设方面，矸石山和沉陷区治理等重点环保工程收效明显，探索研究矸石山治理温度控制法；完成矿井水一期处理站改扩建工作，对选煤厂厂部进行汽暖改水暖改造，利用余热供暖。选煤厂东西煤场封闭工程、天然气锅炉房降氮环保工程和矿井水深度处理项目稳步推进。“三供一业”分离移交工作推进，供电改造任务基本完成，供暖系统改造完成 596 户和室外管路改造任务，天燃气供应移交华润燃气公司，居民区物业和矿区物业分离移交，试运行正常。（田义仓）

【扫黑除恶专项斗争】 2019 年，荫营煤矿强化政治攻坚线索摸排，深挖彻查黑恶势力“保护伞”；建立涉黑犯专题狱情分析研判制度，完善涉黑犯劳动改造表现档案，强化对涉黑涉恶类罪犯的管理；组织开展履责督导谈话和“回头看”工作，持续组织开展“大起底”，定期进行专项排查，录制专题片《高悬利剑扬正气——阳泉一监扫黑除恶专项斗争工作纪实》，举办四个《意见》专题培训。对 2016 年以来办理的罪犯减刑假释案件进行逐案复查，全面打击涉黑涉恶类罪犯的嚣张气焰。（田义仓）

【民生福祉改善】 2019 年，荫营煤矿不断保障和改善民生福祉，全国文明单位焕发出新活力。宣传、培育和践行社会主义核心价值观，组织开展省直机关第四批“十佳文明家庭”评选工作。学雷锋志愿者活动成为新常态，参加“送温暖献爱心”社会捐助，捐款人数达 4148 人，捐款总计 20 多万元；开展定向扶贫，捐赠图书 3000 余册，帮扶资金 10 万元，举办庆祝中华人民共和国成立 70 周年大型歌咏演唱会和春节团拜会等文体活动，3 项“五小竞赛”成果获全省三等奖，年内通过两次省直文明委考核验收。五险一金按时缴纳、公积金等福利待遇稳步提高；工人绩效工资按期增长；134 户棚户区二期住房分配到位；3852 人参加体检并建立电子档案。持续开展结对帮扶、民警荣退、救助慰问等工作，共救济在职困难职工 180 人、离退休人员及优抚对象 337 人，发放各类救助金 60 多万元，发放助学金 17 万元。逢年过节为会员发放福利品 148 多万元，慰问品 440 多万元。（田义仓）

固庄煤矿

固庄煤矿（又名阳泉二监）属国有中型企业，隶属于山西正华实业集团有限责任公司，开采 3、8、9、12、15 号煤层，1965 年开始建设，1969 年简易投产，设计生产能力 45 万吨/年，1982 年独立建矿，1985 年开始矿井改扩建，1992 年峻工投产，设计生产能力达 150 万吨/年，同步建成一座年处理能力为 150 万吨的选煤厂。井田面积 14.0065 平方千米，设计生产能力和核定生产能力均为 150 万吨/年。1983 年由省煤炭厅基本建设局以便函的形式通过《固庄煤矿改扩建补充地质报告》，报告中地质储量为 25017 万吨，可采储量为 12600 万吨，服务年限 60 年，有效面积 17.3 平方千米。以平硐方式开拓（主平副斜），分两个水平开采，即+900 水平和+828 水平，其中+900 水平服务于九尺煤组和 12＃煤层的开采。到 2019 年底，九尺煤组已开采完毕，+828 水平服务于 15＃煤层的开采，有一个综放工作面及两个掘进工作面。（赵忠昌）

耐火工业

【概况】 2019 年，郊区有各类耐火企业 270 家，其中规上耐火企业 11 家。规上工业总产值 5.24 亿元，同比上升 11.4%，累计利税总额 3926 万元。

在国家环保整治力度逐年加大的大环境下，郊区制定出台《阳泉市郊区重点行业污染防治深化治理实施方案》，3 月 14—16 日，结合“改革创新、奋发有为”大讨论活动，区委、区政府组团到上海、江苏等先进发达省市参观，学习借鉴先进地区发展耐火产业经验。

在政策支持方面，强化政策执行力，加大对《关于促进阳泉市郊区民营经济高质量发展的若干意见》《关于印发阳泉市郊区支持制造业重点企业做大做强的意见通知》以及《关于进一步规范铝矾土资源开采加工烧成制品企业生产经营秩序的实施方案》等政策的落实力度，健全政策落实集中推进、集中协调，建立政策推进落实台账，确保每项政策真正落地落实、取得成效。（帖一国）

【阳泉金隅通达高温材料有限公司】 该公司是中国500强企业——北京金隅集团股份有限公司下属通达耐火技术有限公司全资子公司，注册资本6000万元，设计产能7.5万吨均质合成耐火原料，从业人员93人，占地面积130余亩。公司以“定位高端产品、主攻高端技术、锁定高端市场”为标准，高水平设计、高质量建设、高效率运营实施均质合成耐火原料项目。2019年，产量49780.97吨，实现利润74.22万元，销售收入10665.04万元。公司践行资源综合利用理念，结合供给侧改革的自身发展需要，依托北京通达耐火总部院士工作站、博士工作站等高科技企业的人才、资源、研发优势，运用系统集成自主创新技术，采用均化调制、除杂提纯、改型改性等先进技术，资源化利用多级品位铝矾土和废弃碎矿，再生化生产高档均质合成耐火原料，将资源利用率从不足30%提高至90%以上，大幅提高铝矾土资源利用率和技术附加值。均质合成耐火原料项目坚持节能减排、清洁生产，利用国际上最先进的节能环保窑炉技术，采用清洁能源、实施余热回收，消除传统产业对环境的影响。该项目被列入“国家火炬计划”和“十二五”国家科技支撑计划，被钟香崇院士誉为“代表着第一个有中国特色的、具有自主知识产权的铝矾土资源综合利用项目”。（帖一国）

【山西阳泉华岭耐火材料有限公司】 该公司始建于1956年，位于阳泉市白泉工业园区，是国内、国际石化、冶金、建材、电力、用铝硅系耐火制品的重点生产企业之一。拥有固定资产1.1亿元，占地面积80余亩，职工148人。2019年产量2.4万吨，销售收入7600万元，利税1350万元，缴纳税金751万元。同年立项的环境深度治理项目计划投资1070万元，实际投入700多万元，基本完成环境深度治理。公司主要产品有低蠕变、红柱石、莫来石刚玉等系列产品，其中热风炉用低蠕变高铝砖、高荷软高铝砖获省科技进步二等奖，微膨胀高铝砖列入国家级火炬计划项目，炭素焙烧炉用特种高铝砖获国家专利，先后参与19个牌号产品国家标准的起草。产品主要销往攀钢、武钢、太钢、青海盐化、索通碳素、金隅建材等大中型企业，35%的产品出口到美国、日本、澳大利亚、等国际市场，形成国内、国际并举的市场体系。

公司注重科技队伍的建设，2005年组建阳泉市耐火材料研究所，与洛阳耐火材料研究院、武汉科技大学签订全面技术合作协议，共同组建“产学研”基地，为企业发展奠定了长期的人才和技术支撑。2017年6月24日与中钢耐火签订战略合作协议，为紧密性的资本合作，实现体制转型奠定基础。

为贯彻落实市委、市政府关于“耐火企业环境污染深化治理的要求”，公司以环保治理促转型升级，投资1000多万元新建4500平米的原料车间；破粉碎系统实现物料流动管道化、生产现场密闭化；隧道窑进行高温环保改造，安装干法脱硫、金属布袋除尘、SCR脱硝、排放指标连续监测等先进环保设备设施。（帖一国）

【阳泉市丰泽永进耐火材料有限公司】 该公司成立于1992年3月，前身为阳泉市永进耐火材料厂，2007年9月更名为阳泉市丰泽永进耐火材料有限公司，占地面积28000余平方米，其中职工180人，拥有各类专业技术人员16人。公司下设经营部、生产部、供应部、财务部、销售部。公司主要生产粘土砖、高铝砖，产品主要用于冶金焦化、建材化工、碳素玻璃等行业，产品通过ISO9001质量管理体系认证，销往东北、华北、西北及南方市场，并远销印尼、越南等海外市场。拥有先进的大型制砖压力机15台及新型节能型隧道窑生产线2条(1条100

米，1 条 120 米)，年产各类耐火制品 50000 吨，年可实现收入 8000 万元，利税 1000 万元。

2019 年初，公司先后与山西潞宝集团焦化公司、山西亚鑫新能科技有限公司、云南大为制焦有限公司、山西聚源煤化有限公司等客商签订耐火材料供货合同，订单总需求量 74685 吨，总金额 13856.83 万元，全年耐火砖产量 3.2 万吨，实现产值 4600 万元，销售收入 6700 万元，平均售价 1486 元，实现利润 160 万元，实缴税金 530 万元。（帖一国）

【阳泉市上白泉耐火材料有限公司】 该公司是高炉高铝砖、热风炉高铝砖等高温窑炉耐火制品的重点生产企业。有职工 86 人，具备年生产高铝砖 3.5 万吨、粘土砖 5 万吨、高铝熟料 3 万吨的生产能力。产品主要用于焦化、炼铁、玻璃、金属镁、电厂、碳素、石灰等行业。产品领取全国工业产品生产许可证，并通过了 IS09001:2008 国际质量管理体系认证，获得山西省耐火材料技术检验部门授予的连续五年产品检验合格证书。公司连续多年被阳泉市政府评为“守合同重信用企业”。（帖一国）

【阳泉市圣火炉料有限公司】 该公司位于荫营镇前洼村，是一家集生产、科研、经贸为一体的综合实力雄厚的中韩合资企业，公司内设对外贸易进出口部，可直接进港，办理出口耐材事宜。主要产品有高铝质、粘土质、硅质三大系列制品及不定型耐火材料，产品广泛用于钢铁、有色冶金、化工、焦化、建材、电力等行业，并远销美国、英国、韩国、日本、新加坡、南非、意大利、比利时、加拿大、叙利亚、德国、巴基斯坦、泰国、菲律宾等国家和地区。2011 年被省中小企业局定为“生产经营运行省重点监测企业”；2009 年、2018 年分别被华夏认证中心有限公司授予“荣誉客户”；2012 年 5 月被省企业联合会、省企业家协会授予“2011 年山西省优秀企业”；2013 年 6 月被省中小企业局、省财政厅授予“山西省中小企业技术中心”；2016 年 12 月 31 日，公司商标被省工商行政管理局授予“著名商标”。（帖一国）

【阳泉市贤亨耐火材料有限责任公司】 该公司前身为阳泉市郊区三都耐火材料厂，成立于 1989 年，2004 年改制为阳泉市贤亨耐火材料有限责任公司。产品以浇钢砖为主，并生产焦炉用砖及水泥窑用砖，主要销往山西太钢不锈钢股份有限公司、东北特钢集团股份有限公司北满公司、东北特钢集团有限公司大连特钢公司、内蒙古北方重工业集团有限公司等，以及美国、俄罗斯、日本等。（帖一国）

【阳泉市下千耐火材料有限公司】 1989 年与唐钢耐火厂联营建厂。公司下设 3 个生产车间、产品质量检测中心和新产品开发研究所。主要产品有鱼雷罐用铝碳化硅砖、钢包用铝碳滑板砖、高炉用高铝砖、水泥窑用耐磨高铝砖、高密度低气孔粘土砖、莫来石砖、热风炉用低蠕变系列高铝砖，有 2 条高温隧道窑，1 条含碳耐火制品生产线，年生产各类耐火材料 5 万吨。

公司 2002 年通过 IS09001 质量体系认证，2005 年获自营进出口企业。2008 年引进清洁能源天然气替代煤气发生炉，实现环保无污染高标准煅烧要求。2019 年添加脱硫塔、脱硝、湿电除尘以及在线监测设备，实现超低排放，走上“依托阳泉地区资源优势、阳泉工程技术中心研发新产品”的科技型可持续发展之路。（帖一国）

装备制造业

【概况】 2019 年，郊区装备制造业主要包括广凯机械制造、新瑞昌机械制造、惠通机械制造等。2019 年，规上装备制造业年产值 1.94 亿元，同比增加 16.7%，实现利税 881 万元。（帖一国）

【阳泉市广凯机械制造有限公司】 该公司是一家生产矿用支护产品的高新技术企业，成立于 2007 年，占地面积 35 亩，有标准厂房 5000 平方，职工 238 人，年营业收入达 1 亿元。主要生产无纵肋螺纹式树脂锚杆、麻花锚杆、矿用锚索锚具、W 钢带、钢筋网、菱形网、经纬网、金属顶梁以及各种托盘等矿用支护产品，金刚石（PDC）钻头、B19 锚索钻杆、风钻头、风钻杆、煤岩钻头、煤钻杆、防突钻头、防突钻杆、柱齿钻头、高效组合钻头、高效螺旋钻杆、探水钻头、探水钻杆等各种矿用钻探机具，电缆挂钩、矿用管接头、法兰盘等煤矿辅助产品，是各种矿用钻探机具及矿用支护产品的专业生产厂家。（帖一国）

【阳泉市新瑞昌机械有限公司】 该公司成立于1993年4月，隶属于阳煤集团华越机械有限责任公司及阳煤中小企业集团第七公司。主要经营机电工程安装与检修，锅炉安装（压力≦2.5兆帕）、检修，压力容器、压力管道安装检修，液压支架、皮带机、刮板机等煤机结构件的生产制造，以及矿用设备修理和金属配件加工制作。拥有先进的数控下料切割设备、压力机、剪板机、卷板机、天然气退火炉、数十台各类焊机，及各种车、铣、刨、钻、镗、锯、插等机加工设备，年生产能力1亿元以上。

公司多年从事液压支架、皮带机刮板机等煤机产品结构件制作，是华越公司煤机产品配套生产基地，以及发供电公司、奥伦公司、选煤厂、兆丰铝电、南煤龙川电厂等单位锅炉、部分汽轮机、机电设备的安装和检修。（帖一国）

【阳泉惠通机械制造有限公司】 该公司成立于2010年1月，注册资本1000万元，固定资产1759万元。2011年被郊区税务局评为纳税先进单位。主要生产各种系列的镀锌螺旋瓦斯管和钢塑复合型螺旋焊管、矿用支护产品、各种系列接头、三通等矿用产品。2019年，在阳煤集团通风处、中国矿业大学（北京）和太原理工大学专家指导下，成功研制适用于阳煤集团井下底抽巷岩石封孔器。

公司采用大型通风螺旋焊管机组和水压试验机组，生产螺旋钢塑复合焊管管道和螺旋镀锌管管道等产品，各项指标均符合国家标准，填补了阳泉市场空白。公司整体技术水平处在同行业领先地位，拥有现代化的制管生产线，技术装备精良，技术力量雄厚，生产人员技术娴熟，检验、检测设备齐全。螺旋瓦斯管年生产能力达20万米，镀锌螺旋瓦斯管年生产能力达10万米。（帖一国）

建材工业

【概况】 郊区建材行业以水泥企业（冀东水泥）和石灰企业（星火金源）为主。2019年，规上水泥、石灰企业工业产值达9.84亿元，同比增加21.6%，实现利税1.74亿元。（帖一国）

【阳泉冀东水泥有限责任公司】 该公司于2009年9月经山西省发改委核准立项，建成投产一条4500吨的水泥熟料生产线，总投资13.1亿元。公司利用阳泉当地优质的低碱石灰石资源，每年可生产国家重点项目需要的优质高标号低碱水泥200万吨，主要产品为P.C42.5、P.042.5、P.052.5、P.042.5R水泥，产品覆盖太原、阳泉及石家庄市场。

2019年，公司累计完成主营业务收入66808万元，同比增长17.13%，利润总额15379万元，同比增长91.62%，累计工业总产值72656万元，上缴税金6578.58万元。（帖一国）

【阳泉市星火金源工贸有限公司】 该公司成立于2016年5月，注册资金1000万元，是阳泉市重点招商引资私营企业，主要经营冶金石灰生产、销售。公司通过引进国际先进的瑞士并流双膛竖窑实施节能环保灰窑技术集成与应用，全线采用技术先进、性能可靠的DCS中央控制系统，在主控制室集中操作管理，以PLC实现各设备运行的相互连锁。项目工艺具有节能蓄热、环保、产品质量高、所产氧化钙活度≧390（活性度，4mol/ml，40+1℃，10min）等优点，且麦尔兹窑有相当的可靠性，其调试成功率高，操作简便。

公司产品为活性氧化钙，设计产能为年产30万吨，主要用于钢厂、铝厂、发电厂生产的重要脱硫溶剂和造渣等，销往国有大型钢厂，与唐钢、太钢等企业签订长期合作协议。2019年总产值1.6亿元，纳税1312万元，解决就业劳动力70余人。（帖一国）

【山西亿通鼎新建材有限公司】 该公司是从事生产、运输、泵送各类规格建筑用商品混凝土企业，年设计生产能力120万立方米，可生产C10-C60级特种混凝土。

公司承揽了百度云计算、河坡电厂、泉西路转体大桥、御康山庄、阳泉市公安局、阳泉市国防局、阳大铁路等一大批重点工程的混凝土浇筑任务。先后获得“预拌砼生产企业质量先进单位”“质量、服务、信誉AAA级企业”“中国混凝土创业优秀企业”“质量诚信单位”“中国混凝土行业优秀企业”等荣誉，被中国建筑协会混凝土分会指定为理事单位。（帖一国）

【阳泉市泰耀工贸有限公司】 该公司主要生产及销售氧化钙CaO（俗称石灰）、氢氧化钙Ca（OH）2（俗称熟石灰）、碳酸钙粉、石灰石、石灰石粉、水洗机制砂、各种规格的石子等。有在职员工108人，其中各类专业技术人员6人。拥有国内先进的5条250立方米环保型机械立窑和2条节能环保型Φ4米×60米回转窑，2台雷蒙磨、2台破碎机组，可年产氧化钙50万吨、碳酸钙粉5万吨、石灰石15万吨。公司先后与太钢集团、阳煤集团、山东信发集团、杭州锦江集团、河北敬业钢铁集团、山西兆丰公司建立长期稳定的合作关系。

2015年，投资100万元建成先进的质量检验化验室，回转窑生产出的氧化钙产品平均有效钙含量达90%以上，比原有立窑提高近10%，同时实现二氧化硫的零排放。2017年12月，被山西省科学技术厅正式认定为省级民营科技企业。（帖一国）

【阳泉天隆工程材料有限公司】 该公司是华北地区规模较大的一家集特种工程材料和新型工程材料研究、开发、生产、销售、服务为一体的大型企业，是硫铝酸盐胶凝材料和铝酸盐胶凝材料两大系列国家标准的主要起草单位，中国特种混凝土工程材料协会副理事长单位。先后获得“山西省高新技术企业”“质量信誉AA级企业”和山西省环保厅认定的“环保行为评价二级（蓝色）企业”，山西省政府命名的“守合同、重信用”企业，山西省著名商标、山西省名牌产品等称号。

2011年以来，公司先后投资1800万元进行环保节能项目改造工程，将用电设备全部改装变频节能装置，将原静电除尘设备改造成离线装置的布袋除尘设备，将单一燃煤工艺升级为燃煤、气一体化生产工艺，将原有中空窑生产工艺改造成全国最先进的节能环保预热分解新型干法生产线，并对厂区进行绿化、美化，企业实现安全、清洁、节能减排、达标生产。

2019年，参加“蓝天保卫战”，对环保设备设施进行深化治理改造，科学合理安排生产任务，完成产能5.8万吨，实现销售收入5500万元，利税550万元。产品主要服务于水处理净水和矿山回填充填行业。（帖一国）

电力工业

【概况】 随着山西河坡发电有限责任公司纳入郊区规上企业统计范畴，加之阳泉力宇煤层气利用有限公司和阳泉市扬德煤层气利用有限公司，电力行业在郊区已初具规模。2019年，规上电力行业完成产值11.78亿元，比上年同期增加48.4%，利税总额1.98亿元。（帖一国）

【山西河坡发电有限责任公司】 该公司位于阳泉市，前身为山西省河坡发电厂。1998年8月，通过资产重组、规范改制，成立公司，由格盟国际能源有限公司控股93.51%，阳泉市国有资本运营投资有限责任公司参股6.49%，注册资本金11亿元，有职工486人，设计发电能力40亿千瓦·时/年。

根据国家“上大压小”、节能减排有关政策，公司在白泉工业园区建设2×350兆瓦超临界循环流化床热电联产机组，采用清洁燃烧技术及天然气点火方式。2012年6月26日获得国家发改委核准，2013年9月15日开工建设。#1、#2机组分别于2016年1月30日、2016年7月15日通过168试运行，成为首批一投产即实现超低排放的机组之一。作为地区重要电源和热源，为阳泉市区、开发区、郊区1300万平方米采暖区提供清洁、稳定热能。2019年总产值96311万元，发电量336266万千瓦时，单价298.49元/千瓦时，资产268157万元，利润8090万元，负债198845万元。（帖一国）

【阳泉市中广核太阳能有限公司】 中广核山西阳泉采煤沉陷区领跑者100兆瓦光伏发电项目位于河底镇苏家泉村，光伏区分布于小河北、小西庄、五架山、山底、常家山、郊里、里龙光峪等12个村，占地面积约4000亩。项目总装机100兆瓦，年平均发电量约13000万千瓦时。

阳泉市采煤沉陷区领跑者100兆瓦光伏发电项目工程于2017年5月28日开工建设，2017年9月30日升压站一次带电成功。场址区域地势海拔较高、阴雨天气少、日照时间长、辐射强度高、大气透明度好，属太阳能资源比较丰富的地区，厂区水平面年平均太阳辐射量5090.24兆焦/平方米/年，属全国第二类太阳能资源区域，适合开展大型光伏电站的建设。工程采用分块发电、集中并网方案，电池方阵的最佳固定倾角为34，年平均利用小时数约1300小时。光伏发电在发电过程中不排放CO_2，也不会产生传统发电技术带来的污染物排放和安全问题，没有废气或噪音污染。

光伏电站建成投产后，平均每年可为电网提供12900.8219万千瓦时，与相同发电量的火电相比，相当于每年可节约标煤4.11万吨，相应每年可减少多种大气污染物排放，其中减少二氧化硫（SO_2）排放量约23.75吨/年，二氧化碳（CO_2）约10.26万吨/年，氮氧化物（NOX）47.51吨/年。（帖一国）

【阳泉兴边富民煤层气发电有限公司】 该公司成立于2016年5月，是兴边富民（北京）清洁能源技术有限公司全资子公司，是利用煤矿乏风和低浓度抽放瓦斯实现节能减排、低碳环保、综合应用的高新技术清洁能源企业。主营业务是采用RTO蓄热式高温氧化装置，利用煤矿在生产过程中向大气排放的乏风及低浓度抽放瓦斯进行发电及供热。

公司投资建设的阳煤二矿桑掌乏风氧化发电项目于2019年6月4日投产发电，建设6台氧化装置（RTO），1台60蒸吨的余热锅炉和1台15兆瓦的高温高压汽轮发电机组，总投资2亿元，年发电量1.18亿度，实现并网9489万度电，装机容量15兆瓦。（帖一国）

【阳泉市扬德煤层气利用有限公司】 该公司产品为电力，生产工艺流程是从煤矿抽取瓦斯气—脱水器过滤—瓦斯发电机组做功—生成电力—通过站内变压器低压转换成高压—通过专用上网线路—接入国家电网。生产中的原料100%来源于煤矿瓦斯气。

2019年供电量总计10411千瓦时，产值4650万元，资产总计13101万元，负债7613万元，产品价格由发改委核准上网电价0.509元/千瓦时。（帖一国）

供　电

【概况】 2019年，国网阳泉市荫营供电公司担负着郊区5个乡镇及平定县、盂县和寿阳部分乡村共129个行政村、76617户居民的生活用电和6906户非居民用户的生产、经营用电任务。全年售电量完成6.58亿千瓦时，平均电价完成528.90元/兆瓦时，综合线损率完成3.32%，电费回收率100%，台区线损达标率完成99.82%。电网运维方面，全年未发生人身、设备、电网事故，未发生信访、舆情等事件。截至年底，公司安全生产实现10175天。

公司设立4个职能部门，分别是综合管理部、财务资产部、安全监察质量部、电力调度控制分中心；设立2个业务支撑部门，分别是运维检修部、营销部（客户服务中心）。电力调控分中心设2个班组：调控运行班、配网抢修指挥班。运维检修部下设4个班组：配电运检班、变电运维班、输电运检班、变电检修班。营销部（客户服务中心）下设4个班组：营业班、用电检查班、市场班、计量班；6个供电所：河底供电所、杨家庄供电所、李家庄供电所、西南舁供电所、白泉供电所、荫营供电所，及1个多经部门聚源电力荫营分公司。

2019年末，公司有员工262人（其中全民职工114人、集体职工29人、供电所职工119人），专家人才1人；大学本科以上学历69人（其中研究生7人，本科62人）；中级职称以上28人（其中高级职称15人，中级职称13人）；技师以上36人（其中高级技师6人，技师30人）。（郑佳丽）

【电网建设】 2019年，荫营供电公司管辖35千伏变电站4座，主变8台，总容量7.52万千伏安，配变546台（公变台数，配变容量191685千伏安，管辖10千伏线路33条354.40公里（公线），35千伏线路13条64.70公里（公线）。

全年，荫营供电公司完成投资6580万元，推进“煤改电”工程，完成32个村配套电网改造和12437户居民接户送电。强化政企互信、畅通协调渠道，推进“三供一业”供电资产移交改造，完成荫营煤矿资产接收、户表改造及固庄煤矿47%任务合理规划中低压电网，实施7条10千伏线路新建项目，在保障“煤改电”用户负荷需求基础上，有效解决汉韵瓦业、镇区第二电源、区重点工程、馨固庄园等电源问题。（郑佳丽）

【经营管理】 2019年，荫营供电公司通过组建大纠察队，实现对所有现场“人盯人全覆盖”。通过现场管控系统、微信群汇报和现场措施照片上传，实现对所有现场的“作业环境全掌控”，通过实行现场工作到岗公示等手段，切实加强关键环节、重大风险作业点的安全防控。突出效率优先，进一步提高电网运维质量。及时完善基础台帐，核查系统数据，确保配网管理系统取数准确，评定合理。深入分析、精准制定高掉闸线路整改计划、具体措施，细化编制“一线一案”、常态开展专业化巡视。坚持每月检修计划平衡会制度，统筹协调主配网、各类工程、业扩报装、检修消缺等工作，力求一停多检、减少停电次数、缩短停电时间。加强统筹协调，增强配网工程管理水平。加强配网建设关键环节和重点把控，对工程材料实行“清单式两级核查”，细化工作流程、落实各级把关，加强新投和检后设备全过程监管到位、交接验收工作，通过一系列措施带动工程管理水平提升。协调地方政府，尽快落实新增“煤改电”确村确户改造任务和配套支持政策，按期完成建设任务。加强专变用户管理，试点构建由供电所牵头，生产、营销班组协同管控的专变用户管理服务新体系，深化部门联动与专业融合，进一步压减用户故障导致公用线路掉闸，有效提升供电可靠性。抢抓市场机遇，强化企业经营管理。落实市公司关于“三供一业”供电设施移交接收方案要求，加快改造和接收工作，实现国有企业家属区“抄表、核算、收费、抢修”服务四到位。深化生产、营销专业沟通协作，实现生产、营销数据标准统一、信息共享。聚焦服务短板、客户痛点，进一步实施属地化集中管理方式，实现业务整合、末端融合，在供电所实施“运检+营销”业务，实现台区经理现场网格化综合服务全覆盖，压降客户投诉数量。优化营商环境，提升优质服务水平。全面实施“阳光业扩”，继续落实“六最”优化营商环境要求，发挥业扩前端优势，加强跨专业、跨部门沟通协调，压减办电环节。以服务抢市场，重点关注政府园区规划方案，及时收集园区建设及招商引资情况，第一时间上报业扩受限项目，协调落实“快接快送”。实施一区一人、一网多员的“精准”服务，通过示范点创建，进一步带动优化网格服务模式，拓展管理领域，提升服务实效。控制经营风险，深化依法从严治企。强化制度刚性执行，提高全员法治意识。深入排查整改供用电合同问题，开展清理整顿电力设施保护区内违法违规作业行为专项行动，提升综合监督效能。完善全面风险管理和内控机制，发挥纪委协同监督职能，聚焦工程建设、资金管理以及行业作风等重点领域，狠抓顽固性、屡查屡犯问题综合整治。加强集体企业运营管控，杜绝超能力、超范围承揽工程行为。落实安全生产责任，推行与主业同质化管理机制。以人、财、物集约化管理为契机，进一步增强经营风险控制能力，促进集体企业经营管理水平持续提升。（郑佳丽）

【安全生产】 2019年，荫营供电公司开展“三种人”培训考试300余人次，“安规”“两票”培训200余人次，“安全日”活动50次，集中学习事故案例9次，员工安全意识日益提高。

强化现场管控。严格落实人员责任，安全纠察155次，发现、纠正违章作业、违反《安规》行为5次，下达督查整改通知书4份，教育、处罚9人次。强化电网运维。持续推进线路掉闸缺陷隐患治理，逐项落实高掉闸线路“一线一案”治理措施，高掉闸线路故障率同比降低41.7%。一批管理老大难线路设备同步整治，低电压、卡脖子等问题有效解决。细化35千伏、10千伏线路设备主人职责，修订线路运维考核方案，各级责任层层压实。强化隐患治理。认真开展“春秋检”自查，检修35千伏线路11条次、10千伏线路29条次。借力高陡边坡隐患排查、森林防火、安全大检查“三个专项行动”等活动，排查隐患448条。针对性开展集中清障和改造消缺，变被动抢修为主动运维，10千伏线路故障掉闸同比减少22条次，生产类投诉同比减少7起。制定电网稳控策略，完善各类应急预案，组织应急演练和反事故演习，完成重要节日、70周年国庆、“二青会”、中高考等重要时段保电任务。（郑佳丽）

【电力运行与电力市场】 2019年，荫营供电公司构建综合能源全员拓展、用电业务“一口对外”、居民用电“一次办结”服务体系，业扩“三减”得到切实落实，行政审批中心、“二青会”射箭馆、北辰新科以及规划展览馆等重点工程项目实现“快接快送”，未发生业扩回访不满意事件。高效完成专线、专变用户春检预试，借力用户定期检查机制和用户隐患、供电服务风险排查等专项活动开展，用户隐患治理取得初步成效。推进高危用户应急演练和方案完善，“一户一案”落在实处。客户档案有质量。大力开展合同排查，按照供用电合同、合同有效期、安全责任书签订及产权分界点不一致等情况进行分类排查，定期汇总排查结果，合同补签、改签、续签等工作有序推进，供电合同规范完善工作有序推进。客户服务更加拓展。试点将杨家庄供电所营业厅优化为综合服务室，服务方式实现由“客户上门”向“网格经理上门”转变，同时对“煤改电”“三供一业”“合表打开”等用户开展定制服务，利用线上台区经理微信群、线下营业厅开展集中宣传，做到服务事项“应上尽上、全程在线”。营配融合更加显著。强化专业协同，营配指标始终保持100%，抢修类工单同比减少132例，非抢修类工单同比减少353例。（郑佳丽）

【农电工作】 2019年，荫营供电公司上报白泉供电所五星级乡镇供电所建设成果，经过专家组层层选拔，白泉供电所被国网公司命名为五星级乡镇供电所（国家电网营销〔2019〕887号）；西南舁供电所、荫营供电所四星级供电所、李家庄“全能型”供电所建设成果上报省公司并通过实地验收。截至2019年底，荫营公司所辖6个供电所，建成五星级供电所1个，四星级供电所4个（建成率66.7%），“全能型”供电所6个（建成率100%）。结合“全能型”乡镇供电所、星级乡镇供电所建设要求，完善乡镇供电所基础设施，供电所业绩指标连续10个月在4个县区公司排名均分第一，其中荫营供电所5个月排名第一。组织开展台区经理经验交流暨“星级台区经理”评选会，推出“一二三”工程，打造星级客户经理服务品牌，持续提升网格化服务能力，夯实公司高质量发展基础。评选出6位优秀台区经理，作为优质服务的典型榜样，通过“传帮带”等方式继续培养优质服务人才，为更多电力客户提供优质服务，全面提升公司优质服务水平。人才选拔培养上，杨家庄乡供电所被评为省公司“先进班组”，冯钊被评为省公司“优秀班组长”，高文星被评为市公司“劳动模范”。（郑佳丽）

【党建工作】 2019年，荫营供电公司制定主题教育实施方案，着力在抓重点、补短板、提质量、强效果上下功夫，广泛开展“主题党日+”“黎明共产党员服务队”等特色实践；严肃党内政治生活，规范党支部“三会一课”、组织生活会，开展党委中心组集体学习研讨15次，民主（组织）生活会8次，各党支部集中学习21次，举办主题党日活动20次。结合纪念建党98周年系列活动，组织党员思想交流、升旗寄语、赴百团大战纪念馆开展主题教育等活动，党员模范带头作用得到彰显。党风廉政层层压实。紧扣“两个责任”主线，落实党风廉政“一岗双责”，各级责任进一步压紧压实。召开警示教育大会，赴市廉政警示教育基地接受教育，通报各类案例11次，廉政谈话20余次，进一步营造清风正气氛围。（郑佳丽）

【科技与信息化】 2019年，荫营供电公司以同业对标为抓手，重点围绕线损、投诉、跳闸三个关键点，按周通报，按月考核，台区线损达标率提升至99.82%，配线达标率提升至83.81%，均排名市公司第一。项目化管理成效明显。对公司本部、供电所的办公、生活环境进行全方位改造，做到资金使用规范、一次投资、长期见效。“三重一大”科学民主。严格执行民主决策机制，凡涉及人、才、物等“三重一大”事项，一律集体研究、民主决策、依法决策，全年召开党委会14次、经理办公会7次。发挥绩效杠杆作用。进一步完善业绩考核结果与薪酬分配相挂钩的激励体系，赏罚分明、激励有效的机制初步形成。重构“多劳多得、少劳少得”的绩效工资分配体系，进一步激发全员干事活力。星级创建成绩斐然。集全公司之力，完成白泉“五星级”供电所创建工作。到年底已建成“五星级”供电所1个，“四星级”供电所4个，“全能型”供电所6个。集体企业效益显著。对内完善激励机制，激发员工干事活力，对外积极开拓市场，推行“一站式”服务，集体企业轻装上阵，活力突显。（郑佳丽）

【企业内质外形建设】 2019年，荫营供电公司大力推行网上国网、微信、短信全覆盖，线下营业厅、网格化、台区经理全链条服务体系，微信公众号累计绑定48093户，“网上国网”累计注册12693户。倾心打造“一市一品牌”。以服务荫营煤矿“三供一业”供电接收为契机，着力打造“美丽矿区”服务品牌建设项目，“三全六零一引领”建设成效明显，为市公司提供先例和借鉴。推进泛在电力物联网建设，矿区裕祥小区1台区132户试点运行建设0.4千伏营配末端感知神经网络平台，实现台区、用户智能感知、智慧服务。倾力打造企业文化长廊，展现公司共同价值观、员工风貌，“硕果成荫、步步为营”的企业文化进一步彰显。深入开展扶贫专项活动。投资70余万元对石窑垴村电力设施及村自用路灯、广播等设备进行改造，党员入村入户帮扶450人次，协助销售农产品8000余斤，帮扶定向消费近6000元，扶贫捐款6050元，受益面实现全村覆盖。队伍建设实现突破。坚持做到“盘活存量、激活增量”，制定人才培养提升计划，实行青年员工积分制度，新入职的7名员工全部分配到一线班组培养锻炼，提拔任用的8名年轻班组长在岗位上激情干事、业绩突出。主动关心关爱职工。开展职工体检，组织职工疗养，慰问困难、生病职工7人，“金秋助学”1人。建成职工活动中心和单身公寓，修缮职工食堂和休息室，工作、生活环境得到全面改善。（郑佳丽）

其他工业

【概况】 2019年，全区各行业呈现较好增长势头。尤其磨料磨具、线缆生产和燃气供应等，主要有获国家专利8项的阳泉市中嘉磨料磨具有限公司，获“山西省著名商标”“山西省专精特新企业”的山西立博线缆有限公司，获“全国AA级纳税企业”的阳泉华润燃气有限公司等。（帖一国）

【阳泉市中嘉磨料磨具有限公司】 公司位于郊区杨家庄乡庙岭村白泉工业园区，创建于2007年，有职工180人，是山西省最大的树脂砂轮出口基地。2014年具备年产5000万片各型树脂砂轮的生产能力。

树脂砂轮广泛运用于机械加工、设备制造、工程建筑、汽车、造船、航天航空等行业，对各种金属、非金属材料进行切割、磨削等，属工业加工制造的消耗品。主要产品有：增强型切削砂轮、增强型磨削砂轮、树脂基体磨削砂轮、石材专用砂轮、金属磨削普通砂轮、出口型专用砂轮、不锈钢专用砂轮、核电专用砂轮等。

公司立足科技创新，产、学、研一体，与国家磨料磨具磨削研究所、河南工业大学材料学院联合进行树脂砂轮产品的研发及制造，获国家专利8项，被授予“山西省高新技术企业”“民营科技企业”称号。

公司拥有国内先进的自动化生产设备，建立了完整的原材料质检体系，采用世界先进的科学检验检测手段，对产品质量进行多道把关，产品达到国内外先进水平，取得ISO9001质量体系认证和德国MPA产品安全认证。公司技术研发中心被市科技局认定为“阳泉市工程技术研究中心”，被省中小企业局认定为“山西省中小企业技术中心”。公司目前生产的中嘉牌、金世特牌、华戈牌、HOPPLING GREAT等系列树脂磨具因其优良的品质性能和强有力的市场竞争力，产品远销美国、加拿大、俄罗斯、巴西、印度、巴基斯坦、意大利、新加坡、韩国等40多个国家和地区。公司生产的崋戈牌砂轮、HOPPLING GREAT砂轮获山西省著名商标和山西省名牌产品称号。注册的“CUTOP”国际商标，在新的营销模式助力下，逐渐成为公司在北美、东欧市场的主打品牌，当地市场占有率达25%以上，并且在专利技术研发应用的推动下，国外市场占有率逐年提升。（帖一国）

【阳泉博润公路工程有限公司】 公司主要经营建筑材料、沥青的制造、销售，沥青改性剂的制造、销售，建设工程，施工（公路工程、市政道路工程、园林绿化工程、土石方工程），公路养护，机械设备租赁、销售。该公司是沥青路面废旧料再生利用生产基地，建设项目总投资5128万元，为阳泉市招商引资项目。项目位于杨家庄乡北杨家庄村，总用地面积约为50亩，总建筑面积1516平方米，场地硬化面积20300平方米。项目区域内建设安装厂拌热再生生产设备1套、厂拌冷再生生产设备1套、乳化沥青生产设备1套、原材料存放场地三联跨大棚1座，及办公、实验用房。

该公司最大限度实现节能环保，项目预计可再生利用沥青路面废旧料118万吨，最大程度降低沥青路面废旧料对环境造成的污染，和新生产沥青混凝土所需石料开采对环境造成的污染，有效保护和提高项目所在区域林地、自然景观和生态环境。（帖一国）

【山西立博线缆有限公司】 公司成立于2011年，注册资金1.08亿元，厂区占地面积约60000平方米。

公司主要制造销售电线电缆、拔丝、电缆料、电磁线，制造、销售、安装煤矿安全智能系统，销售、修理消防器材，修理电缆，销售螺旋钻杆、外平钻杆、钻头，建筑机械设备租赁；输送带更换、修复，接头硫化，滚筒包胶，带式输送机安装，研发、制造、销售、维修、安装筛分设备、筛板、筛篮、筛分备件，自产产品出口业务及所需原辅材料、设备的进口业务。公司设计生产能力为电线电缆50000吨。

公司先后获“山西省著名商标”“山西省专精特新企业”“山西省民营科技企业”“高新技术企业”等称号。（帖一国）

【山西晋东新能液化天然气有限公司】 公司为山西压缩天然气集团有限公司的全资子公司，负责阳泉煤层气液化调峰项目的具体实施。公司成立于2015年，注册资金6000万元，主要经营范围为销售天然气设备和天然气技术开发。公司建有1座年产液化天然气12万吨的液化工厂，该项目是山西省国新能源发展集团有限公司按照“十三五规划”既定目标实施的大型战略战备项目，也是贯彻落实省委、省政府实现“气化山西”总体部署的重要举措。

公司秉承“学无止境、追求卓越”的企业精神，坚持服务低碳生产力、低碳消费、新型产业集群、生态文明建设和新型城镇化建设的“五个服务”理念，大力实施气化山西战略。（帖一国）

【阳泉华润燃气有限公司】 公司于2007年9月25日登记注册，注册资金5000万元。2008年6月16日，阳泉市政府授予管道天然气特许经营权，特许经营期限自2008年始至2038年。

公司于2008年3月开始建设，6月16

日通气投产，担负着郊区燃气的输配供应任务，目前全区 85%以上的管道燃气用户由该公司提供管理和服务。2019 年，销气量为 10383 万立方米。

公司在树立行业典范的同时，狠抓安全生产，着力提升企业美誉度，被评为“十强企业”“纳税大户”“全国 AA 级纳税企业”“山西省经济效益先进外商投资企业”“山西省履行社会责任先进外商投资企业”“安全生产先进企业”等称号。

公司经营项目为天然气、煤层气、煤制气管道安装及输送供应，调压站建设，危险货物运输，CNG 开发利用，汽车 CNG 开发利用，工商业用气供应，天然气进一步加工等。（帖一国）

商　贸

商品流通

【概况】 2019 年 2 月，郊区商务局成立。共有公务员编制 6 人，实有 5 人。下设事业单位 2 个，分别为阳泉市郊区招商服务中心（编制 8 人，实有 9 人）、阳泉市郊区商务综合行政执法队（编制 4 人，实有 2 人）。

2019 年，全区限额以上企业共有 38 家。其中，批发业 11 家、零售业 24 家（含汽车类 21 家、石油及制品类 3 家）、餐饮类 3 家。当年市下达社会消费品零售总额计划为 21.07 亿元。1～12 月，郊区社会消费品零售总额完成 21.1079 亿元，同比增长 7.7%。全市排名第二。其中，限额以上企业实现 13.1244 亿元，同比增长 2.0%，限下企业实现 7.9835 亿元，同比增长 18%。（李建华）

【行业管理】 2019 年，区商务局全面强化行业管理。对每个加油站点采取上门走访，送达年检文件等方法，将年检时间、内容和要求及时通知企业，指导企业按时上报年检材料。全区 7 家成品油经营企业通过年检，完成年检换证任务。规范加油站油气回收系统日常维护管理工作。各加油站建立健全油气回收系统管理制度，确保系统正常运营。加大安全生产大检查力度，组织开展全区商贸领域企业冬季安全生产大检查。督促大型商场超市在省级文明城市测评期间，认真检点、查漏补缺，以最佳状态迎接验收。对辖区内报废汽车回收拆解企业安全生产情况进行检查。通过检查台账，详细了解各生产企业安全管理制度、安全生产经营应急救援预案实施内容、安全生产教育的组织等各个环节，掌握企业落实安全生产措施情况；现场检查消防设施配置及应急救援措施落实情况。贯彻落实市商务局《关于开展阳泉市“2019 年夏秋季消费促进活动”的通知》，7 月 15 日至 11 月 15 日，在全区开展“郊区 2019 年夏秋季消费促进活动”。制定、印发活动实施方案，8 月 10 日举办了消费促进活动启动仪式。（李建华）

招商引资

【概况】 2019 年，全区共引进百万元以上经济技术合作项目 25 项，签约金额 130.6 亿元，完成市下达任务 97 亿元的 134.6%；当年签约当年开工项目 19 项，开工率 76%；新开工项目计划投资额 60.54 亿元，完成市下达任务 30 亿元的 201.8%；固定资产投资项目资金到位额 11.97 亿元，完成目标额 9 亿元的 133%；非固定资产投资项目资金到位额 0.629 亿元，完成目标额 0.9 亿元的 70%。本年度全区 10 家企业有出口业绩，外贸进出口目标总额为8365万元人民币，全年完成出口9774.1万元人民币，提前完成目标任务，超出目标总额1409.1万元人民币。（田文煜）

【推进园区建设】　2019年，白泉工业园区开展僵尸企业出清和土地平整工作，拆除3家僵尸企业，启动广凯机械、日加科技厂房建设，日加科技厂房开展建设。荫营工业园区、千亩坪现代农业产业园加快基础设施建设，“九通一平”的成熟项目用地形成。（田文煜）

【招商引资项目局长领办制】　2019年，区商务局牵头，出台招商引资项目局长领办制。各相关部门一把手领办招商引资项目，全程做好项目服务工作，直至项目开工。到年底有9个项目实行领办制。该制度的执行，对改善郊区投资软环境起到促进作用。（田文煜）

【招商引资优惠政策】　2019年，郊区出台《阳泉市郊区关于进一步加强招商引资工作的实施意见》（阳郊发〔2019〕20号）和《阳泉市郊区2019年招商引资优惠政策》（阳郊政办发[2019]48号）两项招商引资优惠政策。的优惠政策包括工业类项目、农业类项目、文旅康养类项目以及现代服务业类项目，共计12条，涵盖重点产业发展、标准化厂房、特色种植业、养殖业、乡村旅游、现代物流等方面，为郊区招商引资开展提供保障。（田文煜）

【开展“贴心行动”】　2019年，阳泉郊区按照市委、市政府“贴心行动”的工作部署，通过大摸底广泛征集郊区籍在外人才，以“家乡情”“家乡话”为纽带，与郊区籍在外人才取得深度联系；邀请有意向的老乡探讨项目合作意向。慰问在郊区工作的外来人才，保证他们与政府部门的沟通顺畅。（田文煜）

粮食储备

【概况】　2019年3月区政府机构改革，郊区粮食局同郊区发展和改革局合并，全区粮食救灾物资储备管理职能并入郊区发展和改革局。年内完成粮库智能化升级改造，仓储设施维修改造等工作；配合全国政策性粮食库存大清查工作。郊区粮油市场供应充足、价格稳定，经营有序。（郭宝牛）

【全国粮食清仓查库工作】　2019年4月，全国开展粮食清仓查库工作。郊区发展和改革局牵头，组织区相关部门成立大清查协调机制办公室，按照省、市要求制定清仓查库工作方案，部署郊区清仓查库工作。属地3个国有粮食企业按照“有库必到、有粮必查、有账必核、查必彻底”的原则开展自查。经过省市检查，郊区库存粮食质量完好，数量真实，储藏安全，符合储备粮“三专四落实”管理要求。（郭宝牛）

【粮库智能化升级改造项目】　2019年，中央财政拨付23.1万元、省财政拨付4万元、区财政拨付10.8万元、企业自筹2万元，共计投资39.9万元，实施郊区粮油收储中心三郊库智能化改造项目。项目于当年开工。（郭宝牛）

【仓储设施维修改造项目】　2019年，郊区粮油收储中心投入省财政拨款6万元，购置真菌毒素检测仪1台，启动储备玉米小麦真菌毒素入库检测工作。（郭宝牛）

【粮食市场供应】　2019年，郊区发展和改革局所属国有粮食企业执行国家收购政策，全年收购销售玉米0.8万吨，全年未出现农民“卖粮难”“打白条”的现象。鼓励企业与粮食主产区的衔接，建立长久稳定的供求关系。2019年全区共购进面粉1.2万吨、大米0.8万吨、食油0.3万吨，保障全区粮油供应量和需求量总体平衡。全年粮食市场供应充足，运行平稳。（郭宝牛）

【救灾物资储备管理】　2019年5月，郊区民政局将救灾库移交区发展和改革局管理。区发展和改革局对库存物品进行分类和整理，制定

规章制度，明确责任，为管好救灾物资奠定了良好基础。（郭宝牛）

供销合作商业

【概况】 阳泉市郊区供销合作社联合社是直属郊区人民政府的参照公务员法管理事业单位，级别正科级。机关现有在职在编人员11名。机关党委下设3个党支部，全系统党员90名。郊区供销社内设机构6个，分别是办公室、财务室、财统股、社有资产管理委员会办公室、乡镇供销社管理股和合作指导股。有基层中心供销社14个，其中，集体所有制属性9个，私营股份制属性5个，分别是荫营、三郊、白泉、燕龛、东村、西南舁、杨家庄、平坦、白羊墅、河底、李家庄、义井、辛兴和旧街等14个基层社。社属控股参股企业4家，分别是阳泉市郊区恒兴物资回收有限公司、阳泉桃林沟果蔬交易市场有限公司、阳泉农心乐商贸有限公司和阳泉市嘴上食品加工有限责任公司。领办参办农民专业合作社3个，分别是阳泉丰盈园种植专业合作社联合社、阳泉市北庄鑫海种植专业合作社和阳泉市杨家庄蛋鸡饲养专业合作社。全区下属建材市场、城乡便利店、电商体验店、惠农服务站和综合服务社等各类网点共计82个。

2019年，郊区供销社完成社会商品零售总额3.6亿元，完成市供销社下达任务的100.2%，是全市唯一完成上级下达任务的县区供销社。本年度被山西省供销社授予“2019年全省供销社综合改革先进单位”，也是全市供销社系统唯一获此荣誉的县区。（郭　凯）

【郊区供销社仓储物流基地建成运营】 2019年，郊区供销社按照山西省供销社明确电商发展侧重仓储物流配送发展方向的要求，重点投资建设三郊供销社仓储物流配送基地。项目地址位于阳泉市郊区荫营镇三郊村，总占地面积1100平方米，总投资90万元（申请市区财政资金40万元，自筹资金50万元），该项目2019年5月开工建设，2019年9月基本竣工。投资40余万元购置了物流配送车辆4辆，其中，包括电动配送车2辆和柴油配送车2辆（其中1辆为冷链仓储配送车）。投资近30万元完成4座冷链仓库的基础设施建设和冷链设备安装基地，由阳泉农心乐商贸有限公司具体负责建设运营。（郭　凯）

【阳泉农心乐商贸有限公司】 公司经营流动资金20万元。2019年10月，阳泉农心乐商贸有限公司通过政府采购公开招标取得向全区机关事业单位食堂供应蔬菜粮油肉蛋奶的配送资质，区供销社和区财政局联合印发《阳泉市郊区机关事业单位食堂农副产品采取定点协议管理办法》并开始实施。2019年12月，阳泉农心乐商贸有限公司开始向全区机关事业单位食堂、城乡便利店等配送供应优质的蔬菜粮油肉蛋奶等农副产品。组织开展郊区贫困村户的农特产品推介，帮助贫困群众解决部分农产品滞销问题，助力贫困群众脱贫增收。（郭　凯）

【基层供销社改造】 2019年，郊区供销社多方筹资20余万元，先后对三郊、白泉、西南舁、白羊墅、东村、杨家庄等6个基层供销社网点的基础设施实施了维修改造，工程2019年3月开工，2019年6月竣工。其中，三郊供销社营业大楼楼顶完成彩钢瓦安装710平方米；白泉供销社营业大楼楼顶完成彩钢瓦安装690平方米；西南舁供销社玉龙商场内部完成集成吊顶290平方米，内墙粉刷仿瓷涂料245平方米，安装断桥铝门窗72平方米，安装铝合金卷闸28平方米，安装LED吸顶灯13套，制作供销合作社标识标牌1个；白羊墅供销社瀑里便利店房顶完成彩钢瓦安装240多平方米；东村供销社营业大楼楼顶完成烫顶400多平方米；杨家庄供销社营业大楼楼顶完成彩钢瓦安装200多平方米。改造工程的实施，消除了基层供销社夏天漏雨漏水、冬天走风漏气等安全隐患，改善了网点经营环境，提升了供销社的品牌形象。（郭　凯）

【解决基层社职工的历史遗留问题】 2019年，郊区供销社聚焦群众反映的基层供销社拖欠职工个人的工龄补偿金和养老保险金等历史遗留问题，责成专人负责，先后深入各基层供销社（公司）调查核实，查看资料、走访职工、核实档案，逐人逐项调查核实清楚拖欠基层供销社（公司）职工的历史遗留问题。2019年7月和12月，区供销社分两批先后解决8个基层社（公司）拖欠32名职工的工龄补偿金和养老保险金总计15.93万元。其中，解决拖欠史云保、郑卫堂等3名职工的工龄补偿金合计1.8万元；解决拖欠郑兰巨、付永泽等29名职工的养老保险金合计14.13万元。（郭　凯）

【助力东林尖集体经济发展】 2019年，郊区供销社出资10万元参股阳泉市嘴上食品加工有限责任公司在西南舁乡东林尖村（贫困村）新建面筋加工厂。阳泉市嘴上食品有限责任公司是东林尖村委会集体全部出资成立，经山西农业大学进行项目可行性设计，新建面筋加工厂项目总投资48万元，项目建设内容包括面筋厂基础社建设和加工机器设备安装调试。经过工程招投标，基础设施建设2019年7月开工，11月，面筋厂基础设施建设竣工并完成设备安装调试，预计2020年春投入试生产。（郭　凯）

【积极配合全市创卫工作】 阳泉市郊区恒兴物资回收有限公司是郊区供销社社属企业，该公司位于郊区开发区上五渡村，紧贴207国道，既是二青会射箭赛场必经之地，也是沿路环境卫生整治和创卫整改的重要地段。2019年8月，郊区供销社党组领导班子克服时间要求紧、筹措资金难等不利因素，投资15万元，拆除临建违建2000多平方米，完成阳泉市郊区恒兴物资回收有限公司混凝土硬化场地1010平方米，清理清运淤泥60米，墙面喷刷涂料1756平方米，砖砌围墙24米，按时保质完成市、区两级创卫指挥部下达的创卫整改任务。（郭　凯）

对外贸易

【概况】 2019年，阳泉郊区外贸进出口累计完成9774.1万元人民币，超出年初计划1409.1万元人民币（年初计划进出口总额为8365万元人民币），超额完成目标任务。（任　伟）

【主要展会】 2019年，阳泉郊区组织企业参加境内境外各类国际性大型展览会。4月，中嘉磨具参加在广州举办的第125届广交会。9月，华岭耐火、巾帼耐火、圣火炉料、中嘉磨具4家企业参加在新加坡举行的国际建筑建材展。年内，阳泉市中嘉磨具有限公司、阳泉市圣火炉料有限公司、阳泉天元报废汽车回收（拆解）有限责任公司筹备第二届上海进口博览会相关人员和企业的参展工作。对接参加国际展会的企业，完成2019年度外贸发展专项资金补助的相关工作。（任　伟）

中小企业服务

【概况】 2019年，根据《关于阳泉市郊区工业和信息化局所属事业单位调整规范化的通知》（阳郊编办发〔2019〕29号），阳泉市郊区民营企业局更名为阳泉市郊区中小企业服务中心（阳泉市郊区民营企业服务中心），为正科级事业单位，编制16名。中心内设办公室、统计监测股、项目融资股、创业辅导股，主要职能为：负责全区中小企业服务体系建设的组织协调、统筹推进和指导评价工作；组织行业协会、专业服务机构等力量为全区中小企业提供服务，规范服务标准，组织绩效评价；组织开展全区中小企业的创业辅导、人才培训、管理咨询、融资促进、技术推广、法律咨询等服务活动，构建创业创新和小微企业培育成长服务机制；组织全区中小企业开展国际、国内合作与交流，参加国际国内大型展会和市场拓展活动，推动电子商务应用；组织开展全区中小企业发展状况和服务需求调查研究，承担中小企业相关课题研究。（聂振东）

【民营企业营收】 2019年，全区规模以下中小企业317个。当年全区民营企业实现营业收入44.2亿元，比上年同期增长0.46%；实现出口产品交货值1.16亿元，比上年同期降低2.58%；实现现价总产值32.68亿元，比上年同期降低0.02%；实现利润总额1.2亿元，比上年同期降低13.05%；实现上缴税金4.34亿元，比上年同期降低4.01%；实现劳动者报酬4.56亿元，比上年同期增长2.07%。 （聂振东）

【工业营收】 2019年，实现工业营业收入30.91亿元，比上年同期降低0.68%；实现工业销售产值27.52亿元，比上年同期降低1.83%；实现工业上缴税金3.54亿元，比上年同期降低7.39%；实现工业劳动者报酬3.42亿元，比上年同期增长4.7%。 （聂振东）

【规模以上工业营收】 2019年，实现规模以上工业营业收入23.52亿元，比上年同期增长0.6%；实现规模以上工业销售产值21.89亿元，比上年同期降低3.99%；实现规模以上工业上交税金2.33亿元，比上年同期降低9.32%；实现规模以上工业劳动者报酬2.56亿元，比上年同期增长3.08%。 （聂振东）

【阳泉市郊区第二届“信合杯”创业创新大赛】 2019年6月，阳泉市郊区举办第二届“信合杯”创业创新大赛。参加大赛的企业家代表、创业青年、创业女性共计160余人。创业创新大赛结合全区产业转型和产业发展的实际，从工业、农业、三产、物流、文化、教育等多个侧面充分展示了创业创新者的风采和创业创新者的实践成果，进一步激发更多的劳动者走向创业创新之路。 （聂振东）

【组织民营企业参加第十六届中博会】 2019年6月，按照《关于征集第十六届中国国际中小企业博览会参展企业及产品的通知》（晋企发〔2019〕31号）文件要求，阳泉郊区组织阳泉市裕盛源农产品开发有限公司、阳泉融昇园农业技术开发有限公司参加第十六届中博会，本届盛会为该区中小型企业提供商机，促进了阳泉郊区的经济发展。 （聂振东）

【民营企业家培训】 2019年，区民营企业服务中心先后组织区民营企业家参加第二届全省中小企业服务对接活动、2019年北京大学山西省“专精特新”中小企业专题研修班、全省中小微军民融合企业股份制改造及金融知识普及教育培训班、清华大学山西省中小企业、民营企业董事长研修班，培训20余人次。使企业家的理论知识得到提高，促进全区民营经济的发展。 （聂振东）

【民营企业股份制改造】 2019年，区民营企业服务中心加强民营企业规范化股份制改造。阳泉市金宇耐火材料股份有限公司、阳泉惠丰源商贸股份有限公司、山西锦丰泰和农业科技股份有限公司完成股改工作，每家完成中小微企业规范化股份制改造的企业获得奖励资金40万元。 （聂振东）

【“专精特新”企业服务】 2019年，阳泉郊区推荐山西中格矿山机械有限公司与阳泉市广凯机械制造有限公司为“专精特新”中小企业，推荐阳泉市中嘉磨料磨具有限公司进入省专精特新“小巨人”企业培育库，推荐阳泉市广凯机械制造有限公司为“单项冠军”企业。 （聂振东）

【政协提案】 2019年，区民营企业服务中心共接收区政协交办提案6件。该中心通过对各类资料进行整理、汇总和认真答复，在及时送达各位提案委员时，委员们对提案答复办理情况给予充分肯定。 （聂振东）

【民营企业“助保贷”融资服务】 2019年，针对郊区诸多小微企业存在的融资难问题，区民营企业服务中心深入18个企业开展调查，对有融资意向的企业详细情况进行了了解。先后组织区税务、金融机构、工信部门及区中小企业局，召开企业融资贷款评审会，对提出贷款要求的企业进行逐个审定，最终有4家企业通过评审，使其取得助保贷贷款。 （聂振东）

【阳泉市鑫盛瓷业有限公司】 该公司系专业生产耐酸陶瓷制品的规模化企业。公司始建于1998年，2019年，公司主要采用天然气烧结、辊道窑生产。企业产品中，专精特新产品盲道砖占全部产品的80%以上，市场稳定。截至2019年底，公司累计营业收入近1000万元，实现利润80多万元，上缴各项税金65万元。（聂振东）

【阳泉市中嘉磨料磨具有限公司】 该公司是以出口销售砂轮为主要业务的民营企业，主要生产树脂砂轮。公司在岗员工180人，年生产各型树脂砂轮5000万片。年工业总产值7000多万元。2019年，砂轮出口销售收入6000余万元。（聂振东）

【山西阳泉华岭耐火材料有限公司】 该公司是国内国际铝硅系耐材的重点骨干企业之一。拥有固定资产1.1亿元，占地80余亩，职工总人数148人。2019年实现产量2.4万吨，销售收入7600万元，实现利税1350万元，缴纳税金751万元。同年立项的环境深度治理项目，计划投资1070万元，已投入700多万元，基本完成了环境深度治理。公司合同资源饱满，呈现较好发展势头。（聂振东）

【山西通宝鑫能物流有限公司（山西通宝鑫能物流有限公司智能仓储物流园）】 该公司毗邻阳五、太旧两条高速公路和阳泉市义白路、漾泉大道，地理位置优越，交通便利。公司成立于2013年3月，注册资金900万元，总投资1.5亿元，占地面积50亩，拥有职工120人。主要从事LNG重型卡车销售、维修，各类汽车配件销售，道路货物运输，大型仓储物流配送服务等。公司已跻身山西省货运企业质量信誉考核AAA企业、陕西重型汽车有限公司“百强服务商”、阳泉市道路运输行业会员单位、阳泉市“青年文明号”，是陕西重型汽车有限公司LNG天然气重型卡车阳泉地区一级代理商，是郊区目前唯一的LNG天然气重型卡车物流企业。（聂振东）

财政 税务

财　政

【概况】 2019 年，区财政局按照“稳增长，调结构，促改革，惠民生，防风险，保稳定”的工作思路，着力增加财力，优化支出，保障重点，改善民生。当年全区一般公共预算收入在提前四个月完成全年任务的基础上，到年底达 4.7933 亿元，实现了总量增量的同步大幅增长。本年度财政运行和管理呈现出三个显著特点：一是增幅高。公共预算收入达 3.9388 亿元，同比增长 21.69%，增速在全市各县区名列第一，全省排名第 18。二是总量大。历史性地超越农业县区平定县（比平定县多 139 万元）。三是超收多。全年完成任务比年初市下达目标任务 3.5395 亿元增收 1.2538 亿元，同比超收 8545 万元。

（王　丰）

【争取上级资金】 2019 年，区财政局与省、市财政部门和有关部门沟通对接，全年共争取上级财政转移支付资金 7.53 亿元，债券资金 1.4 亿元。着力做好西南舁北七村乡村振兴示范区和千亩坪现代农业示范区两个开工早、见效快、手续相对齐全、进展比较顺利的重点项目的专项债券争取工作。（王　丰）

【社会事业和民生改善投入】 2019 年，区财政局按照“集中财力办大事，握紧拳头保重点”的要求，统筹加大社会事业和民生改善投入力度。当年全区一般公共预算支出首次突破 17 亿元，达 17.0448 亿元，同比增长 10.92%。社会事业支出继续加大。全年科教文卫、社会保障、农林水等各项支出累计达到 8.67 亿元，较上年增长 13.42%，教育和卫生健康支出实现大幅增长。其中：教育投入 2.67 亿元，增长 27.35%；卫生健康投入 1.31 亿元，增长 11.19%。支持打好脱贫攻坚战，大力保障扶贫产业发展，巩固提升基础。

（王　丰）

【财政体制改革】 2019 年，区财政局全面深化财政体制改革。完成信用社改制。率先在政府层面消化不良筹资入股，带动社会资本形成支持信用社改制化险的浓厚氛围。19 亿的不良资产全部消化，19 亿元的入股资金于当年 9 月底全部到位，并于 10 月初召开第一次股东大会。11 月，郊区“农商银行”顺利挂牌开业。投融资改革。组建完成山西玉泉投资开发有限公司，股权和实物有序转让，全区融资平台和国企集团初步形成。融资平台已成为全区拓宽融资渠道、开展多元化融资的重要力量。公司注册资本金达 3.4 亿元 ，其中货币达到 8400 万元，授信规模达到 6 亿元以上。PPP 项目全面落地。G239项目进入工程施工阶段，各项目段均按工程进度有序推进；水务一体化项目作为郊区创新投融资模式的第二个项目，已同省水利建筑工程局、山东军辉建设集团正式签订PPP项目合同，顺利进入合作实施阶段。四是深化国库集中制度改革。坚持预算单位预算管理权、资金所有权、资金使用权、财务审批权和会计核算权“五权不变”原则，围绕资料合规“跑一次”的改革目标，梳理业务审核流程，简化支付审核手续，加大授权支付比例，最大限度减少审批环节，提升办事效率。推进会计制度改革。组织全区125家行政事业单位财务人员，就新政府会计准则及实操开展多角度、全方位培训，为2020年实施新的政府会计制度打下坚实基础。（王　丰）

【国库集中支付改革】　2019年，郊区加大授权支付比例，提升财政资金支付效率；全面推行财政OA办公一体化项目，真正发挥无纸化办公优势；助推新政府会计制度贯彻落实，确保贯彻实施到位；实施乡镇财政管理改革，学习先进县区管理经验，加快推进乡镇财政标准化建设，做到分工明确，责任清晰。深化预算管理制度改革。规范细化预算编审，推进预算信息公开。除涉密部门外，全区116个部门单位及7个乡镇均按照规定时限要求，全部向社会公开部门预算信息。（王　丰）

【服务企业】　2019年，郊区财政局认真落实财税优惠政策，用活用足“助保贷”、“过桥贷”政策，支持全区优质企业做大做强。全年共为39家企业融资7811万元，过桥贷款13651万元，这两项金融扶持政策帮助相关企业创造税收2800万元，解决就业3260人，减轻企业融资负担880万元。引导中小企业与资本市场对接，继续做好“新三板”“晋新板”培育工作。联合山西证券和区中小企业局，将符合条件的26家企业充实到上市企业后备资源管理库。截至年底，省股权交易中心已批准郊区三家企业在“晋兴板”挂牌，并获省政府120万元奖励资金。（王　丰）

【服务基层】　2019年，区财政局支持“五城联创”。年内组织全局各部门到开发区王垅村，开展“创卫”志愿者活动。在协调10万元创卫资金的基础上，组织全局志愿者队伍连续三个月深入创卫一线，开展环境卫生专项清理整治，创卫成果显著。全面落实帮扶责任，以巩固提升产业为前提，对照交通、公共服务设施、技术缺乏等方面短板，着力支持发展村集体经济、苹果产业发展、基础设施改造、技能培训等，把脱贫攻坚工作抓实见效。配合全区行政审批制度改革，梳理规范“四级四同”“互联网+监管”、权责清单等事项，执行“双随机、一公开”监管服务公示，优化公共服务事项审批，以切实可行的贴心服务营造“六最环境”，让群众得到实实在在的获得感、幸福感、安全感。（王　丰）

【风险防控】　2019年，区财政局建立健全财政监督体系，着力构建事前投资评审、事中资金管理、事后绩效评价三位一体的防控措施。加大财政投资评审力度。对50万元以上属财政性投资的项目实行投资评审全覆盖。全年共承接评审项目36个，审核资金53500万元，审定资金48054万元，审减金额5446万元，审减率达到10.18%。修订完善预算评审管理办法，进一步规范财政投资项目工程预算评审工作。规范资金使用管理。制定完善各类财政资金管理办法80多项，从审批、拨付、使用、问效等各个环节进一步进行规范完善，提升资金使用安全保障水平。加强预算绩效评价管理。推进绩效理念覆盖预算管理全过程，对24个主管部门预算投入在50万元以上总投资2.54亿元的61个项目全部进行绩效目标管理。26个部门和项目进行重点绩效评价，涉及金额2.3亿元。在全市率先开展财政收支绩效评价，涉及资金3.9亿元，有力促进财政资金分配理念从“供给保障”向“有效供给”的实质性转变。重视政府债务管理。实行政府债务动态管理，监控全区隐性债务偿还情况，杜绝发生新的隐性债务，稳妥化解存量。完成全区债券使用情况的披露及债券使用核查工作，牢牢守住风险底线，切实防范和化解财政风险。截至年底，全区债务率为80.2%，债务风险总体可控。（王　丰）

税　务

【概况】 2019年，郊区税务局贯彻落实党中央和国务院减税降费重大决策部署，不断优化服务举措，强化政策宣传培训，确保各项普惠性减税降费政策快速落地生效落实。强化组织领导。成立减税降费工作领导小组，制定减税降费宣传培训辅导方案，明确任务主体，梳理责任清单，形成各负其责的工作机制，建立工作日报制度，层层压实责任；定期召开减税降费专题会议，统筹抓好减税降费政策的落实。优化服务举措。在办税服务厅设立小微企业减税降费政策咨询台和“建设银行信贷平台认证”代办点，为纳税人提供信用贷款便捷服务。在宣传小微企业优惠政策同时，为纳税人提供信贷便捷服务，使“税务+金融”、纳税信用与金融信贷相结合，在减税降费的基础上，助力郊区经济蓬勃发展。政策培训到位。采用专题培训、上门辅导、微信培训、电话通知等方式对企业做到百分百“全覆盖”的培训。对内实行培训全覆盖，全年组织开展了3次全局性政策培训，确保税务干部尤其是办税厅一线工作人员熟练掌握税收优惠政策；对外开展政策培训，对辖区内300余家民营企业开展减税降费专场培训，政策条条落实；通过信息宣传栏、办税服务厅LED显示屏、税企微信群等平台，全面公开和宣传各项税费优惠政策，多角度保障纳税人对税收优惠政策应知尽知。（李雅娜）

【城乡居民养老保险费征收】 2019年，郊区税务局坚持“政府统一组织、多方协作配合、服务便民高效”的原则，有序推进社会保险费征管体制改革期间城乡居民养老保险费征缴工作。主动沟通协调。开展调研座谈，多次牵头召开会议专题部署，明确各自职责，协调解决职能划转过程中遇到的问题，对政策指引、信息关联、扣款反馈、居民缴费等重要环节反复研究论证，确保信息准确无误，细化部署协同作战。强化部门联动。强化人社、税务、金融部门联动协作，理清各方职责，共同抓好落实。相关部门各司其职，密切配合，切实做到准备充分、对表推进、流程规范、划转平稳。创新服务方式。借助农村信用社遍布乡镇的网点和渠道优势，延伸服务触角，各个乡镇的居民可以就近选择到信用社网点柜台办理缴费；与信用社合作推广“晋享生活”App社保缴费方式，缴费人足不出户就可以实现“掌上”缴费；针对个别居民居住偏僻、农活繁忙不方便到柜台缴费，年龄偏大、思想保守不愿开通银行卡和不会手机客户端操作等情况，优化原人社部门在各个村设立的协办员制度，让协办员与缴费人“一对一”“面对面”服务，实现服务群众“最后一公里”。（李雅娜）

【举办“税企面对面”座谈会】 4月4日，郊区税务局邀请不同行业、不同类型的20户纳税人召开“税企面对面”座谈会，以此拉开第28个全国税收宣传月序幕。座谈会紧扣“落实减税降费，促进经济高质量发展”的税收宣传主题，通过现场讲解减税降费相关政策、解答纳税人关注的热点问题、倾听纳税人意见和建议，共话减税降费举措。座谈会宣传介绍减税降费工作的特点及对促进经济高质量发展的重要作用；组织开展小微企业优惠政策宣讲，培训小微企业财务人员达300余人次，与纳税人现场互动交流。（李雅娜）

【组建“先锋突击队”，减税降费】 为充分发挥共产党员、年轻干部和妇女干部在减税降费工作中的作用，确保减税降费这项重大政治任务落实落地，2019年，郊区税务局组建减税降费“党员先锋突击队”“青年先锋突击队”和“巾帼先锋突击队”，并召开了组建减税降费“先锋突击队”动员会，举行了授旗仪式。（李雅娜）

【降低社会保险费率政策落地】 5月16日，郊区税务局组织召开落实降低社会保险费率实施方案联席会和降低社会保险费率座谈会，郊区财政局、人社局、医保局等相关部门及部分缴费人代表参加座谈会。座谈会围绕降低社会保险费率对减轻企业负担、优化营商环境、完善社会保险制度的重要意义，介绍《山西省降低社会保险费率实施方案》。各单位就降费工作的具体细节问题进行了深入讨论和交换意见、建议。围绕实降低社会保险费，为缴费人代表详细讲解相关优惠政策；就共享平台联通后的缴费操作、电子税务局、社保费客户端等缴费方式对缴费人进行了培训。（李雅娜）

【优化营商环境】 2019年，郊区税务局继续整合服务资源，优化办税服务，持续优化营商环境，为地方经济社会发展贡献税务力量。"套餐式"服务实现"最多跑一次"。将新办纳税人登记信息确认、优惠备案、领取发票等60项涉税事项打包成"套餐"，实现填一次表、一次流转、一次跑路，通过"一窗式"服务，一次性办结，降低办税成本。"为纳税人减负"实现涉税资料精简化。对税务登记、认定、财务制度备案等6大类依申请事项提供免填单服务；税收优惠事项备案实现资料的"零报送"，减少涉税资料报送192种，精简比例达25%。"一网通办"实现网上办税为主，自助办税为辅，大厅兜底的办税格局。依托网上办税平台，对税务登记、税务认定、发票办理等事项，实行"全程网上办理"，24小时自助办税区打破办税时间和空间的限制，实现纳税服务工作质效的提升。四是"家门口的纳税大厅"实现"社会化"办税。依托中国邮政网点，在荫营镇东大街、河底镇河底村、固庄煤矿等4个邮政营业厅，开设"家门口的纳税大厅"。推行涉税文书"两微一端"推送、邮寄送达、代办送达等服务模式，推动涉税事项办理"不见面"，变"少跑腿"为"不跑腿"。组织税务干部进企业入基层。根据省委"改革创新、奋发有为"大讨论工作部署和"万名干部入企进村服务"任务要求，局25名优秀税务干部参与11个入企服务小组，分包22户企业，入企服务达70户次。（李雅娜）

【召开残疾人就业（福利企业）涉税风险约谈会】 7月5日，郊区税务局召开残疾人就业（福利企业）涉税风险约谈会，相关部门分管领导、税源管理部门负责人及8户福利企业法人代表、财务人员参加此次约谈。会议围绕政策宣讲、涉税风险提醒、后续管理三个方面展开。会议要求：企业要转变思维认识，杜绝麻痹意识，及时掌握各项税收政策，了解各项税收风险。要求企业行动起来，不触碰政策红线，规范福利企业相关备案资料，不定期开展自查工作。加大对残疾职工的关怀力度，切实保障残疾职工的各项权益。此次约谈是区局规范和完善促进残疾人就业增值税优惠政策管理的体现，进一步促进了税企沟通，建立和谐税企关系，有助于减少税收违法风险，提高纳税遵从度。（李雅娜）

【税法宣传入校园】 11月25日，郊区税务局税务干部走进郊区荫营二中，依托"税法学堂"的模式，为同学们宣传减税降费政策等税法知识。（李雅娜）

【纳税服务】 随着《全国税务机关纳税服务规范（3.0版）》的出台，为持续优化税收营商环境，实打实、硬碰硬落实减税降费政策，进一步提升纳税人满意度，增加纳税人的体验感，2019年，郊区税务局推出纳税服务系列举措，补齐服务短板，增强政策落实力度。优化整合办税服务厅资源，着力提升办税效率。推广阳泉税务微信公众号，利用公众号"微信预约"系统，帮助纳税人及时了解实时排队情况，合理安排办税时间，缩短办税等待时间；强化导税咨询，提供资料预审，推行"一厅通办"、综合窗口"一窗通办"、特殊业务专窗办理等，提升办税效率。优化整合窗口职能，完善"一窗通办"。办税服务厅窗口。对大厅14个窗口进行优化整合科学配置，按照业务的融合性和专业性，实行"一窗受理、及时办结、内部流转、延时服务"的"套餐式"服务，方便纳税人。优化升级办税体验，精准服务纳税人。推广线上办税、自助办税等"互联网+"办税服务，加大网上税务局推广应用，逐步完善“以网上办税为主，自助办税为辅、办税服务厅兜底”的办税模式，有效解决办税高峰期纳税人等待时间长，排队拥挤等问题。开展业务互学互助，通力合作优化服务。通过业务能手“传帮带”、轮岗制、“周小测、月中考、季全检、年评比”等制度，实现人员和业务的快速融合，及时消除业务盲区和疑难问题。（李雅娜）

金融 保险

中国工商银行阳泉市郊区支行

【概况】 2019年，郊区工行树立存款是“初心业务”、是立行之本的理念，存款竞争力逐步提升，各项存款增势稳健。该行将存款工作延伸至重点乡镇和城乡结合部，加大与地方政府、机关及企事业单位的合作力度，聚焦民生、代发、拆迁、校园、社保卡、ETC、商户、私人银行等，开展营销活动，强化场景获客引流，通过互联网金融合作场景，实现线上批量获客。同步推动个人金融资产增量扩容，全力抢占储蓄存款高地，确保存款增量保持同业第一的位置。 （辛丽菁）

【业务增长】 2019年，郊区工行坚持“严控风险、力推转型、突出盈利、稳健发展”的经营思路，推动网点转型，化解历史包袱，夯实基础管理，各项工作亮点凸显。在中收、利润工作方面，全年加大对保险、基金、理财、贵金属、E分期、三方绑卡等业务的营销力度，特别是在口袋零钱、社保卡、ETC等业务方面做出了贡献。努力增加中间业务收入，实现利润最大化，力争同业进位。 （辛丽菁）

【内控管理】 2019年，郊区工行内控案防工作依托“压实责任年”主题活动为载体，紧扣“学”“行”“实”“效”4个关键词，不断增强全行内控增值理念，将各级经营管理行为和合规文化建设结合起来，全行员工责任意识、履职能力显著增强。开展“规范操作行为”专项治理活动。结合郊区工行实际情况，通过开展座谈会、业务培训、专项检查等措施，减少“屡查屡犯”行为发生，增强员工的规则意识、底线意识和风险意识。建立内控案防督办制度。将案防分析会中反映出的问题或者风险隐患对负责解决问题部门下发督办单，督促经办部门在规定时间完成，通过督办制度提高执行率，杜绝风险隐患发生。将内控评价工作融入日常内控工作。郊区工行从年初开始将内控评价指标分解至各部门，要求各部门对照指标每季度进行检查，对存在问题进行整改，按季度形成报告上报。强化底线思维和风险意识，加强内控案防重点整治工作，防范各类风险。采取常规检查和重点领域案件及风险专项治理相结合，持续开展业务运营屡查屡犯风险及重点风险专项治理活动。重点抓好网点负责人和现场管理人员履职管理、开户、网银业务、账户管理、印章管理等，采取措施开展整改。 （辛丽菁）

中国农业银行阳泉市郊区支行

【概况】 中国农业银行股份有限公司阳泉郊区支行位于郊区荫营镇东大街36号，有干部职工62人，下辖支行营业室、义井分理处、河底分理处、西南舁分理处4个营业网点。郊区支行坚持“以市场为导向，以效益为目标，以客户为中心”的指导思想，用服务拓市场，向管理要效益，各项业务工作取得了较大成绩，有力地促进了地方经济发展。

2019年，全行面对同业竞争形势严峻、区政府政策性倾斜农商行等不利因素，以“六维方略”为引领，围绕市分行“八项重点工作”，坚持“五字要求”，践行“五项原则”，上下同欲，奋发有为，取得“质量提升、考核进位”的良好成绩，全面进步迈出坚实一步。（张耀亮）

【发展主体业务】 2019年，郊区支行紧紧抓住业务发展主要矛盾，精准发力，重点突破，主体业务加快发展。存款时点、日均“双增长”。年末，全行各项存款余额15.99亿元，较年初净增7775.84万元，较同期多增5409万元。个人核心存款日均余额11.2亿元，日均增量4360万元，完成计划任务的69.2%，全市排名第二；对公存款日均余额4.5亿元，日均增量3758万元，完成计划任务的150.32%；全行贡献度达到7.32%；综合绩效考评排名全市第一，较2018年提升3个位次，真正摘掉多年倒数的“帽子”。（张耀亮）

【转型发展】 2019年，郊区支行全面落实上级行数字化转型要求，网点、零售转型迈上新台阶。对支行营业室、西南舁分理处进行微改造；对河底分理处进行整体装修改造，转型后网点向着“智能化、轻型化、营销化”的智慧网点迈出了关键一步。（张耀亮）

【客户建设】 2019年，郊区支行转变观念，解放思想，告别过去“坐门等客”模式，由支行领导班子带头，进商户、进社区、进企业、进机关外拓营销，对接政府机构，成功营销一大批优质对公客户。（张耀亮）

【短板业务提升】 2019年，郊区支行针对“资产空心行”、掌银、外呼等业务发展短板，攻坚克难，提升自身工作。强化措施，通过专设外呼人员切实提高支行外呼水平，由月均50万元提高到月均280万元，日均外呼量高达240次。重点运用好“纳税e贷”线上贷款品种，全年共为26户小微企业累计发放贷款1500余万元。抓契机、建场景，促进掌上银行业务的快速健康发展。紧抓医保缴费有利契机，活用系统数据，实现以掌银为核心的“1+N”交叉联动营销。（张耀亮）

【基础管理】 2019年，郊区支行坚持把政治建设摆在首位，推动全行党员干部理论武装往深里走、往实里走、往心里走。开展“不忘初心、牢记使命”主题教育，党员干部学习有了新收获、思想受到新洗礼，干事创业更加担当作为。坚持选人用人“四个导向”，提任35周岁以下副股级干部3人。实施关爱员工“暖心工程”，员工体检、福利保险等成效惠及全行干部职工。强化员工行为管理，持续深入“排雷化险”。狠抓中央脱贫攻坚专项巡视、总行“三整改”巡视整改，做好巡视“后半篇”文章。完成纪委书记专职化和派驻纪检监察机构改革，全面从严治党、从严治行体制机制得以保障。（张耀亮）

中国建设银行阳泉市郊区（工业园区）支行

【概况】 2019年，建行阳泉分行郊区支行坚持党建引领，带领全行员工奋发有为，力主突破，以打赢“3+2”攻坚战为目标，切实落实总行“三大战略”，开启“第二发展曲线”，实现工业园区支行各项业务指标突破增长。（王　鹏）

【旺季营销】 2019年第一季度，郊区（工业园区）支行各项业务开端良好，主要业务指标居全行前列。在市分行旺季营销表彰大会上，工业园区支行囊获了8个大奖，分别为：省分行“信用卡业务尖峰网点”；省分行“龙支付个人客户拓展尖峰网点”；市分行“2018年度先锋集体奖”；“2019年旺季营销综合贡献二等奖”；“对公业务综合考评先锋网点”；“2019年旺季营销对公智能撮合平台获客先锋网点”；“2019年旺季营销商户拓展先锋网点”；“2019年旺季营销对公结算账户拓展优胜奖”。（王 鹏）

【主要业务增长】 截至2019年年末，郊区支行全口径存款余额达8.86亿元，较年初增长7982万元。其中个人存款余额4.42亿元，较年初增长8467万元；对公存款余额4.45亿元，较年初减少了486万元。各项贷款平稳运行。贷款余额保持在2.43亿元，较年初减少了3522.6万元，其中：当年新增小微快贷1846万元，全行排名第一。中间业务收入迅速增加。全行累计实现中间业务收入553万元，比上年同期增加137.5万元，全行排名第5位；增长速度达到33%。全行实现利润2135.5万元，同比多增420.77万元。（王 鹏）

【服务社保】 2019年上半年，针对0～8岁居民社保卡的办理，工业园区支行客户经理带队下村入户收集客户资料，柜面员工加班加点录入客户信息，共收集郊区4镇4乡社保卡资料2500多户，按时完成了社保卡的制卡以及发放工作。从9月份开始，郊区支行承接郊区范围内企业职工养老、机关职工养老以及居民养老社保卡发放业务，完成3.3万余人养老金、退休金发放工作。郊区支行大力推进“裕农通”商户发展，将“裕农通”商户作为建设银行的村口银行，加以推广。2019年，通过对荫营镇、河底镇、西南舁乡等村镇开展驻村走访，实现周边乡镇“裕农通”全覆盖。到年底，“裕农通”商户达到114户，当年新增90余户，“裕农通”商户数量居全行前列。随着“裕农通”商户的布放、激活、推广，成为建设银行服务广阔乡村的有力武器。（王 鹏）

【ETC营销】 2019年5月，交通部宣布将取消省界高速人工收费口，大力发展ETC（不停车收费业务）。为早抓机遇，抢占市场，郊区支行落实责任，目标到人。晨会动员，日常营销，班后外拓，全员打好ETC攻坚战。组成外拓团队，走访两矿与政府单位，收集资料，为客户上门办理ETC业务。随着ETC攻坚战的逐步推进，郊区支行根据不同阶段，采取了不同的跟进措施。ETC拓展初期，主要采取进社区、扫街等形式，开展宣传，吸引客户前来办理。随着业务推进，营销的触角逐渐向城乡结合部，甚至偏远农村，通过依托社保卡激活、“裕农通”维护等业务的推进，同步开展ETC营销。临近年终，交通部门对货车ETC政策逐步放开，货车大批量更换记账卡、安装OBU，营销的重点又拓展到运输公司、车队。年底在市分行的统一部署下，郊区支行派出小分队前往河北，为当地客户集中上门办理ETC。全年共完成ETC 3066户，计划完成率73.4%，套装率达到96%，初步完成市分行的既定目标。（王 鹏）

【普惠金融】 2019年，郊区支行发展金融科技，逐步普及线上贷款，先后推出“云税贷”“云电贷”等线上产品，确保了小微快贷、惠懂你App推广工作的有序开展。通过与企业主沟通，为其讲解小微快贷产品优势。在客户表明办理意向后，积极协助客户，把握机遇办理业务。在“惠懂你APP”推广冲刺阶段，抽调一名柜员税务局驻点，为到店客户介绍建设银行快贷产品、撮合平台，宣传建行品牌，发挥建设银行在企业发展中“融资，融智”的关键作用。2019年，郊区支行新投放线上小微企业快贷44笔，金额共1846万元。线下发放贷款5笔，金额共630万元。在加大新贷款投放的同时，也加大对存量不良贷款的清理、回收、核销工作。2019年，配合市行风险部门，加快不良贷款化解工作。当年年底，上年申报的2户不良贷款已经进入核销阶段，2019年新暴露的3户不良贷款已经入诉讼阶段，并积极申报核销。2019年，郊区支行当年累计退出风险客户6户，金额2760万元，其余新暴露不良客户全部进入处置阶段。（王 鹏）

【员工合规教育】 2019年，郊区支行强化员工风险意识，严格合规操作有及其着重要的现实意义。通过每日晨夕会、周例会及全行大会等多样形式，宣讲典型案例，传导法规制度，加强职工廉政教育，切实在思想上筑起拒腐防变的坚强防线。通过对典型案例的分析，加强员工的合规意识，增强政策的执行度，严防道德风险。坚持“每周一课”的学习，宣导本行各项规章制度，学习人行、银监会最新政策，加强员工理论知识学习，提高合规意识，有效地降低业务差错率和积分率，严格防范风险。全面展开员工行为排查，加强安全保卫工作的检查落实力度，提高全员履职能力，全行全年实现“零事故、零案件”。（王　鹏）

中国银行阳泉市新城支行

中国银行阳泉新城支行作为中国银行阳泉市分行第20家分支机构，于2015年1月9日正式开业。至此，中国银行阳泉市分行营业网点已遍布阳泉三区两县，结束阳泉市分行在郊区无营业网点的历史。新城支行干部员工共12人，其中行长1人、副行长1人、业务经理1人、营销岗位7人、柜员2人。

2019年，新城支行面对国内外风险挑战明显上升的复杂局面，围绕加快建设新时代全球一流银行的战略目标，激发活力、敏捷反应、重点突破，统筹推进服务实体经济、深化改革创新、防范化解风险等各项工作，实现经济效益和社会效益的共同提升。截至2019年末，新城支行各项存款余额2.9亿余元。其中公司存款1.4亿余元，个人存款1.5亿余元。人民币时点贷款余额650万元。其中公司普惠金融贷款余额300万元；个人贷款余额350万元（其中扶贫贷款100万元）。（侯林璧）

阳泉市郊区农商银行

【概况】　2019年，区农商银行以“两聚一高”为主线，即聚焦改制、聚力转型，推动全社实现高质量发展；以“五支”即支持三农、小微、实体、民营及乡村振兴为根本宗旨，统筹做好“抓党建、强队伍、建产品、拓渠道、优服务、树品牌、防风险”等各项工作，为将郊区联社打造成地方认可的百姓银行、行稳致远的合规银行、服务社会的责任银行而不懈努力。（付东飞）

【改制转型】　2019年，郊区农商银行已建成智慧银行旗舰店1个（大连路支行）、智慧银行星级店2个（平坦支行、营业部）、智慧银行标准店3个（义井支行、荫营支行、新华街分理处），智慧机具替代率达74.65%；“暖阳阳”金服驿站已选位150个、选址43个，已初步建成20个，2个已开业。区农商银行严格按照总行党委提出的改制和转型两大攻坚工程为主线，推进“改革、管理、创新、营销、服务、安全”六大工程，推进改制化险，持续引深转型提质，有效化解风险隐患，有力促进各项工作的稳健、安全、高效发展。2019年，区农商银行以改制化险为目标，突破性地开展各项工作。面对改制的严峻局面和较大困难，突破区域的局限，打破等级的格局，扩大视野，找准目标，调整思路，全力打赢改制化险攻坚战。（付东飞）

【完善管理机制】　2019年，区农商银行打造以党委书记为核心的党建及战略发展中心、以主任为核心的经营中心，以纪委书记为核心的廉政及风险防控中心，建立班子成员定点联络机制，完善领导包片、部室包点的上下联动机制，围绕管理扁平化、业务垂直化，形成决策高效的三级管理体系及专注于三农、社区、小微的普惠金融发展新格局，搭建起“三三四”人员结构及“四四二”薪酬结构。成立负债类、小微类、个金类、公司类、三农类5个产品研发小组，各小组围绕产品品牌化、服务创新化的思路设计新产品。（付东飞）

【组织资金工程】　2019年，区农商银行组织资金工程。活动引存。开展“金猪纳福开门红 郊区农信送好礼”首季开门红系列营销活动，推出存款送积分、幸运刮刮乐、华龙超市福利内购会等活动，营销各类储蓄存款6.3亿元。产品吸存。借助“好享存”产品、“一事一议”大额存款办法，吸收储蓄存款及大额存款20.91亿元。合作增存。调整班子成员与政府部门的联系点，主动为各级政府财政资金、“三供一业”、涉及拆迁征地补偿及采煤沉陷区治理的农村等重点客户提供金融服务。

渠道揽存。全行通过代缴热力费、代收社保、医保、自来水费等，拓宽揽储渠道，有效带动存款增长。（付东飞）

【信贷投放工程】 2019年，区农商银行信贷投放成效显著。推进整村授信。加强对普惠金融的宣传力度，以乡村振兴为抓手，全面推开整村授信工作，2019年对接99个行政村，采集农户信息1437户，新评定信用户478户，授信金额2668.63万元。以福农卡授信为载体，充分利用支农再贷款、“富民贷”、农户小额信用贷款等产品，全力推动乡村振兴。截至12月末，新增农户贷款2025户、1.78亿元。发力营销小微民营。5月份，区农商银行全面放开办贷机构500万元以下小微企业办贷权限。陆续开展《小微客户贷款营销“攻坚月”活动》及“再聚合力再营销、再鼓干劲再出发”小微客户营销活动，深入挖掘新的优质客户。截至12月末，累计走访个体工商户及企业客户6000户；1000万元及以下小微企业投放余额达到128户、6.28亿元，较年初增加0.04亿元。全力拓展零售业务。在线上端方面，重磅推出“暖阳阳e贷”。7月下旬成功上线“暖阳阳e贷”系列产品，以有力的产品和优质的服务迅速抢占市场，截至12月末，总申请量为15552笔、审批成功5965笔，用信客户1785人，贷款余额1.33亿元；在线下端方面，借助网格化营销，对辖内零售客户进行精准画像，配套相适应的零售产品，全力推进大零售建设。做好精准扶贫。2019年，按照省联社扶贫领域作风建设要求，对扶贫贷款进行了专项检查，确保贷款的真实合规性；6个扶贫社对贫困户家庭信息进行逐户更新，规范运作流程。截至12月末，扶贫小额信贷累放129户、4817.9万元，余额达到317户、9222.11万元。（付东飞）

【改制化险工程】 2019年，区农商银行推行改制化险工程。加快股金清理。从2018年股金清理工作来看，该行存量股金存在小、散、乱且股东难寻等多种疑难问题，通过一户一策、逐个攻坚，将股东数量压降到200户以下。加快资产确权。确权工作组积极与市、区两级政府、土地、规划、税务、不动产中心等相关部门进行沟通协调，商请政府出具相关文件、开通绿色通道、简化办理手续。加快不良清收。2019年，区农商银行重点做好存量客户风险化解和不良资产处置工作，为改制化险提供坚强保证。一方面关注重点户，持续开展清收。另一方面各办贷机构进一步加强与乡镇、村支两委的沟通协调，紧盯“四类”贷款这个重点，通过借助“全国失信被执行人名单查询”平台，对失信人、老赖人员进行曝光，彻底清收一批、重点执行一批、联合惩戒一批，打开清收工作新局面。严肃问责，防止新增。重点对2015年以来、金额500万元以下不良贷款进行听证问责，将不良贷款清收处置调度工作常态化；人力资源部积极参加不良清降调度会议，真正使化解风险情况与任用担责情况有效结合起来。专项奖励，激发潜能。出台《清收表外不良贷款专项奖励办法》，锁定目标，加大清收。在改制过程中，区农商银行不良资产出表20.46亿元，资本净额由年初的0.51亿元上升为9月末的7.92亿元，资本充足率随之上升4.29个百分点；消化存量不良贷款207户、13.6亿元，清理存量股金1023户、3.12亿元，压降超集中度贷款11.49亿元。（付东飞）

【渠道拓展工程】 2019年，区农商银行通过各种措施，拓展业务渠道。合作助推“金融+社保”一站式服务。9月，兴城支行、营业部两个“金融+社保”一站式服务网点顺利通过验收。截至12月末，共代收社保47789笔、金额1874.02万元；通过一站式网点办理第三代社保卡11449张。“线上+线下”全面推开代缴服务。开展“医保让您无忧 农信送您幸运”活动，通过缴医保抽奖方式吸引客户参与，代收居民医保59136笔、金额1478.4万元；开展“农信缴热费 温暖过一辈”活动，为全市老百姓提供线上线下缴费渠道，截至12月末，共缴费56883笔、8232.15万元；晋享生活已上线市区、郊区自来水水费、东村幼儿园学费代收项目，进一步拓宽了获客渠道。全力推动ETC业务快速发展。打通线上申请渠道，提高工作效率；全体员工充分运用微信朋友圈、网格化营销走访、企业团办等渠道，宣传本行ETC的政策优势、优惠活动。截至12月末，郊区农商银行激活用户3864户，储备客户890户。（付东飞）

【理财业务】 2019年，郊区农商银行在整合原有一般个人理财的基础上，大力发展对公、私人VIP客户理财。细分市场，根据不同客户群体的风险偏好设置不同的理财产品，推出开放式理财，每个工作日开放，购买、赎回更加灵活、便捷；为有闲置资金的对公客户提供定制理财服务，满足客户不同时期、不同资金量的配置要求，吸引更多优质客户资源；利用该行网点多、服务区域广的优势，形成“营销人员走出去营销+柜面人员在店营销+电子渠道营销”三位一体的销售模式。增加微信、电视、广播等媒体宣传，让更多的客户了解区农商银行理财的优势。截至12月末，全行累计发行系列理财产品共有71期，累计募集金额9.34亿元，其中：封闭式理财7.87亿元，开放式理财1.47亿元。存量理财产品为33期，金额4.83亿元，其中：封闭式理财4.3亿元，开放式理财0.53亿元。（付东飞）

【风险防控工程】 2019年，郊区农商银行以“防风险、保稳定、促转型”为主线，按照实施全面风险管理的总体思路，推进案件防控长效机制建设。为防控信贷业务风险，修订完善信贷24项制度；加大对正常到期贷款、出现逾期欠息的进行监测、预警提示、清理与督导；做好全辖风险状况分析，监测和检查大额贷款和突发性信用风险。加大排查财务、运营、电子银行等相关业务领域的风险防控，完善相关制度。共梳理制度221个。通过设置信访接待室、指定专人多维度舆情监测，化解潜在风险。截至12月末，在各类媒体发布正面报道累计达1000余条。四是开展“扫黑除恶”专项斗争，累计上报专题报告30份，召开专题会议4次，开展专项排查2次，发现涉黑涉恶线索3条，确保线索及时准确上报。（付东飞）

中国邮政储蓄银行阳泉市郊区分行

【概况】 中国邮储银行阳泉市郊区支行成立于2012年，是一家自主经营、自负盈亏的国有股份制银行，支行位于郊区荫营镇西大街2号，处于郊区经济、文化较中心的位置，交通便利。支行现有员工9人，均为本科以上文凭。

2019年，郊区支行自觉承担“普之城乡，惠之于民”的社会责任，定位于服务社区、服务中小企业、服务“三农”，坚持“以市场为导向，以效益为目标，以客户为中心”的指导思想，用服务拓市场，向管理要效益，促进地方经济发展。全年机构存款14370万元，当年新增存款185万元，新增个人高中端客户187户。（梁对萍）

【存款拉动】 2019年，郊区支行始终把存款任务放在首位，在网点转型和提升优质服务上下功夫，以良好的信誉赢得了客户。采用多种措施拉动存款：根据营销计划，持续开展业务拓展沙龙、通过微信群积极互动，周周有活动、月月有主题、逢节过节通过活动吸引客户来行办理业务，促进存款稳步增长。正向激励拉存款。通过制定员工绩效考核办法，充分调动员工积极性，鼓励员工主动联系客户办理存款。创新服务引存款。打造温馨、舒适的服务环境，提升客户感受，增加客户来行体验度，增置ATM一体机，方便客户办理开卡、办理电子银行及理财等非柜面业务，为客户创造快捷方便的工作环境。标准化流程拓存款。建立支行长、客户经理、大堂经理、柜员四位一体的分层营销体制，借助个人结构性存款、大额存单、资管产品、中邮证券以及各类纯债基金，结合客户需求，丰富客户产品选择的种类，为客户有效配置产品，厅堂及外排双管齐下，做好存量客户和流量客户的营销拓宽存款。（梁对萍）

【创新服务】 2019年，郊区支行为树立形象提高竞争力、实现可持续发展，重点做好服务的提升。制定《营业网点服务考评管理办法》《员工服务礼仪》及《服务投诉处理流程》，围绕员工服务行为规范、员工服务礼仪规范、员工服务技能规范、员工服务纪律规范、员工服务质量规范、员工服务效率规范等内容，从网点布局优化、窗口服务规范、业务培训机制优化、投诉处理机制完善等环节多角度进行推进，丰富活动内涵，注重服务品质，力求为客户提供文明规范、优质高效的金融服务。完善和强化服务功能，借助先进的网上银行和自助设备，减少柜台压力，分流低端客户，进一步优化服务环境和客户结构。通过细分业务发展重点、整合产品，形成目标明确、分工协调、相互支持、上下联动的业务开展模式，全面提升银行市场竞争力。借助每月非现场检查及每季的神秘人物抽查对本行工作人员服务现状进行监督，培养员工规范的行为习惯，检查人员在与不在都要做到标准统一，规范统一，行为规范。提高客户满意度。全年支行无有理由的投诉事件发生，客户满意度高。　（梁对萍）

【合规护行】　2019 年，郊区支行在发展各项业务的同时，将合规作为底线、红线，以案为鉴，加强培训，定期分析内控案防，抓好重要风险点的防控，不断提升制度的执行力。支行结合“十条禁令”“八项违反规定”等规定，开展员工行为排查，大额资金检查、ATM 机运行情况检查等，有效控制和化解各类风险隐患。建立完整的合规文化，从支行每个员工入手，签订各类责任书，确保办理的每一笔业务合规，减少银行损失，保护客户资产。坚持问题导向，充分发挥风险与内控管理委员会在政策指导、制度建设、流程优化、工作督办等方面的引导作用，强化顶层推动。加强信用风险监测和资产分类，按月对领用风险进行监测与分析，发现问题与不足，强化整改和处置工作。做好信用卡逾期催收工作，继续实施“一户一策”清收策略，通过自主清收、司法清收、政策激励等手段，加大不良贷款清收力度，降低不良份额。截至 2019 年，支行连续八年保持“零发案率”。　（梁对萍）

【电子银行】　2019 年，郊区支行抢占电子渠道先机，通过电子银行实现“跑马圈地”，借助总行“亿路有你”、“扫码 1 元特惠购”、手机银行激活扫码赠话费，以手机银行转账手续费免费，电子银行专享理财产品高收益，微信银行方便、快捷查询为卖点，做好宣传营销，促进电子银行激活率、替代率、交易率稳步提高。营销过程中，打破专业限制，上下联动，公私对接，捆绑营销，对目标客户进行整体渗透营销。年内支行新推出腾讯卡、军服卡及社保卡等多种新卡种，并通过开展腾讯卡“1 元扫 15 元话费”，军服卡活动大优惠及社保卡办理领电话费等活动，加大绑卡力度。年内开通 POS 收单业务，借助一码付优惠活动，锁定商户，加大绑卡交易量，提高本行卡的使用率，客户通过一个码、一部手机就能实现交易，出行方便，结算便捷。截至 2019 年 12 月底，郊区支行发展手机银行 1300 户，交易替代率达 90%，在市行的电子业务发展中名列前茅。　（梁对萍）

【优化资源】　2019 年，支行树立人力资源为“第一资源”的理念，培育核心竞争力，推进员工成才、提升队伍能力建设。加强提升人员能力，全员做好分级分类培训，在增强合规意识基础上，侧重提升专业技能。坚持全员读书和专业知识测试，积极推行岗位和从业资格证书达标，鼓励考取含金量高的执业资格证书。加强用工管理，严格执行全行从业人员岗位轮换、人员排查制度。确保全年人员轮岗率及排查率达到 100%。完善激励机制。进一步完善绩效考核体系，采取“放权管理、效益优先、分层考核”的原则，充分调动员工业务发展积极性和主动性。支行结合省行、市行的政策引导，做到贷款业务的下沉，真正整合各项资源，将网点打造成信贷、对公、个金为一体的多功能网点，实现客户资产利益最大化，通过交叉引见、联动营销，做到资源优化利用。取得社保一体卡的开通资质，为支行工作人员更新二、三代社保卡，为学生、老人更换社保卡，为本行发展赢得更多资源。　（梁对萍）

中国人民财产保险公司 阳泉市郊区支公司

【概况】 中国人民财产保险股份有限公司阳泉市郊区支公司(简称“人保财险郊区支公司”)成立于1985年，是中国人民财产保险股份有限公司阳泉市分公司在郊区设立的分支机构。公司位于阳泉市郊区荫营东大街25号，下设平坦、荫营、河底、杨家庄、燕龛5个营销服务部，服务部下设3个服务站、9个服务点，覆盖4乡3镇，共计各类销售人员、协保员74人。业务领域涵盖车辆、财产、责任、意外、货运、种养殖业农业保险等多个险种，开设24小时保险服务专线电话95518。

2019年，人保财险郊区支公司围绕公司工作中心，融入郊区区委、区政府重点工作，积极履行政治、社会和经济责任，将服务事关郊区发展全局的经济转型升级、社会治理、社会保障、支农支小、灾害救助等领域作为切入点和主攻方向，不断拓展服务的深度广度，较好地满足社会不同群体、不同层次的保险需求，为郊区经济发展、城乡社会稳定、人民福祉提升提供保险保障服务。2019年公司保费收入1512万元，赔付支出972.7万元。 （史瑞霞）

【宣传培训】 2019年，郊区支公司为满足不同群体、不同层次保险消费者保险保障需求，提升销售人员综合素质，提高广大公众对保险产品熟知度和风险防范意识，开展线上、线下各类宣传40余次。深入开展“3·15”宣传、严禁非法集资宣传和反洗钱宣传活动10多次，进一步增强公众保险保障和风险防范意识；保险产品、线上中国人保APP、人保V盟客户销售工具推广宣传20多次，客户进一步深入体验到了人保高效便捷的服务保障；10余场次的下乡培训极大满足了广大村民保险需求，农户防范风险和应对风险的能力得到提高。 （史瑞霞）

【服务提升】 2019年，郊区支公司实现农网产能1474.8万元。在乡镇重点农业村设立的12个三农保险服务点，提供覆盖农业生产、家庭生活、农房、车辆财产、人身意外等多项保险服务，建立19人的农村协保员队伍，为农民提供更加快速、优质的保险服务。推进乡镇交管站、农村劝导站和乡镇交通安全员、农村劝导员“两站两员”建设，于7月8日建成郊区支公司、河底营销服务部2个农村劝导站，发挥警保合作的优势，延伸服务触角，为百姓提供申领免检标志、机动车所有人联系方式变更备案、交通事故快处、交通违法查询、交通安全劝导等6项交管服务。 （史瑞霞）

【保险扶贫】 2019年，郊区支公司贯彻落实各级政府关于打赢脱贫攻坚战的决策部署，发挥保险在扶贫工作中的保险保障作用，全年为区建档立卡贫困户办理“2+3”精准扶贫综合保险，为贫困户提供包含收入、医疗、农业综合、农房、光伏等生产、生活全面风险保障，为1144户贫困户3536人提供风险保障金2.28亿元，赔款支出35.23万元；在全市开办“防贫保障保险”，为全市6000户低收入非贫困农村人口提供风险保障金3.33亿元，提高贫困边缘人口的抗风险能力，为政府打赢脱贫攻坚战发挥了行业应有的积极作用。 （史瑞霞）

【农险理赔】 2019年，郊区河底镇、荫营镇、西南舁乡、李家庄乡发生旱灾，61个村玉米种植户受灾，受灾面积33884.56亩，郊区支公司第一时间对灾害现场进行查勘，详细记录损失情况，后续经过二次查勘，损失核定，资料收集，理算核赔，支付玉米旱灾赔款189.32万元，赔付率191.31%，减少自然灾害给农民造成的损失。在旧街乡虎峪村、枣园村及河底镇河底村、程庄村等地发生重大森林火灾事故后，支公司对火灾现场进行查勘、定损，共支付火灾赔款319.76万元，赔付率832.22%。2019年，支公司承保能繁母猪、育肥猪养殖险支付赔款37万元，赔付率60.3%，在非洲猪瘟疫情肆虐的特殊情况下，能够据实赔付，赔足赔够，为生猪养殖户带去一份安心和保障；苹果、梨等果树种植险遭遇冻灾、雹灾灾害，支付赔款12万元，赔付率145.99%。 （史瑞霞）

中国人寿保险公司阳泉市郊区支公司

中国人寿保险股份有限公司阳泉市郊区支公司是中国人寿保险股份有限公司阳泉分公司在郊区设立的分支机构，位于阳泉市郊区南区新城文华园综合楼3～4层。公司主要经营人寿保险、健康保险、意外伤害保险等各类人身保险业务，以及人身保险的再保险业务、各类人身保险咨询、代理业务、国家法律法规允许的资金运用业务等。2019年，郊区支公司员工18人，营销员383人。公司下设经理室、综合部、客户服务部、营销发展部、收展发展部、机构业务部等6个部门，荫营镇、河底镇、旧街乡3个农村营销服务部。2019年，郊区支公司营业收入8781.09万元，其中保费收入为8643.7万元；营业支出为5356万元，其中各类赔付支出1923.47万元；利润总额为3384.9万元，较上年增加1040.88万元；为国家纳税11.37万元。 （郭桂英）

管理 监督

发展改革

【概况】 2019年，郊区全力推进项目建设。弘扬郊区“四套班子一台戏，齐心协力抓发展”的优良传统，由12个区级重点工程指挥部总负责，统筹协调，全面推进重点工程、项目建设。年度计划实施投资项目67项，总投资314.8亿元，当年计划投资75.7亿元。其中：续建项目36项，总投资204.3亿元，当年计划投资43.4亿元，占当年计划总投资的57.3%。新建项目31项，总投资110.5亿元，当年计划投资32.3亿元，占当年计划总投资的42.7%。全年实施的67个投资项目，开复工58项，完成投资41.9亿元，固定资产投资增幅达到25.4%。 （闫燕明）

【价费管理】 2019年，区发改局全面落实《山西省发展和改革委员会关于电网企业增值税税率调整相应降低我省一般工商业用电价格的通知》和《关于降低我省一般工商业用电价格及有关事项的通知》，做好转供电清理规范工作，确保价格政策落实到位。全年全区一般工商业电价已累计降价6.62分/千瓦时，较2018年底平均目录电价降幅达11.41%，完成国务院《政府工作报告》提出的一般工商业平均电价再降低10%目标要求，降低实体经济用能成本。全面调查摸底全区燃气工程安装收费情况，通过对阳泉市燎原房地产开发有限公司、华润燃气公司、晋东燃气公司、阳泉市利丰煤气有限公司建筑红线内燃气工程安装收费情况进行摸底调查，规范全区城镇燃气工程安装收费行为。严格执行价格备案制度，备案住宅小区前期物业服务收费32起。 （韩晓溪）

【价格补贴】 2019年，区发改局根据省政府《关于做好当前重要食品保供稳价工作的通知》（晋政办电〔2019〕12号）、《关于进一步完善社会救助和保障标准与物价上涨挂钩联动机制的通知》（晋政办〔2016〕174号）和市发改委《阳泉市关于启动价格联动机制发放价格临时补贴的通知》（阳发改收费〔2019〕158号）文件要求，区发改局联合民政局，教科局、人社局和军人退役局发放郊区4—12月价格临时补贴，涉及10个项目，发放约15万人次，累计发放金额390余万元，确保保障对象不会因为物价上涨而影响生活水平，体现党和国家对保障对象的关怀。 （韩晓溪）

【价格执法】 2019年，区发改局加强节假日市场监管，元旦和春节节假日期间，关注与群众生活紧密的物品市场价格，对全区多家大型购物超市进行监管检查。做到及时发现问题，及时解决问题，确保政策落实到位。（韩晓溪）

【价格认定】 2019年，区发改局完成价格认定工作，对公安、国土等部门的委托涉案涉纪物品进行认定，全年办理价格认定案件35起，合计认定金额约20万元。（韩晓溪）

自然资源管理

【概况】 2019年3月，根据《中共阳泉市郊区委员会、阳泉市郊区人民政府关于印发<阳泉市郊区机构改革方案>的通知》（阳郊发〔2019〕1号），阳泉市国土资源局郊区分局更名为阳泉市郊区自然资源局。内设办公室、自然资源调查监测股、空间生态修复管理股、国土空间用途管制与耕地保护股、国土空间规划股、所有者权益开发利用股、矿产资源地质勘查与测绘管理股、行政审批管理股、法规督查执法股9个股室；下设3个基层自然资源管理所、土地储备交易中心、郊区自然资源综合行政执法队、郊区规划设计室为全额事业单位；下设测绘队，为股级自收自支（企业化管理）事业单位。代管区属企业郊区土地评估事务所、郊区地产公司等区属企业。（张　星）

【耕地保护】 2019年，郊区耕地保护目标任务为12.16万亩，基本农田保护面积7.609972万亩，耕地保护率≥100%，其中包括开发区的耕地保护任务和基本农田保护任务。到2019年底，全区耕地面积达13.63万亩，基本农田7.65万亩，耕地保护率112%。区自然局通过开展基本农田储备区划定工作，划定基本农田储备区66.5561公顷，占基本农田的比例为1.15%，划定成果已报规划与自然资源部。6月开展基本农田整改补划工作，8月参加国家自然资源部组织开展的补充耕地核查工作，省厅共下发郊区核查补充耕地项目50个，除白泉工业园区土地开发复垦整理项目无相关资料无法核实外，其余49个项目已全部开展了实地核查并拍照上传。12月省自然资源厅下达全区土地开发复垦复核任务，通过认真核实，主动填报核减补充耕地指标。经逐地块核查拍照，区局主动申请核减指标1.1088公顷，并将所有举证资料上报市局。（张　星）

【自然资源管理】 2019年，区自然资源局积极开展资源服务工作，逐宗逐项落实手续。截至年底，完成项目用地初审1个，预审3个，预审面积1.60公顷，建设用地1.37公顷，未利用地0.22公顷。签订矿山土地复垦三方共管协议3个，预存土地复垦费74.802万元。9月完成小西庄北异西沟拆旧复垦工作，年内第一批次建设用地拟用地项目10个，G239线阳泉郊区过境河底至荫营段改线工程签订13个村的预征地协议，阳大铁路项目征地情况已组建上报省厅。2018年第一批次建设用地项目签订征收土地协议8个。批而未供和土地例行督察方面，全区2009年—2016年批准面积1441.15公顷，土地供应面积1125.33公顷，土地批而未供面积351.82公顷，供地率78.09%。土地补偿费未支付到位涉及郊区2015年第五批次和2016年第一批次，应支付土地补偿费2207.25万元，已支付560.30万元，未支付1646.95万元。2019年度，全区个人补交土地出让金126户、78万元。（张　星）

【生态新城起步区XC-07号地块项目】 项目位于郊区李家庄乡李家庄村、桃坡村、甄家庄村，占地面积25.3423公顷，已完成土地征收、储备，并于2019年11月发布挂牌出让公告。12月区自然资源局与山西泉民开发建设有限公司签订《成交确认书》。（张　星）

【矿产资源管理】 2019年，全区办理采矿许可证1个，办理采矿权登记征求意见1个，办理与各类保护区重叠情况进行核查14个。按时完成了日常报表、各项报告，矿管、储量系列等日常工作。（张　星）

【地质灾害防治】 2019年，区自然资源局结合郊区实际，制定全区2019年地质灾害防治工作计划。聘请有资质的地质灾害专家对全区隐患点进行全面排查，在每一个隐患点设立警示标志，制定下发《阳泉市郊区汛期地质灾害防治方案》。年内，全区共下发对各乡镇地质灾害防灾工作明白卡58份，签订责任书30份，下发防灾避险明白卡6000份，下发防治通知书58份。4—10月分别在程庄村、牵牛镇村，山底村、邓家峪村和各乡镇地质灾害隐患点组织开展地质灾害应急演练活动。利用电视、广播和网络等各种新闻媒体，宣传《地质灾害防治条例》等法律、法规和地质灾害防治措施，做到依法监测，依法防灾。（张　星）

【土地执法监察】 2019年，全区卫片执法监督检查违法用地共54个图斑（其中开发区2个），拆分及合并成46宗地块，立案40宗。从4月开始卫片执法监督检查，按季度下发违法用地图斑，第一季度卫片下达一个图斑：李家庄乡大西庄村阳泉市射击馆，已批复未办理供地手续；第二季度下达88个图斑，其中郊区75个，城区6个，开发区6个，矿区1个，合法图斑22个（包含批而未供），拟定临时用地16个（政府性工程），违法图斑37个，正在立案查处；第三季度下达140个图斑（包括城区、郊区、开发区）准备进行外业核查。（张　星）

【矿山执法】 2019年，区自然资源局共出动执法人员2600余人次，对全区涉及资源的6个乡镇的私挖滥采坑点及隐患点进行排查，下达监管函1600余份，责令停止违法行为通知书55余份，查扣大型非法采矿设备28台件，处理21台件。全年全区矿业秩序基本稳定，对经排查发现的关闭井口均关实关死，杜绝大范围机械开采和洞采，打击非法采矿取得阶段性成果。（张　星）

【扫黑除恶专项斗争】 2019年，区自然资源局共出动巡查350余次，出动执法人员1400余人次，深入排查全区非法违法用地用矿重点热点区域。上报区扫黑办涉黑案件线索2条，收到区扫黑办转交信访案件15起，全部调查回复完结。配合公安机关调查涉及自然资源领域的线索16条，风险提示函2条，司法建议书1条，并针对调查内容出具情况说明或提供相关材料。（张　星）

【生态修复治理】 2019年，阳泉被列入京津冀周边及汾渭平原等重点区域生态修复城市之一，自然资源部下发郊区71个疑似确认图斑和113个废弃露天矿山生态修复图斑。经外业核实和自然资源部确认，最终确认认可需要修复的生态修复图斑80个，面积共计339.29公顷（包括城区4个面积10.39公顷、矿区12个154.04公顷、郊区62个171.61公顷、开发区2个3.25公顷）。按照自然资源部要求，修复治理期限截至2020年底前完成，2019年先修复治理环保部督查的10个坑点（自然资源部确认认可修复为8个图斑），其余的需要修复的图斑放在2020年修复治理。（张　星）

【地籍调查】 2019年，区自然资源局在第三次国土内外业调查的基础上，通过外业举证、数据库建设等工作，完成本区第三次国土调查，并通过省厅验收，提交国家自然资源部检查验收。经调查，郊区主要地类为：耕地60516公顷，园地1422公顷，林地31541公顷，草地7048.75公顷，工矿用地5005.89公顷。（张　星）

【国土资源管理警示教育】 2019年，区自然资源局组织干部职工学习全市国土资源系统党风廉政建设大会精神及阳泉市纪委有关廉政工作会议精神，有计划地开展反腐倡廉学习教育，深刻剖析姚立军、王叶森典型案件，认真算好腐败导致的政治账、经济账、家庭账和名誉账，切实做到警钟长鸣，提高拒腐防变的能力。由分管领导带头，在土地征收、土地矿产执法、项目管理及干部作风问题方面开展自查工作，各科室紧密配合，上下联动，梳理并定期上报涉及民生领域和群众身边的腐败问题线索。（张　星）

能源管理

【概况】 2019年3月，区能源局成立。该局承接了原煤炭工业局的煤炭行业管理职能，接收了区发改经信的电力节能与油气新能源管理职能。年内与区各部门、各乡镇积极对接，发展能源经济，加快推进能源革命重大项目建设，提升新能源产业发展水平；稳步推进冬季清洁取暖，实现煤炭消费减量替代；建立健全能源行业管理规范，初步构建起绿色能源消费体系。（李昌恩）

【电力运行发展】 2019年，全区投入运营的电力企业共10家，其中新能源电力企业9家，火力发电企业1家。截至2019年底，新能源电力行业共发电 57280.40 万千瓦时，其中：郊区昌盛日电光伏电站2859.93万千瓦时，郊区核新光伏电站（中广核太阳能）13587.42万千瓦时，郊区航新光伏电站（太科光伏电力）6577.55万千瓦时，潞安光伏发电有限公司发电量为2835.3万千瓦时，力宇煤层气利用有限公司发电量为16474.58万千瓦时，（扬德）新景矿佛洼瓦斯发电项目3418.61万千瓦时，（扬德）新景矿保安瓦斯发电项目6647.02万千瓦时，阳泉煤业（集团）有限责任公司二矿桑掌乏风氧化发电项目2967万千瓦时，程庄煤矿阳泉市中能煤层气开发有限公司发电机组发电1912.99万千瓦时。火力发电企业山西河坡发电有限责任公司发电336265.8万千瓦时。（李昌恩）

【西上庄2×660兆瓦低热值煤热电项目由停转建】 阳煤集团西上庄2×660兆瓦低热值煤热电项目是阳泉市及郊区推进产业转型、变输煤为输电、走煤电一体化之路的重点工程，是推进阳泉矿区和新城集中供热、改善居民生活质量的民生热电项目，是“晋电送冀”重点电源项目。项目于2016年2月开工建设，2017年10月列为停建项目，2019年5月获批由停转建。项目计划建设2台660兆瓦超超临界机组，对阳泉市西部地区1840万平米进行供热，总投资527700万元。截至2019年底，已完成接入系统和送出工程方案制定等工作，并报请有关部门核准批复，园区专用道路及各项配套工程有序推进。（李昌恩）

【阳煤二矿桑掌风井瓦斯发电项目并网发电】 阳煤集团二矿桑掌风井乏风及抽放瓦斯氧化发电15兆瓦项目是兴边富民清洁能源与阳煤集团的BOT合作项目，项目于2017年6月开工，建设6台氧化装置（RTO），每台RTO的处理量为9万标方/小时，一台54吨/小时的余热锅炉和一台15兆瓦的高温高压汽轮发电机组，建设投资1.98亿元，于2019年5月实现并网发电，截至年底发电2967万千瓦时。（李昌恩）

【山西荣光能源垃圾发电项目一期15兆瓦投入试运行】 阳泉生活垃圾焚烧发电项目由山西荣光能源有限公司负责建设，项目位于阳泉市郊区荫营镇东落菇堰村，占地面积98.14亩。项目总投资5.25亿元，设计日处理垃圾量1100吨、规模为3*550吨垃圾焚烧生产线（两运一备），2*15兆瓦直接空冷汽轮发电机组（单台每天焚烧垃圾550吨，锅炉每小时蒸发50吨）。垃圾处理采用循环硫化床集成焚烧技术，同步建设炉内脱硫、脱销、渗滤液处理、飞灰固化、灰渣综合利用等配套设施。项目建成后年可处理生活垃圾40万吨，年发电量1.1亿千瓦时，供电量9000万千瓦时，属于国家鼓励支持建设的循环经济产业项目。项目一期15兆瓦工程于2019年12月底投入试运行。（李昌恩）

【清洁取暖】 2019年，区自然资源局积极推进城乡清洁供暖，开展“煤改电”等清洁取暖改造惠民工程。截至年底，完成“煤改电”6个乡镇37个村13591户，超额完成年度计划任务，完成率109%。完成“双替代”的村全部划入“禁煤区”，实现清洁温暖过冬。（李昌恩）

国有资产管理

【行政事业单位资产管理】 2019年，区财政局制定出台多项行政事业单位资产管理办法，进一步完善全区资产管理制度。通过出台《关于编制国有资产出租出借收入部门预算的通知》并督促各部门落实执行，加强全区行政事业单位国有资产出租出借管理，规范全区行政事业单位国有资产出租出借行为。全区行政事业单位内部实行资产专管员备案制度，强化单位内部资产管理，实现资产管理动态化和即时化管理。（王　丰）

【资产处置】 2019年，区财政局受区政府委托，在与汇华会计事物所、阳泉天元报废汽车回收（拆解）有限责任公司，阳泉市二手交易市场签订协议、确定协作关系的基础上，对全区行政事业单位的废旧资产进行规范合法的处置程序，并针对同级审计要求建立和完善国有资产的处置管理制度，有效防止国有资产流失。针对国有资产报废管理随意性大问题，严格按《地方行政单位国有资产处置管理暂行办法》执行，资产报废经技术鉴定或按有关规定对资产进行产权核销，国家或行业对资产报废有技术要求的，应当由具备相应资质的专业机构进行技术鉴定。达到国家和地方更新标准，但仍可以继续使用的资产，不得报废，以防国有资产的浪费和流失。（王　丰）

【2019年度全区资产总体情况】 截至2019年12月31日，全区资产总计账面数（净值，下同）240578.17万元，较上年增长61.01%；经清查盘点后，资产总计实有数240578.17万元。负债总计账面数34429.69万元，较上年增长-16.16%。净资产总计账面数206148.48万元，较上年增长90.26%。（王　丰）

【按单位性质资产情况】 2019年，全区行政单位国有资产169522.25万元，占70.46%；事业单位国有资产71055.92万元，占29.54%；民间非营利组织国有资产0万元，占0%。（王　丰）

【资产构成】 2019年，全区流动资产83282.11万元，占34.62%；固定资产94560.51万元，占39.31%；在建工程7420.89万元，占3.08%；长期投资50万元，占0.02%；无形资产619.33万元，占0.26%；其他资产54645.33万元，占22.71%。（王　丰）

【固定资产构成】 2019年，全区固定资产期末账面数原值99649.17万元，累计折旧5088.66万元，净值94560.51万元，其中：土地、房屋及构筑物66882.66万元，占固定资产的70.73%；通用设备17570.07万元，占18.58%；专用设备6253.62万元，占6.61%；文物和陈列品24.29万元，占0.03%；图书档案624.51万元，占0.66%；家具、用具、装具及动植物3205.37万元，占3.39%。（王　丰）

【资产配置】 2019年，全区新增固定资产38520.86万元。从资产类别分析，新增土地、房屋及构筑物34605.16万元，占89.83%；新增通用设备2334.96万元，占6.06%；新增专用设备787.76万元，占2.05%；新增文物和陈列品0万元，占0；新增图书档案64.25万元，占0.17%；新增家具、用具、装具及动植物728.73万元，占1.89%。从配置方式分析，新购固定资产6382.63万元，占16.57%；调拨2105.37万元，占5.47%；接受捐赠3.56万元，占0.01%；置换0万元，占0；其他方式新增30029.3万元，占77.96%。

全区新增无形资产109.08万元，其中：新增专利0万元，占0；新增非专利技术0万元，占0；新增土地使用权0万元，占0；新增计算机软件109.08万元，占100%。从配置方式分析，新购无形资产109.08万元，占100%；调拨0万元，占0；接受捐赠0万元，占0；置换0万元，占0；其他方式新增0万元，占0。（王　丰）

【资产使用】 2019年，全区资产使用情况为：使用固定资产总计99649.17万元，其中自用80261.39万元;闲置64.49万元;其他19265.43万元。无形资产总计687.44万元；其中自用687.44万元。全区出租出借资产，总计57.86万元。从资产类别上分析，固定资产总计57.86万元，其中：房屋类资产总计57.86万元，占固定资产比值为100%。从单位性质上分析，行政单位占比100%。全区对外投资出资资产账面情况，总计50万元。从资产类别上分析，流动资产总计50万元。从单位性质上分析，事业单位占比100%。从投资类型分析，长期股权投资出资资产账面原值50万元。（王 丰）

【资产处置】 2019年，全区处置资产总额合计4023.64万元。从资产类别分析，流动资产合计0万元，占比0，固定资产合计4023.64万元，占比100%,其中:土地、房屋及构筑物资产合计2456.73万元，占固定资产比值61.06%，通用设备类资产合计1248.77万元，占固定资产比值31.04%，专用设备类资产合计59.52万元，占固定资产比值1.48%，文物和陈列品类资产合计0万元，占固定资产比值0，图书档案类资产合计3.23万元，占固定资产比值0.08%，家具、用具、装具及动植物类资产合计255.39万元，占固定资产比值6.35%。无形资产合计0万元，占比0，长期投资合计0万元，占比0，在建工程合计0万元，占比0，其他资产合计0万元，占比0。从处置形式上分析，出售\出让\转让27.28万元，占比0.68%，无偿调拨（划转）403.52万元，占比10.03%，对外捐赠24.63万元，占比0.61%，置换0万元，占比0，报废报损3548.57万元，占比88.19%，货币性资产损失核销0万元，占比0，其他19.64万元，占比0.49%。（王 丰）

【资产收益】 2019年，全区有偿使用收益总计39.4万元，其中：出租出借收益39.4万元，对外投资收益0万元。资产处置收益0.86万元，其中：本期处置事项收益0.86万元，往期处置事项收益0万元。本期已缴收益0.86万元。（王 丰）

重点资产管理

【土地资产】 2019年，全区期末账面面积302321.12平方米，期末账面原值163.53万元。从配置情况分析，本年度配置共计16915.20平方米，原值0万元。其中:新购0.00平方米，原值0万元，调拨0.00平方米，原值0万元，接收捐赠0.00平方米，原值0万元，置换0.00平方米，原值0万元，其他16915.20平方米，原值0万元。从使用状况方面分析，自用302321.12平方米，占比100%，出租出借0.00平方米，占比0，闲置0.00平方米，占比0，其他0.00平方米，占比0。（王 丰）

【房屋资产】 2019年，全区房屋期末账面面积430509.29平方米，期末账面原值65848万元，使用其他单位房屋面积38415.56平方米，已投入使用在建工程未转固房屋面积48.00平方米。其中：办公用房本单位房屋期末数为52394.55平方米，使用其他单位房屋期末数为9020.80平方米，已投入使用的在建工程未转固房屋期末数为48.00平方米，人均占有办公用房面积为13.57平方米，人均占用实际办公用房面积为5.57平方米。从使用状况分析，自用48709.55平方米，占比92.97%，出租出借0.00平方米，占比0，闲置0.00平方米，占比0，其他3685.00平方米，占比7.03%。（王 丰）

【车辆资产】 2019年，全区车辆期末账面数量为368辆，期末账面原值为5079.13万元。从使用状况分析自用343辆，占比93.21%，出租出借0辆，占比0，闲置1辆，占比0.27%，其他24辆，占比6.52%。从公车改革情况分析，车改方案未批复共86辆，车改方案已批复共282辆。每百人车辆占有量9.53辆。（王 丰）

【大型设备资产】 2019年，全区期末账面数量为30，期末账面原值为5564.21万元。从使用状况分析自用29，占比96.67%，出租出借0，占比0，闲置0，占比0，其他1，占比3.33%。（王 丰）

审计监督

【概况】 郊区审计局成立于1983年11月，办公地址位于郊区荫营东大街22号楼。到2019年底，全局在职人员15人，其中：公务员11人，事业编制4人。内设办公室、固定资产投资股、财政行事股、社保农业企业股、基建投资审计中心、经济责任股、法律审理股等7个股室。郊区审计局依法对本区域内同级人民政府各部门、国有金融机构和企业、事业组织以及其他依照法律规定应接受审计的财政、财务收支的真实合法和效益性进行审计监督，为国民经济保架护航。

2019年，郊区审计局共完成审计项目45个。其中：完成预算审计项目4个；完成跟踪审计（4个季度）项目4个；完成专项审计调查项目1个；完成经济责任审计项目7个；完成基本建设投资审计项目22个；企业审计1个；债权债务审计1个；完成财政财务收支审计5个。审计查出主要问题资金95543万元，比上年增加49672万元。其中，违规金额10466万元，比上年增加73万元。管理不规范金额85067万元，比上年增加49598万元；审计决定处理处罚金额10503万元，已上交财政4800万元；应归还原渠道资金1744万元，已全部按原渠道归还。审计促进整改落实有关问题资金共计6545万元。核减基本建设投资19044万元；发现非金额问题33个，损益（收支）不实11703万元。提出审计建议33条，其中被采纳审计建议1条。提交审计报告和专项审计调查报告45篇。移送有关部门处理事项2个，移送处理金额34万元。（张晓生）

【跟踪审计】 2019年，区审计局实行“专题+融合+结合”的组织方式，聚焦国家、省、市关于“三大攻坚战”、优化营商环境、新旧动能转换等重大政策措施落实情况，组织对全区深化供给侧结构性改革、优化营商环境、乡村振兴、精准扶贫、污染防治、减税降费、政府性债务风险防范等方面实施跟踪审计，抓住政策落实、项目落地、资金保障三个环节，保障政令畅通，服务提高郊区经济发展质量和效益。年内组织对区财政局、发改局、税务局、农业农村局等13家单位进行地方债务和隐性债务情况、减税降费政策落实情况、清理拖欠民营企业和中小企业账款政策落实情况、乡村振兴政策落实情况、转型项目管理实施情况等方面跟踪审计，并及时报送审计情况报告。（张晓生）

【财政预算执行情况审计】 2019年，区审计局开展区财政预算执行情况审计，并对财政局、区教科局、工信局、发改局4个部门2018年度预算执行情况进行审计。认真贯彻“严、细、透、实”的工作方针，对本级预算执行情况从四个方面进行了评价，指出预算执行和其他财政财务收支中存在的9个方面的问题，提出关于加强财政管理的意见6条。审计查出主要问题金额82815万元，其中违规金额8494.13万元，管理不规范金额74321万元；审计发现非金额问题33个，损益（收支）不实11703万元。年内向35个相关单位下发《审计整改通知书》和《整改建议清单》，各相关部门对存在问题限期进行整改。（张晓生）

【政府投资项目审计】 2019年，区审计局在全面摸清工程建设和资金管理及使用情况的基础上，重点关注工程质量、环境保护、征地拆迁和资金使用等方面的问题，重点揭示违背国家产业、土地和环保政策，严重铺张浪费，侵害群众利益的问题，重点查处转移、挤占挪用建设资金，转包和违法分包工程以及工程质量低劣、损失浪费等重大违法违纪问题；突出关注宏观政策落实情况，关注工程质量和效益情况，提出完善制度、加强管理的对策建议，确保项目建设顺利和有关政策的落实。年内完成对郊区人民武装部绿化工程结算审计、荫营工业园苇泊装配制造园平台已完工程结算等22个重点投资项目的审计，完成投资额48180万元，审计核减投资额19044万元，审减率39.5%。（张晓生）

【经济责任审计】 2019年，区审计局重点关注区各部门贯彻执行中央、省、市、区的重大决策部署、重大改革任务推进、预算执行和财务管理、对所属单位监管、贯彻落实中央“八项规定”和国务院“约法三章”“三公经费”开支及领导干部本人遵守有关廉洁从政规定情况等方面的内容。年内分别对区水利局、区商务局、区农业局、区住建局、区教科局、和泰煤业、开发公司等7个区直单位和部门的领导任期内履行经济责任情况进行审计。如：从审查财务资料向盘点实物勘查现场转变；从审查资金使用合规向资金使用效益转变。加强部门联动，多渠道全方位对专项资金进行评价，探索开展招商引资、重大政策落实、扶贫资金使用方面审计。审计查出违规金额72万元，其中管理不规范金额10680万元，促进财政增收节支90万元。 (张晓生)

【完成上级交办审计项目】 2019年，区审计局抽调专业人员参加原平原市委书记自然资源资产审计；全省2017年、2018年养老保险基金审计；全省2017年、2018年水资源环保审计；全省类金融机构2018年度状况审计调查，审计过程和结果运用都得到上级审计部门的好评。 (张晓生)

【审计业务学习培训】 2019年，区审计局强化业务人员培训，努力提高工作人员业务素质。引进1名北交大特殊人才，9月招聘5名工程类专业和5名财务审计类人才加入到审计队伍，邀请市局领导举行为期两天的全员培训和岗前培训，通过以老带新“传、帮、带”的方式对新进入单位的年轻同志进行定期跟踪和培养，使其尽快成长为品德优良、业务熟悉、作风过硬的青年人才。加强审计业务学习和培训，提高审计业务人员综合素质。利用会商系统组织全体机关干部参加视频培训，1人参加区县审计局长培训班，2人参加会计基础和计算机基础培训班，4人申报2019年审计专业技术中级资格考试，选派优秀职工参加区里组织的各类培训。 (张晓生)

统计事务

【概况】 阳泉市郊区统计局成立于1984年，负责主管全区统计工作。机构规格为正科级，下辖两个事业机构，即农村经济调查队（副科级）、监测中心（直属市统计局管理）。人员编制24名：行政编制7名，实有在编人数6人；事业编制16名，实有在编人数14人。内设9个股室：办公室、综合股、农经股、工交股、能源投资股、财贸服务业股、社会股、住户股、法规股。

2019年，全区生产总值完成1229589万元（含开发区口径），同比增长4.1%，全市排位第三。财政总收入完成85013万元，同比增长0.8%；一般公共预算收入完成47933万元，增长21.7%，全市排位第一；一般公共预算支出完成170448万元，增长10.9%，全市排位第三。规模以上工业增加值同比增长2.2%，全市排位第二；含开发区口径增长2.2%，全市排位第三。固定资产投资增长25.4%，含开发区口径增长19.2%，全市排名均为第一。社会消费品零售总额完成211079万元，同比增长7.7%，全市排位第二；含开发区口径完成387782万元，增长7.6%，排位第二。农村居民人均可支配收入完成16265元，同比增长9.4%，全市排位第一；城镇居民人均可支配收入完成28555元，同比增长6.6%，全市排位第四。 (田 莹)

【统计监测预警】 2019年，郊区统计局按时完成综合核算、农业、工业、服务业等8大块专业统计指标的监测汇总和预警研判；每月分预计、上报、反馈三次，向党政领导报送全区经济指标运行及排位情况。分月度、季度、年度对主要经济指标进行专业分析，形成针对性强、务实性高的专题报告39期。定期与考核办、发改局、经信局等区直责任部门沟通交流全区区域经济转型升级考核指标运行态势，与上级统计部门对接，收集整理全市各县区考核指标数据并进行排位对比，确保目标任务圆满完成。 (田 莹)

【统计调查】 2019年，郊区统计局按照国家、省、市要求，保质保量完成全区人口抽样、住户调查等各项常规统计调查工作，配合市统计局建立满足普查及常规调查和全面报表监测的通用数据库体系。遵循现行人口普查政策，做实、做细、做好第七次全国人口普查各项准备工作，组织调查员进行培训，赴各调查小区，指导入户摸底工作，了解村（居）的工作情况，确保普查起好步、开好局。 （田 莹）

【统计基层基础规范化建设】 2019年，区统计局向基层聚焦聚力，优化机关、乡镇、企业、村统计工作作风，提高统计规范化水平和统计数据真实性。年内完成全区7个乡镇统计站、53家在库企业的验收工作，验收合格率60%，并对22家企业提出整改指导性意见。5月，平坦镇统计站被推选为“全省统计系统乡镇级规范化建设”三家典型单位之一；平定、盂县等兄弟县区统计局多次到郊区机关、乡镇进行参观学习。 （田 莹）

【统计三服务】 2019年，区统计局根据全区统计工作实际，确定调研课题，分管领导带队，深入乡镇、企业、村进行调查研究，多方位了解郊区经济社会发展变化情况，多角度把握经济指标走势变化，形成多篇针对性强的调研报告，如《建国70年来郊区社会经济发展历程调研报告》《数说郊区“三农”新变化》，为区委、区政府准确判断形势、科学决策提供数据服务；开展慰问帮扶，持续关注帮扶点东林尖村35户73名建档立卡贫困群众脱贫致富情况。组织干部职工开展慰问困难党员、“送温暖、献爱心”社会捐助等活动，关爱他人，服务社会；开展创卫志愿服务，自备工具到责任片区新澳城小区和盛世新城小区和包保村大西庄村进行每周至少一次的志愿劳动，并向社区捐助垃圾桶20余个，提供所需草籽，制作宣传版面、宣传彩页等，投入资金万余元。分批次组织机关职工赴郑州、成都参加“阳泉市经济普查统计分析培训班”，坚持用新理论武装头脑，提高统计干部职工的政治素质和专业能力。 （田 莹）

【能力提升工程】 2019年，区统计局开展覆盖区、镇、村三级统计员专业能力提升培训39次96学时。组织系统干部职工进行通用基本能力评价和专业能力测评，合格率达100%，并建立干部职工的个人能力提升档案。 （田 莹）

【典型示范激励引导】 2019年，区统计局推出“七好股室八能职工”“争做统计先锋演讲”等评优评先活动，局综合股被授予区级“巾帼文明岗”称号，区统计局被授予区级“不忘初心、牢记使命”红色经典诵读优秀组织奖。将优秀统计报告的评比和年底评优相挂钩，推动全局人员撰写分析报告的主动性和积极性。全年累计完成统计分析39篇，其中，33篇被市统计信息网刊登，4篇被省统计信息网刊登，《数说郊区“三农”新变化》一文被国家统计局转载。共完成统计信息70篇，市、省级统计网站采纳率达80%。 （田 莹）

【“四经普”工作】 2019年，郊区统计局做好第四次全国经济普查工作。重点完成了全区7个乡镇、146个行政村、2个社区、173个普查小区、4030个法人和产业活动单位、6949个个体户清查摸底。规范程序严把关，带领全区433名普查指导员和普查员完成2460个法人和产业活动单位、903个个体户正式登记工作；成立质量控制小组，建立岗位责任制、协调处理机制，组织工交、投资、社会等涉及到的6个股室的专业技术人员，分小组对40余个普查区定向开展数据核查，发现问题及时督促改正，完成8万余条报表审核修改，确保源头数据真实准确，实现“普查结果库强制性错误为0，核实性错误全部添加说明，填报信息准确无误”的满意成绩。东南舁村、荫营矿、苇泊村等5个抽中普查区先后接受国家、省、市“四经普”领导组事后质量抽查，检查结果无单位漏报，指标差错率为抽查方案允许范围，顺利通过“省考”“国考”验收。 （田 莹）

【统计法治工作】 2019年，郊区统计局认真开展“漠视侵害群众利益”专项整治活动，制定《阳泉市郊区统计局统计造假专项整治工作方案》《阳泉市郊区统计造假专项整治“双随机”抽样工作方案》等，召开统计造假专项整治暨统计法律法规培训会，执行统计数据造假“一票否优”，加强统计数据源头防控，落实防惩统计造假责任制，专项整治工作取得实效。按照统计基层基础规范化建设要求，对61家四上企业进行数据核查，对21个村的2018年年报和2019年定期报表进行质量检查；按照“双随机”执法检查工作要求，对抽中的13个企业进行统计执法检查，未发现误差较大的违法情况。推进统计法治宣传工作，提高全社会统计法治意识。结合日常统计工作，利用统计开放日、宪法宣传日等时间节点，制作宣传版面，印制和发放宣传资料，加强社会公众对统计法律的了解；以年报培训会为载体，开展统计法律法规教育培训，签订防范和惩治统计造假承诺书，加强与组织、宣传、司法等部门的联系沟通，开展统计普法工作。（田　莹）

【统计资料编印】　2019年，郊区统计局坚守统计初心，提升统计服务水平，做好宏观经济数据发布解读，编印《统计公报》《统计年鉴》《2018年主要统计数据》《2018郊区经济发展报告（下篇）》《2019郊区经济发展报告（上篇）》《分季度全区经济监测》《阳泉市郊区第三次农业普查综合资料》等统计资料，深入分析全区经济运行的新亮点、新变化、新特点，用数字讲好郊区发展故事，为区委、区政府准确判断形势，科学决策提供优质统计服务。（田　莹）

市场管理

【概况】　2019年3月，由原阳泉市工商行政管理局郊区分局、阳泉市质量技术监督管理局郊区分局、郊区食品药品监督管理局合并组建为郊区市场监督管理局。局机关编制26名，市场监管所编制52名（其中：工商专项编制30名；财政拨款事业编制22名），综合行政执法队事业编制18名。全局实有在职人员94人，其中：公务员54人，事业人员35人，工勤5人。内设办公室、综合协调应急股、非公经济党建工作股、政策法规股、行政审批管理股、信用监督管理股、市场规范监督管理股、公平竞争监督管理股、食品生产经营监督管理股、药械保化监督管理股、特种设备安全监察股、质量标准监督管理股等12个股室；下设综合行政执法队1个，市场监督管理所7个（荫营、河底、平坦、李家庄、西南舁、杨家庄、旧街）。

2019年度，郊区市场监督管理局加强市场主体登记工作。截至12月31日，全区登记注册的各类市场主体9066户，注册资金891118.1786万元，与2018年底相比，同比增长30.4%。其中：内资企业259户，注册资金130224.65万元；个人独资企业221户，注册资金28853.04万元；合伙企业8户，注册资金2110万元；有限责任公司1801户，注册资金675689.025万元；个体工商户6593户，注册资金39133.01万元；农民专业合作社184户，注册资金15108.4536万元。2019年，新登记各类市场主体2195件，其中企业登记747件（设立登记304件，变更登记312件，注销登记131件）；个体户登记1448件（设立登记822件，变更登记166件。注销460件）。（刘海涛）

【市场登记制度改革】　按照全省行政审批制度改革工作要求，2019年12月30日，郊区举行了相对集中行政许可权改革审管衔接备忘录签署暨集中审批印章启用仪式，郊区市场监督管理局的行政审批印章封存，13项行政许可和23项其他行政职能划转至区行政审批中心。（刘海涛）

【压缩企业开办时间】　2019年，区市场监督局主动与公安、税务等相关部门协调配合，实现工商登记3个工作日，公章刻制1个工作日，税务登记1个工作日；企业设立登记，公章刻制、发票申领在5个工作日内办理完结。进一步加快推进注册登记全程电子化改革，一年来，通过互联网登记304户，颁发电子营业执照86户。（刘海涛）

【企业简易注销改革】 2019年，区市场监督局落实企业简易注销登记改革制度，提高社会资源利用效率，简化登记材料，优化登记程序，鼓励和支持符合相关条件的企业办理简易注销登记，完善市场主体退出制度，加强市场监管部门和税务部门简易注销业务协同。全年办理简易注销的企业57户，经营者享受到商事制度改革的红利。（刘海涛）

【落实“双告知、一承诺”制度】 2019年，区市场监督局通过山西省市场主体信用信息公示（共享）系统将1240户企业的相关登记信息及时告知同级相关审批部门、行业主管部门，较好地履行市场监管部门的“双告知”职责。（刘海涛）

【服务辖区经济】 2019年，区市场监督局积极发挥自身职能，解决企业融资困难。充分发挥动产抵押和股权质押登记职能作用，积极帮助企业盘活资产，解决企业融资难题。全年共办理动产抵押登记37件，主债权金额41655.49万元；办理股权质押5件，金额8973万元；共为小微企业实现融资50628.49万元，有效解决企业周转困境。继续实施商标强区战略工程，促进地方品牌经济发展。围绕全区商标战略工作目标任务，以“质量强区”为抓手，狠抓商标培育、认定、运用、保护，开展“一企一商标”“一村一品一商标”活动，为申请人提供商标名称预先查询、资料办理、后续跟踪等服务，对具有培育潜力的企业进行分类建档、跟踪服务。以保护商标专用权为核心，开展专项执法行动，严厉查处商标侵权行为，整顿和规范市场经济秩序，维护公平竞争的市场经济环境，增强企业的商标保护意识。（刘海涛）

【信用监管】 2019年，区市场监督局多措并举强化信用监管。坚持“放管结合”，加强事后监管，维护公平竞争。全面贯彻落实国务院《“十三五”市场监管规划》，重点加强工业产品、食品药品质量执法监督，不断加大事中事后监管力度。在全区范围内开展了查处无照经营专项行动，截至12月底，共办理各类无照违法经营案件6起，罚没款0.7万元。推行“双随机、一公开”监管，随机抽查事项实现全覆盖。初步形成了以信用约束、联合惩戒为核心的企业信用监管长效机制和“一处违法、处处受限”局面。创新监管模式，加强部门协作。建立以信用为核心的监管模式，利用部门协同监管平台，平稳推进信用体系建设。加强经营者异常名录管理，按照相关法律法规及上级文件精神，将全区符合条件的95户企业、19户农民专业合作社移出经营异常名录，将符合条件的7户企业移出严重失信名单。开展相关宣传教育，对经营者普及不及时年报列入异常名录和严重失信黑名单的后果。2019年在部门协同监管平台精准推送信息235条，认领226条，认领率96.17%。归集各类涉企信息1136条，要求各部门及时认领涉及自身行业的市场主体，确保了信用体系建设工作的平稳推进。（刘海涛）

【市场主体年报公示】 2019年，区市场监督局强化各类市场主体的年报公示工作。通过加大宣传，提高服务，增设咨询窗口、咨询电话、集中上门指导等方式，提高工作年报效率。年报公示工作稳步推进。2018年度年报工作情况为：企业应报1854户，实报1787户，年报率96.39%，创企业年报率历史新高；农民专业合作社应报196户，实报128户，年报率65.31%；个体工商户应报5857户，实报2414户，年报率41.22%。（刘海涛）

【质量强区】 2019年，区市场监督局全面实施质量强区战略。召开全区质量提升工作会。4月25日召开全区质量提升行动工作会，围绕质量提升行动的总体要求、重点行业领域、主要任务措施、加强组织保障等进行安排部署。开展农业标准化示范区工作。平坦镇桃林沟村于2016年成功申报国家级美丽乡村标准化试点项目后，区市场监督局工作人员多次对桃林沟村进行检查、指导，于2019年10月30日顺利通过国家标准委组织的考核验收。认真贯彻落实《标准化法》和山西省《企业产品标准自我声明公开和监督管理办法制度》，开展企业产品和服务标准自我声明公开和监督工作。全年全区共有22家企业的51个标准进行公开。组织辖区企业开展市长质量奖申报工作。根据《阳泉市人民政府办公室关于开展第二届阳泉市市长质量奖评选表彰工作的通知》要求，积极组织辖区11家企业开展申报准备工作，推荐阳泉市广凯机械制造有限公司有限公司（申报组织奖）参加申报、评选。落实计量惠民政策，开展计量监督专项检查。对辖区内25家加油站在用的71台加油机进行执法检查；对全区7家煤矿企业配备的安全用计量器具2862台（件）甲烷测定器、甲烷报警仪、矿用风速表、一氧化碳报警仪等安全用计量器具进行执法监督检查。组织辖区内53家强检计量器具使用单位进行培训；协调市检验检测所对荫营矿集贸市场、荫营镇集贸市场、固庄矿集贸市场在用的强检计量器具进行免费检定，对荫营华龙超市、九州超市、桃林沟蔬菜批发中心3家单位在用强检计量器具、称重销售的预包装商品和定量包装商品进行监督检查；对全区的6家检验检测机构进行日常监督检查，并对6家单位的诚信档案信息进行收集。开展2019年度山西省地方标准制修订项目计划的征集工作和标准制（修）订情况的统计调查工作。平坦镇桃林沟村3个项目开展山西省地方标准的申报；区天隆水泥、金隅通达两家单位参与国标、行标的制（修）订工作。（刘海涛）

【食品监管】 2019年，区市场监督局有序推进食品监管工作。强化食品生产加工企业监管。落实食品质量安全主体责任情况自查，对全区13家食品生产企业全部进行日常监督检查，并对要点表检查内容问题公示，同时将检查结果上报国家市场监督管理局平台。对全区28家食品生产加工小作坊开展“四规范”“一提升”行动，建立小作坊食品安全信用档案，督促整改小作坊4家，日常监督检查56家次，下达责令改正通知书18份。强化食品流通环节日常监管。检查126家次经营单位，下达责令改正通知书2份。开展保健食品、“非洲猪瘟”等专项检查工作，推进“放心肉菜示范超市”创建工作，辖区内的两家中型超市（阳泉市郊区宜惠生鲜超市、阳泉市郊区九州生活超市）创建工作初显成效。开展学校、幼儿园食堂食品安全专项检查。对全区27家学校、幼儿园食堂进行食品安全专项检查。已检查19家，下达责令改正通知书6份；推进学校、幼儿园、规模以上单位食堂“明厨亮灶”创建工作，采取分类设标，培育示范，以点带面的做法，召开全区所有的幼儿园食堂负责人开展“明厨亮灶”推进会，率先在幼儿园开展“明厨亮灶”工程，之后在全区学校食堂开展。截至年底，辖区内学校、幼儿园食堂“明厨亮灶”完成率为100%。规模以上单位食堂正在创建中。开展整治“保健”市场百日执法行动。制定百日行动实施方案，累计出动执法人员200人次，检查药店25个、“天狮”产品经销店1个，利用药店LED屏滚动宣传整治“保健”市场乱象200余次，与全区直销经销店和经营药店签订《杜绝乱象维护保健品市场秩序承诺书》20份。开展食品抽检工作。组织开展农产品质量专项抽检，及时公示检测结果，根据检验结果依法做好处理工作，有效排查风险隐患。2019年度，区市场监管局计划抽检农产品数量400批次，实际抽检畜禽肉、水产品、鲜蛋、水果、蔬菜、食用菌、豆制品共410批次，并全部公示。（刘海涛）

【药品流通领域质量安全风险专项整治】 2019年，区市场监督局在督促经营单位开展自查自纠，消除安全隐患的基础上，要求监管人员加强监督检查，认真分析研判，巩固整治成果。（刘海涛）

【疫苗质量管理风险排查行动】 2019年全区有疫苗接种单位17家，区市场监督局出动执法人员53人次，对17家疫苗接种单位和疾控机构的疫苗进行监督检查。对各单位管理制度的落实情况、疫苗的购进、运输、储存情况、疫苗合格性证明文件留存情况等进行全面检查。重点对疾控机构疫苗来源流向、设施设备、温度记录及制度落实情况进行检查，督促其做好疫苗的规范化管理工作。（刘海涛）

【对药品零售企业GSP认证跟踪检查】 2019年，区市场监督局按照市局要求，对近两年来未跟踪检查到的药品零售企业进行GSP认证跟踪检查，贯彻实施新修订《药品经营质量管理规范现场指导原则》，监督药品经营企业质量管理持续合规，依法查处违法违规经营行为，严防出现质量安全风险。（刘海涛）

【中药饮片质量集中整治】 2019年，区市场监督局按照《关于开展中药饮片质量集中整治工作的通知》要求，继续开展中药饮片集中整治工作。执法人员从购进验收、储存养护、票据管理、资质留存等方面对药品经营和使用单位的中药饮片进行检查。根据市局工作要求，要求所有中药饮片经营企业再次开展自查工作，从购进验收到销售管理，都严格按照相关法律法规执行。共检查药品经营使用单位136家次，立案7起，结案7起，收缴罚没款共计0.49万元。（刘海涛）

【药源性兴奋剂专项检查】 2019年，区市场监督局为做好二青会药品安全保障工作，按照市局工作要求，重点对阳泉市第二人民医院、李家庄乡卫生院、西南舁乡卫生院的第二类精神药品、蛋白同化制剂及肽类激素使用情况进行检查。通过检查，3家单位药品使用均按照相关规定严格执行。此外，对二青会会场周围的药品经营和使用单位专门进行了监督检查，要求其在显著位置悬挂或摆放药源性兴奋剂治理相关宣传标语和警示牌，并要求相关单位做好“运动员慎用”药品的处方管理和对消费者提醒警示等工作。（刘海涛）

【化妆品风险排查】 2019年，区市场监督局开展化妆品“线上净网线下清源”风险排查专项整治工作。重点在两节期间开展了染发、烫发和育发经营单位专项监督检查。共出动执法人员67人次，检查33户次。（刘海涛）

【特种设备安全监管】 2019年，区市场监督局切实加强辖区特种设备安全知识宣传力度，认真开展特种设备“七进”活动。重点加大重点时段、重点行业、重点领域、人员密集场所等单位的安全宣传力度。做好“3·15”“安全生产月”“质量月”“二青会”“国庆”等重点时段特种设备安全宣传工作，加大农村庙会及集中活动的特种设备安全宣传工作。开展集中宣传培训2次；安全生产警示约谈会议5次；组织电梯安全现场会1次；专家讲堂及集中宣传咨询3次；“进学校”1次；“进家庭”54次；组织开展特种设备应急救援预案演练5次；累计发放资料8000余份。重点检查生产使用单位“三落实”“两有证”“一检验”“一预案”“一培训”等落实情况。开展气瓶安全专项整治工作，督促辖区1家液化石油气充装单位和2家CNG充装单位完成电子标签改造工作；开展国庆期间特种设备安全检查，对辖区人员密集场所、医院超市、影院码头、旅游景区、气体充装单位等重点场所开展安全排查。在“三节”“两会”“二青会”“国庆”等重点时段，开展安全专项整治工作。突出人员密集场所、气体充装单位 、旅游景区等检查重点。要求各重点单位严格落实安全主体责任，开展节日期间设备维护工作及应急值守工作；安排专人对重点单位进行蹲点值守，确保节日期间特种设备安全使用。加强辖区特种设备安全应急能力，提高企业应急处置水平。2019年组织开展锅炉、电梯应急救援预案演练。参与压力容器使用单位、气瓶充装单位和大型游乐设施使用单位应急救援预案演练。检验企业应急管理能力，提高特种设备突发事件应急处置能力。5月24日和6月4日，在桃林欢乐世界和恒大影城分别举行大型游乐设施和电梯安全应急救援演练。（刘海涛）

【消费维权服务】 2019年，区市场监督局在“3·15”期间，开展“消费安全进商场、进校园”宣传教育活动，在大型购物场所、校园向消费者和学生开展面对面的消费维权、食品安全知识宣讲活动；在主要“旅游”景点悬挂条幅、设置咨询台，开展旅游消费宣传活动。重点加强对4S店、“农村”消费安全为主题的宣传教育活动，从不同消费层面开展维权活动，体现2019年“信用让消费更放心”的消费维权主题，营造全区“安全、放心、无忧”的消费环境。截至12月底，共接到电话、网络投诉181余起，办结168起，办结率92.8%，共为消费者挽回损失38108元，接受各类咨询500余人次。（刘海涛）

【监管整治】 2019年，区市场监督局开展“铁拳”专项整治行动，加大商标侵权查处。对全区各类超市、商场、专卖店、建材市场等重点场所的重点商品进行检查，对不凡帝范梅勒糖果（中国）有限公司举报的阳泉市郊区九州购物中心侵犯其注册商标“阿尔卑斯”专用权案件和阳泉市郊区荣达塑料制品商行侵犯阳泉市华龙超市有限公司注册商标“华龙”专用权2起商标侵权案件向市局综合执法队予以移送。加强商标培育指导，开展商标行政指导和专题培训工作，全方位提升郊区商标品牌的创造、保护、运用能力。2019年度，共指导帮助企业申请商标注册86件。按照专利资助标准对全区3项个人和10项单位共计13项发明、实用新型外观设计予以资助，资助总额4.04万元。（刘海涛）

【漠视群众利益专项整治】 2019年，区市场监督局积极开展食品、保健食品虚假违法广告检查。对阳泉柯优电子商务有限公司等56家广告经营单位发布的广告进行排查，组织开展非法集资风险排查整治行动。10月，把初步核实涉嫌非法集资的山西中融崛起信息科技有限责任公司以涉嫌涉黑涉恶线索向郊区扫黑办予以移送；检查投资咨询、财富管理、非融资性担保三类公司13个，并对其中2个未按时年报和通过登记住所无法联系的公司分别列入经营异常名单和列入失信名单；组织开展2019年度广告经营单位“双随机、一公开”抽查检查。对阳泉市祥和混凝土有限公司等37家货运源头公示企业逐一审核后报区治超办，以阳郊政发〔2019〕15号文件通知并于6月19日在《阳泉日报》郊区周刊予以公示；查处区治超办督办非法矾石场6个，立案6起，全部清理取缔，罚款0.7万元。（刘海涛）

【助力创卫】 2019年，区市场监督局按照市、区创卫办的要求和安排，按照治标与治本相结合、专项整治与全面提升相结合、阶段整治与长效管理相结合的要求，全面打响“创卫攻坚战”。成立创卫领导组，建立创卫统一管理平台，全局整合资源、上下联动、条块结合，形成纵到底、横到边齐抓共创的良好氛围，建立六大网格，抽调70余人参与创卫，实行“一人一格、一格多责、失职问责”网格化精细管理的创卫机制，分工明确，责任到人，强化措施，开展监督检查和整改。区市场监督局承担创卫任务共418家，其中：食品生产经营单位（含学校、幼儿园、职工工地食堂）104家，其中流通44家，餐饮58家，生产2家；“三小”234家，其中小食杂店116家，小餐饮101家，小作坊10家；小摊点及其他食品经营单位80家。截至年底，全面完成区市场监督局承担的各项创卫目标任务。（刘海涛）

【食品安全宣传和监督检查】 2019年，区市场监督局累计出资12万余元，制作《食品安全信息告示牌》1000块，购置张贴“禁烟标识”2000余张、创卫宣传画500余张，购置发放《餐厨废弃物台帐》《餐饮消毒台账》《进货台账》等各类台账2000余本，食品安全制度及文书1270余本，档案盒350余个。督促180余家“三小”店配备带盖垃圾桶、灭蝇灯，100余家“小餐饮”配备消毒柜、保洁柜等必要设施。美化店面环境，促进持证亮证经营效果和各项食品管理制度信息公开，以便接受群众公开监督，为食品经营者规范经营提供标准。（刘海涛）

【网格化监督检查】 2019年，区市场监督局自加压力，层层落实区域目标责任制。将整治区域划为4个网格，由4名副局长任网格长，抽调区局60名执法人员为网格员。将任务、责任落实到每一名网格员，进一步明确任务和职责。初步确定的整治任务数：202户。其中：经营单位53户、“三小”149户。12月以来，区市场监督局累计共出动执法人员1460余人次；办理许可证38户；催办从业人员健康证明62户：202块公示牌全部更新悬挂完毕；张贴“禁烟标识”280张；下达《创卫检查表》202张；发现问题530处；下达限期整改264份，完成整改420处；责令停业整改7家，完成整改4户。截止目前，达到整治标准144户。其中：经营单位34户，“三小”110户。（刘海涛）

【食品、药品和特种设备安全监管】 2019年，区市场监督局通过完善食品生产监督检查体系，对13家食品生产企业、24家食品生产加工小作坊全部进行日常监督检查；要求全区57家药品零售企业开展自查自纠，对药品零售企业GSP认证跟踪检查；围绕特种设备安全，开展气瓶安全专项整治、锅炉安全专项整治、压力管道安全专项整治、电梯保险推进工作及重点时节、重点场所的特种设备专项整治等工作，共对1107套特种设备（55台在用锅炉）进行安全排查，发现安全隐患15处，全部整改完毕。2019年，未发生一起相关安全事故。（刘海涛）

法　　治

政法委及综治

【概况】 2019年，区委政法委按照中央、省、市委政法工作会议总体部署，围绕为中华人民共和国成立70周年创造安全稳定社会环境这一主线，坚持党对政法工作的绝对领导，坚持以人民为中心的发展思想，保一方稳定，促一方平安，做好维护安全稳定、推进扫黑除恶、创新社会治理、加强政法宣传、强化队伍建设“五项工作”，完成省、市政法委和区委、区政府交办的各项工作任务。（李　敏）

【风险防范】 2019年，以中华人民共和国成立70周年大庆和二青会安保为工作主线，全区政法各部门从严从实从细落实防风险、保安全、护稳定各项措施，完成安保任务；按照“主动防范、系统应对、标本兼治、守住底线”的总体思路，深入开展政治领域、意识形态领域、经济和科技领域、社会领域等八个方面重大风险防范化解工作，对G239线阳泉郊区过境河底至荫营段改线工程、东落菇堰村市医疗废物处置中心项目、山西兆丰铝业有限责任公司南山沟赤泥干堆场新建工程等3个重大项目开展风险评估，排查各类风险隐患37处，处理化解37处，基本将各类风险化解在萌芽状态，实现社会大局总体平稳可控；深入推进邪教问题源头治理，扎实开展邪教人员摸底大排查，强化对邪教人员防范控制，全面排查清缴邪教反宣品，有效防控化解邪教风险，确保全区政治大局稳定。（李　敏）

【扫黑除恶】 2019年，区委政法委开展扫黑除恶宣传活动，张贴通告1000余份，散发宣传资料100000余份，现场咨询服务5000余人次，将2000余册自制学习手册发放到全区副科以上干部和村支两委成员，统一制作《给全区人民的一封信》牌匾，张贴在7个乡镇、146个行政村人群密集处，通过电视报刊宣传等系列活动，掀起扫黑除恶强大宣传舆论攻势；多渠道开展线索摸排，共排查出有价值线索73条，已办结45条，打掉恶势力犯罪集团2个、恶势力团伙3个，破案27起，抓获30人；加大涉黑涉恶腐败问题查处，处理40人，对1000余名村支两委进行联审，整顿软弱涣散村3个。扫黑除恶成果综合排名位居全市第一，全区刑事案件、治安案件实现“双下降”。（李　敏）

【社会治理】 2019年，区委政法委开展群防群治，发挥“两会一队”、平安志愿者、义务巡逻队等多支队伍力量，完善“十户联防、邻里守望”机制，学习借鉴“枫桥经验”，加强区、乡、村矛盾纠纷调解中心规范化建设，巩固和完善人民调解组织，先后成立“和为美”家事调解室、旧街南沟“老孙调解室”，荫营下烟“义红调解室”等10余个调解室，共排查各类矛盾纠纷402件，调处401件，调解婚姻家庭纠纷130余件，成功挽救2个濒临决裂的家庭，最大限度地把矛盾纠纷解决在基层，化解在萌芽状态；采取教育矫治、服务管控、实时监测等措施，密切关注刑满释放、吸毒人员、社区矫正人员、严重精神障碍患者、邪教人员等治安风险等级较高人员，实现重点人员管控无缝对接；建立严重精神障碍患者救治救助管理方法，为全区1036名在册精神障碍患者购买监护人责任保险，全区三级以上精神障碍患者全部签订以奖代补协议；建立吸毒人员网格化服务管理办法，在册吸毒人员全部建档管控，见面率达96.9%，在荫营矿设立社戒康复基地，配备6名社戒工作人员，提高对吸毒人员的服务管理水平；申请区政府拨付专项资金50万元，为网格员配备必要的通讯设备，组织网格员全员综合培训4次，有效提升网格员的综合素质和服务意识，通过建立健全补充遴选、跟踪指导、考核管理、末位淘汰四项机制，推动网格员队伍健康发展，网格信息上报数、有效处理率大幅提升，一举扭转落后局面，跻身全市先进行列；健全心理疏导机制，聘请37名国家注册二级以上心理咨询师组建专业心理矫治队伍，定向开展心理辅导、援助，全年共开展心理咨询讲座9次，受众人数达4543人次，及时防范和降低社会风险，防止极端案事件的发生。（李 敏）

【法治宣传】 2019年，区委政法委围绕“七五普法”“扫黑除恶”、综治宣传月等活动开展宣传。通过设立咨询台，出动宣传车、利用广场大屏幕和村头大喇叭、大手拉小手等多种形式向广大群众宣传法律法规、扫黑除恶、反邪教防范知识等，发放宣传单10000余份，发放《中国共产党政法工作条例》《中华人民共和国人民调解法》《中华人民共和国合同法》《平安家庭50条》等宣传资料3000余册，制作反邪教宣传版面40余幅，到各乡镇及广场宣传10余次，现场接受百姓咨询数千人次，悬挂张贴各种大型宣传标语50余幅；加强政法部门新媒通建设工作，提升政法新媒体创新能力，明确各单位“新媒通”信息员，建立新媒体人才信息库，政法官方微信、官方微博全部开通运行，加快推进“微警务”“微检务”“微法院”集群建设，推广“互联网+公安”“一网通一次办”服务平台，让群众在掌心、指尖上就能办成事、办好事；推广中国长安网移动客户端、“中国长安网”“长安剑”微信公众号等，全区政法干警下载关注度达100%；参加“全国第三届平安中国微电影微视频微动漫比赛”“我们这里很平安”和“我和政法70年”（“我身边的平安英雄”）短视频作品展播活动，《长安》杂志、《山西法制报》集中刊登4篇文章推介郊区基层政法综治工作；围绕省、市政法委《“三同步”案例读本》，强化政法各部门新媒体阵地和专门人员舆论引导能力，政法干警熟练运用“三同步”工作机制，应对处置涉法网络舆情，营造良好的舆论生态环境，全年未发生任何负面舆情。（李 敏）

【政法队伍建设】 2019年，区委政法委坚持抓教育铸警魂。把习近平新时代中国特色社会主义思想纳入政法干警经常性学习内容，结合“改革创新、奋发有为”大讨论和“不忘初心、牢记使命”主题教育活动，组织党员干警持续深入读原著、学原文、悟原理。坚持抓培训强素质。建立健全教、学、练、战一体化教育培训机制，开展形式多样的业务轮训、岗位练兵和技能比武。举办政法干部培训班2次，安排政法各部门班子成员、业务骨干4批次赴外地进行专题培训。坚持抓监督促廉洁。建立健全与派驻纪检组的工作协同推进机制和情况沟通机制，加大日常工作的监督检查力度，让全区干警将党规党纪内化于心、外化于行，做到知纪、懂纪、守纪。（李 敏）

法治政府建设

【概况】 2019年，阳泉市郊区坚持以习近平总书记关于法治政府建设的重要指示和中央有关决策部署为指导，将有关法治学习方面内容列入区委常委会、区委理论学习中心组、区政府党组学习计划，定期组织集中学习，区委、区政府主要负责人履行推进法治建设第一责任人职责，将其纳入经济社会发展总体规划，在区委全委会、经济工作会、人代会等会议上进行安排部署。全年区委常委会集中学习法治建设内容6次，区政府常务会议学习11次，研究法治政府建设议题9项。（郭　琪）

【全面依法治区和法治政府建设】 2019年3月，全区机构改革完成后，区委坚持重视法治素养和法治能力的用人导向，选好配强执法、司法机关领导班子，推动执法、司法队伍的正规化、专业化、职业化。按照省、市全面依法治省（市）委员会统一部署要求，5月13日，区委常委会就成立区委全面依法治区委员会相关事宜专题讨论研究。6月14日，区委书记、区委全面依法治区委员会主任王明厚主持召开区委全面依法治区委员会第一次全体会议，研究审议并通过《区委全面依法治区委员会工作规则》《区委全面依法治区委员会协调小组工作规则》《区委全面依法治区委员会办公室工作细则》《2019年全面依法治区工作要点》《阳泉市郊区2019年度党政主要负责人履行推进法治建设第一责任人职责工作清单》等制度、文件，就区委全面依法治区尤其是法治政府建设工作作通盘部署。召开区委全面依法治区委员会普法协调小组会议，下发各部门谁执法谁普法责任清单、考核细则等，保障各项工作的有序推进。（郭　琪）

【依法行政制度体系建设】 2019年，阳泉市郊区贯彻落实《重大行政决策程序暂行条例》，健全完善区委常委会、书记专题会、区委全会及区政府常务会、党组会议等议事规则，规范依法决策机制和程序，制定《关于切实加强行政规范性文件合法性审核工作的实施方案》，明确规范性文件合法性审核的范围、主体、程序、职责和责任，制定下发《关于推进法治政府建设示范创建的实施方案》，对照中央全面依法治区办《市县法治政府建设示范指标体系》文件，将8项一级指标、33项二级指标、县区涉及的96项三级指标全部细化分解到各行政执法部门，明确各项具体工作的完成标准、完成时限等，保障法治政府建设工作全面、有序推进。（郭　琪）

【依法行政】 2019年，阳泉市郊区组建卫生健康、自然资源、商务粮食流通、应急管理和安全生产、市场监管、城市管理、交通运输、农业、文化市场和劳动保障10支综合行政执法队伍；加大行政执法人员和队伍的正规化、专业化、职业化建设，组织开展行政执法主体、行政执法人员清理工作；对行政审批事项进行梳理优化，全区共重新梳理并集中审核、统一发布行政许可、行政确认和其他类事项计168项；制定下发《全面推行行政执法公示制度执法全过程记录制度重大执法决定法制审核制度的实施方案》《深化“放管服效”改革转变政府职能加快营造六最营商环境重点任务分工方案》；加大食品药品、安全生产、环境保护、社会治安等方面的督查力度，通过区委办、政府办以及区依法治区办多层次、全方位的督查检查，加强重点领域执法监管；全年代表区政府办理行政应诉案件5起，办理行政复议案件1起，参与市政府行政复议案件1起。（郭　琪）

【社会治理创建和平安建设】 2019年，阳泉市郊区创新乡村社会治理，制定下发《深化“党建引领、三治融合”村社治理新体系试点实施意见》，在全区选取67个行政村（社）为试点，其中荫营镇、旧街乡为全面推广，通过完善村（社）权力清单、运行流程、行为规范、配套制度等，促进自治、法治、德治“三治融合”。组织实施“七五”普法规划，推进法律“六进”

活动，全年共举办法治讲座1场，开展法治宣传13次，发放宣传资料3.2万余份。实施免费法律服务咨询便民工程，安排专门的值班律师，在区公共法律服务大厅每周5天、各乡镇公共法律服务站每周1天，为全区群众提供免费法律咨询服务，全年咨询量达2412余人次。开展“法润乡村”活动，打造“一室一委一顾问”乡村法律服务体系，全年共办理法律援助案件229件，其中刑事案件118件，民事案件35件，刑事帮助44件，认罪认罚32件。健全矛盾纠纷多元化解机制，制定出台《关于加强新时代人民调解工作的意见》，加强区乡村三级以及专业性、行业性矛盾调解组织建设，全区共通过人民调解解决各类矛盾纠纷402件，同比增长近107%。协调配合做好人民陪审员选任工作，组织49名人民陪审员培训并颁发任命书。（郭　琪）

【行政审批制度改革】 2019年，阳泉市郊区区委、区政府投资4000多万元启动区政务服务大厅扩容提质工作，将原有不足300平方米服务大厅提升至4000平方米，入驻大厅单位由24家增加至36家，入驻事项由原先的行政审批事项扩展到公共服务事项及企业项目服务事项，6大类318项审批事项全部录入政务系统，全区监管事项认领率和发布率全部达100%，基本实现政务服务事项由政府部门自行受理向政务服务中心“一窗受理、按责转办、限时办结、统一督办、评价反馈”的转变。运用全省企业投资项目在线审批监管平台，实现网上受理、办理、监管“一条龙”服务，压缩审批时限，做好取消下放行政审批事项工作，推行权责清单、负面清单制度，执行《市场准入负面清单》，落实完善公平竞争审查制度。（郭　琪）

公　安

【概况】 2019年，阳泉市公安局郊区分局贯彻各级公安工作会议精神，把握“对党忠诚、服务人民、执法公正、纪律严明”总要求，坚持稳中有进、实干实效工作基调，坚持“九个毫不动摇”新理念，坚持“三高三重”新标准，围绕中华人民共和国成立70周年安保维稳主线，落实防风险、保安全、促稳定各项措施，履行打击犯罪、保护人民职责，担当捍卫政治安全、维护社会安定、保障人民安宁的新时代使命任务，被省公安厅、省人社厅联合授予“全省县级优秀公安局”称号。（闫建书）

【犯罪打击】 2019年，阳泉市公安局郊区分局共接各类报警求助9489起，立刑事案件465起，破获现案153起，破案率33%（其中八类案件立14起，破13起，破案率93%）；另补立年前案5起破获4起；破获年前案件15起；外地案件86起，刑事案件破案绝对数260起，打击处理各类犯罪嫌疑人170人。受理治安案件977起，查处735起，查处率75%，处罚297人，其中治安拘留158人。核查各类黑恶线索74条，办结54条，下达风险提示函8份，打掉恶势力团伙3个，恶势力集团4个，破获各类刑事案件29起，抓获犯罪嫌疑人34名，排名全市第一。抓获网上逃犯83名，其中，由省厅督办抓捕、潜逃12年、涉嫌制造危爆物品犯罪的主犯谷某某落网，抓获畏罪潜逃27年的陈某某，潜逃3年的李某某落网，郊区分局共抓获历年逃犯17名，降库存率达73.68%（全市排名第二）。以“查隐患、严整改、保安全、防事故”为重点，对辖区30家涉爆单位、1家烟花爆竹单位及2家易制爆危险化学品单位进行不定时认真检查，发现和督促整改隐患25处，收缴枪支5支，子弹472枚，炮弹2枚，管制刀具、弩共4把，炸药4224.6公斤，雷管910枚，易制爆化学品980克。开展“三项破案会战”，共破获扒窃案件18起，入室盗窃案件26起，电信诈骗案件37起。在“禁毒2019两打两控”专项行动中，破获毒品刑事案件10起，刑拘12人；查处涉毒行政案件50起，行政拘留19人，强制戒毒31人，社区戒毒8人；完成484名吸毒人员见面管控“清零”任务，全区吸毒人员电子档案建档率和新打击吸毒人员信息采集率均达100%。加强重点场所整治，以“铲黄赌、排隐患、净风气”为重点，开展重点部位、复杂场所清查行动，集中组织大清查6次，检查各类场所993家次，限期整改隐患14处，办理涉黄刑事案件1起、治安案件13起，涉赌刑事案件4起、治安案件12起。（闫建书）

【安保维稳】 2019年，阳泉市公安局郊区分局累计出动警力5000余人次、车辆1000辆次进行安保维稳工作。监控涉藏涉疆人员流入流出，防范暴恐活动和个人极端事件发生；落实邪教人员包保管控，防范漏管失控、串联滋事；滚动摸排网络舆情动态，以最细措施落实重点人员稳控，力抓社会面管控。4月20日，2019“桃林沟杯”太行山地半程马拉松比赛在郊区举办，来自国内外1500余名运动员参加比赛，郊区分局出动警力145人，车辆40余辆次，保障赛事安全顺畅，期间没有发生影响社会政治稳定的重大事件，没有发生重大恶性刑事案件和重大社会治安问题，没有发生爆炸、重大火灾等安全灾害事故。8月5日至15日，第二届全国青年运动会阳泉赛区射箭赛在郊区射箭馆举行，共有来自全国42支队伍，260余名运动员参加比赛，裁判、技术官员、教练、领队等工作人员共计420余名参与比赛，全区3个公安检查站全部启动一级查控勤务，共出动警力2000余人次、车辆450辆次，做到场内场外安保工作万无一失。在中华人民共和国成立70周年大庆安保维稳期间，实行“一长三班”机制24小时运行，各部门按照职责分工，落实各项打防管控措施。（闫建书）

【服务民生】 2019年，阳泉市公安局郊区分局推进“一网通办”，为10名无户口人员登记户籍，为74名异地群众办理身份证，为2590名流动人员进行登记，为674名流动人口发放居住证，给78名群众“送证到家”。推进“互联网+公安政务服务”工作，运用“晋治安APP”对全区企业进行精准服务，完成注册3476家，完成率为53.75%，开展企业周边治安秩序集中整治专项行动，走访重点企业128家、重点工程项目36次。（闫建书）

【队伍建设】 2019年，阳泉市公安局郊区分局抓政治建警，部署开展忠诚教育，组织科所队长和业务骨干外出参加培训学习，组织干警开展岗位练兵，开展“入企进村”活动，落实岗位津贴、加班补助、带薪休假和健康体检等从优待警措施，完成留置陪护人员招聘工作，全年查处妨碍民警执行公务案件9起9人，维护民警合法权益。7月23日至24日，郊区分局组织党员民警赴河南省林州市红旗渠精神培训基地开展“牢记使命、砥砺前行”红旗渠精神教育培训，此次培训分两批共有77名学员参加。8月26日至28日，组织民警开展为期三天的执法知识培训学习，针对基层办案民警在日常工作中遇到的暴力抗法、突发事件、舆情引导以及如何合理合法的使用警械、执法记录仪等问题展开学习。（闫建书）

【任怀栋获“公安国保荣誉章”】 2月14日，阳泉市公安局郊区分局国保大队副大队长任怀栋被公安部国内安全保卫局授予“公安国保荣誉章”，并颁发证书。任怀栋，男，1971年2月出生，中共党员，大专学历，二级警督，自1993年8月从事国保工作以来，刻苦钻研国保业务，在隐蔽战线上默默奉献，确保各个敏感节点的平稳过渡。（闫建书）

【获“全省县级优秀公安局”称号】 3月15日，在太原召开的全省公安机关英雄模范向人民汇报会上，阳泉市公安局郊区分局被省公安厅、省人社厅联合授予2018年度“全省县级优秀公安局”称号。（闫建书）

【鲍国获“全省优秀人民警察”称号】 3月15日，阳泉市公安局郊区分局研判中心主任鲍国被省公安厅、省人社厅联合授予2018年度“全省优秀人民警察”称号。鲍国，男，34岁，中共党员，一级警司警衔。鲍国在案件研判和技术手段破案中发挥数据资源对侦破案件的支撑作用，配合相关办案部门研判各类案件178起，破获134起，打击处理各类人员共计98人，全年共发起情报协作94起，推送情报研判线索58条。（闫建书）

【校园反恐演练】 10月18日，阳泉市公安局郊区分局治安管理大队联合巡警大队、区文苑小学、区实验小学、区实验幼儿园开展为期三天的校园反恐处突演练。反恐演练提高学校师生及保安人员的反恐防范意识，提高校园处置突发事件的水平和能力，严防发生伤害学生儿童恶性案件。 （闫建书）

【郊区分局由市公安局直接管理】 根据中共阳泉市委办公室、阳泉市人民政府办公室2019年11月29日阳办函〔2019〕20号《关于阳泉市公安局郊区分局由市公安局直接管理的实施方案》文件精神，阳泉市公安局郊区分局及所辖派出所自2020年1月1日起上划为市公安局直接管理，人员为2019年12月31日前经审批进入的在编在册人员、离退休人员、流动人口协管员，其人事关系和党组织关系由市公安局直接管理，经费保障从2020年1月1日起由市财政保障，现有的房产、车辆、办公用房、专用设备等固定资产按照规定进行登记造册、审核清理、划归市公安局郊区分局继续使用。 （闫建书）

【破获省督特大系列电信诈骗案件】 1月22日，阳泉市公安局郊区分局摧毁一个公安部指定省厅督办的电信诈骗链条团伙，破获横跨广西、重庆、黑龙江等11省市的电信诈骗案件共20余起，涉案金额达1000余万元。2018年8月，郊区分局接到报案，称其以支付款项的名义被诈骗47万元，该案被省厅列为省督案件。侦查员从诈骗资金流向入手，摸清一个盘踞在哈尔滨市的诈骗犯罪链条团伙，并经长时间跟踪、蹲守，先后抓获团伙成员4名，扣押全套作案工具。犯罪嫌疑人周某某（男，38岁）、李某某（男，30岁）、王某某（男，30岁）涉嫌诈骗罪、妨害信用卡管理罪被执行逮捕；张某某（男，34岁）涉嫌诈骗罪、妨害信用卡管理罪被取保候审。 （闫建书）

【查处“3·12”森林火灾失火案】 2019年3月12日下午14时许，旧街乡后山村村民李某某到自有地中刨地，随手将抽剩的烟头扔到耕地墙根，引发山火，因当时未能及时控制火势，后蔓延到旧街乡、平坦镇、盂县等处。3月26日，山西绿水蓝天林业有限公司出具的调查评估报告认定：阳泉市郊区旧街乡后山村、虎峪村和平坦镇常家山村重大火灾过火面积共计755.90公顷（11338.5亩），其中生态公益林地684.84公顷，生态公益林面积中，烧毁乔木林（有林地）面积163.46h公顷，烧毁活力木蓄积量3241.7703立方米，火灾造成乔木林地、蔬菜地、灌木林地和散生林木四项林木损失估值合计共29956768元。犯罪嫌疑人李某某（男，59岁）因涉嫌失火罪被刑事拘留。 （闫建书）

【抓获网上逃犯谷某某】 5月15日，阳泉市公安局郊区分局通过技术研判、特情力量、情报支撑和刑侦抓捕，抓获潜逃12年的涉爆犯罪网上逃犯谷某某。2006年9月至2007年4月期间，犯罪嫌疑人谷某某组织他人，多次在阳泉液化气公司废旧厂房内用硝铵、石蜡糖等材料非法制造炸药100余吨。案件侦破后，同案10多名犯罪嫌疑人均已到案并被判处10年以上有期徒刑或无期徒刑，但主犯谷某某一直畏罪潜逃、逍遥法外，被省厅确定为督办抓捕逃犯。2019年“追逃清零”工作开展以来，郊区分局将谷某某列为重点抓捕对象，抽调精兵强将组成追逃小组。追逃小组成员经反复汇总梳理甄别相关信息，利用全省大数据平台进行研判分析，最终发现谷某某的活动轨迹及藏匿地点。5月15日下午19时20分许，在石家庄市新华区将犯罪嫌疑人谷某某抓获，犯罪嫌疑人谷某某（男，43岁）被刑事拘留。 （闫建书）

【侦破恶性强奸、抢劫案件】 5月28日，阳泉市公安局郊区分局接到报案，其在桃林沟被一名绰号“牛牛”的人强奸，与“牛牛”同行的还有另外两名男子，且程某与同伴手机也被抢走。郊区分局经分析研判，侦查员在阳泉市宾馆小区将犯罪嫌疑人梁某某抓获，在平定某

KTV将犯罪嫌疑人窦某某、赵某抓获。在抓捕犯罪嫌疑人梁某某的过程中，一举抓获了与其一起吸毒的嫌疑人董某某。犯罪嫌疑人梁某某（男，22岁）、窦某某（男，22岁）、赵某（男，22岁）被刑事拘留；违法嫌疑人董某某（男，23岁）被强制隔离戒毒两年。（闫建书）

【抓获潜逃27年逃犯】　2019年12月“云剑”行动第二阶段，阳泉市公安局郊区分局刑侦人员先后辗转4省5市行程6000余公里，抓获潜逃27年的逃犯陈某某。1992年至1993年间，犯罪嫌疑人陈某某伙同他人流窜于阳泉市郊区、盂县、平定等地，多次盗窃煤矿电缆、变压器等物品，给企业造成损失38万余元。案发后，同案犯罗某某、张某某、李某某等人均被依法判决并被执行死刑，陈某某畏罪潜逃。在2019年“云剑”行动中，郊区分局民警经过缜密研判，于12月10日在晋中市榆次区将陈某某抓获。犯罪嫌疑人陈某某（男，48岁）因破坏电力设施罪被依法逮捕。（闫建书）

检　察

【概况】　2019年，阳泉市郊区人民检察院批准逮捕刑事案件67件94人，提起公诉152件222人；对一起民间借贷虚假诉讼案件提出再审检察建议被法院采纳，成为全市检察机关开展虚假诉讼监督专项行动中成功办理的首例案件，此案入选全省首批虚假诉讼监督典型案例；办理首例刑事附带民事公益诉讼案件；与区河长办联合开展“携手清四乱、保护河道生态”百日会战行动，与区教科局联合制定《关于监督落实高检院“一号检察建议”的实施方案》，6名员额检察官被6所中小学聘任为法治副校长；研发的检察笔录系统多次获奖。全年，区检察院先后有3个集体、6名个人获市级以上荣誉，4人被阳泉市人民检察院记三等功。（李慧慧）

【检察笔录系统获奖】　2019年，阳泉市郊区人民检察院技术队伍创作研发的检察笔录系统在第二届全国检察机关信息化网上轻应用作品评审会中获一等奖，在2019第三届检法信息化融合发展创新大会中获“2019年度法检信息化（智慧检务）最佳创新驱动实践奖”。检察笔录系统是一款专为检察机关设计的，集录入、打印、数据管理于一体的电子笔录系统，操作简便，笔录成稿效果好，有利于保障笔录信息的及时性、真实性、准确性、完整性，有助于提高检察官的办案质量。（李慧慧）

【“携手清四乱、保护河道生态”专项行动】2019年3月，阳泉市郊区人民检察院与区水利局、区河长办等单位组织开展“携手清四乱、保护河道生态”专项行动，深入旧街乡、河底镇检查河道生态环境，对桃河、保安河、苇泊河、山底河等郊区主要河流存在的“四乱”问题进行现场调查，邀请区人大代表进行全程监督。区检察院对发现的问题进行归纳整理，向相关行政机关进行调查核实，对符合公益诉讼立案标准的线索立案9件，发出检察建议9份。行政机关在收到检察建议后，针对桃河测石段、旧街煤矿段和保安煤矿段制定治理河道污染的具体方案，并按照方案进行整改，河道生态环境得到较快恢复。（李慧慧）

【建立支持起诉机制】　3月27日，阳泉市郊区人民检察院与区司法局联合会签《关于建立支持起诉和法律援助工作联系机制的意见》（以下简称《意见》），标志着区检察院民行检察工作与法律援助工作的协作机制正式建立。《意见》规定检察机关支持起诉的案件类型、联系机制的工作方式以及工作日常联动机制。民行检察工作与法律援助工作的有效衔接，实现案件基本信息共享，为弱势群体的合法权益提供有效法律援助和司法保障，拓展支持起诉的公益保护范围，推动支持起诉工作的健康发展。（李慧慧）

【认罪认罚从宽制度】　2019年，阳泉市郊区人民检察院采取多项举措推进认罪认罚从宽制度在郊区落地。区检察院组织召开专题会议，成立领导小组，搭建办案组织，推进繁简分流，安排专人负责相关制度机制的建立。区检察院与公安、法院、司法部门联合签发实施细则，明确认罪认罚从宽制度适用范围、从宽原则、启动程序以及诉讼权益保障，明确公、检、法在办理此类案件的工作流程、办理模式，确保该项制度始终在法律的框架内推进。区检察院多次组织认罪认罚从宽流程、系统填报、精准量刑专题培训，提高办案人员准确适用认罪认罚从宽的能力及办案专业化水平。（李慧慧）

【检察开放日活动】 4月28日，阳泉市郊区人民检察院举行“‘我将无我’奋斗，不负人民重托—共和国建设者走进检察机关”检察开放日活动，邀请田园乳业有限公司、阳泉麟豪门业有限公司、三泉耐火材料有限公司、郊区保安公司、白泉村委会等5家企业的普通劳动者20余人参加。干警向企业代表介绍院发展历程、检察工作、检察特色及检察职能，各企业代表对区检察院的检察文化、办公环境、办案流程、“智慧检务”建设、检察队伍建设、干警精神面貌等方面进行全面了解。5月25日，区检察院开展“携手关爱、共护明天”检察开放日活动，邀请簸箕掌村的村干部、老师、中小学生及学生家长14人参加活动。检察干警邀请学生们体验沙盘游戏，让他们通过玩游戏疏解、释放压力。未成年人刑事检察官为大家讲述典型案例，并发放宣传资料《检察官告诉你怎样保护好自己》。（李慧慧）

【公益诉讼】 2019年，阳泉市郊区人民检察院第三检察部开展保护英烈公益诉讼专项行动，了解辖区内英雄烈士纪念设施和遗物的保护现状，摸排英烈保护案件线索。刘备山烈士陵园位于阳泉市郊区荫营镇坪上村，安葬着荫营镇357名英雄烈士。白泉烈士陵园位于阳泉市郊区荫营镇下白泉村，安葬着中国人民解放军晋察冀部队二纵队五旅十五团的8位无名烈士。经走访调查，发现烈士陵园广场生活垃圾随处乱扔，祭奠鲜花散落一地，烈士纪念碑下杂草丛生，处于无人管理的状态。区检察院依照《中华人民共和国英雄烈士保护法》规定，启动行政公益诉讼诉前程序，向相关管理部门发出诉前检察建议，督促其依法履行监管职责。收到诉前检察建议后，各相关行政机关制定整改方案，对陵园内纪念碑、墓区等纪念设施逐项排查，进行专业修缮，全部整改到位。（李慧慧）

【办理首例刑事附带民事公益诉讼案件】 2019年8月，区检察院提起的李某某失火罪刑事附带民事公益诉讼一案在阳泉市郊区人民法院宣判，该案系区检察院办理的首例刑事附带民事公益诉讼案件。2019年3月，被告人李某某在自有地刨地过程中，随手将抽剩的烟头扔到地里，不慎引发大面积森林火灾，过火林受损面积达到11338.5亩，直接造成乔木林地、疏林地、灌木林地和散生林地四项林木经济损失2995.68万元，检察机关依法对其提起刑事附带民事公益诉讼。李某某的行为致使阳泉市郊区旧街乡和平坦镇大量林地被烧毁，侵害社会公共利益，事实清楚、证据确实充分，构成失火罪。8月22日，郊区法院做出判决，判处被告人李某某赔偿被烧毁林木损失2995.68万元。（李慧慧）

【微视频《龙吟长歌》获奖】 9月，阳泉市郊区人民检察院创作拍摄的微视频《龙吟长歌》在全国第四届平安中国“三微”比赛中荣获“最具人气作品奖”。《龙吟长歌》是以区检察院检察笔录系统在第二届全国检察机关信息化网上轻应用作品评审活动中获一等奖的经历为题材，展示阳泉检察干警攻坚克难、奋发有为的良好形象。《山西法制报》《山西检察》《阳泉日报》、阳泉检察等多家媒体及公众号对《龙吟长歌》获奖情况进行宣传报道。11月，《龙吟长歌》获第四届平安山西“三微”比赛“十大作品奖”。（李慧慧）

【最高人民检察院调研督导】 9月24日，最高人民检察院检委会专职委员张志杰带队赴区检察院调研督导，围绕认罪认罚从宽制度落实、公安机关办案中心派驻检察、补充侦查工作、刑事案件报道等内容，开展阅卷调研、听取汇报、座谈交流、实地查看现场等方式进行。张志杰指出，要认真贯彻最高检“讲政治、顾大局、谋发展、重自强”工作总要求，进一步加大认罪认罚从宽的工作力度，结合本地实际，因地制宜，攻坚克难，大胆探索实践，注重典型案例的挖掘运用，以创新精神进一步做优刑事检察工作，把刑事检察业务和队伍素质提升到一个新水平。　　（李慧慧）

【省级文明单位验收】　12 月 20 日，省级文明单位考核组一行 9 人到区检察院考核精神文明创建工作。考核组参观办案工作区、党建园地、精神文明创建基地、开放式图书馆、院史陈列室、文化走廊、干警活动室等场所，实地考察区检察院环境，听取区检察院党组书记、检察长严志勇关于文明单位创建工作的汇报，查看创建文明单位档案材料，组织召开问卷答题。12 月 24 日，区检察院顺利将 50 余项资料上传至精神文明创建申报和动态管理系统，历时 2 个月的实地考察、听取汇报、问卷调查、材料审核 4 项考核任务完成。　　（李慧慧）

法　院

【概况】　2019 年，阳泉市郊区人民法院有干警 59 员，党员 50 名，员额法官 21 名，8 个内设机构，河底、平坦、义井 3 个派出法庭。全年共受理各类案件 3574 件（比上年增加 28.97%），审执结 3557 件，结案率 99.52%，结率案位居全市法院第一，全省 133 个法院中排名第十，被省高级人民法院记“集体二等功”，评为“诉讼服务工作先进集体”，获“市级文明单位标兵”称号。　　（王拉寿）

【刑事审判】　2019 年，阳泉市郊区人民法院受理刑事案件 168 件 239 人，审结 164 件 234 人；依法惩治严重危害社会治安的暴力犯罪、毒品犯罪及严重影响社会治安和群众安全感的多发性侵财犯罪等；配合监察体制改革，建立与监察机关相衔接的审判机制，审理郊区自然资源局原党组书记、局长姚某某受贿案；坚持罪刑法定，罪刑相适应原则，全年共判处 10 年以上有期徒刑 7 人，判处 5 到 10 年有期徒刑 15 人，判处 5 年以下有期徒刑 105 人，判处拘役 29 人，判处非监禁刑 74 人，其他 4 人。　　（王拉寿）

【法制宣传】　2019 年，阳泉市郊区人民法院构建庭审直播、以案说法、法官讲法的法治宣传教育新机制，网络庭审直播 769 件次，点击量不断增加；开展送法进乡村、进校园等活动，发放宣传资料、接受法律咨询 3 万多人次；与区纪委监委联合开展预防职务犯罪警示教育活动，逐渐成为常态。　　（王拉寿）

【民事审判】　2019 年，阳泉市郊区人民法院审结教育、医疗、产品责任、物业等涉民生案件 500 余件，审结劳动争议案件 400 余件，为劳动者追回报酬 300 余万元。坚持“院长接待日”制度，引导和支持群众理性表达诉求，接待群众来访 192 次，解答法律咨询 600 余人次。发挥家事审判的诊断、修复和治疗功能，审结婚姻家庭案件 400 余件，无一件因家事纠纷诱发刑事犯罪。　　（王拉寿）

【行政审判】　2019 年，阳泉市郊区人民法院受理行政案件 153 件，审结 153 件。区法院参与重点建设项目的社会稳定风险评估工作，加强法律风险的分析研判，通过召开联席会议等方式，通报行政案件审理情况和行政执法中存在的突出问题，提出合理化意见和建议，规范行政执法行为。针对盂县治安、交警行政案件逐年增多的实际，区法院行政审判团队上门进行交流，指出交警队现场制式处罚单法律条文适用不足；针对公安提供的影像证据中，询问室钟表显示时间和记录时间不一致等问题，从源头上预防和减少此类纠纷。区法院审结的盂县宝地耐火材料有限公司诉盂县环境保护局行政处罚案，入选省高级人民法院发布的《行政审判白皮书》和全省行政审判十大案例之首。　　（王拉寿）

【执行工作】 阳泉市郊区人民法院控制办案周期，避免拖延办案，规范运用查控、限制高消费、纳入失信名单等执行措施，全面推行执行信息化应用，转变执行工作方式，转变案件办理方式，统筹案件办理进程。2019 年，区法院共受理执行案件 1561 件，执结 1559 件，执结率 99.87%，“3+1”核心指标全部达标。区法院执行局获最高人民法院授予的全国先进集体荣誉称号。（王拉寿）

【司法为民】 2019 年，阳泉市郊区人民法院加大司法救助力度，为经济困难当事人减、免、缓缴诉讼费 40 余万元，发放司法救助金 18.6 万元。共办结诉前鉴定案件 50 件，诉中鉴定案件 64 件，缩短案件审判周期。阳泉市中级人民法院出台文件，向全市法院系统推广区法院的先进经验。（王拉寿）

【司法改革】 2019 年，阳泉市郊区人民法院为提升办案效能，推进内设机构改革，内设机构由原来的 17 个减为 8 个，员额法官数由原来的 17 名增加为 21 名。落实院庭长办案责任制，修订院庭长办案标准，对院庭长办案情况实行每月通报，院庭长审结案件 2652 件，占总结案数的 74.5%。落实人民陪审员制度，新增人民陪审员 49 名，陪审员总数 76 名，陪审员参审率达到 40%。推进刑事庭审实质化，实行庭前会议、非法证据排除、法庭调查“三项规程”，召开庭前会议 6 次，排除非法证据 1 件，启动证据合法性调查程序 3 件。完善证人、侦查人员、鉴定人员出庭作证机制，关键证人出庭作证 24 件 26 人次，律师参与刑事案件辩护率达 90.82%，实现诉讼证据质证在法庭，案件事实查明在法庭，诉辩意见发表在法庭，裁判理由形成在法庭。推动法律职业共同体建设，推进审务进基层，在立案庭和 3 个人民法庭分别挂牌成立“多元解纷指导中心”， 形成矛盾纠纷多元化解工作合力。法官进入乡、镇、村、社区，指导和参与调解，促进矛盾纠纷源头化解、就地解决。全年受理诉前调解案件 345 件，结案 236 件。（王拉寿）

【队伍建设】 2019 年，阳泉市郊区人民法院坚持党对法院工作的绝对领导，引深“三基”建设，开展“改革创新、奋发有为”大讨论活动。3 月，被市委组织部确定为全市第一批基层党组织标准化、规范化建设示范点。区法院开展“不忘初心、牢记使命”主题教育，在集体交流研讨基础上，采取“请进来、走出去”的办法，邀请先进典型作形势报告，组织干警到西南舁乡“北七村”参观。严肃党内政治生活，认真落实“三会一课”、民主生活会、组织生活会、民主评议党员等制度，开展政治轮训、“主题党日”等活动，发挥基层党组织的战斗堡垒作用。召开专业法官会议 30 余次，开展案例研讨、庭审观摩、裁判文书点评、实务技能竞赛等活动。邀请专家学者来院进行普通话授课，以适应庭审直播需要。围绕风险隐患健全制度体系，制定外出办案、在线调解、文书上网等审务管理制度 7 项，出台《办公用房管理规定》等政务管理制度 10 余项，利用“一网一群一号一博”四大平台（官方网站、微信工作群、微信公众号、法院官方微博），加强对干警的经常性教育。（王拉寿）

司法行政

【人民调解】 阳泉市郊区司法局组织召开全区矛盾纠纷就地调处化解暨合同法专题讲座，在各乡镇举办 7 场大排查大调解暨服务重点工程建设培训会，表彰 25 名先进人民调解员。2019 年，打造荫营镇调委会“和为美”家事调解室、老虎沟调委会会鹏调解工作室、下烟村调委会义红调解工作室、三都村调委会书明调解工作室、河底镇苇泊村调委会斌虎调解工作室平坦镇、杨家庄乡孙家沟调委会鸣洲调解工作室、西南舁乡调委会海鱼调解工作室、旧街乡南沟村调委会老孙调解工作室和等 8 个品牌调解室，调解案件达 165 件，占到全区调解案件的 41%。区司法局和信访局联合成立信访事项人民调解委员会，河底所的诉调对接、旧街和西南舁所的警调联运机制运行良好。组织开展“两节、两会”社会矛盾纠纷集中排查调处工作和“大排查、大调处、促和谐、迎国庆”专项活动。与法院共同组织集中培训，为全区 49 名人民陪审员颁发任命书。2019 年，全区共有人民调解委员会 162 个，其中乡镇调委会 7 个，村级调委会 146 个，社区调委会 6 个，行业性、专业性调委会 4 个。全区共接受调解案件 407 件，成功调解 406 件，涉及金额 1125.5 万元，其中婚姻家庭纠纷 144 件，邻里纠纷 80 件，损害赔偿纠纷 25 件，交通事故纠纷 80 件，合同纠纷 5 件，物业纠纷 6 件，环境污染纠纷 2 件，征地拆迁纠纷 13 件，其他纠纷 52 件。（王德君）

【司法所标准化建设】 2019 年，阳泉市郊区司法局对标省、市标准化司法所建设相关要求，投资 30 余万元对基层司法硬件设施进行改造提升。对荫营、平坦、河底和杨家庄所等 4 个具备标准化司法所改造条件的司法所，按照省司法厅颁布的《山西省司法所外观及室内标识规范》对外观标识进行标准化改造，更换断桥铝门窗 52 平方米、不锈钢防盗门 3 面，内墙刷漆 140 平方米、刮家 160 平方米、吊顶近 200 平方米。对于在乡政府大楼内办公、暂不具备外观标识标准化改造条件的的李家庄、西南舁和旧街等 3 个司法所，对室内、室外标牌标识进行更新更换。（王德君）

【社区矫正】 2019 年，阳泉市郊区司法局开展人机分离检查活动，共进行检查 21 批次，查出并整改问题 13 个，对严重违反信息化监督管理规定的 4 人给予警告；开展人脸指纹签到检查活动，对社区服刑人员的签到时间、次数等情况进行逐一检查；引深“四爱”主题教育，每个季度分别开展“爱党”“爱国”“爱民”“爱家”，通过集中学习、技能培训、参观国情展览、军事训练等项目，提升社区服刑人员教育矫治质量，引入平定“一县一品”品牌国学教育；开展安全隐患排查及“漏罪”排查专项活动，排查出荫营司法所 2 名漏罪社区矫正人员，暂时中止矫正，等待法院裁定；做好山西省社区矫正管理信息系统录入工作，开展社区矫正百日大会战，各司法所每月组织社区矫正人员进行集中教育培训、个别谈话教育、公益服务劳动，加强走访（家访）活动，对社区矫正安全稳定进行排查，按时进行社区矫正分析研判，把危险人员排查出来，列为重点监管对象。2019 年，累计接收社区矫正对象 762 人，累计解除 691 人，累计提请撤销缓刑收监执行 15 起，累计审前社会调查评估 347 件。在册社区矫正对象 71 人(其中：缓刑 69 人，暂予监外执行 2 人），全年共接收社区矫正对象 79 人，解除矫正 87 人，审前社会调查评估 74 起，社区矫正定位端定位 67 人，组织集中教育 1113 人次，组织社区服务 1057 人次,进行心理辅导 250 人次，技能培训 169 人次，建立教育基地 1 个，建立社区服务基地 35 个，警告 9 人次，组织新入矫正对象教育 79 场次，训诫警示教育 28 人次，排查出漏罪社区矫正对象 2 名，无重新违法犯罪，无脱管漏管，未发现涉黑涉恶线索。（王德君）

【法律服务】 2019 年，阳泉市郊区司法局继续开展刑事案件律师辩护全覆盖试点工作，构建区设中心、乡镇设站、村有工作室的三级公共法律服务体系，全区建成品牌公共法律服务室 23 个。推进实施免费法律咨询便民工程，配备免费咨询律师和法律工作者 8 人，在全区悬挂标语 8 条，设置告示牌 15 块，张贴公告 500 份，发放宣传资料 2.5 万余份，免费接待咨询人数 2596 人次，办理法律援助案件 258 件，其中刑事案件 123 件，民事案件 35 件，刑事帮助 48 件，认罪认罚 54 件。（王德君）

【法治宣传】 2019 年，阳泉市郊区司法局利用农村集会、庙会、旅游文化节、妇女节、重阳节、“12·4”国家宪法日等节点，组织开展普法宣传活动，通过电子显示屏播放宣传标语、音响循环播放《中华人民共和国宪法》知识音频、发放《中华人民共和国宪法》《中华人民共和国民法总则》《中华人民共和国人民调解法》等宣传读本、免费法律咨询、法治文艺演出等方式对群众进行法律知识宣传。为农村公共设施融入法治元素，建设法治宣传一条街（公交普法一条街）、法治文化一面墙（郊区政府二平台法治墙），以及1个法治文化主题公园（郊区法治文化广场）、3个法治教育基地（郊区青少年法治教育基地、郊区法治教育基地、郊区社区矫正爱国主义教育基地）。实施农村“法律明白人”“法治带头人”培养工程，通过在村干部、党员、乡贤中培养“法律明白人”，举办农村“领头雁”培训班，就“三农”有关法律知识对“法治带头人”进行培训，累计达800余人次。开展“法治进校园”“送法进企业”活动，发放宪法口袋书140余册、各类法律和国学书籍500余册。通过召开座谈会的形式对企业进行“法律体检”。（王德君）

武装 军事

人民武装

【概况】 2019年，阳泉市郊区人民武装部以习近平强军思想为引领，坚持政治建军、改革强军、科技兴军、依法治军，聚焦备战打仗、从严管党治党、持续夯基固本，各项工作得到有效落实，全面建设呈现出稳步上升、整体推进的良好态势。（史 鹏）

【教育活动】 2019年，阳泉市郊区人民武装部深入学习贯彻中共十九大和十九届二中、三中、四中全会精神，牢固确立习近平新时代中国特色社会主义思想和习近平强军思想的根本指导地位，坚持每月集中组织一次党委中心组带机关理论学习。把维护和贯彻军委主席负责制作为最高政治纪律来坚守，全面彻底肃清郭徐房张流毒影响，引导官兵旗帜鲜明地讲政治守规矩。2019年，阳泉市郊区人民武装部把“不忘初心、牢记使命”主题教育与“传承红色基因、担当强军重任”主题教育结合起来一起抓、同步走，组织4名党员干部重温入党誓词、参观红色遗址、瞻仰烈士陵园、聆听先进事迹报告，全体党员干部守初心、担使命的政治自觉不断增强。（史 鹏）

【队伍建设】 2019年，阳泉市郊区人民武装部理顺专武干部调整程序，选拔调整4名乡镇专武部长，按照规定程序，选拔招聘6名省管职工。11月至12月，组织4名新任职专武部长和6名新聘省管职工开展为期一个月的集训，通过理论学习，实践锻炼，提升业务水平。（史 鹏）

【国防教育】 2019年，阳泉市郊区人民武装部打造国防教育展厅、国防教育宣讲、国防教育微信公众号等3张名片，重点在推动国防教育融入红色文化、融入广场文化、融入校园文化、融入“互联网+”、融入民众生活、融入现代传媒等6个方面下功夫、用实劲。全年，共接待党政机关、企事业单位、大中小学校3000余人次。选拔20名转业退伍军人，培训后深入辖区大中小学校开展国防教育课，全年共开课60场，受众学生达到3000余人。（史 鹏）

人民防空

【防空组织】 阳泉市郊区人防办与区住建局挂牌合署办公，由区住建局代行政府人防管理职能，两块牌子一套人马。郊区人防办设兼职人防干部1名。（毕祯云）

【防空宣传教育】 2019年，阳泉市郊区人防办贯彻落实习近平提出的“强化政治意识、大局意识、国防意识、责任意识，贯彻总体国家安全观，为建设强大巩固的现代人民防空体系作出新贡献”要求，利用荫营七月初二传统庙会、“5·12”防灾减灾日、“9·18”防空警报试鸣日、“10·29”人防法律法规颁布纪念日等，在区大型广场、公园等公共场所举行防空知识宣传教育活动，印制《防空防灾知识小手册》读本、《山西省人民防空工程建设条例》，编印防空警报试鸣宣传单，制作宣传版等，宣传人民防空知识，开展自救互救教育训练。对辖区内学校学生开展人防教育，在中小学开设“两防”教育课，在全区中小学播放《防空防灾知识系列片》，丰富全区学生的人防知识，人防教育覆盖率达100%。（毕祯云）

驻地武警

【概况】 2019年，武警中队以习近平新时代中国特色社会主义思想为引领，强化习近平强军思想的根本指导地位，学习贯彻《2019年开训动员令》精神，对照条令条例等法规制度，以“勠力同心、稳中求进、厚实底蕴、争创先进”为按纲抓建思路，完成以执勤、训练为中心的各项任务。（吕岷杰）

【部队建设】 2019年，武警中队完成中队营区内部哨勤务、城市武装巡逻勤务、全国“二青会”安保临时勤务和郝家庄环京高速卡点备勤任务。在日常管理上，中队对照条令和《正规划管理规定》，结合“条令年”活动，从日常制度严起、从点滴养成抓起，抓部队正规管理，确保部队保持战备、训练、工作和生活秩序正规。在军事训练上，贯彻习近平总书记“训词”“训令”精神，坚持周会操、月考核，及时更新公布官兵训练成绩，制定切实可行的奖惩措施，传导训练压力，激发训练热情，提升训练质量。在执勤战备上，落实战备制度，每周组织一次战备检查，每月组织一次战备演练，每月召开研究战备形势分析会，使官兵时刻保持思想上的高度警惕。（吕岷杰）

【思想政治建设】 2019年，武警中队依据每月政治工作指示，抓思想政治工作。课堂上，中队开展士兵大讲堂活动，将干部授课和战士讲课结合；组织官兵观看《建国大业》《建军大业》《建党伟业》《我和我的祖国》等红色电影，利用宣传手册、警示教育纪录片等载体，深化教育内容；利用黑板报、小报等，营造教育氛围。课堂外，中队在“世界读书日”开展“读书伴我成长”活动；在“五一”节假日，组织烧烤晚会；在“五四”青年节开展“青春心向党、建功新时代”主题演讲比赛；在端午节对驻地敬老院进行走访慰问；完善中队营区“忠诚石”周边环境，加强官兵对忠诚内涵的理解；更换灯箱展板、广告布内容，营造营区政治环境。（吕岷杰）

【后勤保障】 2019年，武警中队落实营产营具管理制度，定期进行维护保养，针对官兵日常发现的问题以及安全大检查中排查出来的问题，开展“我的营区我建设”活动，对主楼西侧墙面、攀登楼以及障碍场进行重新喷漆，对主楼和食堂前的台阶进行重新铺设，对蓄水池进行维修，重新改造淋浴室，中队开展农副业生产，种植有生菜、茄子、葱、黄瓜等十二种蔬菜，丰富官兵的“菜篮子”，增强中队自给能力。（吕岷杰）

消防救援

【概况】 2019年，阳泉市郊区消防救援大队按照习近平总书记提出“对党忠诚、纪律严明、赴汤蹈火、竭诚为民”的“四句话方针”，完成各项工作任务，实现社会面火灾形势和队伍管理的“双稳定”。（葛　俊）

【队伍建设】 阳泉市郊区消防救援大队践行“两严两准”要求，强化全体消防指战员号令意识，定期召开安全形势分析会，抓百日安全创建工作，学习典型亡人事故案件，加强队伍专业化训练，鼓励合同制消防员报考国家消防队员，2018年以来，郊区消防大队共有13名合同制消防员加入国家消防队伍。（葛　俊）

【灭火救援】 2019年，阳泉市郊区消防救援大队共接出警185起，其中火警79起，抢险救援75起，社会救助31次，出动警力2139人次，出动车辆327次，抢救被困人员110人，疏散被困群众455人，抢救财产价值约422.8余万元，成功处置“8·30”废弃水池人员被困事故和“9·19”荫营市场火灾。 （葛 俊）

【火灾防控】 2019年，阳泉市郊区消防救援大队落实消防安全责任制，提请区政府召开2次政府常务会，研究多项火灾防控工作；联合12家区直主要职能部门召开4次联席会议，通报分析当前火灾形势；制定各行业系统的火灾防控方案，对相关部门和重点单位进行检查；组织召开重点单位约谈会，约见单位法人，督促单位进一步开展“三自主两公开一承诺”活动，落实火灾防范措施；开展“双随机、一公开”执法检查工作，先后组织开展“防风险保平安 护二青迎大庆”、商业综合体、文物古建筑、危险化学品等专项治理工作，协调区教育部门在全区幼儿园推广安装独立式感烟火灾探测报警器500个；完成“两节”“两会”“五一”、国庆等重大节日、活动期间的消防安全保卫任务；深入辖区商场、市场、学校、幼儿园、小区、文物古建等社会单位开展消防培训，并通过微信、户外大屏、社区户外LED显示屏及楼宇电视全天候、滚动播放防火、灭火和逃生自救知识，社会面火灾形势整体稳定。郊区消防大队共检查社会单位2338家，整改火灾隐患3920处，三停单位16家，查封单位26家，罚款36.3万元，拘留5人。 （葛 俊）

教育 科技

教 育

【概况】 2019年，阳泉市郊区教育系统以"发展更加公平更有质量的教育"为根本目标，贯彻党的教育方针，深化教育改革，实施素质教育，提高教育质量，推进乡村教育振兴计划，办让人民群众更加满意的教育：学前教育星级园建设全覆盖，星级园总数达90所，占幼儿园总数的92.8%，学前教育毛入学率达99.6%；义务教育入学率、巩固率、毕业率全部达100%，小学、初中均衡系数分别为0.498、0.330，持续优化；高中阶段毛入学率达98.2%，普通高中招生840人（玉泉中学特长班面向全市招生），区职业学校招生336人；完成农村实用技术培训1.5117万余人次、社区教育培训0.41万人次；全年共审批14所民办教育机构，民办学校发展到51所。2019年，全区教育投入2.96亿元，公共财政教育经费占公共财政预算支出的15.63%，教育惠民政策全覆盖，全区中小学（园）未发生重大安全责任事故，四项教育改革深入推进，为教育发展注入持续动力。

2月27日，郊区教育科技局举行揭牌仪式，郊区原教育局和郊区原科技局经过机构改革重新整合。 （郭 江）

【教育质量】 2019年，全区高考考生987名，二本以上达线（含艺体类）360人，较2018年的327人增加33人，达线率为36.5%，中考600分以上328人，占考生总数的19.05%，全区对口升学报名人数132人，本科录取31人，本科录取率达23.5%。"四育"素质教育深入实施，"四好"活动扎实开展，常态组织田径运动会、校园艺术月、科技创新大赛、"中华魂"读书演讲等竞赛活动，组织中小学爱国主义歌曲合唱比赛和首届科技创新展示活动。13支队伍进入市中小学生爱国主义合唱比赛决赛，区实验小学、郊区三郊中学、郊区职业高级中学分获小学组、初中组和高中组三个一等奖；阳泉第十中学校获初中组二等奖；西南舁联校西南舁小学、荫营中学获三等奖；三泉中学等7支代表队获优秀奖。 （郭 江）

【办学条件优化】 2019年，全区中小学、幼儿园办学条件持续优化。巨兴小学主体完工配套设施建设启动；开发区实验小学二期建设项目推进，工程各项手续办理完毕；实施全区中小学布局调整，由2018年的64所整合优化至39所；三泉中学、白泉中学、三郊中学、平坦中学、阳泉二十中、燕龛学校六所学校标准化生物实验室建设竣工投入使用；27所中小学、幼儿园食堂完成"明厨亮灶"工程；普惠性民办幼儿园创建工作继续实施，豪门、泉中二部、蓝天、新世纪四所幼儿园通过普惠性民办幼儿园验收，普惠性民办幼儿园达到7所，全区普惠性幼儿园总数达86所。（郭　江）

【教育改革】 2019年，郊区以四项重大改革为切入点，继续实施《义务教育学校管理标准实验》，按照《阳泉市教育局关于做好<义务教育学校管理标准>对标研判依标整改工作的实施方案》文件精神，组织58所中小学校开展第二轮对标研判，58所学校全部达标，各学校在对标整改中逐步完善《学校管理手册》。在规范落实《义务教育学校管理标准》的同时，各学校同步推进特色学校创建工作，根据学校办学现状、传统底蕴、地方资源，探索创新，确定新的生长点，制定特色学校创建方案，做到“校校都好，校校不同”。实施中小学教师“县管校聘”管理改革，全区共有1684名普通中小学教师竞聘上岗，113名教师跨校竞聘，竞聘上岗率达到100%。荫营中学、阳泉十中、育才小学三所学校列入全市校长职级制改革试验校，三所学校校长全部通过竞聘产生。推进中考考试招生制度改革，组织八年级1415名考生参加地理、生物书面考试和信息技术、生物实验操作考试；八、九年级3700余名学生的综合素质评价信息全部录入数字平台。（郭　江）

【教育惠民】 2019年，郊区落实各项教育惠民政策：义务教育、职业教育免费持续落实，中职资助、幼儿资助、高中资助和义务教育阶段寄宿生生活补贴全年共发放275.45万元，受助学生3418人次；大学生生源地贷款1183万元，1718名大学生受益，大学新生入学资助共发放1.95万元，资助大学新生25人；“营养改善计划”补助资金36万元，受益学生328余人。投入110余万元开行17条学生就学保障专线，用于解决撤并学校学生外出就学交通问题，27个行政村600余名学生受益。（郭　江）

【教师队伍建设】 2019年，郊区坚持师德建设为首，全覆盖开展教育服务承诺、教师礼仪教育等师德教育活动，完善师德考核体系，加强师德建设。新招聘的44名教师全部上岗；启动“急需紧缺教师”引进工作，共引进教师17名；继续接收晋中学院大学生在中小学顶岗实习。常态化组织优质教师团队教研活动和课堂教学观摩活动，提升教师教学水平，投入66.2万元分别选派100名骨干教师（教研员）和骨干班主任赴北师大接受高级研修培训；43名中小学校长赴陕西师范大学完成乡村能力提升第三阶段培训；195名骨干教师、班主任赴西南大学完成能力提升项目培训；120名校园长、92名新教师分别参加区级提升和上岗培训。全区小学、初中、高中、幼儿专任教师学历合格率全部达100%，幼儿专任教师（公办）大专以上学历达100%，小学专任教师大专以上学历率达97.9%，初中专任教师本科以上学历率达97.1%，高中教师中硕士以上学历为1.2%。继续落实村办幼儿教师工资补助和边远山区教师岗位津贴惠民实事，发放资金共320.51万元，惠及教师2191人次。（郭　江）

【家校共育】 2019年，郊区被确定为山西省唯一的全国首批“家校共育”数字化项目试验区。全区确定以构建家校育人共同体为主线，以家校共育数字化项目为平台，以提高家庭教育水平为主抓手的工作思路，实现育人阵地、育人载体的拓展和延伸，促进家庭教育水平的全面提升，推动形成学校、家庭、社会全领域育人新格局。

强化家长委员会制度，落实家长参与学校管理和教育工作，构建成为教育共同体，合力促进学生全面成长。加强学习培训，组织“示范家长学校”观摩学习活动，深入首批十所“示范家长学校”进行实地参观学习；在北京师范大学组织“百名骨干教师、教研员和百名优秀班主任专业素养提升”培训；利用各校“家长学校”开展家长培训，构建“3+X”培训模式，开展各具特色的家长培训；各试点校结合实际确定《家校共育数字化对学生成长促进研究》等16项子课题。以10所示范家长学校和20所家校共育试点校为引领，辐射带动家校共育全面开花；依托“家校共育”数字化项目实验平台，开展家庭教育与学校教育利用数字化平台相结合的探索与研究；组织教师、家长参与数字平台互动，观看讲座、参与实践活动，并在平台中积极交流教育经验。区育才小学、实验小学、三都小学3所学校被确定为省级家庭教育示范单位；三郊中学等10所学校（园）被确定为市级家庭教育示范校；赵秀枝等14名教师取得省级家庭教育指导师证，刘满禄等5名教师获省级家庭教育先进工作者。（郭　江）

【语言文字】 2019年，郊区语言文字工作委员会组织全区各事业单位工作人员、公务员312人参加普通话水平测试。选送7件作品参加中华经典诵写讲市级初赛，荫营二中学生曹慧娴、三郊中学学生刘天娇、育才小学教师葛素敏、阳泉十中教师赵云鹏、荫营中学教师梁海峰的作品获得2019年经典诵写讲大赛省级优秀奖。（张　惠）

【学历培训】 山西广播电视大学郊区教学点2019年全年共招生77人：本科23人，专科54人（其中“农村干部学历提升工程”本科5人，专科11人）；全年毕业学生76人，2019年秋季毕业学生40人。9月，郊区教学点被山西广播电视大学阳泉分校评为先进工作站。（张　惠）

【中小学布局优化】 2019年，阳泉市郊区区委、区政府以实现区域教育优质均衡发展为目标，统筹考虑城乡人口流动变化、区域地理环境及交通状况、教育条件保障能力等因素，全面调整区域中小学布局，推动教育资源的优化重组，制定《阳泉市郊区中小学布局调整总体规划》《阳泉市郊区2019中小学布局调整实施方案》，明确2019年的重点任务是对小规模学校、教学点进行撤并。调整共涉及中小学51所、教学点14个，涉及学生18000余名，规划新建学校4所，其中职业高中1所、初中1所、小学2所；撤并学校、教学点26所。调整后，全区中小学（教学点）由2018年的65所整合优化为39所，其中区职业高级中学1所、普通高中2所、九年一贯制4所、单办初中8所、小学24所。（郭　江）

【“示范家长学校”观摩学习活动】 3月27日至29日，郊区教育科技局组织“示范家长学校”观摩学习活动。全区中小学校校长、区直幼儿园园长和各校（园）有关负责人深入郊区首批十所“示范家长学校”，通过听取汇报、查阅档案、观看成果展示等方式进行观摩学习，拓宽家校共育发展的理念和思路。2018年12月，郊区被确定为山西省唯一的全国首批“家校共育数字化实验区”。“示范家长学校”创建是实验项目的重要内容之一，旨在提高教师和家长的合作共建教育意识，构建更加科学的、全方位的育人体系。（郭　江）

【赵秀枝获“山西省三八红旗手”荣誉称号】 3月，郊区实验小学校长赵秀枝被山西省妇联、山西省人力资源和社会保障厅联合授予“山西省三八红旗手”荣誉称号。赵秀枝，女，中共党员，大学本科学历，中学高级教师，郊区第八届、第九届政协委员，郊区第八次党代会代表和市第十一次党代会代表，曾获山西省学科带头人，三晋名校长等荣誉。（王素珍）

【中小学生篮球赛】 4月22日至29日，全区2019年中小学生篮球赛在河底中学、河底小学举行，来自全区初中学校的15支篮球队和来自联校、区直小学的11支篮球队共300余人参加比赛。荫营二中获初中男子组冠军，西南舁中学、东村中学、河底中学、三郊中学、三泉中学分获2至6名；荫营二中获初中女子组冠军，河底中学、三泉中学、东村中学分获2至4名。杨家庄学校小学部获小学男子组冠军，河底小学、杨家庄联校小西庄小学、东村小学、育才小学、西南舁小学分获2至6名。（郭　江）

【省乡村学校少年宫现场会在河底小学举行】 5月30日，山西省乡村学校少年宫承建学校校长培训班成员到区河底小学现场观摩，来自全省2019年新建乡村学校少年宫项目负责人共计

100余人参加活动。杨家庄学校、李家庄小学、西南舁小学等乡村学校少年宫进行民间艺术表演，河底小学绘画、书法、合唱、舞蹈等社团进行现场活动。2019年，郊区建成乡村学校少年宫7所，学校依托少年宫开展丰富多彩的文娱活动、技能培训和经典诵读，以乐促智，以技促能，以读养德，寓教于乐，努力提高农村学生的综合素质和道德修养，成为培育和践行社会主义核心价值观的重要阵地。（郭 江）

【高慧芳被评为“全国优秀教师”】 9月，郊区河底镇联合学校河底小学教师高慧芳被教育部评为“全国优秀教师”。高慧芳，女，42岁，河底中心小学教师，山西省中小学二级教师。高慧芳注重多方位培养学生的能力和学习习惯，关爱乡村和留守儿童的家庭生活和身心健康，曾获山西省优秀班主任、山西省骨干教师、山西省模范教师等称号。（郭 江）

【阳泉十中、郊区实验小学获山西省“优秀报刊奖”】 12月，在《山西教育》杂志社、《德育报》社联合举办的“山西省首届中小学优秀校（园）报校（园）刊评选活动”中，阳泉十中《北极星》校报、郊区实验小学《阳光报》获“优秀报刊奖”。（李世刚）

科 技

【概况】 2019年2月，阳泉市郊区原科技局与区教育局合并，设科技综合科成为郊区教育科技局内设科室，负责全区的科技事业和行政管理事务。阳泉市郊区教育科技局以实施科技创新驱动发展战略为目标，探索推动全区技术创新、成果转化、产业发展的新路子，着力推动产业转型升级，至2019年底，全区高新技术企业数（含开发区）达49家(郊区14家，开发区35家)，新培育高新技术企业17家(郊区4家，开发区13家)。（武存贵）

【科技项目管理】 2019年，阳泉市郊区教育科技局加大省市级科技项目申报力度，提升科技项目申报质量。组织中创陶粒、博润沥青等10家企业申报2019年度市级科技项目，组织中嘉磨料磨具、山西通宝鑫能申报2018年度市企业研发投入奖励，争取市级创新驱动奖和科研项目扶持经费共计198万元。组织森乐农业、红色狼峪草帽山蜜蜂养殖专业合作社、保安龙泉沟绿色生态园申报2019年度山西省农村技术承包计划，通过项目的实施，加大新品种、新技术的推广应用，加快生态效益型特色农业健康发展。（武存贵）

【科技型企业培育】 2019年，阳泉市郊区教育科技局把加快科技型企业培育作为实现转型发展的一项重要工作，新培育3家高新技术企业，动员区科技企业进行山西省科技型中小企业入库认定，全年共有中创陶粒等14家企业通过入库认定，对2018年度新认定的高新技术企业、省级民营科技企业、专利试点企业、省级众创空间、农村技术承包项目、科技型中小企业入库认定等20家企业进行奖励资助，共计200万元。（武存贵）

【科技人才】 2019年，阳泉市郊区教育科技局创优科技人才发展环境，贯彻区委《深化人才发展体制机制改革的实施意见》，鼓励企业通过共建科技创新平台，培育、培养高层次人才团队，建立政府指导下以企业为主体、市场为导向、多种形式的产学研合作模式，促进全区高新技术产业的培育及转型跨越发展。参与制定《阳泉市郊区人才新政十条（试行）》，配套出台《引进高层次创新创业团队及引才育才奖励实施细则(试行)》，协助区委组织部制定《阳泉市郊区推行农村科技特派员制度管理办法（试行）》。推荐天隆工程材料公司和华岭耐火公司申报市级重点科创（团队）平台。对2018年度做出突出贡献的29名科技人才共奖励资助11.9万元，对2019年度做出突出贡献的36名科技人才奖励资助13.96万元。选派14名农村科技特派员对接产业扶贫工作计划，解决全区扶贫工作中的关键技术问题。（武存贵）

【科技成果转化与创新平台】 2019年，阳泉市郊区教育科技局推动科技成果转化中心平台建设，全区首家科技创新成果转化中心—阳泉万新科技创新成果转化中心正式挂牌启动，该中心是由阳泉万新科技孵化器有限责任公司投资建设的集成果交易、创新服务、信息交流、仪器共享等功能为一体的综合性科技服务平台，通过与大专院校、科研院所建立战略合作关系，为企业在科技创新、企业资质认定、信息共享互通等方面提供科技服务，助力科技创新成果及技术推广，促进孵化平台功能进一步完善。通宝鑫能物流孵化基地通过提供标准化厂房，打造全市首家智能物流孵化基地，一期项目汽车物流园2019年新引进浙江中通、山西汇津通仓储等8家企业入驻，二期项目智能仓储物流园年内开始建设，主要将围绕大型仓储物流配送、智能物流企业孵化、高科技物流信息等经营板块开展运营，探索网络货运平台（无车承运人）运营模式，实现“互联网+物联网”的高效应用。（武存贵）

防震减灾

【概况】 2019年，阳泉市郊区地震局围绕防震减灾各项工作目标任务，推进监测预报、震害防御、应急救援，推动全区防震减灾事业安全和谐发展。（王　瑛）

【应急演练】 5月8日，阳泉市郊区地震局全体机关人员及三网一员参加全省地震系统应急演练，开展模拟山西省运城市万荣县发生6.2级地震，应急演练提高郊区地震系统应急人员在事件突发性、灾情复杂性等情况下的应急联动与处置能力，提升应急队伍的实战能力。（王　瑛）

【科普示范学校】 2019年，阳泉市郊区地震局根据山西省出台的地方标准《中小学防震减灾示范学校评价规范》，申报1所国家级防震减灾科普示范学校（郊区文苑小学），2所省级防震减灾科普师范学校（郊区西南舁小学、郊区桃苑学校）。（王　瑛）

【“三网一员”队伍建设】 2019年，阳泉市郊区地震局完成“三网一员”（地震宏观测报网、地震灾情速报网、地震知识宣传网和防震减灾助理员）和宏观点的相关信息进行重新核实、登记、备案工作，深入乡镇对所有宏观观测点的观测现状、观测对象、日常观测记录情况和观测员工作职责履行情况进行检查，发挥群测群防在地震短临预报、灾情信息速报中的重要作用。（王　瑛）

文旅 传媒

文 化

【概况】 2019年，阳泉市郊区逐步加大对公益性文化事业的投入力度，努力构建区、乡、村三级公共文化服务体系，促进文化事业的发展与繁荣。在文化基础设施建设、队伍建设、群众文化活动开展、艺术创作、文化惠民工程、文化遗产保护和利用等方面满足居民群众的文化生活需要，推进“文化强区”建设 。 （胡艳红）

【“三节”群众文化活动】 2019 年，阳泉市郊区“三节”群众文化活动期间，区乡村举办 2019 年“迎新春、送春联”活动、“百花迎新”春节群众文艺汇演、“奋进新时代，喜庆中国年”民间艺术展演活动、“百花迎春”剪纸楹联作品展、“梦幻桃林 2019 光影艺术节”“送欢乐下基层”文化惠民活动等。区乡村三级共举办群众文艺汇演 91 场，举办民间艺术表演 114 场，戏剧演出 44 场，布黄河阵 55 个。各村举办打铁花、猜谜、全民趣味运动赛、拱猪、乒乓球、羽毛球、篮球、象棋、拨河、健身走等文体活动，直接参与“三节”活动的人数近 6 万人次，观众近 20 万人次。 （胡艳红）

【文化惠民】 2019年2月，阳泉市郊区歌舞团启动“文化惠民、免费送戏下乡”慰问活动。活动围绕创卫、扶贫等中心工作共演出67场。郊区歌舞团编排以改革开放40周年为主题反映当代劳动人民的舞蹈《黄土高天》，结合阳泉市开展“五城联创”活动编排的小品《风清气正新郊区》，小品《二马虎创卫》、音乐快板《创卫创出景一新》等一批精品节目，先后在桃林沟、高垴庄、庙岭、大洼等地演出。 （胡艳红）

【培训活动】 2019年，阳泉市郊区文化馆继续开展培训活动。集中式培训项目有区直机关瑜伽长训、广场舞培训、舞蹈长训、电钢琴长训等；分散式培训项目有声乐（合唱）、舞蹈、曲艺、朗诵等。全年共组织开展各类文化艺术培训280余期，参加培训人员达4600余人次，培训人员有文艺骨干、业余文艺团队、文化志愿者团队、区直机关、企事业、学校、乡镇、农村等文艺爱好者。 （张蓉蓉）

【文化活动】 2019年，阳泉市郊区文化馆组织举办阳泉市郊区2019年“百花迎春”春节群众文艺汇演，2019年“奋进新时代，喜庆中国年”民间艺术展演活动，阳泉市郊区庆祝中华人民共和国成立七十周年“星火金源杯”广场舞大赛，阳泉市郊区“歌颂祖国七十载 共筑伟大中国梦”合唱比赛，郊区“颂歌新时代 唱响新征程”群星风采广场系列文化活动，郊区文艺小分队创建卫生城文明城暨扫黑除恶宣传活动等。郊区文化馆组织选送张芳参加“传承红色基因，建设美好阳泉”——阳泉市红色故事讲解大赛初赛，获三等奖；选送郊区荫营镇合唱团和郊区教育工作委员会合唱团参加“庆祝新中国成立70周年”山西省阳泉市职工大型合唱比赛总决赛，荫营镇合唱团获大赛铜奖，郊区教育工作委员会合唱团获大赛银奖；参加2019年武警阳泉支队“践行强军目标 共谱双拥华章”军民共建联欢晚会。（张蓉蓉）

【文艺作品】 2019 年，阳泉市郊区文化馆围绕贯彻落实党的十九大精神、喜迎祖国 70 华诞和小微权力治理、创建卫生城市、精准扶贫、扫黑除恶等重点工作为主题，创作出一批文艺作品。郊区文化馆选送 26 个节目参加阳泉市 2019 年“百花迎春”群众文艺汇演颁奖晚会评奖活动，共有 9 个节目获得等级奖项，其中，群舞《扇舞沂蒙》、情景朗诵《我的家乡大洼》2 个节目获优秀节目金奖；音乐情景剧《又见梨花开》、表演唱《丽水画乡》等 3 个节目获优秀节目银奖；群舞《丰收》、情景剧《醉美新乡》等 4 个节目获优秀节目铜奖。（张蓉蓉）

【《中华传统文化百部经典》推介活动】 2019 年 1 月 28 日，阳泉市郊区图书馆启动“让经典走向大众——《中华传统文化百部经典》推介阳泉市郊区行”工作。围绕推介活动，郊区图书馆举办“共读中华经典、同度传统新年”春节主题展览，举办“我们的中国梦”——公共数字文化进万家宣传展览，开展数字美篇推介《中华传统文化百部经典》12 次，开展《中华传统文化百部经典》“空中讲座”5 次，开展《中华传统文化经典阅读——走进校园》读书活动 6 次，参与人数超 5000 人次。（王拉元）

【“文化讲堂”公益讲座】 2019 年 3 月 16 日，阳泉市郊区图书馆、郊区青少年活动中心联合开办的春季“文化讲堂”公益讲座正式开班。讲座分春季、暑期和秋季三个阶段，课程包括古典诗词欣赏和抄写练字、经典文学赏析和习作指导与科普讲座，由郊区育才小学葛素敏和郊区实验小学王素珍担任主讲老师。公益讲座全年开办 72 次，参与人数超 4000 人次。（王拉元）

【全民阅读系列活动】 2019 年 4 月，阳泉市郊区“读经典 学新知 链接美好生活”全民阅读月系列活动启动。活动期间，全区组织开展公益讲座和培训、“同城共读”主题活动、“万卷共知”阅读竞答活动、图书推介、亲子故事会、读书分享会、古典诗词诵读等活动。（王拉元）

文旅产业

【概况】 2019 年，阳泉市郊区文化和旅游局推进景区和乡村旅游点提质升级，推动全域旅游，建立刘备山文旅产业发展联盟，举办阳泉市郊区首届文旅产业展示交易会，拓宽旅游宣传渠道，树立郊区旅游品牌，提升郊区旅游形象。（曹 旸）

【刘备山文旅产业发展联盟】 2019 年 5 月 17 日，阳泉市郊区首届刘备山文化旅游节开幕。阳泉市郊区文化和旅游局同首批旅游景区（桃林沟、翠枫山、玉龙山）、主推荐媒体平台公司（中国旅游报、黄河新闻网、阳泉日报社、阳泉广播电视总台、阳泉市强人强文化传媒有限公司）签约，形成刘备山文化旅游产业发展联盟。该联盟形成的媒体矩阵成为文旅宣介推广的主推介平台，景区为主承载平台、加入第三方公司的文旅生态消费圈，构建由媒体发起覆盖全年的旅游策划、宣传、实施、营销的全消费模式。（曹 旸）

【首届文旅产业展示交易会】 2019 年 8 月 2 日至 5 日，阳泉市郊区首届文旅产业展示交易会在郊区体育馆举办。小西庄东旭砂器有限公司等 14

家文旅企业和桃林沟景区、关王庙景区等9家旅游景点参加展会，展会现场推介旧街乡南沟村血战狼峪红色实景剧和荫营古镇。（曹　旸）

【乡村旅游】 2019年，阳泉市郊区桃林沟村、咀子上村被评为省级乡村旅游示范村，南沟村、大洼村、上千亩坪村被评为市级乡村旅游示范村；郊区旧街乡南沟村王萍农家乐、郊区西南舁乡咀子上村咀上人家、郊区西南舁乡大洼村张海兵农家乐参与太行人家评选；狼峪抗战遗址公园、李家庄村“乡村文化记忆馆”、大西庄村“六•一五”惨案遗址被评为“市级爱国主义教育基地”。（曹　旸）

【旅游宣传】 2019年，阳泉市郊区文化和旅游局与阳泉日报社合作推出11期《周末去哪里郊区等你来》专题报道，用图文融合方式介绍郊区旅游景区（点）；参与阳泉市旅游日暨迎国庆乡村旅游活动周，桃林沟、咀子上、南沟、大洼、上千亩坪展示优质农产品，派发宣传资料；与快手直播合作，宣传刘备山文化旅游节，视频点击率破200万；出版印制宣传折页与《阳泉市郊区旅游指南》一书，涵盖郊区各个A级景区与乡村旅游点。（曹　旸）

【文物保护】 2019年，阳泉市郊区文化和旅游局召开全区文物工作座谈会及行业安全工作会，要求严格贯彻《安全生产法》有关规定和“安全第一，预防为主”方针，切实加强郊区文物系统的安全管理，与各乡镇签订《2019年文物安全保护责任状》，明确属地管理职责和文物保护的责任人。联合消防队对重点文物保护单位的消防安全工作进行检查和培训，加强消防安全应急演练。在“两节两会”、二青会、国庆中秋等重点节庆活动期间对全区区级以上重点文物保护单位进行检查，确保节庆期间文物工作安全。（梁琳慧）

文化旅游市场

【概况】 2019年，阳泉市郊区文化市场综合行政执法队以创建平安文化市场为主要目标，强化执法队伍建设，完善文化市场监管机制，开展文化市场治理整顿，严厉打击各类违法经营行为。郊区现有文化和旅游经营单位46家，其中互联网上网服务营业场所4家，娱乐场所4家，文艺表演团体4家，电影放映单位1家，出版物零售单位6家，印刷厂10家，旅行社及其经营网店14家，A级景区3家。截至2019年底，区文化市场综合行政执法队共出动执法人员1068人次，检查经营单位293家次。其中，责令改正12家次，受理举报2件，办结率100%，办结案件4件，警告4家次，罚款3家次，没收违法出版物14本。（王忠生）

【简化审批程序】 2019年，阳泉市郊区文化和旅游局按照“审批最少、流程最优、体制最顺、机制最活、效率最高、服务最好”的目标，重新修订许可流程、流程图、流程卡、风险防控图，在郊区政府网、云平台、政务服务事项动态管理系统予以公示；完善窗口展示的格式文本、服务须知、办事指南，实行许可服务“一纸性告知”。全年，整理完成行政许可类权力25项（文化4项、广电11项、文物10项），行政确认类权力4项（非遗保护3项、文化1项），行政奖励类权力4项（文化4项），行政其他类权力清单6项（文化4项、广电1项、文物1项）。（王忠生）

【文化旅游市场专项整治行动】 2019年，阳泉市郊区文化旅游市场行政综合执法队组织开展“三节”“两会”、中秋、国庆、圣诞、元旦以及寒暑假等重大节日、重要节点期间专项整治行动，网吧接纳未成年人专项行动、2019年暑期网吧专项整治行动，组织开展文化旅游市场安全生产暗查暗访，召开文化旅游市场经营业主安全培训会议，开展娱乐场所安全专项检查，组织开展文化市场“安全生产月”消防演练活动及安全检查活动。全年，共出动执法人员724人次，检查经营单位240家次，责令改正12家次，受理举报2件，办结率100%，办结案件4件（其中，网吧3家，歌舞娱乐场所1家），警告4家次，罚款3家次，没收违法出版物1家次。（王忠生）

“非遗”保护

【市级非物质文化遗产传习所及传习基地】 2019 年 6 月 10 日，阳泉市郊区文化和旅游局推荐申报的阳泉市郊区大龙珐花器制作中心和阳泉市小西庄东旭砂器有限公司被评定为市级非物质文化遗产传习所，荫营镇三泉村被评定为市级非物质文化遗产传习基地。（张蔚然）

【非物质文化遗产获奖】 2019 年 7 月 12 日至 18 日，在第二届阳泉市文化产业博览会上，张世亮的砂器《风雨兼程》获文创产品设计大赛银奖，张永伟的押花葫芦《〈七绝•葡萄〉茶叶罐》、张彦芳的刺绣《二青会伴手礼》获铜奖，张永伟的烫画葫芦《兰亭序》、孙玉英的刺绣《十二生肖挂件》、张世亮的砂器《中国梦》、史淑惠的彩塑《中共第一城》分别获得优秀奖。郊区的小西庄东旭砂器有限公司、蕙生福贸易有限公司、大龙珐花器制作中心、非凡文创中心、一苇艺塑工作室和缘舍陶作坊六家文化企业获得优秀企业展示奖。12 月 5 日至 12 月 10 日，在第四届山西文化产业博览交易会上，郊区的大龙珐花器制作中心获优秀展示奖，高健敦创作的《福禄寿将军罐》获“神工杯”工艺美术精品金奖，张世亮创作的《镂刻砂花器》获“神工杯”工艺美术精品优秀奖。（张蔚然）

【珐花器成为“山西三宝”】 2019 年 12 月 5 日至 10 日，第四届山西文化产业博览交易会在中国(太原)煤炭交易中心举办，阳泉市郊区省级非物质文化遗产项目“山西珐花器制作技艺”传承人甄国民的珐花器“宝相凝瑞”橄榄瓶在“山西三宝”展位展出。山西省委书记楼阳生在巡视第四届山西文化产业博览交易会会场时说：“珐花器、推光漆、澄泥砚是当之无愧的‘山西三宝’”，同时强调：“把山西三宝推向国际，进一步弘扬传承传统文化，壮大文化产业”。12 月 23 日，郊区文化和旅游局召开阳泉市郊区“山西珐花器”研讨会，市区相关领导、专家和郊区非物质文化遗产代表性传承人参加会议。山西珐花器制作技艺代表性传承人、省传统工艺美术大师甄国民对珐花器的选材、用料、工艺等内容作介绍，与会领导和专家围绕“弘扬传统文化、振兴‘山西三宝’”“传承工匠精神、打造‘珐花’之乡”的主题，就定位珐花器全套制作工艺、保护和传承珐花器技艺、打造“珐花”之乡的文旅品牌等问题上相互交流，为珐花器的传承发展以及非物质文化遗产产业化提供思路。（张蔚然）

新闻报道

【概况】 2019 年 2 月 26 日，阳泉市郊区融媒体中心挂牌成立。区融媒体中心由原阳泉郊区编辑部（报社）、阳泉市郊区广播电视台合并而成，至 2019 年 12 月底，实现办公场所、工作人员、工作业务的整合，初步形成报纸、电视、微信公众号、电子报等媒体宣传平台。《阳泉郊区之窗》微信公众号每天保持内容更新，宣传栏目有“今日头条”“特别关注”“媒体聚焦”“时政要闻”“要闻速览”“乡镇动态”“部门快讯”“特别提醒”等；《郊区新闻》（电视）每周一到周五播送全区新闻，并定时转播中央电视台的 12 套节目；《郊区周刊》每周一期，周三出版，期发行量 2.3 万份，《郊区周刊》数字报文章和内容可在线上浏览、下载。（孙志强）

【郊区新时代文明实践中心挂牌运行】 2019 年 7 月 17 日，阳泉市郊区新时代文明实践中心在区融媒体中心挂牌运行。市委常委、宣传部长王铁梅，区委书记王明厚，区长宁文鑫，区委副书记郗文保，区委常委、宣传部长、区人大常委会主任田进勇等市、区领导为区新时代文明实践中心揭牌。建设新时代文明实践中心主要宗旨是按照“试点先行、融合共建、全面覆盖、对标一流”的要求，高起点谋划，高质量推进，建好用好新时代文明实践中心，主要目的是拓展文明实践维度，依托区融媒体中心集“新闻、政务、服务、直播”为一体的大数据平台，构建“新闻+政务+服务”的文明实践体系，实现文明实践项目、队

伍和资源联动，提升全区打造城乡融合示范区的文化软实力。（孙志强）

【“我和我的祖国”主题征文】 2019年3月1日至9月30日，阳泉市郊区融媒体中心和山西特纳伟业商贸有限公司联合举办庆祝中华人民共和国成立70周年“我和我的祖国”主题征文活动。活动围绕庆祝中华人民共和国成立70周年这一主线，共征集到散文7篇、诗歌9首，回忆性文章和随笔26篇，征文内容从不同侧面讲述一个人、一个家庭、一个村庄、一个乡镇、一个行业等的发展变迁与新中国70年风雨同舟的感人故事。征文活动组委会共评出一等奖两名，二等奖三名，三等奖五名。（孙志强）

【开辟宣传专栏】 2019年5月至10月，阳泉市郊区融媒体中心《郊区周刊》《郊区新闻》（电视）分别推出“壮丽70年 奋进新时代”宣传专栏，刊登播出《史淑惠：彩塑艺术的坚守者》《南沟村：秀出特色农产品名片》《杨林先：指尖上的面塑人生》《甄国民：让山西珐花器闪耀璀璨光芒》《爱与责任：一位乡村教师的教育梦》《丹青妙手抒情怀》《生态龙泉沟》《白冰：回乡创业 成就梦想》《扎根教坛勤耕耘》《爱心妈妈于海贤》《焦氏牙科：七十年风雨兼程四代人不懈奋斗》《甘为人梯终无悔》等新闻报道42篇（条）。《阳泉郊区之窗》微信公众号推出“我和我的祖国”小视频6个。（孙志强）

【融媒体指挥中心建设启动】 2019年11月29日，阳泉市郊区融媒体指挥中心建设启动。指挥中心面积160平方米，包括大屏展示、信息采集、传播分析、移动采编等系统。指挥中心将整合“报、网、端、微”各种资源，把传统媒体和新媒体的策、采、编、发过程及用户数据集中展示出来，具有集中指挥、高效协调、采编调度、信息沟通的基本功能。指挥中心建成后，要实现“一体策划、一次采集、多种生成、多元传播、全网覆盖”。（孙志强）

网络信息

【概况】 2019年，阳泉市郊区政府信息中心加强政府门户网站建设，完善政府信息公开，服务政务网络建设，浏览网络舆情信息，服务舆情监测，适时编发《信息参考》，加强平台建设，促进“互联网+政务服务”有序推进；促进预算公开透明。（刘文强）

【信息网络工作】 2019年，阳泉市郊区政府信息中心完善政府信息公开，将信息公开要点充实到主栏设置分类下，更加方便公众浏览查询。全年信息公开1634条，主要栏目综合更新301条，部门、乡镇动态更新312条，周边信息更新178条，国务院要闻更新120条，创建卫生城市更新59条等，各类栏目全年共更新2014条。召开专题会议安排部署信息公开工作，对信息公开单位进行培训。增强网络舆情监测，特别增强重大节日、重大事件网络舆情的分析研判，归纳并编发《网络舆情摘编》，实行每日零报告制度。区信息网络中心结合郊区战略实施，遴选互联网思维、政府PPP模式、宏观政策分析、全面深化改革、新常态下的创新等信息，围绕城镇化、产业政策等方面，适时编发《信息参考》，全年遴选信息78条，编发《信息参考》24期。（刘文强）

卫健 体育

综合工作

【概况】 2019年3月，根据《阳泉市郊区机构改革方案》的文件要求，组建阳泉市郊区卫生健康和体育局，负责全区卫生健康和体育管理工作。区卫体局下属事业单位有区疾控中心、区妇幼保健计划生育服务中心、区卫生健康综合行政执法队、区计生协会、区业余少体校、区公共卫生服务中心。内设科室有办公室 、疾病预防控制和职业健康股 、医政医管和中医药政股 、家庭发展和妇幼老龄健康股 、体育股、行政审批管理股（法规室）。 （刘雪婷）

【基层服务】 2019年，阳泉市郊区卫生健康和体育局执行《国家基本公共卫生服务规范(第三版)》以及上级业务部门各类文件精神，调整基本公共卫生服务项目领导小组和专家指导组，召开2019年全区基本公卫工作会议，下达2019年基本公卫工作要点，与各相关单位签订项目责任书，细化区、乡、村工作分工，层层落实项目实施责任。全区实际管理人口216160人，累计建立健康档案216160人，健康档案建档率为90.26%；电子建档210773人，电子档案建档率为88.01%。 （刘雪婷）

【辖区签约服务】 5月22日，阳泉市郊区卫生健康和体育局联合区医疗集团在郊区荫营广场开展以“携手家庭医生，共筑健康生活”为主题的大型义诊宣传活动。现场共有32名医疗卫生机构医务人员参加，发放宣传资料1200余份，为群众测量血压160余人次，测量空腹血糖80余人次。全区共组建家庭医生签约团队203个，团队成员由乡村医生、区人民医院医师、乡镇卫生院医生、护士、基本公共卫生工作人员、计生工作人员等组成。至2019年底，辖区内常驻人口共签约152174人，签约率63.54%，针对不同类型的签约对象提供个性化服务，其中残疾人、计生特殊家庭、贫困人群签约分别为4525人、145人、3529人，签约率均为100%；孕产妇、0～6岁儿童、严重精神障碍患者、65岁以上老年人、慢性病患者等重点人群签约率均在80%以上。 （刘雪婷）

疾病防控

【传染病防治】 2019年，郊区共报告法定传染病1588例，其他传染病176例，无甲类传染病报告；累计上网审核约2190次，删除重卡105张，及时审核率达100%；填写传染病自动预警信息卡129次；登录突发公共卫生事件管理信息系统730次，审核29起非职业性一氧化碳中毒事件并逐日进行登记；完成疟疾“三热”病人血检人数150人，复核15人，完成率达102%；录入2018年弓形虫表约200份；完成2018年传染病疫情年分析汇总、2019年1～12月份传染病疫情动态分析，制作12期疾病预防控制通报；完成2019年传染病漏报调查；处置9起手足口聚集性疫情，对学校进行传染病督导18次；上报区卫体局流行性感冒监测信息6次；传染病宣传4次，其中黑热病宣传覆盖全区156个村，共169家医疗机构；开展培训讲座4次，涉及全区医疗机构和2所学校；对全区医疗机构进行传染病和突发公共卫生事件报告与处置督导60余次。（韩丽波）

【免疫规划管理】 2019年，阳泉市郊区疾控中心按照《预防接种工作规范》和《疫苗流通和预防接种条例》的要求，加强冷链系统的规范管理，冷链运转约260单位次；全年共报告5例疑似预防接种异常反应，处理一起风疹暴发疫情，对同乡镇小学进行麻腮风疫苗的查漏补种；开展预防接种人员业务培训，提升基层接种人员业务水平；完善一类、二类疫苗的出入库登记及全方位管理工作，全年共下发疫苗63009支，其中一类疫苗12种37611支，二类疫苗17种25398支，免疫规划工作顺利开展；规范设置全区预防接种门诊，将原建成区12个预防接种门诊，提质改造整合为4个接种门诊。（韩丽波）

【慢性病管理】 2019年，全区高血压患者健康管理登记数30360人，规范管理数26394人，管理人群血压控制数29241人；糖尿病患者健康管理数7886人，规范管理数6087人，管理人群血糖控制数5926人；老年人健康管理登记人数25923人，健康管理数17532人。区疾控中心按要求制定《2019年郊区死因监测工作计划》，按照死因报告规范要求，开展死因报告信息管理工作，每日进行死因报告审核工作，2019全区报告死因共1120例。（韩丽波）

【艾滋病防治】 2019年，阳泉市郊区疾控中心建立健全监管场所艾滋病防治工作协调和信息收集管理机制，对看守所新入所羁押人员43人免费开展艾滋病病毒抗体检测，检测率100%，完成全年任务的21.5%（因看守所更改管理属地）；对51名（不包括羁押、转出和死亡人员）

艾滋病感染者和病人按要求进行随访200人次，随访情况全部进行网络直报；全区免费抗病毒治疗49人，存活者治疗覆盖率96.08%；对公共场所女性服务工作者进行艾滋病防治知识宣传及行为干预124人次，检测人数102人，完成全年任务的102%；开展自愿咨询检测386人，完成全年任务的193%；HIV抗体筛查25339人次，完成全年任务的110.17%。（韩丽波）

【结核病管理】 阳泉市郊区疾控中心按照结核病规范要求，依据结核病防治规划的各项指标，开展结核病管理、结核病督导、结核病宣传等工作。2019年，区疾控中心到丰华学校、山西工程技术学院、开发区职业技术学院、玉泉中学对6起师生结核病疫情进行现场调查和相关处理，对相关人员进行结核病防治知识培训。全年共管理结核病患者52例，结核病防治与管理工作稳步推进。（韩丽波）

【地方病监测】 2019年，阳泉市郊区疾控中心制定《2019年阳泉市郊区碘盐监测方案》，按照方案要求抽取5个乡镇碘盐样品和尿碘样品各300份进行检测，碘盐合格279份，不合格21份，碘盐合格率为93%；儿童尿碘200份，尿碘中位数251.42 微克/升，孕妇尿碘100份，尿碘中位数167.78微克/升；甲状腺B超检查肿大2人，肿大率1%。区疾控中心按照《2019年中央财政补助公共卫生服务阳泉市布鲁氏菌病防治项目技术方案》要求，对全区从事牛羊等家畜养殖，乳、肉、皮等畜产品贩运、屠宰、加工，牲畜交易等重点职业人群进行血清学检测，共调查有接触史的重点人群201人，血清初筛实验虎红平板凝集试验可疑阳性6人，证实实验试管凝聚滴度试验阳性3人，经流行病学调查确诊布病患者3人后进行传染病网络直报，针对重点人群进行干预，发放干预包。

区疾控中心按照《阳泉市郊区黑热病监测工作方案》在全区7个乡镇、9个村开展宿主监测，共采集宿主狗血122份，其中阳性犬22份，阳性率为18%。（韩丽波）

【健康体检】 2019年，阳泉市郊区疾控中心体检工作分两时段进行，历时63天，共体检59所学校（含三所一贯制），体检学生11604名，开发区体检5所学校，体检学生5070名。2019年从业人员免费体检共5255人，发放健康合格证5022人。（韩丽波）

【农村生活饮用水监测】 2019年，阳泉市郊区疾控中心根据阳泉市城市生活饮用水用户水龙头水质专项监测工作要求，在荫营镇区选择5处末梢水为监测点，所检测水质均符合国家生活饮用水卫生标准。全年共设水质采集点30个，其中农村21个，学校3个，城镇水6个，乡镇采集覆盖率达100%。（韩丽波）

【检验监测】 2019年，阳泉市郊区疾控中心完成从业人员体检5255人份，艾滋病抗体、梅毒检测各434人份；完成国家饮水安全工程项目枯、丰水期生活饮用水共60份水样、20份城市生活饮用水末梢水的检测工作；完成2019年度全国饮用水监测信息系统的饮用水监测能力网络直报；完成省级盐碘尿碘盲样质控考核；完成盐碘、尿碘各300份，布病高危人群及密切接触者200份的采样检测工作及黑热病宿主狗血免疫学122份的检测工作。（韩丽波）

妇幼保健

【民生实事项目】 2019年，阳泉市郊区妇幼保健计划生育服务中心推动免费孕妇无创DNA检测和新生儿疾病筛查重点民生服务项目的实施。全区怀孕妇女参与免费无创DNA检测171人，其中高风险50例、其他风险121例（其中无创DNA高风险2例，治疗性引产1人）；免费新生儿疾病筛查1062人，其中串联质谱阳性2人、耳聋基因筛查结果异常55人（其中：1例已确诊阳性，需佩戴人工耳蜗；3例还需进一步诊疗；余51例其主治大夫给予指导性建议）。（赵笑进）

【孕产妇健康、儿童健康管理项目】 2019年，阳泉市郊区孕产妇早孕建册率89.33%（开发区85.84%），产后访视率94.76%（开发区80.94%）。新生儿访视率93.35%（开发区77.11%），0～6岁儿童健康管理率99.28%（开发区66%）。区妇幼中心对郊区3036名在园幼儿进行健康检查，3～6岁儿童健康管理率大于95%，开发区3～6岁在园儿童健康体检723名。（赵笑进）

【“两癌”筛查】 2019年，阳泉市郊区妇幼保健计划生育服务中心为全区符合条件的2000余名妇女进行免费乳腺癌筛查，检出乳腺癌2例。宫颈癌筛查工作由往年的全部下乡过渡为来中心检查和下乡检查相结合的方式进行，共检查2506人，其中疾病人数382人，疾病例数408例，阴道镜检查86人，病理检查86人，检出宫颈病变41例（其中CNⅠ23例、CNⅡ-Ⅲ17例、鳞癌1例），随访18人，手术治疗17人，1人在市中医院采取冷冻保守治疗。（赵笑进）

【预防艾滋病、梅毒和乙肝母婴传播项目】 2019年，全区医疗卫生机构覆盖率100%，孕期接受艾滋病检测1869人，免费咨询1919人，艾滋病感染人数0人；接受梅毒检测1870人，梅毒感染孕妇4人；接受乙肝检测1731人，乙肝表面抗原阳性孕妇18人。在郊区所属医疗机构住院分娩产妇259人，艾梅乙检测率100%，其中早孕检测率74.09%、孕期检测率99.61%；梅毒阳性产妇2人，活产儿2人，预防性治疗2人；梅毒阳性产妇所生婴儿随访29人次；乙肝阳性产妇数3人，乙肝阻断率100%。（赵笑进）

【免费产前筛查项目】 2019年，阳泉市郊区妇幼保健计划生育服务中心制定出台《郊区免费产前筛查实施方案》，尽最大努力让所有孕妇能够适时进行产前筛查，做到应筛尽筛。全年，产前筛查2024人，完成率100%，其中高风险 121 人，转诊 113 人；产前诊断 116 人，无创 DNA 高风险 2 例，其中治疗性引产 1 人；产前筛查妊娠结局随访 2081 人，其中高风险 140 人，无出生缺陷儿。（赵笑进）

【母婴安全保障工作】 2019 年，郊区医疗机构门诊接诊孕产妇 2019 人次，评估孕产妇 242 人，其中高危孕产妇 180 人，对 41 名（橙色 36 人、紫色 5 人）橙色以上高危孕产妇进行专案管理，做到发现一例、登记一例、报告一例、管理一例、救治一例，区人民医院上报危重孕产妇 2 例，成功抢救 2 例。（赵笑进）

【计划生育技术服务】 全年，阳泉市郊区妇幼中心计划生育技术门诊接诊 2040 人，共施术 377 例。2019 年，在郊区、开发区安装无人售套机 2 台，发放避孕套 97800 只、避孕药 4173 板、外用避孕药 1800 盒、节育器 155 个。（赵笑进）

【妇幼卫生监测和年报】 2019 年，阳泉市郊区定期开展质控、督导和危重孕产妇、儿童死亡评审工作。全区早孕建册率 90.4%，产后访视率 89.2% ，产妇系统管理率 85.1%，住院分娩率 100 %，孕产妇死亡率 0，出生缺陷发生率 115.83/万，5 岁以下儿童死亡率 4.2‰，婴儿死亡率 4.2‰，新生儿死亡率 3.7‰，母乳喂养率 98.27%，新生儿访视率 86%，7 岁以下健康管理率 99%。（赵笑进）

【新生儿疾病筛查】 2019 年，全区医疗机构活产 259 人，新生儿疾病筛查 257 人，筛查率 99.23%，复查 13 人，其中 1 人确诊为甲状腺功能减低症；听力筛查 256 人，复查 3 人，其中 1 人复查确诊阳性，需佩戴人工耳蜗。（赵笑进）

【健康教育】 2019 年，阳泉市郊区妇幼中心制作预防艾梅乙项目、新生儿疾病筛查、听力筛查、产前筛查、母婴安全保障大型户外大屏宣传十一幅，分别在三地滚动播出；创新搭建移动信息平台，提供手机移动端每月发送妇幼保健公益信息 1500 条；制作宣传折页、挂历、小礼品共计 2 万份；与区妇联、区卫体局、区计生协会等单位联合开展健康教育宣传活动 15 次，发放宣传品、宣传资料约 2 万余份。（赵笑进）

人民医院

【医疗工作】 2019 年，阳泉市第二人民医院（阳泉市郊区人民医院）落实医疗核心制度和各项诊疗常规，从诊疗流程、首诊负责制、医疗质量督查、减轻患者负担、合理检查、合理用药等方面进行规范和督查。加强重点专科建设，为心内科购置 12 导心电图机并派医师赴山大二院进修学习；为神经内科购置康复设备和无创呼吸机共计 4.5 万元，骨科购置人体骨骼标本 1.2 万元；优先安排重点专科医务人员利用远程教育平台、同步学习中科汉华教学视频，掌握前沿医学知识；继续实施优质护理服务示范工程，严格执行药品采购，严格执行抗菌药物分级管理制度。截至 11 月底，完成医学检验 997465 件次，完成医学影像检查 21000 人次，完成超声检查 21000 人次。（张爱文）

【队伍建设】 2019 年，阳泉市第二人民医院（阳泉市郊区人民医院）坚持高级人才靠引进、中级人才靠培养、初级人才靠培训的原则，抓专业技术人才队伍建设。举办“医卫双优”下基层培训讲座 3 场次，举办专业知识讲座 11 场次，培训人数达 4200 余人。举办管理培训讲座 1 场次，培训人数达 60 余人。选派 7 个科室 16 人次参加短期培训和长期进修，有 5 个科室主任参加省级学科年会。聘任正高职称 2 名，副高职称 12 名，中级职称 35 名。2019 年，区二院检验科在“山西省医学检验科专科联盟基层临床检验 QA 知识竞赛”中获集体一等奖，手术室护士贾倩在 2019 年阳泉市《手术室护理实践指南》授课比赛中获全市三等奖，刘胡兰党员志愿服务队获郊区“倾情礼赞新中国、巾帼奋进新时代”巾帼文明岗展演一等奖。收到锦旗 11 面，表扬信 10 份，拒收红包 40 余人次。（张爱文）

【“不忘初心、牢记使命”主题教育活动】 阳泉市第二人民医院（阳泉市郊区人民医院）开展“不忘初心、牢记使命”主题教育活动，院领导班子深入一线，“零距离”听取职工意见建议，现场研究解决基层医疗机构面临的困难和问题，形成《关于加强公立医院干部队伍能力建设的思考》调研报告。组织医务人员先后到西南舁、孙家沟、黄沙岩等乡村开展下乡健康义诊活动；派出专业技术骨干帮助乡镇卫生院规范科室设置布局，指导医护技业务工作，提升服务能力；坚持优质医疗资源下沉，专家到乡镇卫生院坐诊；举办乡村医师业务知识技能培训班2次，受训160余人；组织党员干部开展“春蕾桥”结对帮扶贫困学子社会公益活动，共捐助款项6000余元；参加“10·17”全国扶贫日活动，义购农产品价值7700元；组织干部职工“送温暖、献爱心”捐助6900余元；响应区委、区政府号召，组织党员干部职工参加环境卫生整治义务劳动。“七一”前夕组织参观郊区庆祝中华人民共和国成立70周年大型史料图片展；赴狮脑山百团大战纪念碑前举行主题教育党日，接受革命传统教育；开展深刻汲取王国平严重违纪违法案件教训“以案促改”警示教育活动，组织党员干部观看《初心泯灭的歧路》警示教育专题片，深化学习教育成果。学习教育期间购买发放学习教材370余册，自印学习资料100册，对年老体弱的29名离退休党员采取送学上门的方式组织学习。 （张爱文）

体　育

【全民健身】 2019年，阳泉市郊区卫生健康和体育局先后开展一系列全民健身活动郊区第二届“益智杯”象棋赛、2019年郊区中小学生篮球赛、2019年教职工乒乓球赛、三人篮球赛，2019年“和谐杯”第三届篮球联赛及郊区“迎五一”第六届职工登高健步走等活动。 （刘雪婷）

【体育场地统计调查】 2019年，阳泉市郊区卫生健康和体育局共统计调查单位220个，较上次普查新增21个，通过统计调查全区现有体育场地面积40.3306万平方米，全区人口29.2260万人，人均体育场地面积1.379956平方米/每人。 （刘雪婷）

社会生活

民　政

【机构改革职能调整】　2019年3月，根据国务院机构改革方案的要求以及省、市、区相关文件的要求，将民政局的优抚、双拥职责划转至新组建的退役军人事务局，撤销区民政局双拥联络办公室，并将编制、人员整体划转至退役军人事务局。5月将民政局救灾职责划转至新组建的应急管理局，救灾物资储备库移交发改局管理。6月，将民政局医疗救助职责划转至新组建的国家医疗保障局。高龄老人补贴发放业务移交至卫健委。接受残联划转过来的残疾人两项补贴发放业务。至此，机构改革调整全部完成。　（史晓亮）

【基本民生保障】　2019年，该区基本民生保障水平明显提高。城乡低保提标工作超额完成。城乡低保标准各提高35元，提标后的城乡低保标准，城市达552元、农村达383元。到12月底，城市低保对象7550人，农村低保对象6490人。全年发放低保补助金6059.3万元。困难群众临时救助力度加大。全区共救助城乡困难群众1550人，共支出救助金235.133万元。其中健康扶贫救助221人，21.7万元。困难残疾人生活补贴和重度残疾人护理补贴落实。到12月，共符合条件的困难残疾人28506人次，每人每月50元，发放142.53万元，重度残疾人护理补贴178.95万元。城乡医疗救助成效显著。1月至5月，全区城乡医疗救助984人次，支出救助金317.82万元。为低保、特困、孤儿、建档立卡贫困人员、计划生育特殊困难家庭、重度残疾人参加基本医疗保险个人缴费部分给予全额资助，共资助18601人（标准220元/人，其中含建档立卡贫困人口3426人），合计资助409.22万元（其中含建档立卡贫困人口75.37万元）。到5月底，共支出医疗救助资金651.67万元，账户结余653.5万元。6月，城乡医疗救助工作已与郊区医疗保障局进行业务移交。　（史晓亮）

【社会福利事业】　2019年，该区社会福利事业普惠弱势群体。孤儿基本生活得到有效保障。全年，为全区23名孤儿发放基本生活补助67人次，共计277000元，保障全区孤儿的正常生活，特困供养保障有力。年内，将建档立卡贫困对象纳入农村特困供养29人。城乡特困供养标准提高400元，提标后达到城市8700元，农村分散供养6200元，农村集中供养8600元。提高分散供养特困人员照料护理标准，提标后达到全自理110元、半自理220元、全护理330元。城市特困供养对象61人，农村特困供养对象648人，特困供养补助738万元。开展农村老年人日间照料中心建设，新建农村老年人日间照料中心4个。累计建成135个，覆盖率85.99%。实施经济困难的高龄和失能老年人关爱行动，将两项补贴标准分别提高到每人每月55元和110元，超额完成提标任务。为全区253名经济困难失能老人发放补贴34.56万元。（史晓亮）

【基层社会治理】 2019年，该区不断创新基层社会治理。扎实推进合并行政村（村改居）工作。市下达该区行政村合并任务为42个（即从157个减少到115个行政村）。通过区、乡、村共同努力，经区政府第49次常务会议研究同意，42个行政村首批合并，6个村实施村改居，并村改居相关程序逐步完成。稳步推进村（社）治理工作。区民政局联合七部门印发《关于做好村规民约和居民公约工作的通知》，指导相关村做好村规民约及自治章程的修订完善工作。年内，66个试点村的自治章程、村规民约修订完善工作基本完成。区民政局拟定《阳泉市郊区村级重大事项群众评议制度（讨论稿）》，并报区村（社）办。负责指导8个试点村打造村民议事厅。开展村委会换届选举“回头看”。全区排查联审出曾受过刑事处罚的村委会成员6人（涉及5个行政村）。该6人已全部清理出村委。上五渡村、河底村、燕龛村、小西庄村村委会主任依法补齐。（史晓亮）

【基本社会服务】 2019年，该区不断改进基本社会服务。婚姻登记服务按时办结率与登记合格率均达到100%，配合卫计部门完成婚前医学体检工作，推行结婚登记颁证服务，为新人免费举行结婚登记颁证仪式，有序开展新婚夫妇学校特色服务，做好特殊日子的应急措施。6月14日“和为美家事调解室”正式成立，以此为标志，建立多角度、全方位推进源头家庭教育新格局。网上公开婚姻登记所需的各种证件，在登记大厅的醒目位置悬挂办事流程示意图和填写声明的各种样表及办事须知。到12月，全区办理结婚登记1032对，离婚登记342对，补发结婚证643对，补发离婚证26对。接听来电咨询3000多次，查阅档案3000多件，来函3件，并及时给予回复。推进殡葬改革，宣传绿色环保祭祀，清明祭扫平安、有序、文明。开展违法违规私建“住宅式”墓地等突出问题专项摸排工作。持续推进节地生态安葬。区划地名工作稳步开展。该区全国第二次地名普查工作进入收尾阶段，本次普查，共完成2146条（其中开发区380条）词目表的编制任务，将地名文字和图形信息及多媒体数据录入国家地名和区划数据库。通过国家级验收，省级验收取得优秀的成绩。（史晓亮）

【社会组织登记管理和监管】 2019年，全区共有核准登记的社会组织58个，其中社会团体24个，民办非企业单位34个。年内，新成立登记的社会组织10家，其中社会团体1家，民办非企业单位9家。年末，完成2018年度民间组织年检工作，开展整治“保健”市场乱象百日行动，出台关于规范行业协会商会涉企收费管理措施，完成行业协会商会与行政机关脱钩工作。（史晓亮）

【扶贫攻坚】 2019年，根据《山西省2019年农村低保扶贫行动计划》，区民政局制定《阳泉市郊区2019年度农村低保扶贫行动计划》《阳泉市郊区特殊群体关爱行动计划》，对2019年兜底保障脱贫项目做出年度计划，确保全区2019年农村低保标准超过国家扶贫标准，基本实现“零盲区、零重复”救助，确保困难群众求助有门，救助及时。当年农村低保保障标准由348元提高到383元，提高了35元。将临时救助小额审批权限委托各乡镇审批，共下拨临时救助乡镇备用金40万元，发挥社会救助“一门受理，协同办理”机制的作用，提高临时救助的时效性。将临时救助最高限额由5000元提高到10000元。年内，共救助259名建档立卡贫困户，共支出救助金25.5万元。其中为医保报销后不达90%的建档立卡贫困户221人进行救助，支出救助金21.7万元。年末，全区共有建档立卡贫困户 1565 户，3568 人。共有农村低保户 3701 户，6599 人，月享受金额为 1667836 元。其中建档立卡低保户 182 户，334 人，月享受金额为 93759 元。开发区社会事务服务中心建档立卡低保户 12 户、24 人，月享受金额为 7834 元。根据《阳泉市郊区临时救助办法》等规范性文件规定，对因特殊原因造成突发性、临时性困难的家庭，及时给予临时救助，共救助困难 1143 人次，发放临时救助金 140.696 万元。（史晓亮）

【农村低保专项整治工作】 2019 年，该区进一步开展农村低保专项治理工作，坚持问题导向，集中治理“人情保”“关系保”“错保”“漏保”，坚决查处农村低保经办服务中的腐败和作风问题，进一步规范管理，提升经办服务水平，发挥农村低保在打赢脱贫攻坚战中的兜底保障作用。全年共排查低保对象 9118 人、建档立卡贫困户 180 户，退出 6 户，新纳入 59 户，实现动态管理下的“应保尽保”“应退尽退”。（史晓亮）

人力资源和社会保障

【城乡社会保障统筹】 2019 年，全区参加城镇职工基本养老保险 2.23 万人，完成市下达目标任务的 111.55%，其中开发区参保 0.56 万人，完成全年目标任务的 100.04%。具体包括，企业基本养老保险参保 1.54 万人，完成市下达目标任务的 115.13%，其中开发区参保 0.5 万人，完成市下达目标任务 102.29%；企业职工基本养老保险（不含离退休）参保 1.23 万人，完成市下达目标任务的 119.36%，其中开发区参保 0.40 万人，完成市下达目标任务的 102.82%。参加机关事业单位基本养老保险 0.69 万人，完成市下达目标任务的 104.27%，排名全市第一，其中开发区参保 0.06 万人，完成市下达目标任务的 84.51%；参加机关事业单位基本养老保险（不含离退休）0.43 万人，完成市下达目标任务的 104.77%，排名全市第一，其中开发区参保 0.04 万人，完成市下达目标任务的 78%。“中人”计算 512 人，完成 433 人，完成率 84.57%，排名全市第二。

城乡居民养老保险的征缴工作由税务部门实施操作，全年共参保 9.74 万人（含开发区），完成市下达目标任务的 100.79%。参保缴费到账 1960.72 万元；待遇领取 27955 人，养老金发放 4988.56 万元，社会化发放率达 100%。

全区失业保险参保职工 9602 人，完成市下达目标任务的 100%，排名全市第二。征缴失业保险基金 236 万元，支出 438 万元。同时，为发挥失业保险预防失业、促进就业的作用，为符合条件的 12 名企业参保职工发放职业技能提升补贴 1.9 万元，为申请稳岗补贴的 36 户参保企业发放稳岗补贴 116 万元。

全区工伤保险参保 4.72 万人（含开发区），基金征缴 789 万元，完成市下达目标任务的 101.51%，排名全市第三。（李丽红）

【就业创业】 2019 年，全区城镇新增就业 4509 人，完成市下达目标任务的 121.86%，排名全市第二；创业带动就业 1003 人，完成市下达目标任务的 100.3%；下岗失业人员再就业 1854 人，完成市下达目标任务的 103%，排名全市第二；就业困难人员实现就业 645 人，完成市下达目标任务的 102.38%，排名全市第二；农村劳动力转移 1821 人，完成市下达目标任务的 101.17%；城镇登记失业率 3.49%，控制在 4.2%以内。

全区建档立卡贫困劳动力转移就业 247 人，完成市下达目标任务的 112.27%，排名全市第二；农村贫困劳动力就业信息平台完成信息核实 1291 人，其中未脱贫的 403 人中有 332 人实现就业，就业率达 82%。全区城镇居民人均可支配收入增幅 6.6%，排名全市第四。

全区 8 家“全民技能提升工程”中标机构共开设 67 个培训班，共培训 3149 人，完成全年培训任务的 100.3%。开发区培训 393 人，完成全年目标任务的 119.8%，排名全市第二。（李丽红）

【和谐稳定劳动关系构建】 2019 年，共受理劳动人事争议仲裁案件 121 件，立案 99 件，已结案 98 件，结案率为 99%，其中调解 66 件，调解成功率为67.3%。查处工资类违法案件共计65起，较上年案件总数84起降幅达23%，追发劳动者工资等待遇涉及金额671.47万元，较上年的880.2万元降幅达23%，追发劳动者工资等待遇涉及人数858人，较上年的1237人降幅为31%。累计收取工程建设项目建设单位和施工单位预存的工资保证金2083.9万元，已审核退还166.1万元，存储工资保证金1917.8万元。（李丽红）

【人才队伍管理】 2019年，全区共考核事业单位115个、3081人，评出优秀421人，优秀率13.7%。全年共新聘任专业技术人员950人，其中：高级115人，中级566人，初级269人；续聘1131人，其中：高级169人，中级500人，初级462人。严格工人技术等级报名，对符合报名条件的人员27人汇总登记上报，其中：技师共报名14人，高级工报名10人，中级工报名3人。（李丽红）

【晋升及津贴补贴审核】 2019年，共审批事业单位工作人员正常晋升薪级工资2998人；公务员晋升级别136人、晋升档次78人；转正定级、调入人员工资确定、职务变动、岗位变动、技术等级变动等工资变动634人；核定区公安分局人民警察法定工作日之外加班补贴共计123.54万元；审批岗位津贴、警衔津贴、纪检津贴、信访津贴36人；审批调整乡镇工作补贴和执行乡镇工作补贴208人；为全区已故机关事业单位工作人员及离退休人员21人审核丧葬费、一次性抚恤金。审批区党政机关、参照公务员法管理单位公务交通补贴变动人员43人；提高6名离休干部护理费标准。审批机关事业临时退休费91人；2019年办理事业单位工作人员到龄退休80人，机关工勤人员到龄退休6人；重新确定参加工作时间3人；审批特殊工种提前退休人员24人。（李丽红）

医疗保障

【医保机构挂牌成立】 2019年2月27日，阳泉市郊区医疗保障局正式挂牌成立。下设阳泉市郊区医疗保险中心，设有股室9个，编制39名，领导职数5名，有领导干部干部4名，职工26名。4月开始陆续完成与发改、税务、民政、市场等部门的职能划转、人员转隶。4月25日成立医保局党支部，11月20日成立第一届郊区医保局工会委员会。在机构改革中做到人心不散、秩序不乱、工作不断，确保机构改革的有序推进，医保工作平稳有序开展。（王沁星）

【基金平稳运行】 2019年，该区严格落实全市各项基金运行政策，全年基金运行平稳。年内，城镇职工基本医疗保险统筹保费收入并上缴共计29507945.24元，市中心拨入统筹金待遇支出10183767.06元；城乡居民医疗保险个人保费收入并上缴共计32834031.32元，拨入城乡居民医疗待遇支出33507246.96元。（王沁星）

【基金监管】 2019年，该区开展对“两定”机构的进行定期不定期稽核检查工作。年内，对全区173家“两定”机构进行了500余次日常稽核工作，共稽核病例404份，抽查区医院、卫生院在院病人3次。共计审核并扣减两定机构不合理费用9.9万余元，切实维护基金安全。（王沁星）

【打击欺诈骗保】 4月25日，召开全区加强医保监管打击欺诈骗保工作会，全年通过“打击欺诈骗保维护基金安全”集中宣传月活动，开展“专项行动年”活动，开展对专项行动“回头看”“再回头看”等系列工作保持高压态势。累计处理违规医药机构15家，共追回医保基金330.32万元，有效震慑了欺诈骗保行为。（王沁星）

【脱贫攻坚】 2019年，郊区贯彻省市区健康扶贫三年攻坚计划和行动方案，多次深入各乡镇、村进行宣传，组织专题培训，确保“三保险、三救助”医保扶贫政策落细落实。提高建档立卡贫困人口大病保险报销比例并取消封顶线。贫困人口实现住院医疗费用基本医保、大病保险、补充医疗保险、医疗救助四项保障待遇的“一站式”

即时结算。2019 年，农村建档立卡贫困人员住院 606 人次，住院补偿基本基金支付金额 600 万元，大病基金支付 226 人次，金额 208 万元，基本基金兜底支付 497 人次，金额 107 万元。补充医疗保险支付 588 人次，金额 27 万元。农村建档立卡贫困人口省内定点医疗机构住院综合保障比例平均达到了 90%的目标。全区农村建档立卡贫困人口享受门诊大额疾病医保目录内的费用按病种支付限额 100%报销，共计补偿 2550 人次，基本基金支付 71 万元，大病基金支付 9 万元，有效地减少了因病致贫和因病返贫的发生。2019 年，建档立卡贫困人口实行按季度动态调整，开展“两不愁三保障”大排查工作，对排查出的新进人口中有 4 人未参保的问题，及时申请财政全额补交参保费。建档立卡贫困人口 3314 人实现应保尽保，参保率达到 100%。（王沁星）

【助推一体化改革】 2019 年，该区落实医保打包付费政策。4 月中旬，全区召开医保打包付费支付方式改革工作会，4 家定点医疗机构签订总额预算打包付费协议；8 月，签订总额控费协议；11 月，签订总额控费补充协议；每月按时预拨和及时结算各种款项。深化医保基金支付方式改革，助推医疗机构一体化改革。（王沁星）

【带量采购】 2019 年，该区配合上级首次开展全区药品集中采购工作。组织编制报送本区公立医疗机构药品采购、耗材采购的规定品种；组织调查统计 2018、2019 年部分药品实际采购量；督促落实药品集中带量采购制度和耗材集中采购的准备工作。年内，医保中心实际拨付带量采购预拨款 186200 元，其中医疗集团带量采购预拨款 168256 元，固庄煤矿医院带量采购预拨款 17174 元，荫营煤矿医院带量采购预拨款 770 元。（王沁星）

居民生活

【“两项”收入稳步增长】 2019 年，该区贯彻落实农民增收、社会保障及脱贫攻坚等各项惠民政策，做好“三农”工作，认真做好数据统计，狠抓农民增收实效，提高城乡居民收入。城镇居民收入实现稳步增长，农村居民收入增速较上年有所提高。据国家统计局阳泉调查队及市监测中心抽样调查资料，2019 年，全区城镇居民人均可支配收入 28555 元，比上年增长 6.6%；农村居民人均可支配收入 16265 元，比上年增长 9.4%。（李政桐）

【居民消费结构趋于合理】 2019 年，郊区在城乡居民收入稳步增长的同时，居民消费结构进一步改善。当年，城镇和农村居民人均消费支出分别为13608 元和9367 元，比上年分别增长 19.2%和 20.1%。其中，城镇居民用于食品及衣着消费支出占比较上年下降 1.9 个百分点，用于生活用品及服务支出占比较上年上升 0.1 个百分点。农村居民用于食品消费支出占比较上年下降 0.8 个百分点，用于医疗保健支出较上年上升 6.8 个百分点。郊区城乡居民的消费质量明显提高，消费结构趋于合理，百姓的物质生活和精神生活得到丰富和充实。（李政桐）

乡镇社区

荫营镇

【概况】 2019年，该镇总面积103.30平方千米，耕地面积3.6万亩，总人口7.6万人，其中农业人口56700余人。辖38个行政村41个自然村和5个农村社区4个城市社区。镇区基础设施完善，医院、学校、银行、自来水厂、车站、餐饮、住宿、购物广场等一应俱全。曾获“全国文明村镇”“全国拥军优属先进单位”“山西省三八红旗集体”等荣誉称号。

2019年，荫营镇党委、政府贯彻落实区委走好“三条路”，率先实现城乡融合发展示范区的战略部署，围绕传承和弘扬“唯旗必夺、争创一流”荫营精神，全力做好“园区项目承载、城镇扩容提质、村社治理创新”三篇文章，率先实现城乡融合示范镇的工作思路，团结带领全镇广大干部群众勠力同心，砥砺前行，完成区委、区政府下达的工作任务，全镇税收收入完成2.8亿元，同比增长18.9%；固定资产投资任务8亿元,固定资产投资完成12.1亿元，完成全年任务的151.25%；规模以上企业工业总产值完成10.8亿元，同比增加13.14%；招商引资签约完成18亿元，同比增加20%。

在荫营精神的激励下，镇党委、政府改变角色、主动适应，走出了一条项目兴镇之路，三大园区建设如火如荼，强化服务推动招商引资，为全镇经济转型发展提供了坚强的保障；发挥党建引领作用，带领全镇广大干部群众抓主业、履主责，率先在全市成立农村青年人才党支部，按照“四个挺前”工作思路，打造党员干部教育中心，开展主题教育，使广大党员干部理论水平得到提高、干事创业的热情进一步激发，基层组织活力得到较大改善；在城镇扩容提质上做文章，挖掘潜力，整合力量，乡村治理实现突破，镇区环境综合整治成效显著。城中村改造，采煤沉陷区治理项目进展顺利，荫营南区开发配合有力，停滞多年的中兴大道项目完成拆迁扫障，实现全线贯通，乡村治理新体系试点工作有序推进；教育事业蓬勃发展，文化旅游活动层出不穷。成功举办“阳泉市首届文化旅游节”、第六届文旅雅集暨第三届河灯节、第十届关公文化节等活动，“刘关张”忠义文化、辛庄“晋东小延安”红色旅游文化品牌效应持续彰显；被誉为“山西三宝”之一的三泉村“珐花器”参展山西省第四届文博会。为推动新时代文明实践活动出新出彩，先后举办“唯旗必夺，争创一流”荫营精神授旗仪式、千人唱红歌、广场舞比赛、“使命在肩、奋发向前”主题党日等活动，在全区庆祝中华人民共和国成立70周年歌唱比赛中荣获乡镇组第一名，并作为乡镇代表参加全市比赛；从民生出发，以就业破题，政企携手，多次开展全民技能培训，安排就业200余人，开展民政救助惠及10508人，为159户住房困难家庭申报公租住房。（冯曹娜）

【农业产业活力增强】 2019年，该镇坚定不移走“农业富民”之路，全镇集体产权制度改革基本完成，股份经济合作社基本做到全覆盖，千亩坪现代农业产业园，上千亩坪村千百绿农业采摘园，下白泉村田园综合体休闲观光园，西古村宏开源公司年产500万个优质菌包项目，辛马小韩沟黄花菜经济作物示范园，东西垴核桃树种植园，东梁庄、西梨庄玉露香梨示范园，火石岩花椒种植园，志安科技现代农业园等特色农业产业园蓬勃发展，农业基础地位不断夯实，活力不断增强，农民收入持续增加。（冯曹娜）

【工业产业齐头并进】 2019年，该镇坚定不移走“工业强镇”之路。实施传统耐火产业振兴，贤亨耐火、林里耐火、明鑫耐火实现联合，与中钢合作进一步加深，耐火产业重现辉煌；紧紧依靠白泉、荫营两大园区，实施招商引资，成功引进金隅通达、华润燃气、广凯机械、新瑞昌机械、永昱机电、河坡电厂、坪上光伏、荣光发电等企业入驻，形成耐火、煤炭、化工、冶金、建材等产业齐头并进发展格局。（冯曹娜）

【第三产业加速发展】 2019年，该镇坚定不移走“三产兴镇”之路。老虎沟、南窑庄、下荫营、窑沟城中村改造进展顺利，水电气暖等基础设施建设进一步完善，南区建设、新城开发如火如荼，人口集聚效应进一步显现；三产服务业加速发展，九州购物中心投入使用，市商业银行分支机构成功落户，荫营东西大街餐饮服务、商贸物流、休闲娱乐等产业逐步健全，刘关张忠义旅游线路及辛庄红色旅游区基础设施进一步完善，镇区商圈加速形成；坚持进行环荫营城绿化，农村环境改善等工作，28个村成功申报为区级美丽乡村，全镇面貌焕然一新。（冯曹娜）

【农村环境卫生治理工作接受省验收】 2019年6月5日，荫营镇农村环境卫生治理工作接受省验收。验收组一行先后到上千亩坪、下千亩坪、前洼、后洼、林里等村，对照评价表的内容详细查看农村环境卫生治理工作开展情况。并听取汇报、查看相关资料后，给予该镇环境卫生治理工作高度评价，验收组要求，下一步，要加大工作力度，督促各村完成临时垃圾点及时清运，对非正规垃圾处置点整治等工作，加强长效管理和动态管理，跟踪整改，为全面改善农村人居环境，创建“卫生乡村”夯实基础。（冯曹娜）

【机构改革】 该镇制定出台《荫营镇机关机构改革工作的实施方案》，进一步细化分工、明确职责。随后，工作人员多次到区编办进行业务对接，征求改革意见，明确岗位职责、权限设定。并在定编定岗工作的基础上，公布岗位、职责职数，开展“竞聘上岗”。运用“双向选择”机制，激发干部职工的工作热情，调动年轻干部工作积极性，完成机构改革工作。（冯曹娜）

【中兴大道全线贯通】 2019年，搁置10年之久的中兴大道终于全线贯通。中兴大道拆迁工作，涉及范围内7座院落22户民宅，7月底，拆迁补偿全部完成。（冯曹娜）

【就业安置签约暨首批“荫营护工”就业欢送仪式】 2019年8月27日，该镇举行就业安置签约暨首批“荫营护工”就业欢送仪式，42名“荫营护工”与招聘企业达成就业意向，奔赴太原进行免费岗前培训，培训合格后，正式步入工作岗位。

2019年，该镇按照“政府搭建平台，社会资本参与，为基层未就业群众提供专业化、规范化服务”工作思路，与中国蓝领有限公司开展深度合作。按照市场需求，为有求职意愿的未就业群众提供免费培训及岗位安置工作，实现基层群众通过培训实现就业增收的目标，持续提升群众的幸福感、获得感。欢送仪式结束

后，镇领导和部分村领导与“荫营护工”一同到太原，考察调研中国蓝领有限公司，为下一步合作打好基础。（冯曹娜）

【雷健坤调研村社治理新体系试点工作】 2019年12月3日，市委副书记、市长雷健坤到该镇调研“党建引领，三治融合”村社治理新体系试点工作。通过实地走访、听取汇报、翻阅资料，雷健坤对该镇村社治理新体系试点工作开展情况表示肯定。她指出，镇党委、政府以及相关村开展试点工作有基础、接地气、思路清、目标明，特别是结合实际，创造性开展工作，取得了较好效果，积累了较为成熟的经验。雷健坤强调，要进一步提高政治站位，坚持以习近平新时代中国特色社会主义思想为指导，充分发挥基层党组织的领导核心和战斗堡垒作用，切实把村社权力运行置于党的领导之下，实现党的领导与村社自治有机统一，为村社权力规范运行提供坚强的组织保障。（冯曹娜）

【环境整治】 2019年，荫营镇区及延伸周边环境卫生综合整治动员会召开后，该镇高度重视，按照会议精神，开展环境卫生综合整治工作，截至年末，全镇环境卫生综合整治5个片区共派出52386人次，出动挖掘机、铲车、运输等各类机械车辆3907辆，清理各类垃圾、沿路杂草等共计166991吨，清理四堆5124处，清理垃圾坡点位216个，拆违拆临153处，拆除垃圾池169个，农村旱公厕拆除3个，改造户旱厕152个，拆除户旱厕3个，规划停车位285个，清理各类小广告1758处，植树43255株。（冯曹娜）

河底镇

【概况】 2019年，该镇总面积103.04平方千米，辖32个行政村、33个自然村和2个农村社区、1个城市社区，总人口5.01万人，其中农业人口3.72万人，耕地面积3.5万亩，林地6.6万亩。2019年，全镇上下要围绕走好“三条路”，率先实现城乡统筹示范区的总目标，突出一条主线，服务三大煤矿，抢抓五大机遇，严守七条底线，实现九大突破，加快转型升级步伐，实现古镇新崛起。全年，实现财政总收入2574万元，同比下降25.7%（受区域划分影响）；公共财政预算收入1274万元，与上年持平；完成固定资产投资49680万元，完成年度任务71%；规模以上工业总产值15941万元，同比增长226.78%；规模以上工业增加值4817.58万元，同比增长207.66%；招商引资完成21913万元，完成既定任务的73%。完成安全生产、环境保护等约束性指标。（苏子莺）

【项目建设稳步推进】 2019年，该镇项目建设推进顺利。加林科技投资6000万元的3万吨宝珠砂续建项目和灿坤工贸投资5000万元的年产270万平米PVC新型环保建材续建项目投产达效；中联能源科技投资5200万元的8兆瓦瓦斯发电新建项目和中能煤层气投资500万元的发电机组延寿改造项目并网发电；固庄煤矿储煤场封闭式环保改造项目、市煤运公司三都发煤站环保改造项目均顺利完工；G239改线拆迁扫障工作进展顺利；北部集中供暖管网工程顺利开工；温河水务一体化工程全线启动；阳大铁路河底火车站主体工程建设完成，站前路建设进入规划论证阶段。项目建设为镇区集聚发展奠定了坚实基础。（苏子莺）

【特色农业发展】 2019年，该镇实现粮食播种面积1.46万亩；水果种植面积1745亩；生猪存栏10189头，出栏8120头；羊存栏932只，出栏458只；鸡存栏20.29万羽。北庄鑫海种植专业合作社省级农业装备示范项目，曹家掌、山底、小河北、小固庄四村1757亩核桃干果经济林提质工程完成；华晟农业有限公司2000平方米蛋鸡室、饲料加工车间、存蛋库扩建项目，牵牛镇村元大养殖场5000头生猪扩建项目完成改建并投入运行；山底村200亩高效酿酒高粱试种成功，大河北村10亩优质红薯引种栽培完成，五架山村100亩小杂粮种植收益显著，为全面推广有机旱作种植奠定基础。（苏子莺）

【旅游产业】 2019年5月25日，该镇举办以“弘扬温河精神，打造魅力河底”为主题的第三届文化旅游节。旅游产业对外影响力和知名度明显提升，全年旅游人数达到3.5万人次，实现经济收入140余万元。历时一年时间筹建的温河灌区纪念馆，布置内部陈览；郊里村投资310余万元修建的4千米景区旅游公路竣工验收；大河北村投资30余万元修建的古庙宇修复工程完工。一批旅游项目的投入运行为全域旅游发展注入了新的活力。 （苏子莺）

【环境治理】 2019年，该镇曹家掌、燕龛、程庄、北庄四村围绕沿线风貌进行重点治理，共投入资金94.5万元，清理垃圾1069处，1.4万余吨；清理河道3000米，清淤1万余立方米；粉刷墙体2000余平方，绿化1500平方。程庄村投资480万元用于供排水铺设工程和192户水冲厕所改造工程，3500米主管网及3700米户网完成对接，建设污水处理站工程，12月底改厕工程投入使用。以苇泊河、燕龛河、山底河为重点开展“清河行动”，出动各类机械150余台次，清淤2万余立方米，疏排地段3350米。推进“禁煤区”工作，清理散煤4237户，共4500余吨。 （苏子莺）

【社会事业】 2019年，该镇发放各类低保、特困供养金、优抚金等共计1059.84万元；发放耕地地类保护金93万元；玉米保险补贴32.2万元；为2323户发放煤改电、煤改气补助资金96万元。举办各类群众文艺汇演30场，参演人数达到1.6万人次，观众3万人次。河底村、任家峪村、山底村等5村共计投资60余万元，新建高标准室外篮球场5个；程庄村投资110万元的群众综合文化活动中心投入使用。举办2019年河底镇“青龙杯”篮球联赛，为打响“篮球之乡”品牌注入了一针强心剂。独具河底特色的青龙雅庠大讲堂共开展14场，参与活动1050人次，母亲书架现存图书550余本，惠及家庭340户。 （苏子莺）

【区人大代表补选工作】 2019年1月18日，该镇固庄选区成功补选区人大代表宁文鑫，完成区人大代表补选工作。补选工作依法按照法定程序有序开展。选区应到选民3407人，实到选民3326人，上站率为97.6%。发出选票3326张，收回选票3325张，有效票3309张，宁文鑫得票3290票。3月2日，任家峪选区成功补选区人大代表张魁福。选区应到选民2523人，实到选民2358人，发出选票2358张，收回选票2358张，有效票2358张，张魁福得票2242票。程庄选区成功补选区人大代表赵世杰。选区应到选民3146人，实到选民3085人，发出选票3085张，收回选票3085张，有效票3083张，赵世杰得票3070票。 （苏子莺）

【镇志发行座谈会】 2019年6月6日，《河底镇志》发行座谈会召开。区人大副主任、河底镇党委书记张魁福主持会议，区委常委、统战部部长段拥军，区政协副主席杨济才出席会议，区政协原主席要宜为等老领导及编纂人员参加此次座谈会。《河底镇志》的出版发行是河底镇文化系列工程的一个伟大开端。该志于2014年4月启动编纂。2014年5月26日，成立由镇党委、镇政府主要领导及各职能部门负责人组成的镇志编纂委员会，同时出台镇志编纂实施方案。6月6日在镇政府会议厅召开动员会。2014年6月到2015年6月为志书资料的收集和初编阶段。根据所承担的编写任务，各参编人员很快介入工作，积极主动地深入到各村及相关部门进行资料征集。各行政村按照镇党委、镇政府在动员会上的安排部署，责成专人走街串巷，进家入户对第一手资料进行征集，并对一些有关重要人物事件的历史线索进行了详实细致地了解和核实。到2015年6月资料征集初步完成，志稿初纂有序进行。2016年9月，志书草稿成稿并分发到参编人员手中，进行相互交流，作进一步修改完善，鉴于有些章节内容资料缺失严重，留存空白较多，编委会多次召开编纂工作会议，共同研究探讨解决编纂过程中遇到的有关问题，并达成了广泛共识，保证了志书编纂工作的顺利进行。2017年12月，区地方志有关专业编辑人员和曾经有过编修经验的相关人员对志书编纂进行总纂。2018 年初，经编委会同意，报方志出版社进行审读，2019 年 1 月出版发行。该志共 25 章 115.7 万字，全面、客观记述河底镇自然、经济、政治、文化和社会的发展历史现状。（苏子莺）

平坦镇

【概况】 2019 年，该镇面积 105.92 平方千米，总人口 1.2 万人，其中农业人口 9105 人。下辖 20 个行政村 42 个自然村。截至年末，共有基层党组织 26 个，党员 584 人；其中，农村基层党组织 20 个（农村党委 1 个、总支 3 个、支部 16 个）、镇直机关事业党组织 6 个（企业支部 4 个、机关事业支部 2 个）。2019 年，该镇坚持以对标一流、奋发有为的姿态，全面推进各项工作，坚持“一个统领”，做好“两个服务”，致力打造“两园”“两镇”，为实现“打造生态宜居新平坦，建设城乡统筹先行镇”而不断努力奋斗。全年，一般公共财政预算收入，2019 年计划 3000 万元，实际完成 3004 万元，完成任务的 100.1%，同比增长 15.3%；固定资产投资计划 7.5 亿元，实际完成 12.7 亿元，完成 169.3%，同比增长 20.9%；规模以上企业增加值完成 12185.7 万元，同比增长 39.1%。（段雅华）

【基层组织建设】 2019 年，该镇开展“不忘初心、牢记使命”主题教育。突出“四个导向”，强化“四个自觉”，不断筑实主题教育成果。组织党员干部群众 150 余人次观看爱国主义影片；完成整顿已确定的 2 个软弱涣散基层党组织；动员党员干部 4200 余人次深入农村基层，广泛开展各类义务劳动 10 余次；深入开展“改革创新、奋发有为”大讨论。利用学习强国、好干部在线学院等新型媒体推动广大党员干部学习。开展干部入企进村服务活动，12 个驻村小组和 2 个入企小组成员进村入企，开展政策宣讲 19 场、工作协调会 16 场，服务指导新型农业经营主体 65 个，收集问题 43 个，根据实际情况全部协调解决，在全镇上下营造对标一流、奋发有为的浓厚氛围。（段雅华）

【转型发展产业园】 2019 年，该镇实施的 7 个重点项目完成投资 12.7 亿元。电力产业蓬勃发展，桑掌乏风氧化发电项目氧化装置、压缩空气系统等设备均已安装到位，有序运行；李家山 50 兆瓦风力发电项目前期手续办理完毕，启动土建工程；西上庄 2×660 兆瓦低热值煤发电项目完成各项手续办理，累计征地 418.6 亩；传统领域持续发力，促进煤炭产业绿色发展，西上庄 500 万吨煤矿项目开工建设，神堂煤业和坡头煤业两座煤矿达产达效，进一步延伸煤炭产业链条，做好绿色发展文章；产业结构不断优化，北京初兴木业梵尔奇家具研发生产基地项目投入运营，为阳泉市及周边地区提供优质高档家具产品，成为郊区乃至全市转型发展的标志性项目；支持景安机电、惠通机械等企业壮大发展，重点引进机械制造、数据中心等项目，提升制造业经济结构比例。实现服务业全面发展，桃林沟果蔬交易市场服务城、矿、郊近 30 万市民，带动片区相关服务业发展。配合国道 307 改线工程征拆工作，共完成红线内征地 295 亩，红线外临时征地 135 亩，清理、补偿树木 7 万余株，保障绕城改线工程顺利推进，对芦湖、辛兴等 6 处住宅楼、近 1 万余平方米住宅、3 家企业 4000 余平方米面积进行初步测量和评估，保障项目施工。（段雅华）

【文旅深度融合】 2019 年，该镇立足优势，深挖潜力，促进文旅深度融合，为阳泉市民打造远离喧嚣的“后花园”。完善桃林沟景区内涵，提升巩固提升“桃花节”，举办“梦幻桃林光影艺术节”新春主题灯展、“2019 桃林沟杯•国际山地半程马拉松”等活动；翠枫山景区推出“红叶文化节”，赋予景区新的文化内涵。“童立方”项目全面竣工，致力打造集室内体能训练、休闲娱乐、儿童用品于一体的儿童室内游戏娱乐场所。发展特色观光农业，抓好桃林沟 1000 亩田园综合体项目、魏家峪紫金山农场、曹里高山明珠采摘大观园等休闲农业项目，和乡村旅游融合发展，真正实现田园变公园，农房变客房，劳作变体验，为周边居民提供乡村旅游、假日休闲的好去处。（段雅华）

【城乡融合】 2019年，该镇主动对接生态新城建设，加快城乡融合步伐，依托城市、服务城市、融入城市。棚户区改造项目有序推进，魏家峪棚户区改造安置住房项目25栋住宅楼均封顶，桃林沟棚户区改造项目10栋多层和3栋高层封顶，共完成建设面积28.2万平方米，陆续完善配套工程，项目建成后极大改善了村民生活条件。清洁能源工程进一步实施，中庄、后峪、坡头3村420余户实施“煤改电”改造工程，对魏家峪、甘河、龙凤沟3村740余户实施“煤改甲醇”改造工程。“创卫”工作成效显著，清理垃圾2万余吨，添置垃圾桶250余个，规范“四堆”580余处，清除广告牌22块、清理小广告800余处；栽植花卉苗木8.7万余棵，硬化路面7000平方米，修葺挡墙4200平方米，粉刷墙体5万平方米，拆除私搭乱建27处，取缔规模养殖4处，取缔废品收购站4家；整治河道500余米，铺设污水管网3650米，新建、改建水冲式厕所13座。开展农村人居环境整治，共处理生活垃圾4500余吨，改造水冲式厕所6座，铺设污水管道1500米，砌筑、修葺挡墙护坡1800余平方米，粉刷墙体2万平方米，清理小广告56处，拆除违建5处，清理规范“四堆”50余处，栽种苗木5万余棵，硬化道路2千米。配合坡头高速路口环岛服务区征拆土地45亩，建设了580平方米小型服务区，提升高速路口形象；坡头村打造千米红色文化长廊，为村民提供休闲学习的场所。全镇农村环境质量显著提升，农村人居环境得到明显改善，呈现出“生产美、生活美、生态美”的全新面貌。 （段雅华）

【社会治理】 2019年，该镇把抓基层、打基础作为长远之计和固本之举，促进“自治、德治、法治”全面融合，提升基层治理水平。推动村社治理新体系建设，坡头、李家山2个试点村先行先试，制定村民自治章程、村规民约、权力清单、运行流程等各项制度，农村工作运行进一步规范，村社治理水品得到极大提升。实施新时代文明实践站所建设，桃林沟村以家风为主题，建设“古州家风馆”坡头村以红色文化为主题，打造千米红色文化长廊，丰富村级实践站所内涵。坚决打赢脱贫攻坚战，建立巩固脱贫长效机制。先后将建档立卡的曹里、侯家山、张家岩、原大南庄村4个贫困村、144户、326人（动态调整为124户、289人）全部迁入新建居民小区内，实现易地扶贫搬迁。申报扶贫入库项目8个，总投资353万元，先后成立专业合作社4家，发展特色养殖、种植产业，流转旧村土地约132亩，为巩固脱贫攻坚成果打下坚实的基础。 （段雅华）

李家庄乡

【概况】 2019年，该乡面积16.22平方千米，总人口1.3万人。下辖11个行政村和4个农村社区、1个城市社区。2019年，贯彻落实区委九届五次全体会议暨经济工作会议精神，按照区委走好“三条路”，率先打造城乡融合示范区战略部署和乡党代会、人代会工作安排，坚持“开放包容、务实创新”的李家庄精神，突出党建引领，聚力乡村振兴，推进城乡融合发展，开创乡村善治格局，推进富裕、文明、和谐、美丽的城市李家庄建设进程，经济社会发展形势不断向好。全年，公共财政预算收入完成5797万元，固定资产投资完成111837万元，规模以上企业工业总产值完成4618万元。（甄 理）

【三产发展】 2019年，该乡三产服务业为主的经济转型框架体系基本完善，档次和水平不断提升，比重达98%以上，李荫路沿线汽车销售服务企业达到25个，年内，全乡逐步形成商业汽贸、房地产开发、仓储物流等城郊型经济发展模式。三产行业全面引领经济发展，限额以上批零企业商品销售额达到138420万元。（甄 理）

【城镇化建设】 2019年，该乡11个村中有7个村搬入新建小区，全部实现水、电、气、暖的管网连接，基础设施配套齐全，城镇化建设达到64%。 （甄 理）

【王明厚到乡调研】 2019年2月3日，区委书记王明厚到汉河沟村天子庙，督查护林防火工作。王明厚强调，一定要做好春节期间护林防火工作。务必严格落实森林防火应急联动机制，坚持值守，严格落实领导带班和24小时值班制度，全力以赴，确保安全。要进一步加大工作力度，对重点区域、重点人群、重点路段、重点时间加强巡查、严防死守；要充分利用宣传手段加强宣传，鼓励、倡导民众文明祭祀，积极营造浓厚的护林防火氛围，对于蓄意纵火人员要及时收集证据，依照法律严厉处罚。6月18日下午，王明厚再次到李家庄乡调研工作，区委常委、统战部部长段拥军，副区长韩晓东，组织部副部长史咸宙等陪同调研。王明厚等人参观甄家庄村党群服务中心并听取甄家庄村党总支书记潘军平对党建发展思路和“七彩珍宝园”工作成果；现场调研桃坡村调研保障房项目进展情况；到李家庄村现场了解创卫工作推进情况以及商铺建设情况并听取了杨浩宇对李家庄乡上半年工作的汇报。（甄 理）

【宁文鑫到乡督查工作】 5月6日上午，区长宁文鑫带队到市政务中心停车场工地调研拆迁进展。统战部部长段拥军，副区长韩晓东、赵旭陪同调研。宁文鑫强调，要继续高效推进征迁工作，按照剩余征迁工作量进一步细化征迁方案、倒排工期、控制时间节点，做实做细征迁工作，实现征地拆迁“清零”目标，为政务中心停车场项目提供用地保障。同时，要加大扬尘治理力度及项目建设现场的安全防范。（甄 理）

【张平到汉河沟村调研】 5月15日，贵州省纪委副书记张平到汉河沟村调研指导村社治理新体系，省、市、区相关领导陪同。调研组一行人首先到景河广场，观看汉河沟村“三章三约四个十、清单流程两办法”的宣传展板，详细了解体系的形成过程。随后，调研组到景河小区，参观汉河沟村新村建设，并询问红白理事会、红黄榜等村社治理的案例以及好婆婆、好媳妇、好妯娌评选活动。（甄 理）

【区党建工作现场会在该乡召开】 6月10日下午，区委常委、组织部部长王文玉带领各乡镇组织委员、区直部门相关负责人到该乡召开党建工作现场会，参观党建工作站。观摩组听取李家庄乡组织委员张宁对李家庄乡党建工作思路的讲解，参观党建工作站。王文玉和乡党委书记杨浩宇对李家庄乡党建工作站进行揭牌。（甄 理）

【晋阳府第五届醋文化节】 8月3日，晋阳府第五届醋文化节在阳泉北山公园广场举行启动仪式。区委常委、宣传部部长、区人大主任田进勇，区委常委、统战部部长段拥军，区政府副区长晋玮、杨兆明、苑莉，区农业农村局局长王红卫，李家庄乡党委书记杨浩宇，李家庄乡党委副书记、乡长王贵珠，汉河沟村党支部书记宋晓文出席活动。本届醋文化节由李家庄乡党委、政府主办，汉河沟村、裕盛园农产品有限公司承办，以“弘扬工匠新精神，打造百年晋阳府”为主题，旨在挖掘特色文化产业资源，深化农业供给侧结构性改革，拉动消费需求，促进汉河沟“老字号”企业创新发展，推进休闲农业和乡村旅游业发展。（甄 理）

西南舁乡

【概况】 2019年，该乡总面积57.99平方千米，耕地面积16835亩，总户数5130户、1.3万人，下辖17个行政村19个自然村。2019年，该乡以“果业提质、耐火转型、养殖做强、旅游做精”为发展思路，求真务实，艰苦创业，全乡呈现出经济运行平稳，社会各项事业稳步发展的良好态势。全乡公共财政预算收入完成2443万元，规模以上工业总产值完成2.7亿元，均开创全乡历史最高水平。固定资产投资完成1.26亿元。粮食产量由于旱灾影响有所减产，达到2934.7吨，蔬菜产量514吨，水果产量5251.6吨。工业企业主要以耐火为主，阳泉市星火金源工贸有限公司实现年产量36.37万吨，完成产值18.63亿元。全乡企业税收完成6700万元。全乡有小学校2所，初级中学1所，教师总数122名，在校学生611名，有幼儿园11所，乡卫生院有医生5名，病床40张，城乡

居民基本医疗保险参保人数为9792人，敬老院1所，床位数40张，收养人数24名。（高兵元）

【农业产业发展】 2019年，该乡全年新增种苹果、玉露香梨等果树920亩，果树种植规模达到1.3万亩，挂果面积超7000亩，苹果年产量达到2000万斤。1000亩有机旱作农业封闭式示范区建设项目稳步推进，1300亩标杆化果园建设项目和250亩标准化果园建设项目成功申报，标准化种植规模不断扩大，果业提质成果逐步显现。生猪养殖实现存出栏双过万目标，全年生猪存栏量达到11291头。成功引进万头生猪养殖规模的阳泉市汇鑫现代养殖农业产业园项目，养殖业发展前景巨大。（高兵元）

【工业项目】 2019年，该乡坚持项目兴乡、龙头带动，实现全乡企业在转型中不断发展和壮大。其中亿元级企业星火金源工贸有限公司实现产量35.3万吨，同比增长126%，收入1.6亿元，增长109%，完成税收1613万元，同比增长74%，并成功申报省高新科技企业，为全乡企业转型升级、扩规上档树立典范；50家耐火企业完成耐火产业环保深化治理，工业发展更加环保高效。邀请耐火专家对全乡耐火产业把脉问诊，转型思路更加明晰。（高兵元）

【文化旅游】 2019年，该乡利用深厚的“异上”文化底蕴，深度挖掘东南异农耕文化、大洼的农家美食、西南异的街头文艺等传统文化。玉龙山景区1800米高山玻璃水漂流及配套设施建成并投入运营，累计接待游客4.5万人次，创收270余万元。大洼村、咀子上村成功入围“太行深处有人家·山西阳泉乡村旅游创意大赛”，咀子上村“嘴上人家”、大洼村张海兵农家乐获评山西首批“太行人家”，一批富有“异上”特色的文化节目先后推出并获好评，乡村旅游的品牌进一步打响。打造咀子上村的“打台”表演与“知青”大院、烈士纪念碑“农家广场”“官印山”“溶洞”等景点，成为在全市享有一定声誉乡村旅游景点，并获得山西省“最美乡村”称号。（高兵元）

【“请老乡回故乡建家乡”座谈会】 2019年3月25日，该乡举行“北七村”乡村振兴“请老乡、回故多、建家乡”座谈会，邀请曾在西南异乡工作过的老领导及北七村籍在外人士进行交流座谈，共商乡村振兴大计。区委常委、宣传部部长、区人大常委会主任田进勇，区人大常委会副主任潘钰，区政协副主席李秀芳出席座谈会。座谈会上，西南异乡主要负责人介绍了全乡发展情况。西南异乡原领导和西南异乡北七村籍在外人士分别发言。大家表示，在今后的工作中要充分利用人脉资源和自身优势，为家乡在引资、引智、引技方面穿针引线、铺路搭桥，介绍更多企业、客商和人才到家乡投资创业，为全乡经济社会发展贡献力量。田进勇希望全乡干部群众要继续发扬团结向上、勇往直前的西南异精神，紧紧抓住“北七村集中连片整治，打造全省乡村振兴示范工程”这一难得的机遇，干群同心、上下发力，全面推进项目实施，确保项目按期建成，真正惠及百姓。同时希望各位老领导和北七村籍在外人士，多念乡土情怀，一如既往地关心、关注“北七村”乃至西南异乡的发展，在招商引资、招才引智等方面积极献计出力，提供帮助支持，共同推进西南异乡经济社会更好更快发展。（高兵元）

【区领导多次到西南异乡调研】 2019年，区委书记王明厚，区委副书记、区长宁文鑫等领导多次到西南异乡就西南异乡“北七村”连片整体开发、农村人居环境整治及改善、乡村振兴示范区项目推进、清洁取暖和生猪养殖等工作进行调研。（高兵元）

【“异心向党遍地红”诵唱比赛】 2019年7月17日，该乡在大西庄村“六·一五”惨案遗址举行“异心向党遍地红”暨庆祝中国共产党成立98周年诵唱比赛。区人大常委会副主任潘钰、副区长苑莉、区政协副主席李秀芳观看比赛并为获奖代表队颁奖。比赛在《我和我的祖国》歌声中拉开序幕，来自全乡的19支代表队参赛，东南异村、西南异村代表队获得一等奖，雨下沟村、大西庄村、五里

庄村代表队获得二等奖，东林尖村等5支代表队获得三等奖。（高兵元）

【第五届大洼村民俗节】 2019年7月3日，“第五届中国阳泉大洼村民俗文化节电影消夏文艺演出暨玉龙山高山玻璃漂流启动仪式”在山西阳泉大洼新村举办。中共阳泉市委常委、组织部部长任建华，市委常委、宣传部部长王铁梅，阳泉市政府副市长、市公安局局长靳润喜，阳泉市政协副主席、阳泉市文旅局局长张立君及区乡领导和嘉宾出席活动。在民俗节的舞台上，中共阳泉市委常委、宣传部部长王铁梅、中共阳泉郊区区委书记王明厚、大洼村党总支书记高喜怀和Smile文化总裁成中和共同为高山玻璃漂流项目揭牌。随后大家一同观看了精彩的文艺演出，并进行电影《炊烟黄土大洼人》的试映。（高兵元）

【市领导到西南舁乡调研】 2019年9月16日，副市长李文兵到西南舁乡调研“北七村”农村人居环境整治工作。区委书记王明厚、区委副书记郗文保、区人大常委会副主任潘钰、副区长杨兆明参加调研。李文兵等先后到北舁、东林尖、咀子上、杜家庄、代家庄和王家庄等村，查看有机旱作示范园、厕所环境卫生、垃圾清运、果园管理、污水处理等情况，详细了解人居环境整治工作，对郊区农村人居环境整治工作取得的进展和成效给予充分肯定。9月25日，副市长李君到郊区西南舁乡调研乡村旅游工作。市政协副主席、市文旅局局长张立君一同调研。副区长苑莉参加调研。李君一行到郊区西南舁乡大洼村玉龙山庄，实地考察乡村旅游发展状况，并就促进乡村旅游提质上档提出要求。10月11日，市委常委、常务副市长黄海涛到西南舁乡东林尖村，就脱贫攻坚工作进行专题调研。区委常委、常务副区长郭方恺陪同调研。调研中，黄海涛听取东林尖村产业发展、基础设施建设、脱贫攻坚等情况汇报，并走进部分农户家中，了解果品产业发展、煤改电项目的使用情况黄海涛对东林尖村因地制宜调整种植结构、带领村民精准脱贫所取得的成绩给予肯定。黄海涛强调，东林尖村要立足本地优势，大力发展特色种植，将特色产业做特做精，切实增加村民收入。要提升贫困户内生动力，激发村民干事创业的积极性、主动性，通过就业带动农户脱贫。要持续加大农村环境整治力度，扎实推进农村厕所改造，不断提高服务设施的规范化管理水平，努力为群众提供更加优质的公共服务，更好地助推脱贫攻坚。（高兵元）

【西南舁苹果】 西南舁乡位于阳泉市郊区东北部，北接盂县牛村镇，东邻平定县岔口乡，属三县区交界地。距离阳泉市区25公里，207国道穿乡而过，交通便利。全乡人口1.2万余人，耕地2万余亩。农业产业结构以种植业为主。省果树所和山西农大的有关专家教授对西南舁乡地域环境考查后指出：西南舁乡地处晋东丘陵地带，海拔在950米以上，昼夜温差大，光照时间长，有利于果实营养的积累，果品着色好，糖份含量高，Vc比例大，果品品质堪称全省一流，发展果品具有得天独厚的条件。加之土层厚，土壤的有机质含量和区域气候特点特别适宜西南舁乡苹果发展。

19世纪90年代，西南舁乡党委、政府在区委、区政府的正确领导下，结合本乡独特的地理特点、气候条件和农民的种植习惯，把西南舁苹果作为促进全乡农民增收的主渠道和农业种植业结构调整的重头戏来抓，实施西南舁苹果战略，建设万亩无公害果品基地。区委、区政府把西南舁苹果产业做为区政府重点扶持的农业三大产业之一，在政策上给予大力扶持。西南舁乡现已成为阳泉市最大的苹果生产基地。2003年，西南舁苹果被山西省农业厅授予无公害农产品证书，属全市首家果品认定品牌。果品于2000年9月荣获阳泉市青年科技优质水果示范园，10月荣获省农产品第二届展销会银奖和优质奖，2004年2月荣获中国首届农产品博览会“畅销产品奖”，西南舁乡被评为“中国优质苹果基地百强乡镇”。

近几年，西南舁乡抓住乡村振兴发展机遇，

在果园面积数量达到1.3万亩的同时，转变发展思路，在果品品质方面加大投入，依靠精品示范园带动果品质量的提高。现代农业苹果标准化示范园就是利用现代发展理念和经营模式，通过集成技术、集中投入，建设精品示范果园，以达到最佳的经济效益、社会效益和生态效益。

西南异乡果协一直致力于果农的培训工作，每年聘请果树专家来为西南异乡果农授课，并到果园实地进行果树修剪、疏花疏果等技术培训，为西南异乡的果业提质发展思路提供保证，果业工会还定期组织果农到外省参观学习，学习先进果树种植技术、经验，受到果农的一致好评。（李丽华）

杨家庄乡

【概况】 2019年，该乡境域面积25.98平方千米，辖11个行政村13个自然村及1个农村社区，人口10428人，农户2583户，农业人口5700余人，全乡耕地6649亩。乡卫生院有医务人员19人，床位20张；村卫生所11家。有九年一贯寄宿制学校1所，教职工51人，在校生502人，其中小学274人、初中228人；有小西庄小学1所，教职工15人，在校生85人；有幼儿园7所，在职幼教职工26人，在校幼儿97人。有乡敬老院1所，建筑面积2400平方米，可容纳90名老人。

2019年，乡党委、政府坚持用习近平新时代中国特色社会主义思想武装头脑、指导实践，结合“改革创新、奋发有为”大讨论和“不忘初心、牢记使命”主题教育，强化思想意识、振奋工作干劲、力促工作实效，围绕“强党建夯基础，抓招商落项目，兴产业促发展，靓村庄惠民生”的发展思路，团结带领全乡广大干部群众推动创新发展、加快乡村振兴、实现经济社会持续向好发展。全年财政税收完成8500万元；规模以上总产值87684.6万元，同比增长16.2%；增加值29425.3万元，同比增长16.2%；固定资产投资完成3529万元。（刘燕燕）

【重点项目推进】 2019年，汉韵瓦业年产8000万片釉面瓦生产线项目，完成投资1亿元，用电问题得到解决。冀东水泥处置危险废物项目完成土地、规划、环评等手续。国新能源公司煤层气液化调峰扩产改建项目完成可研评审及办理土地、规划等手续。国新能源公司液化气化反输工程项目完成土地预审。总投资1亿元的田园颂项目，完成投资3000万元，建设水果采摘园150亩、蔬菜大棚50亩及600立方米、仓储量100吨的冷库1座。

黑土岩村棚户区改造安置项目7栋楼近6万平方米地基基本处理完毕。通宝鑫能公司智能仓储物流园项目建成，中通通信、中国铁塔、圆通速递、百册商贸、泰阳物流等物流企业入驻，并投入正式运营。北杨家庄村环保新型墙体材料项目完成土建和窑炉主体工程建设。（刘燕燕）

【“不忘初心、牢记使命”主题教育】 2019年，该乡在开展“不忘初心、牢记使命”主题教育活动中做到了真学、真沉、真查、真改、真用。“真学”，乡党委开展集中学习研讨3次、学用交流会1次，组织党史国史学习1次、对各支部书记集中培训1次；乡村两级共讲授专题党课23场，自上而下做表率、自下而上促交流。“真沉”，围绕连片打造乡村旅游带开展驻村专题调研，并召开调研成果交流会。围绕民生领域开展“三服务”，重点促进了连大线工程道路维护提质、庙岭村饮用水改进、小西庄村河道治理等问题的解决。“真查”，乡党委召开找差距专题会和专题民主生活会，对照“18个是否”，按照“四个对照”“四个找一找”的要求进行逐项查找、深刻剖析，做到立行立改、长期坚持；按照“五必访”“三必问”工作要求走访摸排，确定村级软弱涣散党组织2个；重点围绕安全、环保、扶贫等重点领域开展自查。“真改”，对2个软弱涣散党组织进行集中整治，增强支村“两委”班子凝聚力和战斗力；在企业深化治理问题上，对全乡23家企业实行“三个一批”措施；清洁能源改造、清煤工作推进缓慢及个别脱贫项目不能正常运行带贫效益不明显等问题进行了限时整改。“真用”。通过问题整改深化学用工作，建立“不忘初心、牢记使命”制度，达到“真信真用”，促进主题教育活动成果转化。建立并实行乡党委书记周末约谈制和纪委书记纪律约谈常态化；制定出台了《杨家庄乡机关干部工作纪律》《乡党委班子成员联系群众制度》《村干部管理办法》《村干部工资考核制度》《党员公约》《卫生公约》等六项制度。（刘燕燕）

【“改革创新、奋发有为”大讨论】 2019年，该乡开展“改革创新、奋发有为”大讨论。全乡22个党（总）支部按照规定内容开展学习，提高广大党员思想认识。召开典型事迹报告会1场，树立起学先进、当先进的良好氛围。乡党委班子和班子成员自我查找四方面问题共计115个，提出批评意见63条，制定整改措施102条，各支部全部召开组织生活会，参评的514名党员中有79名被评为优秀等次。30名队员分7个组入驻全乡11个村开展宣讲15场，技术培训2场，梳理问题33个，召开协调会16场，解决问题25个。召开述职会，引导各支部、各村、各部门负责人结合岗位实际，树立一流标准，做到干有动力、学有榜样、赶有目标。（刘燕燕）

【三基建设】 2019年，该乡继续强化“三基建设”。按照“明确职责、示范引领、对标对表、及时跟踪”的工作方法，做到问题及时发现、经验及时总结，高标准高质量推进“三基”建设。夯实基层组织，解决桐花树村、北杨家庄村2村主干出缺问题；继续推进基层党组织标准化建设，全乡11个村级党组织均按照“3456”工作法完成党支部规范化建设，3个党组织达到优秀等次；提升工作能力，开展“补钙加油提质”工程，同时结合“主题党日”、先锋行活动等实践活动，促使党员先锋模范作用得到更大程度地发挥。（刘燕燕）

【实行党员分层分类积分制管理】 2019年，该乡各领域党组织党员按照“有职党员按岗履责、无职党员认岗尽责、流动党员组团结对、后备力量确岗定责”进行分类管理。每一类别党员又根据年龄、职务、身体状况等进行层级划分。党员考评采取先定量后定性的办法。日常管理实行积分制，采取定量评分法，分基础分、奖励分、核减分三部分。按照职务越高、年龄越轻、身体状况越好，要求越高，基础分越低的原则设置基础分，流动党员设置较高的基础分，但标准不降、要求不变。全部党员实行统一的评分标准和加减分细则。民主测评采取定性分析法，按照个人自评、党员互评、群众参评、领导点评、组织定格的“四评一定”民主程序进行。积分管理实行“六个一”办法，即，“一事一登记”“一月一公示”“一季一汇总”“半年一体检”“一年一表彰”“一票全否决”。配套提出了主题党日活动“学议践评育帮”六步工作法（即学深悟透凝共识、民主议事顺民意、重诺笃行显担当、把脉开方强体魄、分类施培育党员、结对帮扶齐进步）。（刘燕燕）

【底线红线工作】 2019年，该乡安全生产常抓不懈。开展专项安全宣传、检查行动，累计出动80人（次），检查企业和重点行业领域54家，查出问题92条，整改90条，整改率达98%；严厉打击非法采矿，及时处置3起人工偷挖铝钒土事件；抓好防汛和地质灾害防治等工作。环保整治全力推进。重点行业污染防治深化治理方面，按照区政府“三个一批”关停行动方案，对全乡23家企业进行全面治理，断电、断气、贴封处理7家，关闭1家，按要求治理15家；清洁能源改造方面，完成2019年2个村煤改电任务（北村672户、小西庄354户，共1026户）；煤改甲醇任务为南杨家庄村，计划576户，完成561户；散煤清零方面，全乡禁煤区范围内涉及10个村3338户，散煤存量共2410.6吨，截止目前已累计清理379户937吨。（刘燕燕）

【脱贫攻坚】 2019年，该乡推进精准扶贫。针对桐花树村1户2人未脱贫实际困难和需求，有针对性地开展帮扶，详细制定脱贫措施，确保按时脱贫。重点围绕脱贫产业建设和贫困村提升工程发展脱贫项目。当年，申报扶贫项目17个，截至10月底，共有13个扶贫项目完成（其中桐花树2个，庙岭村8个，高垴庄村3个），4个项目在建（其中桐花树1个，庙岭村1个，高垴庄村2个），共完成投资415.5万元，其中下拨扶贫资金148万元，脱贫攻坚成效进一步提升，贫困户生产生活条件进一步改善。围绕脱贫攻坚方针政策精准落实情况、各类检查发现脱贫攻坚问题整改情况、三支队伍建设情况等“八个方面”，对全乡涉贫村各项工作进行排查，明确整改期限和责任人，定期进行督查；召开市委督查组发现问题督办会，针对市委第五督查组督查期间所发现的问题进行逐一交办和核实，明确整改期限，严格落实到位，确保问题销号。 （刘燕燕）

【人居环境提升】 2019年，该乡抓住阳泉市创建全国卫生城市契机，重点围绕“四堆”、生活垃圾、积存垃圾、边坡垃圾以及私搭乱建等方面问题整治和基础设施完善两大工程，多措并举狠抓落实，持续优化农村人居环境，为创建省级卫生乡镇打下了扎实的环境基础。共投资1000余万元，拆除残垣断壁、违章建筑2500平方米，修建挡墙、护坡2500余米，开挖水渠和排水沟500余米，清理边坡垃圾500余吨，整治陈年死角90余处，建设小景点15处，完成粉刷墙体2万平方米，栽植绿化树木6000余株，建成垃圾中转站1座。庙岭村、高垴庄村先行改厕，共计新铺设污水管网4100米，改造公厕5个、户厕105个（其中庙岭村改厕45个，高垴庄村改厕60个），庙岭村实现粪污无害化处置，高垴庄村进行无害化处理基础设施建设。11月，按照创卫区延伸的安排，对小西庄村、孙家沟村集中开展环境卫生综合整治提升行动。利用条幅、喇叭、会议、发放承诺书等方式开展宣传，营造浓厚氛围。通过逐户走访摸底调查，对“四堆”、河道、陈年垃圾等情况进行登记、汇总，做到心中有数；按难易程度、时限要求进行任务分解。截至年末，乡村两级共计投资100余万元。清理207国道荒坡3000平方米，清理207沿线水渠200余米，清理河道800余米，清理四堆87处，清理荒坡12处，清理小区草坪8000平方米，清运陈年垃圾110车4000余立方米，粉刷墙面3500平方米，绘制立体画面300多平方米，拆除固定垃圾池13处，拆除临街洗车房3处，取缔废品收购站2处，安装207国道沿线遮挡150余米。小西庄村、孙家沟村村容村貌明显提升。 （刘燕燕）

【行政村合并】 2019年，按照区委、区政府关于行政村合并工作的有关精神，杨家庄乡需合并行政村任务为3个，分别是庙岭村、桐花树村和齐家岩村。乡党委、政府在尊重历史的前提下，按照地域相连且相邻、村情相似等情况，确定了合并方案，即庙岭村与高垴庄村合并、桐花树村与北杨家庄村合并、齐家岩村与白家庄村合并。经过乡村两级的共同努力，所有涉及合并工作的行政村全部召开了村民户代表大会，表决通过合并行政村议题。 （刘燕燕）

旧街乡

【概况】 2019年，该乡总面积86.38平方千米，辖17个行政村，37个自然村，年末总人口为6443人。全乡耕地面积11082亩，绿化面积37926亩，森林覆盖率30%以上，养殖业主要以猪、鸡、蜜蜂为主，年猪饲养量8000多头，鸡饲养量4万余只，蜜蜂1500余箱。有锦丰、龙源祥、天顺宝、草帽山养蜂合作社、树莓、龙泉沟、梁渔山庄、山西枣园农产品开发有限公司、佛洼禽业有限公司等农业企业。拥有井田面积15.5平方千米，保有地质储量1.9亿吨。工业企业以煤炭和电力为主，其经济份额占到全乡企业总产值的90%以上，规模企业以上4个，其中煤炭及煤炭加工企业2个（保安煤矿、旧街煤矿），电力2个（阳泉市力宇煤层气利用有限公司、阳泉市扬德煤层气利用有限公司）。全乡所有行政村实现自来水入户，全部实现村村通硬化路，公路硬化里程60多千米，并实现户户通硬化路。乡卫生院有医务人员16人，床位20张，属一级甲等医院。有九年一贯寄宿制学校1所，全校年末有教职工32人，在校生335

人，有桃蕾幼儿园1所，可容纳幼儿200名。有乡敬老院1所，建筑面积2400平方米，可容纳90名老人。开展移民搬迁工程安置移民600多户，共2000多人。（王学梅）

【绿色、红色旅游】 2019年，旧街乡依托得天独厚的生态资源、红色资源，先后成功举办闫家庄村梨花节、南沟村槐花节、测石村牡丹节、第二届骑行赛、龙泉沟啤酒节等特色节日活动，壮大村集体经济，增加群众收入。为进一步充实爱国主义、党性教育的完整体系，提升乡村旅游内涵，积极争取上级部门支持，总计投资近200万元，开工建设范子侠将军纪念馆、“红色宿营地”改造等工程项目，依托各界媒体对《血战狼峪》红色实景剧进行招商推介，为进一步提升全乡乡村旅游水平奠定了良好的基础。成功举办全乡庆祝中国共产党成立98周年歌咏比赛，音乐情景剧《又见梨花开》荣获区“百花迎春”文艺汇演一等奖。（王学梅）

【“两分类两提升”工作法】 2019年，该乡在认真梳理、狠抓落实全年基层党建工作重点任务的基础上，制定《旧街乡强化支部建设实施方案》，实施党支部分类定级晋位升级星级管理、党员分类积分管理的“两分类两提升”工作法。以此为抓手，对基层组织、农村党员进行分类定级强化提升，推动基层党建工作迈上新台阶。根据《旧街乡强化支部建设实施方案》，乡党委考核组对全乡17个农村党组织2019年党建工作进行考核。（王学梅）

【村（社）治理工作】 2019年9月，旧街乡南沟村作为村（社）治理新体系试点村，按照市委“权力清单+行为规范”的要求，围绕一章约、两清单、三流程、四制度，结合本村具体实际，探索形成了具有南沟特色的“1234”村级治理新体系，共制定村级权力清单3大类28条，形成了重大事项听证+议标、民事代办星级评价、党员分类积分管理3大南沟特色经验制度。旧街乡作为全区全面推广村（社）治理新体系试点乡镇，按照“党建引领、三治融合”的工作要求，结合合并行政村工作，进一步坚持党的领导，强化组织保障，以典型先行、重点推进、整体完成三步走的工作思路全面启动试点工作，村级组织相关工作制度得到了进一步完善，人民群众参与村级治理工作的积极性得到了进一步提高。（王学梅）

【行政村合并】 2019年，按照区委区政府关于行政村合并工作的有关精神，旧街乡在充分考虑各行政村产业发展、地域文化、利益关系、人口情况等因素的基础上，按先易后难、分批推进的原则制定实施方案，将11个需要合并的村分为村企型（高岭+簸箕掌）、产业型（里5村）、地域型（测石+柳渠、新店+阳窑）3个类型、2个批次推进。截至1月6日，所有涉及合并工作的行政村全部召开了村民户代表大会，表决通过了合并行政村的议题。年内第一批，高岭、簸箕掌两村已先行成立了联合支部，其他各合并后的行政村联合支部工作有序推进。（王学梅）

【全面决胜脱贫攻坚】 2019年，该乡在2018年实现全乡脱贫的基础上，围绕2020年底交总账的目标，因地制宜、分类施策、精准发力、强力推进，完成2019年的脱贫攻坚工作任务。产业扶贫方面，新增玉露香梨80亩；落实“雨露计划”政策，帮扶二本B类以上大学生2人，中职中技学生20人；兜底扶贫37户、76人；生态扶贫53人；就业扶贫258人；金融扶贫83户、406.9万元；118人次享受健康扶贫政策；项目申报46个，完工24个、实施22个。全年开展以养蜂、玉露香梨种植管理、苹果树种植管理、核桃提质增效等为主要内容的培训11次，受益人数达到230余人次。完成全年的动态调整工作，自然增加2人，自然减少36人。2018年识别的贫困户2户5人全部实现脱贫。对29个帮扶单位，9支工作队、27名成员，实行严格的驻村双签、打卡、外出报备、请销假、出勤反馈制度，加强扶贫政策的培训和对工作落实的监督，扶贫队伍进一步夯实工作作风，群众对扶贫工作认可度进一步提高。（王学梅）

【集体产权制度改革】 2019年，旧街乡陆续完成了各村产权档案资料的完善整理，将清产核资成果录入上报国家农业农村部清产核资系统，佛洼村产权制度改革工作代表山西省接受农业农村部政策与改革处专项督查，受到上级部门的肯定和好评。全乡产权制度改革工作及档案资料相继接受省、市、区产权制度改革抽查验收，共颁发土地承包合同及经营权证1417份，完成全乡产权制度改革工作。2019年，实现分红的股份经济合作社数量从2018年的5个增加到了11个，分红总额从130.6万元增长到了249.2万元。 （王学梅）

开发区社会事务服务中心

【概况】 开发区东起庙堰村，西到桃源社区，北至平阳街，南至桃北东街。2019年，辖区总面积为18.17平方千米(其中村11.7平方千米，社区7.89平方千米），基层党组织40个，党员1213名，常住人口15.3万人。开发区下辖平坦垴村、上五渡村、下五渡村、侯家沟村、河坡村、王陇村、长岭村、驼岭头村、路家山村、庙堰村、张家洼村共11个村，桃源社区、居馨社区、银龙社区、大华社区、新澳城社区、盛世新城社区、康达社区、惠泽社区、御康社区、新泉社区、宏苑社区、东城水岸社区共12个社区。中心共有编制22个，科级干部职数5人（一书记、一主任、两副主任、一纪检书记)，挂职干部4人（三名副书记、一名副主任），班子成员共9人。一般工作人员30人（其中正式在岗在编在岗11人，派驻工作人员2名，临时工6人，抽调社区工作人员11人）。主要承担着辖区党建、组织人事、纪检监察、政法、人民武装、意识形态和精神文明建设、教育、卫生计生、文化体育、农业、水利、林业、脱贫攻坚、创卫、民政、信访综治、社区建设、社会保障及护林防火、防汛、地质灾害防治（平坦垴村）、物业管理等行政和社会职能。 （郑卫东）

【创卫工作】 2019年，开发区社会事务服务中心稳步推进创卫工程。严格对照创卫标准，在污水管网改造、绿化工程、道路硬化、场地平整、挡墙护坡修砌、户旱厕改造等基础性工程进行重点建设。中心、村两级累计投入资金8000余万元，完成工程项目138项，墙体整饰18.5万平方米，绿化面积12.9万平方米，路面硬化修补3.4万平方米，拆除违建294处，取缔废品收购站43处，规划停车位约4000个，旱厕改造完成921座，新建公厕10座，改建公厕18座。定期更换健康宣传版面246块，5月20日至25日聘请病媒消杀公司对辖区内村社重点区域进行了病媒消杀。继续发挥“红马甲”、“小手拉大手”队伍，提升“巾帼志愿者”能动性，“创卫文艺宣传队”等积极作用，开展创卫大家谈，用群众的声音反映创卫、监督创卫、提升创卫。 （郑卫东）

【脱贫攻坚】 2019年，开发区社会事务服务中心有张家洼1个贫困村，路家山、庙堰2个低收入村，建档立卡贫困户83户，贫困人口173人。中心高度重视脱贫攻坚工作，把扶贫帮困作为一项重要工作来抓，做到有领导分管、有专人负责、有具体措施。按照上级要求，强化2020年交总账意识，逐步完善脱贫攻坚巩固提升工作，夯实教育、医疗、住房、饮水“3+1”保障，落实市“五不摘”要求，主要是把产业振兴作为脱贫攻坚的重中之重，大力实施项目扶贫，用好用足扶贫资金，扶贫项目运行良好。中心党委开展“十大清零”行动，全面梳理出脱贫攻坚工作中存在的21个问题，整改17个。 （郑卫东）

【农业农村发展】 2019年，开发区社会事务服务中心推进产权制度改革工作，在上年清产核资的基础，根据各村实际情况，确认共有股民12979人，总股数137455.5股。于2019年4月13全面完成组建11个村股份经济合作社，共产生出股东代表339名，理事会人员49名，监事会人员33名。2019年9月底，郊区开发区的产权制度改革验收工作进入全面总结阶段，集体经济组织验收区级得分平均80分以上，市级90分以上。分红工作卓有成效，先后有张家洼村、河坡村等

6 个村完成首轮股民红利发放，共发放红利 113.5 万元，惠及股民 6025 人。 （郑卫东）

【社区建设】 2019 年，开发区社会事务服务中心按照省委、市委“三基建设”相关要求，基层党组织活动场所面积不得少于 500 平方米。年内中心为大华社区、东城水岸社区购置建筑面积约 1221 平方米活动场所，总价约 500 万元；为御康社区、桃源社区、惠泽社区、盛世新城社区租赁建筑面积约 1684 平方米活动场所，总价约 33 万元/年。年末，除银龙社区、盛世新城社区社区外，中心 10 个社区场所达到规范要求。 （郑卫东）

社区办事处

【概况】 2019 年，阳泉市郊区社区办事处编制 10 人，在编人员 8 人，主任 1 名，副主任 2 名，科员 5 名。主要负责所辖社区内居民委员会开展组织建设、队伍建设、制度建设和设施建设；负责所辖社区的网格化管理和服务，按标准建好社区社会服务管理中心和信息平台建设；指导社区健全居民委员会下属组织、培育发展社会组织和志愿者组织、规范专业服务机构等工作。截至年末，负责管理全区城市社区 18 个，农村社区 15 个。其中，城市社区包括康达社区、惠泽社区、大华社区、居馨社区、银龙社区、桃源社区、新澳城社区、新泉社区、御康社区、宏苑社区、东城水岸社区、盛世新城社区、老虎沟社区、李家庄社区、下荫营瑞丰社区、下荫营文苑社区、荫营煤矿社区、固庄煤矿社区。农村社区包括荫营镇(5 个)下荫营村、老虎沟村、后沟村、街上村、南窑庄村；平坦镇(1 个)桃林沟村；河底镇(2 个)武家庄村、固庄村；李家庄乡(4 个)李家庄村、汉河沟村、甄家庄村、冯家庄村；杨家庄乡(1 个)孙家沟村；旧街乡(1 个)旧街村(桃苑社区)。 （程学文）

【城市社区场所建设】 2019 年，阳泉市郊区 18 个城市社区活动场所达 500 平方米有 17 个，达到了全区 90%的社区活动场所面积达 500 平方米的目标。年内，省市两级补助资金 149.2 万元，用于资助大华社区、银龙社区、东城水岸社区购买城市社区活动场所和公益性服务设施建设，3 个社区活动场所均达 500 平方米以上；惠泽社区、御康社区租用 500 余平方米的活动场所。 （程学文）

【社区社会工作专业人才培养】 2019 年，阳泉市郊区社区办事处加大对社区专职工作者、社区服务人员的社会工作知识普及培训，鼓励参加社会工作职业水平考试，推进社区工作者提升转换，逐步由社区工作者向专业社会工作者转型。扩大社会工作专业人才在社区治理和服务人员中的比例，不断壮大社区社会工作专业人才队伍。组织社区工作人员参加全国、省、市、区级举办的社会工作培训 5 次，34 人取得社工证，其中 30 人初级，4 人中级。 （程学文）

【建立社区社会工作室】 2019 年，按照省民政厅要求，阳泉市郊区社区办事处对全区康达社区、居馨社区、新泉社区悬挂社区社会工作室牌匾。年内，依据社区工作室(试点)绩效评估标准（试行），对 3 个试点社区工作室建设进行指导，同时按照社区实际情况，对社区社会工作室服务项目的设计、申报、运行进行指导。并且按相关要求分别给予康达社区、居馨社区、新泉社区 2 万元省级福利彩票公益金，依托阳泉市郊区百灵社会服务中心，为辖区居民开展专业服务工作。 （程学文）

【特色社区】 2019 年，阳泉市郊区平坦镇桃林沟村按照发展能力强、奉献精神强和公道正派理念强的“三强”要求，围绕“建和谐社区，创一流服务”的目标，不断加强班子建设，成立乡村治理示范社区创建领导小组，坚持以“权为民所用，情为民所系，利为民所谋”，充分发挥班子的领导核心、战斗堡垒和党员先锋模范作用，探索和推进农村社区规范化、特色化管理，逐步建成“治理有效，服务完善，文明祥和”的新型农村社区。为更好地规范社区管理，建立健全党代会、村民代表会议等会议制度，制定《社区村民自治章程》《社区村规民约》等多项规章制度，建立乡村治理服务型社区工作例会制度。灵活发挥农村社区服务社区村民的功能，为推进农村社区建设打下了坚实的基础。建立健全自治、法治、德治“三治融合”的治理体系，发挥道德评议会、红白理事会等的作用，利用网络、宣传栏、横幅等方式正面宣传，营造“社区是我家，建设靠大家”的浓厚建设氛围，调动村民积极参与社区各项活动当中。2019 年在山西省开展的省级乡村治理服务示范社区创建活动中，经过推荐、遴选、验收等程序，镇桃林村社区被评为《山西省 2019 年度省级乡村治理服务示范社区》。（程学文）

人 物

人物传记

董厚德

（1939.3—2019.4）山西省阳泉市平定县人，中共党员。1962 年毕业于山西农学院农学系，同年参加工作。先后担任阳泉市农业建设局技术员，阳泉市委农工部办公室副主任，阳泉市郊区革命委员会副主任，阳泉市郊区人民政府副区长兼市农委副主任，阳泉市郊区政府区长，阳泉市郊区区委书记，朔州市人民政府筹备组副组长、忻州地区行署副专员、忻州地委副书记兼人大工委主任、山西省劳动厅党组书记、第九届省人大代表、常委会委员、农村工作委员会主任。其间于 1969 年至 1975 年在阳泉市“五七”干校和山南水库工程指挥部学习和工作。2004 年退休。2019 年 4 月 16 日，因病逝世，享年 80 岁。

20 世纪 80 年代中叶，参与制定并积极实施阳泉郊区“以工为主、兴工致富”的发展方略，大办乡镇企业，使郊区在较短时间内摆脱了贫困。其间，从煤炭收益中积累资金，建立乡镇企业发展基金的经验是山西省首创。1985 年阳泉市郊区政府受到省政府表彰，荣记集体二等功。起步建设荫营、河底两镇，把荫营镇作为阳泉市郊区的中心集镇，制定了荫营镇发展规划，在水、电、路、通讯、教育、宾馆、商业网点、区机关办公场所等基础设施方面，开始进行大规模建设，取得初步成效，迈开了农村工业化、城市化的第一步。在农业发展上，改变了当时不切实际地追求粮食超亿斤的观念和做法，提出“稳定粮食，调整结构、建设基地、改善生态、服务城市、富裕农民”的发展思路，积极扶持刘备山林场等生态建设项目。泊里养鸡场、杨家庄养猪场等集约化经营程度较高的企业相继建成投产。把改善生态环境确定为经济社会发展方向，具有一定的前瞻性。

20 世纪 90 年代末，调任省劳动厅党组书记，短短的一年任期里，他通过调查研究，向省政府提交了两份报告，建议发展山西省旅游业，扩大就业渠道；社保覆盖面应向非公有制企业扩展。意见被采纳。在担任山西省人大农工委主任的五年里，他深入调查研究，努力探索新形势下人大工作的新方法。在全省各级人大的支持下，创建了“三位一体、四级联动”的工作机制，有效地发挥了人大的监督职能，提高了农业立法水平。

他十分注重对工作经验的总结，其主要著作有《黄土地上的新探索》（1992年，山西人民出版社），《粮食问题研究》（1993年，山西人民出版社），《坚实的脚步》（2002年，北岳文艺出版社）。其论文《新形势下如何更好地发挥人大监督职能》被收录于中国当代社科文库，由中国城市出版社出版。

退休后，仍关心全省的改革与发展。先后撰写《对我省农业“十一五”规划（草案）的修改意见》《围绕主导产业、建设经济区——新农村建设中一条可供选择的途径》《开发五台山文化产业的构想及前景预测》等文章，向省政府领导及有关部门建言献策。有些意见被采纳。

董厚德性情耿直，不谙逢迎之术，也不甚唯上唯书。长期在农村蹲点，与农民“三同”，培养了密切联系群众的作风。走上领导岗位后，遇事首先考虑群众利益。所以不管在什么岗位上，从事什么工作，总能得到群众支持。在现实生活中，清心寡欲，保持全了共产党员应有的清正廉洁。

人物简介

田进勇

1962年8月出生，阳泉市郊区人，中央党校函授本科学历，中共党员。1981年阳泉师范学校毕业，9月参加工作，任阳泉市郊区三郊乡联校教师；1984年9月，山西省电大党政管理干部大专班进修；1986年9月，任阳泉市郊区三郊中学教师；1987年9月，任阳泉市郊区民政局办公室主任；1995年1月，在阳泉市郊区三郊乡小庄村挂职锻炼，任乡党务助理、村委主任；其间，1991年8月至1993年12月，在中共中央党校函授学院本科班政治专业学习；1996年3月，任阳泉市郊区三郊乡副乡长；其间，1997年3月至1998年4月兼任三郊乡火石岩村党支部书记；1998年4月，任阳泉市郊区西南舁乡党委副书记、乡长；2000年12月，任阳泉市郊区河底镇党委副书记、镇长；2003年5月，任阳泉市郊区河底镇党委书记；2006年6月，任阳泉市郊区政府党组成员、副区长；2013年2月，任阳泉市郊区区委常委、区政府党组成员、副区长；2013年3月，任阳泉市郊区区委常委、宣传部长；2014年1月，任阳泉市郊区区委常委、宣传部长、区政府党组成员、副区长；2016年5月，任阳泉市郊区区委常委、宣传部长；2019年2月，任阳泉市郊区区委常委、宣传部长、区人大常委会党组书记；2019年3月，任阳泉市郊区区委常委、宣传部长、区人大常委会党组书记、主任；2019年12月，任阳泉市郊区人大常委会党组书记、主任。历任郊区第十四、十五、十六、十七、十八届人大代表，阳泉市第十二、十五届人大代表，中共阳泉市郊区委员会第六、七、八、九届委员，八届、九届区委常委。

任阳泉市郊区人大常委会党组书记、主任后，以习近平新时代中国特色社会主义思想为指导，坚持党的领导、人民当家作主、依法治国有机统一，在区委坚强领导下，依法履职尽责，全力推动人大工作创新发展，取得一系列开创性成果。扎实开展“不忘初心、牢记使命”主题教育，提出并践行“三个走”制度，努力推进“两个机关”建设，牢牢把握人大工作正确政治方向；充分发挥监督职能，增强监督实效，全年召开人大常委会11次，组织视察调研20次，听取审议专项工作报告13个，作出决定决议12项，推动区委决策部署和全区重点工作贯彻落实；建成8个乡镇人大代表联络站和24个村级人大代表联络点，实现代表联络站点全覆盖，全市观摩交流会在郊区召开；投资 93.8 万元完成预算联网监督中心工程建设，区人大预算联网监督中心机构正式成立，开启信息化、网络化预算审查监督新模式，省人大分管领导视察后给予高度评价；推动建立国有资产管理报告制度，实现国有资产监督规范化、制度化；首次组织区级重点意见建议满意度测评，代表意见建议办理提质增效；依法行使重大事项决定权和人事任免权，加快万达广场项目落地建设，任免国家机关工作人员 53 人次；结对帮扶庙岭村脱贫攻坚，积极参与王垅、上千亩坪村创卫包片工作，在承担全区重点工作中争创一流；在新冠肺炎疫情防控中，靠前指挥、深入一线，用实际行动彰显人大代表的政治担当和为民情怀；开展“向申纪兰学习，做人民好代表，争当志愿者”活动，提出“三个一”倡议，受到省、市人大肯定和好评。

2019 年同时还担任区委常委、宣传部长，在宣传工作中以建设城郊型新时代文明实践样板区为目标，坚持“六有标准”，实施“五大工程”，建成四个实践基地，十个示范站，创建经验被“学习强国”平台向全国推送，阳泉市郊区被中宣部、中央文明办确定为第二批新时代文明实践中心建设试点区。整合区广播电视台和《郊区周刊》，组建了区融媒体中心，形成了报纸、电视、微信公众号、电子报四个宣传平台，同时投资 400 余万元对融媒体中心进行整体升级改造，完成融媒体中心指挥调度平台建设，成为全市首家开通运营的县级融媒体平台。

按照区委安排2019 年还担任北部集中供热工程和区文化中心及职业高级中学建设总指挥，在重点工程建设中牢固树立“一盘棋”思想，不推不拖，靠前指挥，北部集中供热工程完成规划、立项、环评、招标等工作，年底已全线开工建设，区文体中心及职业高级中学建设立项、设计、环评、拆迁等前期准备工作取得重要进展，在重点工程建设中做到了与区委、政府同频共振。

刘瑞生

1965 年 10 月出生，阳泉市郊区人，中央党校函授本科学历，中共党员。1985 年 7 月山西师范学院大同师专毕业，同年 8 月参加工作，任平定一中教师；次年 8 月，任平定二中教师；1988 年 9 月，任阳泉市郊区区委党校教师；1991 年 7 月，任阳泉市郊区区委办科员；1996 年 1 月，任阳泉市郊区政府办副主任；1998 年 8 月，任阳泉市郊区荫营镇党委副书记；2000 年 12 月，任阳泉市郊区杨家庄乡人大副主席；2001 年 7 月，任阳泉市郊区杨家庄乡党委副书记、代乡长；2001 年 12 月，任阳泉市郊区杨家庄乡党委副书记、乡长；2003 年 5 月，任阳泉市郊区荫营镇党委副书记、镇长；2006 年 6 月，任阳泉市郊区荫营镇党委书记；2011 年 5 月，任阳泉市郊区郊区区委常委、统战部长；2013 年 2 月，任阳泉市郊区人民政府副区长、党组成员；2019 年 2 月，任阳泉市郊区政协党组书记、提名区政协主席候选人；2019 年 3 月，任阳泉市郊区政协党组书记、主席。

任阳泉市郊区政协党组书记、主席后，在中共阳泉市郊区区委的坚强领导下，团结带领区政协一班人及全体政协委员，扎实开展了“改革创新、奋发有为”大讨论和“不忘初心、牢记使命”主题教育，开展了革命传统教育、重温入党誓词、义务劳动、扶贫问苦、廉政教育等活动，党建工作基础进一步夯实；围绕全区经济社会发展重点问题和群众普遍关注的热点问题，深入开展调查研究，积极参政议政，提交区委、区政府调研报告 4 篇、建议案 4 个、意见建议 30 多条；提案办理、反映社情民意、民主监督、微调研等各项工作有序推进、效果良好；修订完善“三环联动”工作机制和反映社情民意考核表彰办法，出台提案工作办法，进一步规范了相关工作程序，促进了委员联系交流；组织开展庆祝新中国和人民政协成立 70 周年“五个一”活动，在山西新闻数字频道刊登报道；担任 G239 改线工程总指挥，积极参与招商引资、精准扶贫、山火扑灭、创卫和环境卫生整治等工作，全力服务中心任务，充分发挥出了领导干部示范引领作用。

王文拴

1974 年 4 月出生，山西省阳泉市平定县人，中共党员，本科学历，医学学士学位。1998 年长治医学院毕业后，当年 8 月应聘到阳泉市第二人民医院参加工作，2010 年 4 月任医务科科长，2011 年 8 月任院长助理，2017 年任副院长、党委委员，2019 年晋升为主任医师。兼任阳泉市医学会创伤医学专业委员会副主任委员、阳泉市医师协会骨科分会常委，阳泉市医学会骨科委员会常委。

从事医疗工作 20 年，他相继开展了复杂骨盆、髋臼骨折的前路、后路手术内固定治疗，使患者能够早期活动，对预防长期牵引所产生的并发症和创伤性关节炎的发生取得了明显的效果；对股骨、胫骨骨折采用闭合穿针及经皮钢板内固定治疗，使医源性创伤及骨折的延迟愈合、不愈合大大减少，加速了患者的恢复；采用皮瓣修复四肢因皮肤软组织缺损所致的骨和肌腱外露问题，取得了显著疗效；开展了采用 Henry 氏切口治疗桡骨骨折，避免了传统背侧入路容易导致桡神经深支损伤的风险；采用闭合复位小切口三枚空心螺钉内固定治疗股骨颈骨折，缩短了手术时间和减少了手术创伤，取得了明显效果；采用切开复位解剖锁定钢板内固定治疗肱骨近端骨折，避免了石膏固定容易导致肩、肘关节僵硬等的并发症；开展了周围神经损伤的晚期功能重建；对人工全髋、全膝关节置换的理论知识和手术技术有了进一步的提高，注重了术前模板的测量和假体的选择以及术后的随访；对骨肿瘤的诊断水平和治疗的认识有了明显提高。先后在省级刊物上发表论文《加压滑动鹅头钉治疗粗隆间骨折 45 例临床分析》《切开复位内固定治疗 Sanders Ⅱ型及Ⅲ型跟骨骨折疗效分析》。同时不断将自己所学的知识及手术技术和经验传授于年轻的医师，在科室起到了技术骨干的作用，用自己的实际行动赢得了同事和患者的好评。

先后荣获 2010 年阳泉市医疗管理先进个人；2012 年阳泉市卫生系统“创先争优”优秀共产党员；2012 年郊区“信合杯”第四届十大优秀青年；2013 年阳泉市郊区劳动模范；2016 年阳泉市卫生系统先进个人；2018 年首届中国医师节阳泉青年医师奖等称号。

曹小英

女，1971 年 8 月出生，山西省阳泉市郊区河底镇人，本科学历，中共党员。1992 年 7 月毕业于大同医学专科学校医学系医学专业，同年 8 月分配至阳泉市第二人民医院妇产科工作。2001 年 4 月至 2002 年 4 月在山西医科大学附属第一医院妇产科进修一年，2002 年 6 月担任妇产科副主任，2012 年 8 月晋升为副主任医师，2013 年 2 月担任妇产科主任，2017 年 8 月兼任阳泉市第二人民医院第一党支部书记，2019 年 7 月晋升为主任医师。同时兼任阳泉市医学会妇产科学专业委员会委员、阳泉市医师协会妇产科医师分会常委、阳泉市医学会妇产微创学专业委员会常委、阳泉市医疗质量控制中心妇产科质量控制部成员。

在长期临床实践中，不断总结经验，多次参加全国及省级、市级学术活动，不断提升专业素质，熟练掌握了妇产科专业基本理论及其相关专业知识和妇产科常见病症的诊治、处理与抢救技术，能独立进行各种妇产科常见手术及计划生育手术。2003 年至 2010 年主持参加了联合国/中国人口基金生殖健康/计划生育第五周期与第六周期项目；2012 年成功申报科研项目《妇科微创技术的研究与推广》并组建阳泉市第二人民医院微创技术团队进行专门培训；2015 年与 2016 年率先开展阳泉市政府名医工程与北京妇产医院妇瘤科吴玉梅主任团队建立协作关系，填补了本区妇科微创技术的空白，促进了妇科肿瘤诊治工作的快速发展；2017 年 11 月组建阳泉市第二人民医院分娩镇痛技术团队并完成了全国分娩镇痛培训班的专业培训与新技术准入的申报工作。曾先后发表《上取环与人流术宫颈内口紧的处理与体会》《复方米非司酮配伍米索前列醇终止 8～16 周妊娠的临床研究》《SCCA、CA15-3 与 TCT 和 HPV 同时检测应用于宫颈癌诊断的应用价值研究》等多篇论文。

本人也多次被评为医院“先进个人”“优秀共产党员”“优秀管理工作者”，2012 年被授予阳泉市郊区“巾帼建功标兵”“三八红旗手”；2013 年被授予 2012 年度阳泉市“卫生系统先进个人”；2014 年荣获阳泉市“五一劳动模范”；2015 年荣获阳泉市郊区“劳动模范”等荣誉，同年入选山西省卫生计生委“百千万卫生人才培养工程”骨干精英人才人选。

聂喜军

1979 年 3 月出生，山西省昔阳县人，大学本科学历，中学一级教师，中共党员。2004 年 7 月毕业于忻州师范学院，同年 8 月就职于阳泉市郊区荫营中学。

任教荫营中学后，能根据数学学科的知识特点精研教材及教学模式，在数学新课程改革与发展的新形势面前，实现从传授者到组织者、引导者、合作者的角色转换。他每年所带班级的成绩较以前有明显的改善，特别是 2015 年创造当时平行班的达线之最，二本以上达线人数达 31 人，达线率 60%。教学管理方面，具有自己独特的班级管理模式，在班里起到导航、催发、定向的作用。从“勤”字入手，大胆实施“班级一体、班干一线、老师参与、个人自治”的管理模式，多年的班主任工作得到了学校的肯定、同事的好评以及学生家长的信任，尤其是 2014 年其所带班级获得省级“先进班集体”荣誉称号。他十分注重提高自己的业务水平，一直积极地参加省、市、区各级部门组织的培训。

2014 年，被阳泉市教育局授予市级“优秀班主任”；同年，被山西省教育厅授予省级“优秀班主任”；2015 年，被阳泉市教育局授予市级“优秀教师”；2017 年，被阳泉市劳动竞赛委员会授予市级“五一劳动奖章”；2019 年 4 月，被山西省劳动竞赛委员会授予“山西省劳动模范”光荣称号。

胡存玉

1967 年 1 月出生，山西省阳泉市郊区人，初中文化程度。1985 年至 1989 年，在阳泉市郊区老虎沟制钉厂工作；1989 年至 2004 年，任阳泉市华岭耐火材料有限公司工人；2004 年 3 月，任阳泉市华岭耐火材料有限公司车间主任。

在阳泉市华岭耐火材料有限公司工作期间，经他研磨耐火粉半成品 5 万多吨，创造经济价值 7500 万元，合格率达 98%。他带领球磨机班组全体职工共研磨耐火粉半成品 6 万多吨，加工成品颗粒 36000 多吨，合格率达 98%，为公司创造经济价值 1.2 亿元。由于隧道窑设施设备停运再启动成本消耗巨大，他常年蹲守在生产一线，不间断检查巡视设施设备故障的发生，在他带领下，班组保持 20 余台破粉碎机、泥料碾机等设施设备 24 小时高效运作，为公司减少经济损失数百万元；他放弃节假日、休息日 30 余个，加班加点 500 多个小时，班组从未发生任何安全事故，受到了职工群众和领导的好评；组织班组开展“传帮带”、职工技术培训等活动20余次，采用以老带新的模式，每一个作业点都有经验丰富的老师傅带领，他帮助新工人们练习各种控制线路的接线，从理论到实践的训练，使他们的技术业务得到较快提高，大部分新职工都能独立工作，让年轻同志更快、更好地成长，确保了班组年度的安全目标，高标准地完成公司下达任务指标，为公司科学发展提供有力保障。

2014年被市委、市政府授予“阳泉市劳动模范”。2019年4月，被山西省劳动竞赛委员会授予“山西省劳动模范”称号。

高慧芳

女，1978年4月出生，山西省阳泉市郊区人，大学本科学历，中小学二级教师。1998年7月毕业于山西省平定师范，后通过自考，1998年12月取得大专学历，2005年取得大学本科学历。1998年8月分配到河底联校小河北小学任教。1999年8月，调河底联校山底小学任教。2001年8月，调河底小学任教。2018年8月到河底镇牵牛镇中小学交流，交流期为三年。

扎根乡村教育22年来，她爱岗敬业、无私奉献、任劳任怨，全心全意搞好教育教学工作。她不断地刻苦钻研业务，注重多方位培养学生的能力和学习习惯，关爱乡村儿童的家庭生活和身心健康，通过与家庭教育结合，因势利导，教育教学成绩突出。所带班级曾荣获“山西省优秀班集体”称号，所带学生曾被评为“全国十佳少先队员”候选人、“全国平安行动好队员”等。她2004年被省教育厅授予“山西省优秀班主任”称号；2016年被省教育厅授予“山西省骨干教师”称号；2018年被省教育厅、省人力资源和社会保障厅授予“山西省模范教师”称号；2019年被省教育厅续授予“山西省骨干教师”称号；2019年被中共山西省委人才工作领导小组入选2018年度“三晋英才优秀青年人才”；2019年被中华人民共和国教育部授予“全国优秀教师”称号。

人物名表

2019年，该区新聘各类副高级以上专业技术人员30名。规模企业32个，其法人代表与专业技术人员以名表收录。

阳泉市郊区副高级以上专业技术人员名表

表2

单位名称	姓名	性别	出生年月	参加工作时间	毕业学校及时间	聘任职务	级别
阳泉市第二人民医院	王文拴	男	1974.04	1988.08	1988.07长治医学院	三级主任医师四级	4
阳泉市第二人民医院	曹小英	女	1971.08	1992.08	2007.01甘肃中医学院	三级主任医师四级	4
郊区荫营镇卫生院	刘萌田	男	1960.07	1982.07	1998.10毕业于山西中医学院中医专业本科	一级副主任医师五级	5
阳泉市第二人民医院	杨满堂	男	1966.04	1984.01	2010.01山西职工医学院临床医学本科	二级副主任医师六级	6
阳泉市第二人民医院	马春英	女	1969.01	1992.12	2004.12山西中医学院中医学专业本科	二级副主任医师六级	6

续表 2

阳泉市第二人民医院	史永义	男	1973.05	2001.12	1999.07长治医学院妇产科专业本科	二级副主任医师六级	6
阳泉市第二人民医院	黄宝娥	女	1965.01	1988.08	2007.01甘肃中医学院中医学专业本科	二级副主任医师六级	6
阳泉市第二人民医院	郭志勇	男	1971.04	1987.07	2006.01山西职工医学院临床医学专业本科	二级副主任医师六级	6
阳泉市第二人民医院	李芳	女	1971.10	1993.08	2011.01山西医科大学医疗系影像学专业本科	二级副主任医师六级	6
阳泉市第二人民医院	张素兰	女	1973.03	1990.10	2000.06长治医学院护理专业本科	二级副主任护师六级	6
阳泉市第二人民医院	高便花	女	1973.04	1993.12	2003.06长治医学院护理专业本科	二级副主任护师六级	6
郊区荫营镇卫生院	杨海栋	男	1962.08	1982.07	1998.10毕业于山西中医学院中医专业本科	二级副主任医师六级	6
郊区融媒体中心	武勇峰	男	1967.12	1993.07	2004.12毕业于中共中央党校函授学院法律专业本科	主任记者六级	6
阳泉市第二人民医院	周建平	男	1960.01	1980.09	1997.04山西医科大学	三级基层副主任医师七级	7
阳泉市第二人民医院	余和东	男	1963.05	1982.10.	1989.07山西职工医学院	三级基层副主任医师七级	7
阳泉市第二人民医院	荆爱萍	女	1964.10	1987.09	2013.01山西医科大学	三级基层副主任医师七级	7
阳泉市第二人民医院	史丽清	女	1968.05	1990.12	1997.04山西医科大学	三级基层副主任医师七级	7
阳泉市第二人民医院	吴先娥	女	1970.03	1991.11	2014.03长春职工医科大学	三级基层副主任医师七级	7
阳泉市第二人民医院	王生辉	男	1963.09	1982.1	2012.01长治医学院	三级基层副主任医师七级	7
阳泉市第二人民医院	王素珍	女	1971.12	1992.12	2012.01山西大同大学	三级基层副主任医师七级	7
阳泉市第二人民医院	刘艳风	女	1967.05	1987.08	1989.04山西职工医学院	三级基层副主任医师七级	7
阳泉市第二人民医院	王玉英	女	1970.07	1992.02	2004.12长治医学院	三级基层副主任医师七级	7
阳泉市第二人民医院	王瑞平	女	1968.03	1989.09	1997.10山西职工医学院	三级基层副主任医师七级	7

续表 2

阳泉市第二人民医院	鲁贵青	女	1971.08	1990.09	2016.01长春职工医科大学	三级基层副主任医师七级	7
阳泉市第二人民医院	史文清	女	1970.11	1991.10.	2001.10长治医学院	三级基层副主任医师七级	7
区国库支付中心	胡俊华	女	1975.04	1995.09	2008.01.10毕业于山西财经大学会计学专业本科	高级会计师七级	7
郊区李家庄乡卫生院	安晓红	女	1971.04	1991.08	1994.12毕业于山西职工医学院高级护理专业本科	三级副主任护师（乡镇社区级）七级	7
郊区荫营镇卫生院	赵志武	男	1972.02	1996.12	2005.04毕业于山西中医学院中医专业本科	三级副主任医师（乡镇社区级）七级	7
郊区荫营镇卫生院	赵丽平	女	1973.03	1992.11	2000.10毕业于山西职工医学院高级护理专业专科	三级副主任护师（乡镇社区级）七级	7
郊区荫营镇卫生院	王海国	男	1973.03	1996.12	2005.12毕业于山西中医学院中医专业本科	三级副主任医师（乡镇社区级）七级	7

阳泉市郊区规模企业法人名表

表 3

单位名称	法定代表人	单位名称	法定代表人
山西省阳泉荫营煤矿	安年春	阳泉市燕龛煤炭有限责任公司	赵小红
阳泉华润燃气有限公司	赵瑞保	山西省阳泉固庄煤矿	史彦红
山西河坡发电有限责任公司	姜　平	阳泉天隆工程材料有限公司	胡培明
阳泉市贤亨耐火材料有限责任公司	史有才	阳泉市兴发特种耐火材料有限公司	武文广
阳泉市下千耐火材料有限公司	张非寿	阳泉市中广核太阳能有限公司	姚雪飞
阳泉市广凯机械制造有限公司	娄建国	山西阳泉郊区神堂煤业有限公司	黄恒博
阳泉金隅通达高温材料有限公司	罗华明	山西阳泉郊区坡头煤业有限公司	段英奇
山西阳泉华岭耐火有限公司	史永计	阳泉田园乳业有限公司	李志强
山西圣火炉料有限公司	史通召	阳泉惠通机械制造有限公司	董太生
阳泉市上白泉耐火材料有限公司	马彦军	山西立博线缆有限公司	宁占元
阳泉市巾帼耐火厂	刘伏林	阳泉市金土耐火材料有限责任公司	高喜怀

续表 3

阳泉市星火鑫源铸造材料厂	佘来军	阳泉市泰耀工贸有限公司	王森茂
阳泉市星火金源工贸有限公司	佘宝福	山西煤炭运销集团旧街煤业有限公司	郑海青
阳泉市郊区新建不定型耐火材料厂	高拴秀	山西煤炭运销集团保安煤业有限公司	陈　雷
阳泉冀东水泥有限责任公司	许　利	阳泉力宇煤层气利用有限公司	李良琪
阳泉市中嘉磨料磨具有限公司	章锡国	阳泉市扬德煤层气利用有限公司	裴攀道

荣誉榜

集体荣誉

省部级以上荣誉

中央农村工作领导小组，中共中央组织部、宣传部，国务院农村农业部、民政部、司法部6个单位联合授予阳泉市郊区“全国乡村治理体系建设试点单位”称号

中华人民共和国人力资源和社会保障部授予阳泉郊区城乡居民养老保险中心“全国人力资源社会保障系统2019年度优秀服务窗口”称号

市厅级荣誉

中共山西省委宣传部、山西省文明办授予阳泉郊区“中央、省级建设新时代文明实践中心试点县区”称号

全国工商联合会办公厅授予阳泉郊区工商联合会“五好工商联”称号

山西省妇女联合会授予阳泉郊区妇女联合会“先进集体”称号

山西省工商联合会授予阳泉郊区“民营企业调查点先进基层单位”称号

山西省科学技术协会授予阳泉郊区全省农业农村领域“五小六化”竞赛活动优秀组织单位称号

山西省农业机械发展中心授予阳泉郊区“全省农机化单项工作优秀单位”称号

山西省高级人民法院授予阳泉郊区人民法院“集体二等功”称号

山西省高级人民法院授予阳泉郊区人民法院“诉讼服务工作先进集体”称号

山西省供销合作社授予阳泉郊区“综合改进先进单位”称号

山西省人社厅和退役军人事务厅授予阳泉郊区荫营镇“爱国拥军模范单位”称号

山西省人社厅和扶贫办授予阳泉郊区西南舁乡“省脱贫攻坚组织创新奖”称号

个人荣誉

教育部全国优秀教师

高慧芳（河底中心小学）

山西省劳动模范

胡存玉（山西华岭耐火材料有限公司）
聂喜军（荫营中学校）

山西省农机安全监理示范岗位标兵

潘贵生（区农业农村局）

山西省三八红旗手

赵秀枝（区实验小学）

阳泉市二等功

彭建忠（阳泉天隆工程材料有限公司）

阳泉市三等功

甄华伟（阳泉市郊区华伟汽车电瓶电器配件部）

邓利明（山西煤炭运销集团保安煤业有限公司调度指挥中心）

靳　威（阳泉冀东水泥有限责任公司生产运行部）

祁俊薇（阳泉市郊区河底镇联合学校）

附　　录

文件　法规

2019 年阳泉市郊区委员会文件一览表

表 4

文号	文件标题	发文日期
阳郊发〔2019〕1 号	关于印发《阳泉市郊区机构改革方案》的通知	2019 年 2 月 3 日
阳郊发〔2019〕2 号	关于印发《阳泉市郊区 2019 年农村人居环境整治行动计划》的通知	2019 年 2 月 14 日
阳郊发〔2019〕3 号	关于区直单位机构改革调整党组设置的通知	2019 年 2 月 20 日
阳郊发〔2019〕4 号	关于召开郊区区委常委 2018 年度民主生活会的工作方案	2019 年 2 月 21 日
阳郊发〔2019〕5 号	关于成立“改革创新、奋发有为”大讨论领导小组的通知	2019 年 2 月 21 日
阳郊发〔2019〕6 号	关于印发《中共阳泉市郊区委员会深化中央巡视整改工作第二轮整改任务清单》的通知	2019 年 2 月 21 日
阳郊发〔2019〕7 号	关于 2018 年度区委常委班子民主生活会情况的通报	2019 年 3 月 21 日
阳郊发〔2019〕9 号	关于深化人才发展体制机制改革的实施意见	2019 年 4 月 8 日
阳郊发〔2019〕10 号	关于开展质量提升行动的实施意见	2019 年 4 月 10 日
阳郊发〔2019〕11 号	关于建立区人民政府向区人大常委会报告国有资产管理情况制度的意见	2019 年 4 月 10 日

续表 4

阳郊发〔2019〕12 号	印发《关于进一步激励全区广大干部新时代新担当新作为的实施细则》的通知	2019 年 4 月 10 日
阳郊发〔2019〕13 号	印发《关于加强新时代城市基层党建工作的实施方案》的通知	2019 年 4 月 30 日
阳郊发〔2019〕14 号	关于调整部分基层党组织设置和隶属关系的通知	2019 年 6 月 3 日
阳郊发〔2019〕15 号	关于印发《阳泉市郊区新时代文明实践中心试点工作实施方案》的通知	2019 年 6 月 19 日
阳郊发〔2019〕16 号	关于成立区委“不忘初心、牢记使命”主题教育领导小组及组成人员任职的通知	2019 年 7 月 31 日
阳郊发〔2019〕17 号	印发《关于在全区开展“不忘初心、牢记使命”主题教育的工作方案》的通知	2019 年 9 月 11 日
阳郊发〔2019〕18 号	印发《阳泉市郊区关于深化“三基建设”进一步加强基层工作的措施》的通知	2019 年 9 月 18 日
阳郊发〔2019〕19 号	印发《阳泉市郊区关于深化“党建引领、三治融合”村(社)治理新体系试点的实施意见》的通知	2019 年 9 月 18 日
阳郊发〔2019〕20 号	印发《阳泉市郊区关于进一步加强招商引资工作的实施意见》的通知	2019 年 9 月 26 日
阳郊发〔2019〕21 号	关于市生态环境局郊区分局机构改革调整党组设置的批复	2019 年 12 月 12 日
阳郊发〔2019〕22 号	关于印发《郊区乡村振兴战略总体规划（2018～2022）》的通知	2019 年 12 月 12 日
阳郊办发〔2019〕1 号	关于印发《阳泉市郊区 2019 年元旦、春节、元宵节“三节”群众文化活动安排意见》的通知	2019 年 1 月 17 日
阳郊办发〔2019〕2 号	关于印发《阳泉市郊区党政领导干部安全生产责任制实施办法》的通知	2019 年 1 月 21 日
阳郊办发〔2019〕3 号	关于召开中共阳泉市郊区区委九届五次全会区委经济工作会暨全区人居环境整治动员会的通知	2019 年 2 月 12 日
阳郊办发〔2019〕4 号	关于做好《阳泉市郊区年鉴(2019 版)》供稿工作的通知	2019 年 2 月 21 日
阳郊办发〔2019〕5 号	印发《关于开展“改革创新、奋发有为”大讨论的实施方案》的通知	2019 年 2 月 21 日
阳郊办发〔2019〕6 号	关于调整区级领导包乡镇的通知	2019 年 2 月 8 日
阳郊办发〔2019〕8 号	关于撤销阳泉市东城科技创新园筹建组的通知	2019 年 3 月 1 日
阳郊办发〔2019〕9 号	关于做好机构改革中档案处置工作的通知	2019 年 3 月 1 日

续表 4

阳郊办发〔2019〕10 号	关于区级机构改革涉及部门印章启用的通知	2019 年 3 月 7 日
阳郊办发〔2019〕11 号	关于调整区级领导、区直部门创卫攻坚包保责任的通知	2019 年 3 月 7 日
阳郊办发〔2019〕12 号	关于调整阳泉市郊区区管河流区级河长的通知	2019 年 3 月 19 日
阳郊办发〔2019〕13 号	关于调整农村人居环境整治三年行动领导组及工作小组成员的通知	2019 年 3 月 22 日
阳郊办发〔2019〕14 号	关于印发《全区“三基建设”2019 年度重点工作任务清单》的通知	2019 年 3 月 25 日
阳郊办发〔2019〕15 号	关于调整阳泉市郊区森林防火指挥部领导组组织机构的通知	2019 年 4 月 1 日
阳郊办发〔2019〕16 号	关于进一步加强清明节期间森林防火大排查、大整治、大督查工作的通知	2019 年 4 月 1 日
阳郊办发〔2019〕17 号	关于印发《2019 年全区重点任务分解方案》的通知	2019 年 4 月 1 日
阳郊办发〔2019〕18 号	印发《<关于全面巩固提升脱贫攻坚成效三年行动的实施方案>责任分解方案》的通知	2019 年 4 月 8 日
阳郊办发〔2019〕19 号	印发《阳泉市郊区 2019 年脱贫攻坚成果巩固提升行动计划》的通知	2019 年 4 月 8 日
阳郊办发〔2019〕20 号	印发《关于深化扶贫扶志促进精准脱贫的实施方案》的通知	2019 年 4 月 8 日
阳郊办发〔2019〕21 号	关于印发《阳泉市郊区降尘污染防治攻坚行动方案》的通知	2019 年 4 月 24 日
阳郊办发〔2019〕22 号	关于调整区委常委分工的通知	2019 年 5 月 13 日
阳郊办发〔2019〕23 号	关于调整区级领导包乡镇的通知	2019 年 5 月 13 日
阳郊办发〔2019〕24 号	关于调整“全面深化改革”领导组等 22 个组织机构的通知	2019 年 5 月 14 日
阳郊办发〔2019〕25 号	关于成立区级重点工程指挥部的通知	2019 年 5 月 17 日
阳郊办发〔2019〕26 号	关于印发《阳泉市郊区开展创卫“一建六整治”工作方案》的通知	2019 年 5 月 27 日
阳郊办发〔2019〕27 号	关于印发《阳泉市郊区贯彻落实<山西省落实党对反腐败工作全过程领导实施细则（试行）>的任务清单》的通知	2019 年 6 月 17 日
阳郊办发〔2019〕28 号	关于印发《阳泉市郊区 2019 年度党政主要负责人履行推进法治建设第一责任人职责工作清单》的通知	2019 年 6 月 24 日

续表 4

阳郊办发〔2019〕29 号	印发《关于落实<2018～2022 年全省干部教育培训规划>的实施办法》的通知	2019 年 6 月 27 日
阳郊办发〔2019〕30 号	关于促进我区民营经济高质量发展的若干意见	2019 年 7 月 2 日
阳郊办发〔2019〕31 号	关于印发《阳泉市郊区坚决打好防范化解重大风险攻坚战方案》的通知	2019 年 7 月 2 日
阳郊办发〔2019〕32 号	关于调整“区委党建工作领导组”等 17 个组织机构的通知	2019 年 7 月 3 日
阳郊办发〔2019〕33 号	关于印发《阳泉市郊区关于加快推进农村社区建设的实施意见》的通知	2019 年 7 月 5 日
阳郊办发〔2019〕34 号	关于印发《阳泉市郊区全面推进政务服务中心“一窗受理、协同办理、集成服务”工作方案》的通知	2019 年 7 月 29 日
阳郊办发〔2019〕35 号	关于印发《阳泉市郊区普通中小学校教师县管校聘管理改革实施方案》的通知	2019 年 8 月 6 日
阳郊办发〔2019〕36 号	关于印发《阳泉市郊区 2019 年中小学布局调整实施方案》的通知	2019 年 8 月 6 日
阳郊办发〔2019〕37 号	关于印发《阳泉市郊区公务员职务与职级并行制度工作方案》的通知	2019 年 8 月 6 日
阳郊办发〔2019〕39 号	关于印发《阳泉市郊区农村集体经济组织财务管理制度（试行）》等七项制度办法意见的通知	2019 年 9 月 2 日
阳郊办发〔2019〕41 号	印发《关于进一步深化河长制改革的工作方案》的通知	2019 年 9 月 11 日
阳郊办发〔2019〕42 号	印发《阳泉市郊区庆祝新中国成立 70 周年防风险保安全护稳定专项行动工作方案》的通知	2019 年 9 月 10 日
阳郊办发〔2019〕43 号	关于召开中共阳泉市郊区区委九届六次全体会议暨“不忘初心，牢记使命”主题教育工作部署会议的通知	2019 年 9 月 11 日
阳郊办发〔2019〕44 号	关于成立郊区撤并行政村、村改居工作领导组的通知	2019 年 9 月 25 日
阳郊办发〔2019〕45 号	关于印发《阳泉市郊区撤并行政村、村改居工作实施方案》的通知	2019 年 9 月 25 日
阳郊办发〔2019〕46 号	关于印发《阳泉市郊区扶持壮大村级集体经济发展实施方案》的通知	2019 年 10 月 23 日
阳郊办发〔2019〕47 号	关于印发《阳泉市郊区荫营镇区及延伸周边环境卫生综合整治提升行动实施方案》的通知	2019 年 10 月 24 日
阳郊办发〔2019〕48 号	关于成立阳泉市郊区亲商工作领导组的通知	2019 年 10 月 31 日
阳郊办发〔2019〕49 号	印发《关于规范农村集体经济组织收益分红的指导意见》的通知	2019 年 12 月 3 日

续表 4

阳郊办发〔2019〕50 号	关于调整全区官方兽医管理的通知	2019 年 12 月 9 日
阳郊办发〔2019〕51 号	关于召开中共阳泉市郊区区委九届七次全体会议的通知	2019 年 12 月 12 日
阳郊办发〔2019〕52 号	关于印发《阳泉市郊区相对集中行政许可权改革工作方案》的通知	2019 年 12 月 12 日
阳郊办发〔2019〕53 号	关于印发《阳泉市郊区人防系统腐败问题专项治理调查整顿实施办法》的通知	2019 年 12 月 16 日
阳郊办发〔2019〕54 号	关于印发《阳泉市郊区落实省生态环境保护专项督察反馈意见整改方案》的通知	2019 年 12 月 27 日
阳郊办发〔2019〕55 号	关于印发《阳泉市郊区乡村治理体系建设试点示范工作方案》的通知	2019 年 12 月 31 日
阳郊办发〔2019〕56 号	关于成立郊区乡村治理体系建设试点示范工作领导组的通知	2019 年 12 月 31 日
阳郊办发〔2019〕57 号	印发《关于贯彻落实中共中央办公厅、国务院办公厅<关于加强和改进乡村治理的指导意见>的责任分解方案》的通知	2019 年 12 月 31 日
阳郊办发〔2019〕58 号	关于转发《印发<关于建立全市困难职工解困脱困工作长效机制的实施办法>的通知》的通知	2019 年 12 月 31 日
阳郊办函〔2019〕1 号	关于传达学习贯彻省委十一届七次全会省委经济工作会议精神的通知	2019 年 1 月 11 日
阳郊办函〔2019〕2 号	关于转发中共阳泉市委办公厅、阳泉市人民政府办公厅《关于转发<郊区关于杨家庄乡南杨家庄村水泉沟“散乱污”堆料现场查处情况的报告>的通知》的通知	2019 年 2 月 18 日
阳郊办函〔2019〕3 号	关于做好全国“两会”期间应急值守及有关情况报告工作的通知	2019 年 2 月 26 日
阳郊办函〔2019〕4 号	关于印发《阳泉市郊区“改革创新、奋发有为”大讨论规定动作安排》等文件的通知	2019 年 2 月 26 日
阳郊办函〔2019〕5 号	关于印发《阳泉市郊区“改革创新、奋发有为”大讨论干部入企进村服务工作实施方案》的通知	2019 年 3 月 24 日
阳郊办函〔2019〕6 号	关于印发《阳泉市郊区外来就业创业人员“贴心行动”方案》的通知	2019 年 3 月 28 日
阳郊办函〔2019〕7 号	关于对巡察整改情况开展监督检查的通知	2019 年 4 月 9 日
阳郊办函〔2019〕8 号	关于印发《阳泉市郊区 2019 年度区级督查检查考核工作计划》的通知	2019 年 4 月 11 日
阳郊办函〔2019〕9 号	关于建立全区党政机关安全可靠应用全面替代工作台账的实施方案	2019 年 5 月 6 日
阳郊办函〔2019〕10 号	关于进一步推进各乡镇“3+1”建设提升基层科协组织力的通知	2019 年 5 月 10 日

续表 4

阳郊办函〔2019〕11 号	关于调整区级重点工程指挥部部分人员的通知	2019 年 7 月 9 日
阳郊办函〔2019〕12 号	关于进一步整治形式主义、官僚主义问题的通知	2019 年 7 月 9 日
阳郊办函〔2019〕13 号	阳泉市郊区铝矾土矿社区创卫攻坚工作方案	2019 年 7 月 11 日
阳郊办函〔2019〕14 号	关于调整郊区河长办负责人及成员单位的通知	2019 年 7 月 18 日
阳郊办函〔2019〕15 号	关于做好全区党政机关办公用房自查自纠整改及信息统计上报的通知	2019 年 8 月 19 日
阳郊办函〔2019〕16 号	关于进一步加强城市基层党建工作的十条措施	2019 年 8 月 29 日
阳郊办函〔2019〕17 号	关于调整阳泉市郊区国道 307、207 线阳泉市绕城改线工程郊区指挥部的通知	2019 年 9 月 18 日
阳郊办函〔2019〕18 号	关于做好 2019 年度保密自查自评和保密安全排查整治工作的通知	2019 年 10 月 8 日
阳郊办函〔2019〕19 号	关于在全区开展向受灾和贫困群众“送温暖、献爱心”社会捐助活动的通知（不上网电脑）	2019 年 12 月 4 日
阳郊办函〔2019〕20 号	关于全面推进“社会扶贫网”app 注册工作的紧急通知	2019 年 12 月 9 日
阳郊办函〔2019〕21 号	关于建立阳泉市郊区青少年工作联席会议制度的通知	2019 年 12 月 9 日

2019 年阳泉市郊区人民政府文件一览表

表 5

文号	文件标题	发文日期
阳郊政发〔2019〕1 号	关于做好 2019 年安全生产工作的通知	2019 年 1 月 11 日
阳郊政发〔2019〕2 号	关于将郊区荫营东落菇堰村棚户区列入 2019 年市级改造项目的请示	2019 年 1 月 14 日
阳郊政发〔2019〕3 号	关于 2018 年度粮食安全责任制落实情况总结报告	2019 年 1 月 14 日
阳郊政发〔2019〕4 号	关于新城建设资金缺少的报告	2019 年 1 月 14 日
阳郊政发〔2019〕5 号	关于协调解决二青会射击射箭比赛场馆周边环境整治征迁费用的请示	2019 年 1 月 15 日
阳郊政发〔2019〕6 号	关于阳泉远鑫房地产开发有限公司原出让国有建设用地使用权划分改变土地用地补办手续的批复	2019 年 1 月 18 日

续表 5

阳郊政发〔2019〕7 号	关于阳泉远鑫房地产开发有限公司原出让国有建设用地使用权部分改变土地用地补办手续的批复	2019 年 1 月 18 日
阳郊政发〔2019〕8 号	关于申请拨付市重点工程负款的请示	2019 年 1 月 28 日
阳郊政发〔2019〕9 号	关于协调增加桃林沟果蔬市场开行公交线路的紧急报告	2019 年 1 月 29 日
阳郊政发〔2019〕10 号	关于新城大道占用华通路桥集团公司土地有关问题的报告	2019 年 1 月 31 日
阳郊政发〔2019〕11 号	关于水务一体化 PPP 项目实施方案调整的批复	2019 年 2 月 28 日
阳郊政发〔2019〕12 号	关于将佳瑞园小区列为挂牌督办重大火灾隐患单位的批复	2019 年 3 月 18 日
阳郊政发〔2019〕13 号	关于桃坡村整村搬迁相关问题的紧急报告	2019 年 3 月 28 日
阳郊政发〔2019〕14 号	关于对重大火灾隐患单位摘牌的批复	2019 年 3 月 28 日
阳郊政发〔2019〕15 号	关于解决 307 国道复线建设上烟村遗留问题的报告	2019 年 4 月 18 日
阳郊政发〔2019〕16 号	关于又由郊区安排市级新城建设用地指标的请示	2019 年 4 月 18 日
阳郊政发〔2019〕17 号	关于具备春季交工条件的建设项目请求批准开工的报告	2019 年 4 月 28 日
阳郊政发〔2019〕18 号	关于申请协调解决平阳路工程涉及龙凤沟村相关事宜的报告	2019 年 6 月 20 日
阳郊政发〔2019〕20 号	华润燃气公司李荫路假期站拆迁费用的报告	2019 年 4 月 15 日
阳郊政发〔2019〕21 号	关于将我区土储金和土储职能划拨我区的请示	2019 年 4 月 30 日
阳郊政发〔2019〕22 号	关于成立山西阳泉投资开发有限公司的通知	2019 年 5 月 18 日
阳郊政发〔2019〕23 号	关于华润燃气李荫路加气站拆迁补偿的报告	2019 年 5 月 19 日
阳郊政发〔2019〕24 号	关于阳大铁路建设涉及东南沟村段相关事宜的报告	2019 年 5 月 22 日
阳郊政发〔2019〕33 号	关于平坦镇和旧街乡撤并行政村的批复	2019 年 7 月 19 日
阳郊政发〔2019〕42 号	关于印发《阳泉市郊区各乡镇人民政府行政辅助类人员用工管理实施办法（试行）》的通知	2019 年 8 月 3 日

续表 5

阳郊政发〔2019〕43 号	关于申报新建足球场地资金项目承诺书	2019 年 9 月 16 日
阳郊政发〔2019〕46 号	关于进一步理顺集体建设用地管理体制的请示	2019 年 10 月 14 日
阳郊政发〔2019〕55 号	关于印发西南舁乡“北七村”乡村振兴示范区建设实施方案的通知	2019 年 11 月 15 日
阳郊政发〔2019〕59 号	关于下达全区重点行业污染防治深化治理二批停产企业名单的通知	2019 年 12 月 4 日
阳郊政办发〔2019〕1 号	关于印发民兵组织整改潜力调查实施方案的通知	2019 年 1 月 4 日
阳郊政办发〔2019〕2 号	关于转发《山西省人民政府办公厅关于转发国务院办公厅民营企业反映政策不落实典型案例的通知》的通知	2019 年 1 月 15 日
阳郊政办发〔2019〕3 号	关于印发《阳泉市郊区 2018 年土地例行督察发现问题整改工作实施方案》的通知	2019 年 1 月 17 日
阳郊政办发〔2019〕4 号	关于成立漾泉郊区北部集中供热管网工程领导组的通知	2019 年 1 月 18 日
阳郊政办发〔2019〕5 号	关于 2018 年化解煤炭过剩产能工作情况和 2019 年目标任务的报告	2019 年 1 月 21 日
阳郊政办发〔2019〕6 号	关于在“两会”和春节期间开展安全生产集中检查的通知	2019 年 1 月 21 日
阳郊政办发〔2019〕7 号	关于区长副区长工作分工的通知	2019 年 1 月 21 日
阳郊政办发〔2019〕8 号	阳泉市郊区 2017～2020 年冬季清洁取暖改造工作实施方案的补充意见	2019 年 1 月 31 日
阳郊政办发〔2019〕9 号	关于转发市领导对《关于对我区杨家庄乡南杨家庄村水泉沟散乱污堆料现场查处的情况报告》的批示的通知	2019 年 2 月 13 日
阳郊政办发〔2019〕10 号	关于疑似失学儿童情况核查和助退复学工作的报告	2019 年 2 月 28 日
阳郊政办发〔2019〕11 号	阳泉市郊区 2019 年公共租赁住房申请分配工作的实施方案	2019 年 3 月 5 日
阳郊政办发〔2019〕12 号	关于区长副区长工作分工的通知	2019 年 3 月 6 日
阳郊政办发〔2019〕13 号	关于调整区安全委员会及办公室组成人员的通知	2019 年 3 月 7 日
阳郊政办发〔2019〕14 号	关于“阳泉市郊区有机旱作农业封闭示范区”项目推荐立项的申请	2019 年 3 月 7 日
阳郊政办发〔2019〕15 号	关于做好当前森林防火工作的紧急通知	2019 年 3 月 24 日

续表 5

阳郊政办发〔2019〕16 号	关于印发撤并行政村工作实施方案的通知	2019 年 3 月 21 日
阳郊政办发〔2019〕17 号	关于印发乡镇建立临时救助备用金审批程序的通知	2019 年 4 月 2 日
阳郊政办发〔2019〕18 号	关于转发《阳泉市大气污染防治工作领导组关于实施大气污染防治从严管理事项措施的紧急通知》的通知	2019 年 4 月 2 日
阳郊政办发〔2019〕19 号	关于进一步规范财政资金审批和程序的通知	2019 年 4 月 2 日
阳郊政办发〔2019〕20 号	关于印发《关于加强质量认识体系建设促进全面质量管理的工作方案》的通知	2019 年 4 月 8 日
阳郊政办发〔2019〕21 号	关于调整阳泉市郊区国道 207 线前洼至林里段改建工程指挥部的通知	2019 年 4 月 12 日
阳郊政办发〔2019〕22 号	关于调整阳泉市郊区国道 307、207 线阳泉市绕城改线工程郊区指挥部的通知	2020 年 4 月 12 日
阳郊政办发〔2019〕23 号	关于印发阳泉市郊区创建节水型社会达标建设实施方案的通知	2020 年 4 月 12 日
阳郊政办发〔2019〕24 号	关于调整区防治重大动物疫病指挥部成员的通知	2020 年 4 月 26 日
阳郊政办发〔2019〕25 号	关于印发 2019 年土地例行督察发现问题整改工作实施方案的通知	2020 年 4 月 29 日
阳郊政办发〔2019〕26 号	关于印发《阳泉市郊区行政审批事项梳理优化工作方案》的通知	2020 年 4 月 29 日
阳郊政办发〔2019〕27 号	关于印发阳泉市郊区 2019 年度地质灾害防治方案的通知	2020 年 5 月 6 日
阳郊政办发〔2019〕28 号	关于印发阳泉市郊区迎接语言文字工作督导评估实施方案	2020 年 5 月 6 日
阳郊政办发〔2019〕29 号	关于调整阳泉市郊区招生考试委员会成员的通知	2020 年 5 月 9 日
阳郊政办发〔2019〕30 号	关于阳泉市郊区工业固体废物堆存场所整治工作方案	2019 年 5 月 10 日
阳郊政办发〔2019〕31 号	关于印发阳泉市郊区节约用水管理办法和建设项目节约用水设施管理办法的通知	2019 年 5 月 10 日
阳郊政办发〔2019〕33 号	严厉打击非法违法用地用矿行动工作方案	2019 年 5 月 15 日
阳郊政办发〔2019〕34 号	关于部分重点工程建设指挥部人员调整的通知	2019 年 5 月 23 日
阳郊政办发〔2019〕39 号	关于印发全面推行行政执法公示制度执法全过程记录制度重大执法决定法制审核制度实施方案的通知	2019 年 6 月 15 日

续表 5

阳郊政办发〔2019〕42 号	关于印发《阳泉市郊区财政预算评审管理办法》的通知	2019 年 7 月 8 日
阳郊政办发〔2019〕43 号	关于印发阳泉市郊区既有建筑能效提升工程实施方案的通知 555	2019 年 7 月 8 日
阳郊政办发〔2019〕59 号	关于公布 2019 年阳泉市郊区节水型载体的通知	2019 年 10 月 15 日
阳郊政办发〔2019〕61 号	关于印发《关于进一步规范铝矾土资源开采加工烧成制品企业生产经营秩序的实施方案》的通知	2019 年 11 月 4 日
阳郊政办发〔2019〕73 号	关于印发阳泉市郊区重污染天气应急预案的通知	2019 年 12 月 28 日

统计资料

2019 年阳泉市郊区国民经济和社会发展主要指标

表 6

分类	指标名称	单位	完成数
综合类	全区总人口	人	245578
	城镇人口	人	178049
	乡村人口	人	67529
	人口出生率	‰	7.91
	人口死亡率	‰	7.21
	人口自然增长率	‰	0.70
	男与女的比例(女为 100)	%	108.06
	城镇化率	%	72.5
	人口密度	人	
	社会从业人员	万人	
	第一产业	万人	
	第二产业	万人	
	第三产业	万人	
	非私营单位在岗职工人数	人	
	国有单位	人	

续表 6

分类	指标名称	单位	完成数
综合类	集体单位	人	
	其他单位	人	
	非私营单位在岗职工平均工资	元	
	国有单位	元	
	集体单位	元	
	其他单位	元	
	全区生产总值	万元	1229589
	第一产业	万元	16809
	第二产业	万元	605027
	第三产业	万元	607753
	人均全区生产总值	元	50087
	全社会固定资产投资	万元	
	第一产业	万元	
	第二产业	万元	
	第三产业	万元	

续表 6

分类	指标名称	单位	完成数
综合类	房地产投资	万元	
	财政总收入	万元	85013
	公共财政预算收入	万元	47933
	公共财政预算支出	万元	170448
	金融机构各项存款余额	万元	2102800
	城乡居民储蓄存款余额	万元	1527021
	金融机构各项贷款余额	万元	1160392
第一产业	乡村人口	万人	16.63
	乡村劳动力	万人	9.3
	耕地面积	公顷	9193.98
	农作物总播种面积	公顷	4732
	农田灌溉面积	公顷	
	森林覆盖率	%	27.4
	农业机械总动力	千瓦	45000
	农村用电量	万千	30122
	农林牧渔业总产值	万元	32680
	农业	万元	13199
	林业	万元	3958
	牧业	万元	14701
	渔业	万元	23
	农林牧渔服务业	万元	800
	农林牧渔业中间消耗	万元	15623
	农用化肥施用量（实物量）	吨	1830
	农用塑料薄膜使用量	吨	70
	农用柴油使用量	吨	376
	农药使用量	吨	29
	粮食产量	吨	14650

续表 6

分类	指标名称	单位	完成数
第一产业	蔬菜产量	吨	10021
	水果产量	吨	7584
	肉类产量	吨	3339
	禽蛋产量	吨	6362
	奶类产量	吨	1404
	猪年末头数	头	34529
	牛年末头数	只	490
	羊年末只数	只	6174
	家禽年末数	万元	46
第二产业	规模以上工业企业单位数	个	44
	工业总产值（现价）	万元	889519
	工业销售产值	万元	848097
	工业增加值	万元	—
	资产总计	万元	2111713
	流动资产	万元	898076
	固定资产原值	万元	
	实收资本	万元	
	主营业务收入	万元	837730
	主营业务成本	万元	603533
	营业利润	万元	59515.0
	利润总额	万元	66137
	利税总额	万元	147541
	本年应付工资	万元	
	工业企业从业人员年平均	人	14309
	原煤	万吨	759.2
	洗煤	万吨	147.9
	耐火材料制品	万吨	25.6

续表 6

分类	指标名称	单位	完成数
第二产业	水泥	万吨	222.6
	水泥熟料	万吨	162.8
	发电量	亿度	38.3
	乡镇企业单位数	个	
	乡镇企业从业人员	万人	
	乡镇企业总产值	万元	
	乡镇企业营业收入	万元	
第三产业	社会消费品零售总额	万元	387782
	规模以上服务业营业收	万元	83960
	公路线路里程	公里	770.993
	汽车拥有量	辆	2218
	邮电业务总量	万元	9411
	电话拥有量(含手机用户)	万部	20.83

续表 6

分类	指标名称	单位	完成数
第三产业	乡镇出口企业	个	11
	外贸进出口总额	万元	9773
	各类学校数	个	145
	小学在校生数	人	10211
	普通中学在校生数	人	8079
	职业中学在校生数	人	996
	幼儿在园数	人	5922
	卫生机构数	个	196
	医院数	个	3
	医院床位数	张	386
	卫生技术人员	人	745
	医生数	人	403

注：1、人口数部分为常住人口。

2、固定资产投资和工业增加值从 2018 年开始不提供。

3、财政收支、金融存贷、邮电业务量、电话数量等数据不含开发区。